Die großen Neun

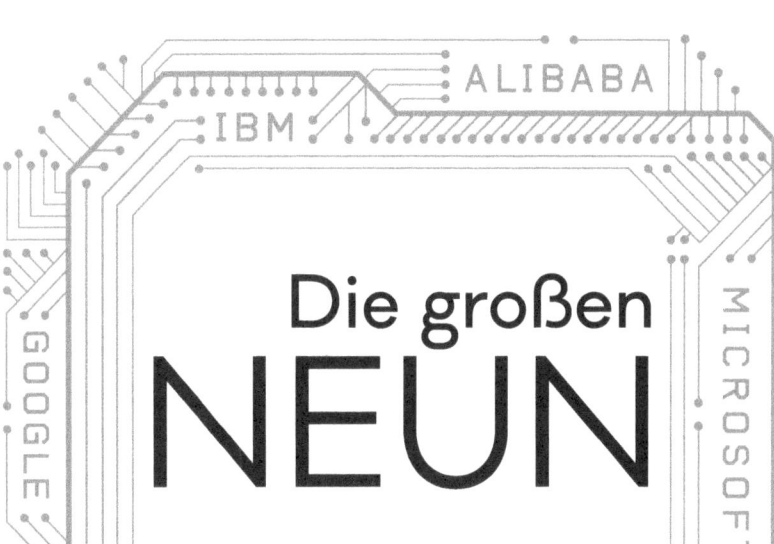

Die großen
NEUN

Wie wir die Tech-Titanen
bändigen und eine künstliche
Intelligenz zum Wohle aller
entwickeln können

AMY WEBB

Autorin von *The Signals are Talking*

PLASSEN
VERLAG

Die Originalausgabe erschien unter dem Titel
THE BIG NINE: How the Tech Titans & Their Thinking Machines Could Warp Humanity
ISBN 978-1-5417-7375-2

Copyright der Originalausgabe 2019:
Copyright © 2019 by Amy Webb.
All rights reserved.
Published by PublicAffairs, an imprint of Perseus Books, LLC, a subsidiary of
Hachette Book Group, Inc.

Copyright der deutschen Ausgabe 2019:
© Börsenmedien AG, Kulmbach

Übersetzung: Petra Pyka
Gestaltung Cover: Pete Garceau, Daniela Freitag
Gestaltung, Satz und Herstellung: Sabrina Slopek
Gesamtherstellung: Daniela Freitag
Lektorat: Sebastian Politz
Druck: GGP Media GmbH, Pößneck

ISBN 978-3-86470-638-7

Bibliografische Information der Deutschen Nationalbibliothek:
Die Deutsche Nationalbibliothek verzeichnet diese Publikation in der
Deutschen Nationalbibliografie; detaillierte bibliografische Daten
sind im Internet über <http://dnb.d-nb.de> abrufbar.

BÖRSEN W MEDIEN
AKTIENGESELLSCHAFT

Postfach 1449 • 95305 Kulmbach
Tel: +49 9221 9051-0 • Fax: +49 9221 9051-4444
E-Mail: buecher@boersenmedien.de
www.plassen.de
www.facebook.com/plassenverlag

Für meinen Vater Don Webb, den authentischsten und intelligentesten Menschen, den ich kenne.

INHALT

BEVOR ES ZU SPÄT IST

Künstliche Intelligenz gibt es bereits. Allerdings sieht sie anders aus, als wir alle erwartet haben. Sie ist das stille Rückgrat unserer Finanzsysteme, unseres Stromnetzes und der Lieferkette im Einzelhandel. Sie ist die unsichtbare Infrastruktur, die uns durch den Verkehr leitet, uns bei Tippfehlern sagt, was wir eigentlich meinen, und bestimmt, was wir kaufen, anschauen, hören und lesen sollten. Sie ist die Technologie, auf der unsere Zukunft aufbaut, weil sie in alle Aspekte unseres Lebens eingreift: Gesundheit und Medizin, Wohnen, Landwirtschaft, Verkehr, Sport und sogar Liebe, Sex und Tod.

KI ist kein Technologietrend, kein Modewort und kein flüchtiger Zeitvertreib – sie ist das dritte Computerzeitalter. Wir befinden uns mitten in einer maßgeblichen Umwälzung, ganz ähnlich wie die Generation, die die industrielle Revolution erlebte. Damals bemerkte anfangs kaum einer den um sich greifenden Wandel, weil er sich im Verhältnis zu einem Lebensalter so langsam vollzog. Doch am Ende war die Welt nicht mehr wiederzuerkennen: Großbritannien und die Vereinigten Staaten hatten sich zu den beiden dominanten Weltmächten entwickelt und verfügten über das industrielle, militärische und politische Kapital, um den Verlauf des nächsten Jahrhunderts zu prägen.

Alle reden unablässig über KI und darüber, was sie für unsere Zukunft bedeutet. Die gängigen Argumente haben Sie sicher schon gehört: Die Roboter nehmen uns die Arbeitsplätze weg, die Roboter stellen die Wirtschaft auf den Kopf und irgendwann töten die Roboter Menschen. Vor 200 Jahren führten die Menschen die gleichen Diskussionen, nur nicht über „Roboter", sondern über „Maschinen". Natürlich machen wir uns Gedanken über die Auswirkungen neuer Technologien auf unsere Jobs und unsere Verdienstmöglichkeiten, denn wir haben ja schon in vielen Branchen erlebt, was Disruption anrichten kann. Verständlicherweise denken wir bei KI unwillkürlich an HAL 9000 aus *2001: Odyssee im Weltraum*, WOPR aus *WarGames – Kriegsspiele*, Skynet aus *Terminator*, Rosie aus *Die Jetsons*, Dolores aus *Westworld* oder eine andere der vielen Hundert vermenschlichten KI aus der Popkultur. Wer nicht unmittelbar im KI-Ökosystem tätig ist, dem erscheint die Zukunft entweder fantastisch oder furchterregend – allerdings aus vollkommen falschen Gründen.

Wer nicht tief in den KI-Forschungs- und Entwicklungsalltag eingebunden ist, kann die Signale nicht deuten, weshalb sich der öffentliche Diskurs über KI auf die Roboter-Obersten aus aktuellen Filmen bezieht oder aber einen manischen, zügellosen Optimismus widerspiegelt. Mangelnde Nuancierung ist Teil des Entstehungsproblems der KI: Manche überschätzen ihre Anwendungsmöglichkeiten gewaltig, während andere behaupten, sie würde eine nicht aufzuhaltende Waffe werden.

Ich weiß das, weil ich den Großteil der letzten zehn Jahre mit der Forschung an KI zugebracht habe und mit Menschen und Organisationen innerhalb und außerhalb des KI-Ökosystems zu tun hatte. Ich habe viele verschiedene Unternehmen im Epizentrum der künstlichen Intelligenz beraten, darunter Microsoft und IBM. Ich habe externe Stakeholder getroffen und beraten: Wagniskapitalgeber und Private-Equity-Manager, führende Mitarbeiter des US-amerikanischen Verteidigungs- und Außenministeriums sowie diverse Parlamentarier, die Regulierung für die einzige Möglichkeit halten. Außerdem habe ich an Hunderten von Sitzungen mit akademischen Forschern und Technologen teilgenommen, die an vorderster Front arbeiten. Wer unmittelbar im KI-Sektor tätig ist, teilt selten die extrem apokalyptischen oder utopischen Zukunftsvisionen, die in den Nachrichten so im Vordergrund stehen.

Der Grund dafür: Alle, die tatsächlich an der Zukunft der KI bauen – ganz ähnlich übrigens wie Forscher in anderen wissenschaftlichen Disziplinen –, würden die Erwartungen gern dämpfen. Es braucht Geduld, Zeit, Geld und Durchhaltevermögen, um wichtige Meilensteine zu erreichen, und das wird gern vergessen. Die Forscher ackern vor sich hin, lösen nach und nach sehr komplizierte Probleme und machen dabei oft nur geringfügige Fortschritte. Diese Menschen sind intelligent, weltoffen und meiner Erfahrung nach auch empathisch und umsichtig.

Die allermeisten von ihnen arbeiten bei neun Tech-Titanen: Google, Amazon, Apple, IBM, Microsoft und Facebook in den Vereinigten Staaten und Baidu, Alibaba und Tencent in China. Sie entwickeln KI, um eine bessere, schönere Zukunft für uns alle einzuläuten. Ich bin der festen Überzeugung, dass die Chefs dieser neun Unternehmen von einem tief empfundenen Altruismus geleitet werden – und von dem Wunsch, dem Allgemeinwohl zu dienen: Sie erkennen ganz klar das Potenzial der KI, das Gesundheitswesen zu verbessern und die Lebenserwartung zu erhöhen, anstehende Klimaprobleme zu lösen und Millionen Menschen aus der Armut herauszuholen. Die konkreten positiven Effekte ihrer Arbeit können wir bereits jetzt in allen Branchen und in unserem Alltag wahrnehmen.

Problematisch ist aber, dass externe Kräfte die neun großen Tech-Unternehmen – und damit alle, die innerhalb des Ökosystems tätig sind – unter Druck setzen und sich gegen deren beste Absichten für unsere Zukunft verschwören. Warum das so ist, liegt auf der Hand.

In den USA machen gnadenlose Marktansprüche und unrealistische Erwartungen in Bezug auf neue Produkte und Dienstleistungen eine langfristige Planung unmöglich. Wir erwarten von Google, Amazon, Apple, Facebook, Microsoft und IBM auf ihren Jahreshauptversammlungen eindrucksvolle Ankündigungen zu neuen KI-Produkten – als ob Durchbrüche in Forschung und Entwicklung planbar wären. Stellen solche Unternehmen nicht jedes Mal noch glanzvollere Produkte vor als im Vorjahr, werten wir das bereits als Misserfolg oder fragen, ob es das schon mit der KI gewesen sei. Oder aber wir äußern Zweifel an der Unternehmensführung. Nie geben wir solchen Firmen ein paar Jahre Zeit, um in Ruhe zu arbeiten, ohne regelmäßig spektakuläre Ergebnisse einzufordern. Wehe, wenn ein solches Unternehmen beschließt, ein paar Monate lang gar keine offiziellen Erklärungen abzugeben – dann deuten wir das Schweigen unweigerlich als Vorboten eines aufsehenerregenden „Skunkworks"-Projekts.

Die US-Regierung hat keine groß angelegte Strategie – weder für KI noch für unsere längerfristige Zukunft. Statt also koordinierte nationale Strategien zu entwickeln, um innerhalb der Regierung organisatorische Kapazitäten aufzubauen, statt unsere internationalen Allianzen zu erweitern und zu stärken und unser Militär auf die Kriegführung der Zukunft vorzubereiten, haben die Vereinigten Staaten die KI der politischen Drehtür überantwortet. Statt Grundlagenforschung über KI zu finanzieren, hat die US-Regierung die Forschung und Entwicklung de facto in die Privatwirtschaft ausgelagert und den Launen der Wall Street überlassen. Statt KI als Chance zur Schaffung neuer Arbeitsplätze und für Wachstum zu begreifen, wittern amerikanische Parlamentarier nur überall technologiebedingte Arbeitslosigkeit. Dafür machen sie wiederum die großen

US-Tech-Anbieter verantwortlich. Dabei könnten sie diese Unternehmen einladen, sich auf oberster Regierungsebene an der strategischen Planung zu beteiligen (soweit eine solche überhaupt stattfindet). Unseren KI-Pionieren bleibt gar nichts anderes übrig, als miteinander um einen vertrauensvollen direkten Draht zu Ihnen, zu mir, zu unseren Schulen, unseren Krankenhäusern, unseren Kommunen und unserer Wirtschaft zu wetteifern.

In den Vereinigten Staaten leiden wir unter einem verhängnisvollen Mangel an Weitblick. Unser Vorgehen ist geprägt von einer gegenwartsorientierten Mentalität und unsere Planung fokussiert sich mehr auf die nächsten paar Lebensjahre als auf jeden anderen Zeithorizont. Eine solche Einstellung favorisiert kurzfristige technische Leistungen, entzieht sich aber jeder Verantwortung dafür, wie sich Technologie auf lange Sicht entwickeln könnte, für die Auswirkungen und für die Ergebnisse unseres Handelns. Wir vergessen allzu leicht, dass sich ernsthaft auf die Zukunft auswirken kann, was wir heute tun. Kein Wunder also, dass wir die weitere Entwicklung der KI im Grunde an sechs börsengehandelte Unternehmen delegiert haben, die zwar Erstaunliches zuwege bringen, doch deren finanzielle Interessen nicht immer mit dem in Einklang stehen, was für unsere persönliche Freiheit, unsere Gesellschaft und unsere demokratischen Ideale am besten ist.

In China ist die Entwicklung der KI dagegen fest in die ehrgeizigen Pläne der Regierung eingebunden. China schafft eifrig alle Voraussetzungen, um sich zum unangefochtenen KI-Hegemonen der Welt zu entwickeln. Im Juli 2017 stellte die chinesische Regierung ihren Plan zur Entwicklung der nächsten Generation künstlicher Intelligenz vor, demzufolge sie bis 2030 zum globalen Marktführer in der KI avancieren möchte – mit einer mindestens 150 Milliarden US-Dollar[1] schweren Inlandsindustrie. Damit war die Investition eines Teils des staatlichen Investitionsfonds in neue Labors und Start-ups ebenso verbunden wie die Gründung eigener Schulen, um die nächste Generation chinesischer KI-Talente auszubilden.[2] Im

Oktober desselben Jahres erläuterte der chinesische Präsident Xi Jinping seine Pläne in Bezug auf KI und Big Data ausführlich in einer Rede vor Tausenden von Parteifunktionären. KI, so Xi, werde zu Chinas Übergang in eine der fortschrittlichsten Volkswirtschaften der Welt beitragen. Chinas Wirtschaft ist schon heute 30-mal so groß wie noch vor 30 Jahren. Baidu, Tencent und Alibaba mögen große Aktiengesellschaften sein, doch wie alle chinesischen Großkonzerne müssen auch sie sich dem Willen Pekings beugen.

Chinas enorme Bevölkerung von 1,4 Milliarden Bürgern liefert dem Land die größte und möglicherweise wichtigste natürliche Ressource des KI-Zeitalters: menschliche Daten. Um die Algorithmen zur Mustererkennung zu verfeinern, sind gewaltige Datenmengen erforderlich – weshalb die chinesischen Systeme zur Gesichtserkennung wie Megvii und SenseTime für Investoren so attraktiv sind. Alle Daten, die von chinesischen Bürgern generiert werden, wenn sie telefonieren, online einkaufen und Fotos in sozialen Netzwerken posten, helfen Baidu, Alibaba und Tencent, erstklassige KI-Systeme zu entwickeln. China hat einen großen Vorteil: Es unterliegt nicht den Datenschutz- und Sicherheitsbeschränkungen, die den Fortschritt in den Vereinigten Staaten bremsen könnten.

Doch wir müssen die Entwicklungsrichtung von KI im breiteren Kontext der übergeordneten Zukunftspläne Chinas betrachten. Im April 2018 hielt Xi eine große Rede über seine Vision für China als globale Cyber-Supermacht. Die Rede wurde von Chinas staatlichem Nachrichtendienst Xinhua in Teilen veröffentlicht. Xi beschreibt darin ein neues Governance-Netzwerk für den Cyberspace und ein Internet, das „positive Informationen verbreiten, den richtigen politischen Kurs beibehalten und die öffentliche Meinung und die Werte in die richtige Richtung lenken" werde.[3] Die autoritären Regelungen, nach denen wir alle leben sollten, wenn es nach China ginge, weichen stark von der Redefreiheit, der Marktwirtschaft und der dezentralen Machtverteilung ab, die wir im Westen so schätzen.

KI ist Teil einer Reihe nationaler Erlasse und Gesetze, die auf die Kontrolle und Überwachung aller innerhalb Chinas generierten Informationen, der Daten seiner Bürger sowie der Daten der Bürger seiner diversen strategischen Partner abzielen. Einer dieser Erlasse schreibt allen ausländischen Unternehmen vor, Daten über chinesische Staatsbürger auf Servern innerhalb der Grenzen Chinas zu speichern. Dadurch können staatliche Sicherheitsorgane nach Belieben auf personenbezogene Daten zugreifen. Eine andere Initiative – die chinesische Polizei-Cloud – soll Menschen mit psychischen Störungen überwachen und verfolgen, aber auch Personen, die die Regierung öffentlich kritisiert haben sowie die muslimische ethnische Minderheit der Uiguren. Im August 2018 erklärten die Vereinten Nationen, es lägen glaubwürdige Berichte darüber vor, dass China ganz im Westen des Landes Millionen von Uiguren in geheimen Lagern festhalte.[4] Chinas Integrated Joint Operations Platform setzt KI ein, um Musterabweichungen zu erkennen – ob zum Beispiel jemand seine Rechnungen nicht pünktlich zahlt. Ein KI-gestütztes Sozialkreditsystem wurde einem Leitsatz in den offiziellen Planungsdokumenten zufolge entwickelt, um eine problemfreie Gesellschaft zu errichten, indem „dem Vertrauenswürdigen jede Bewegungsfreiheit ermöglicht wird, während der Diskreditierte kaum noch einen Schritt tun kann".[5] Um die „Vertrauenswürdigkeit" zu fördern, werden die Bürger anhand verschiedener Datenpunkte eingestuft wie „Heldentaten" (für die Extrapunkte vergeben werden) oder „Strafzettel" (für die Punkte abgezogen werden). Wer eine niedrige Punktzahl hat, tut sich schwerer, wenn er eine Arbeitsstelle finden, ein Eigenheim kaufen oder seine Kinder in einer Schule anmelden möchte. In einigen Städten werden Fotos der punktestarken Bewohner ausgestellt.[6] In anderen Städten wie Shandong werden Bürger, die als Fußgänger die Verkehrsregeln missachten, schon öffentlich auf digitalen Anzeigetafeln angeprangert und die Bilder werden automatisch an das beliebte soziale Netzwerk Weibo weitergeschickt.[7] Wem das so fantastisch vorkommt, dass er es kaum glauben mag, der sollte sich vergegenwärtigen, dass China auch erfolgreich eine Ein-Kind-Politik durchgesetzt hat, um einen Rückgang der Bevölkerungszahl zu erzwingen.

Diese politischen Maßnahmen und Strategien sind Ideen aus dem inneren Kreis um Präsident Xi Jinping, der sich die letzten zehn Jahre lang ganz und gar auf die Entwicklung einer neuen Identität Chinas und dessen Umbau zu unserer vorherrschenden globalen Supermacht konzentriert hat. China ist heute autoritärer als unter allen vorausgegangenen Regierungschefs seit dem Vorsitzenden Mao Tse-tung und die Förderung und Nutzung von KI sind grundlegende Voraussetzungen für Xis Anliegen. Die Belt-and-Road-Initiative ist eine groß angelegte geoökonomische Strategie, verkleidet als Infrastrukturprogramm nach dem Vorbild der alten Seidenstraßenrouten, die China über den Nahen Osten und Afrika mit Europa verbanden. China baut nicht nur Brücken und Straßen, es exportiert im Zuge dessen auch seine Überwachungstechnik, sammelt Daten und vergrößert zudem nebenbei auch den Einfluss seiner Kommunistischen Partei in aller Welt, was unserer derzeitigen liberalen demokratischen Ordnung diametral entgegensteht. Eine weitere solche nationale Strategie, die Xi verfolgt, ist die Global Energy Interconnection. Sie soll das erste globale Stromnetz der Welt einrichten und verwalten. China hat bereits Wege gefunden, eine neuartige Ultra-Hochspannungskabeltechnologie zu skalieren, die Strom aus seinem äußersten Westen bis nach Schanghai liefern kann – und es schließt bereits Verträge ab, um seine Nachbarländer mit Energie zu versorgen.

Diese und viele weitere Initiativen sind clevere Methoden, sich langfristig auf nichtmilitärischem Wege Macht zu sichern. Ein brillanter Schachzug von Xi, dessen Partei im März 2018 dafür stimmte, seine Amtszeit nicht mehr zu befristen, sodass er im Prinzip lebenslang Präsident bleiben kann. Xis Endziel ist glasklar: Er will eine neue Weltordnung schaffen, in der China de facto den Ton angibt. Und genau in dieser Phase von Chinas diplomatischer Expansion ziehen sich die Vereinigten Staaten irreparabel aus langjährigen globalen Bündnissen und Verträgen zurück, während Präsident Trump einen neuen Bambusvorhang errichtet.

Die Zukunft der KI entwickelt sich derzeit in zwei Richtungen, die in vieler Hinsicht nicht dem entsprechen, was das Beste für die Menschen wäre. Chinas KI-Vorstoß ist Teil eines koordinierten Versuchs, eine neue Weltordnung unter Führung von Präsident Xi zu errichten, während in Amerika Marktkräfte und Konsumdenken die Hauptmotive sind. Diese Dichotomie ist für uns alle ein schwerwiegender Nachteil. Könnten wir sie auflösen, entfiele damit auch das anstehende Kernproblem mit der KI – und genau das soll dieses Buch erreichen. Die neun Großunternehmen verfolgen möglicherweise dasselbe hehre Ziel – den Code maschineller Intelligenz zu knacken, um Systeme zu bauen, die wie Menschen denken können –, doch das Ergebnis ihrer Arbeit könnte der Menschheit nicht wiedergutzumachenden Schaden zufügen.

Ich halte KI grundsätzlich für eine positive Kraft – eine Kraft, die die nächsten Generationen der Menschheit voranbringen und uns helfen wird, unsere idealistischeren Zukunftsvisionen zu verwirklichen.

Aber ich bin auch Pragmatikerin. Wir alle wissen, dass Menschen auch in bester Absicht ungewollt viel Unheil anrichten können. In der Technologie und vor allem im Zusammenhang mit KI müssen wir uns stets ganz bewusst sowohl auf die angestrebten Nutzungsmöglichkeiten als auch auf unbeabsichtigten Missbrauch einstellen. Das gilt vor allem für heute und die absehbare Zukunft, in der KI in alles hineinspielt: Weltwirtschaft, Erwerbsbevölkerung, Landwirtschaft, Verkehr, Bankwesen, Umweltüberwachung, Bildung, Militär und nationale Sicherheit. Bleibt KI in den USA und in China auf ihrem aktuellen Entwicklungskurs, könnte die Welt daher im Jahr 2069 ganz anders aussehen als im Jahr 2019. Stützen sich Strukturen und Systeme der Gesellschaft vermehrt auf KI, werden wir feststellen, dass in unserem Namen getroffene Entscheidungen womöglich für Maschinen vollkommen logisch sind – nur für uns nicht.

Wir Menschen verlieren unsere Erkenntnis ebenso schnell, wie die der Maschinen zum Leben erwacht. Wir passieren die ersten wichtigen Meilensteine in der technischen und geopolitischen Entwicklung von KI, doch mit jedem neuen Fortschritt verschwindet die KI immer mehr aus unserem Blickfeld. Wie unsere Daten gewonnen und aufbereitet werden, ist immer weniger offensichtlich, und die Entscheidungsprozesse autonomer Systeme werden immer undurchsichtiger für uns. Es tut sich daher eine Verständniskluft bezüglich der Frage auf, wie sich KI im Moment auf unseren Alltag auswirkt, und diese Kluft wird sich in künftigen Jahren und Jahrzehnten exponentiell vergrößern. Die Distanz möglichst zu verringern durch eine Kritik an dem Entwicklungskurs, auf dem sich die KI derzeit befindet, ist meine Mission mit diesem Buch. Mein Ziel ist es, die Diskussion über künstliche Intelligenz zu demokratisieren und Ihnen mehr Informationen darüber zu liefern, was uns bevorsteht – damit die realen Auswirkungen der KI auf unsere Zukunft für Sie ganz persönlich konkret und relevant werden, bevor es zu spät ist.

Die Menschheit steht vor einer existenziellen Krise im eigentlichen Wortsinn – weil sich niemand mit der einfachen Frage auseinandersetzt, die für KI von Anfang an so grundlegend ist: Was passiert mit der Gesellschaft, wenn wir Macht auf ein System übertragen, das von einer kleinen Gruppe von Menschen entwickelt wurde und Entscheidungen für alle treffen soll? Was passiert, wenn solche Entscheidungen von Marktkräften oder von parteipolitischem Ehrgeiz beeinflusst werden? Die Antwort spiegelt sich in unseren Zukunftschancen, in der Art und Weise, wie uns der Zugang verwehrt wird, in unseren gesellschaftlichen Konventionen, in den Regeln, nach denen unsere Wirtschaft funktioniert, und sogar in unseren zwischenmenschlichen Beziehungen wider.

Dies ist kein Buch über die üblichen Debatten um KI. Es ist Warnung und Konzept für eine bessere Zukunft zugleich. Es stellt die Abneigung gegen langfristige Planungen in den Vereinigten Staaten infrage und macht deutlich, wie schlecht unsere Unternehmen, Bildungsstätten und Behörden auf KI vorbereitet sind. Es zeichnet ein schonungsloses Bild der verwobenen geopolitischen, wirtschaftlichen und diplomatischen Strategien Chinas im Zuge der Umsetzung seiner großen Vision von einer neuen Weltordnung. Und es fordert zu kühner Führung unter extrem schwierigen Bedingungen auf. Denn, wie Sie bald merken werden: Unsere gemeinsame Zukunft braucht einen Helden.

Es folgt ein Handlungsaufruf in drei Teilen. Im ersten Teil erfahren Sie, was KI eigentlich ist und welche Rolle die großen Neun bei ihrer Entwicklung spielen. Außerdem tauchen wir tief ein in die jeweiligen Situationen, vor denen die großen Neun stehen – die betroffenen Unternehmen in Amerika und Baidu, Alibaba und Tencent in China. Im zweiten Teil werden Ihnen detaillierte, plausible Zukunftsszenarien für die nächsten 50 Jahre im Zuge der Weiterentwicklung von KI präsentiert. Die drei vorgelegten Szenarien reichen von optimistisch über pragmatisch bis zu katastrophal und offenbaren die Chancen und die Risiken im Zuge unserer Entwicklung von schwacher künstlicher Intelligenz zu starker künstlicher Intelligenz und künstlicher Superintelligenz. Diese Szenarien sind durchaus krass – sie sind das Ergebnis datengesteuerter Modelle und vermitteln Ihnen einen tiefgehenden Eindruck von der potenziellen Entwicklung der KI und ihren Auswirkungen auf unser Leben. Im dritten Teil biete ich taktische und strategische Lösungen für alle Probleme an, die in den Szenarien ermittelt werden, sowie einen konkreten Plan zum Neustart der aktuellen Konfiguration. Der dritte Teil soll uns den nötigen Ruck geben, aktiv zu werden. Daher enthält er spezifische Empfehlungen für unsere Regierungen, die Manager der großen Neun und auch für Sie ganz persönlich.

• • •

Jeder heute lebende Mensch kann für die Zukunft der künstlichen Intelligenz eine entscheidende Rolle spielen. Die Entscheidungen, die wir heute über KI treffen – selbst die scheinbar banalen –, werden den Lauf der Menschheitsgeschichte für immer verändern. Wenn die Maschinen erwachen, merken wir möglicherweise, dass unsere KI-Systeme trotz unserer Hoffnungen und altruistischen Ambitionen verheerend für die Menschheit sind.

So muss es aber nicht kommen.

Die großen Neun sind nicht die Bösewichte in dieser Geschichte. Sie sind vielmehr unsere größten Hoffnungsträger.

Lesen Sie weiter. Wir können nicht einfach abwarten und zusehen, was kommt. KI ist nämlich schon da.

Teil 1

GEISTER IN DER MASCHINE

KAPITEL 1

GEIST UND MASCHINE – EINE GANZ KURZE GESCHICHTE DER KI

Die Wurzeln der modernen künstlichen Intelligenz reichen Hunderte von Jahren zurück, in eine Zeit, lange bevor die großen Neun KI-Agenten mit Namen wie Siri, Alexa oder ihr chinesisches Gegenstück Tiān Māo entwickelt haben. Die ganze Zeit über gab es nie die eine klare Definition für KI, wie es sie für andere Technologien gibt. KI ist nicht so einfach konkret zu beschreiben, denn KI kann für so Vieles stehen, und dieser Bereich wächst ständig weiter. Was noch in den 1950er-Jahren als KI galt – ein Rechner, der in der Lage war, schriftlich zu dividieren –, erscheint heute kaum noch als fortschrittliche technische Entwicklung. Das wird auch als „seltsames Paradoxon" bezeichnet: Ist eine neue Technologie erst einmal erfunden und hat sich massenhaft verbreitet, wird sie für uns unsichtbar. Prompt halten wir eine solche Technologie nicht mehr für KI.

In ihrer einfachsten Form ist künstliche Intelligenz ein System, das autonome Entscheidungen trifft. Die Aufgaben, die KI erfüllt, duplizieren oder ahmen Akte menschlicher Intelligenz nach – wie die Erkennung von Geräuschen und Gegenständen, die Problemlösung, das Sprachverständnis und den Einsatz von Strategie, um Ziele zu erreichen. Manche KI-Systeme sind ungeheuer breit angelegt und führen rasend schnell Millionen von Berechnungen durch, andere sind dagegen sehr eng gefasst und nur für eine bestimmte Aufgabe gedacht, etwa zum Aufspüren von Schimpfwörtern in E-Mails.

Die Fragen, die sich uns dazu aufdrängen, sind immer wieder dieselben: Können Maschinen denken? Was würde es für eine Maschine bedeuten, zu denken? Was bedeutet es für uns, zu denken? Was ist Denken eigentlich? Woher wollen wir – definitiv und zweifelsfrei – wissen, dass wir wirklich originelle Gedanken haben? Solche Fragen begleiten uns seit Jahrhunderten und sie stehen im Mittelpunkt der Gegenwart und Zukunft der KI.

Bei der Untersuchung, wie Maschinen und Menschen denken, stellt sich folgendes Problem: Das Wort „denken" ist untrennbar mit dem Begriff „Geist" verbunden. Im *Merriam-Webster Dictionary* wird „denken" definiert als „im Geist bilden oder haben", während das *Oxford Dictionary* die Bedeutung folgendermaßen erklärt: „seinen Geist aktiv nutzen, um zusammenhängende Ideen zu entwickeln". Schlagen wir das Wort „Geist" in beiden Quellen nach, wird es im Kontext von „Bewusstsein" definiert. Doch was ist Bewusstsein? Laut beiden Nachschlagewerken ist es die Eigenschaft oder Verfassung, zu begreifen und zu reagieren. Unterschiedliche Gruppierungen – Psychologen, Neurowissenschaftler, Philosophen, Theologen, Ethiker und Informatiker – nähern sich dem Konzept des Denkens auf verschiedenen Wegen.

Wenn Sie Alexa einsetzen, um herauszufinden, ob in Ihrem Lieblingslokal noch ein Tisch frei ist, treten Sie beide bewusst in einen Dialog über das Essen ein, obwohl Alexa nicht weiß, wie es sich anfühlt, wenn man in einen knackigen Apfel beißt, kohlensäurehaltiges Mineralwasser auf der Zunge prickelt oder Erdnussbutter am Gaumen klebt. Bitten Sie Alexa, die Eigenschaften solcher Lebensmittel zu beschreiben, so schildert sie Ihnen en détail, wie Sie diese erleben. Alexa hat aber keinen Mund – wie kann sie da Nahrung so wahrnehmen, wie Sie das tun?

Sie sind ein biologisch einzigartiges Individuum, dessen Speicheldrüsen und Geschmacksknospen ein bisschen anders angeordnet sind als beispielsweise meine. Trotzdem wissen wir beide aus Erfahrung, was ein Apfel ist und wie ein Apfel im Allgemeinen schmeckt, welche Beschaffenheit er hat und wie er riecht. Wir haben im Lauf unseres Lebens gelernt, einen Apfel zu erkennen – und zwar durch Verstärkungslernen. Jemand hat uns beigebracht, wie ein Apfel aussieht, wozu er gut ist und was ihn von anderen Früchten unterscheidet. Mit der Zeit und ohne dass wir uns dessen bewusst waren, konnten unsere autonomen biologischen Mustererkennungssysteme immer besser bestimmen, was ein Apfel ist – selbst wenn uns nur ein paar der nötigen Datenpunkte zur Verfügung standen. Schon wenn Sie nur den zweidimensionalen Umriss eines Apfels in Schwarz-Weiß sehen, wissen Sie, worum es sich dabei handelt – obwohl Geschmack, Geruch, Knackigkeit und all die anderen Daten fehlen, die Ihrem Gehirn signalisieren: *Das ist ein Apfel*. Doch Sie und Alexa haben auf eine viel ähnlichere Art und Weise gelernt, was ein Apfel ist, als Sie sich vielleicht vorstellen können.

Alexa ist kompetent – aber ist sie auch *intelligent*? Muss ihre maschinelle Wahrnehmung sämtliche Qualitäten menschlicher Wahrnehmung haben, damit wir ihr „Denken" als gleichwertige Spiegelung des unseren anerkennen? Der Bildungspsychologe Dr. Benjamin Bloom befasste sich im Zuge seiner akademischen Laufbahn vor allem mit der Erforschung und Klassifizierung des Denkens. 1956 veröffentlichte er seine berühmte Taxonomie zur Klassifizierung von Lernzielen und Bildungsstufen. Die Grundlage bildet das Erlernen von Fakten und grundlegenden Konzepten, gefolgt vom Verständnis und der Anwendung des Wissens in neuen Situationen, der

Bewertung, Rechtfertigung und Beurteilung von Informationen und schließlich eigener kreativer Gedanken. Als Kinder sind wir zunächst auf das Lernen und Verstehen fokussiert. So müssen wir erst lernen, dass eine Flasche Milch enthält, bevor wir verstehen, dass die Flasche eine Vorder- und eine Rückseite hat, obwohl wir sie nicht sehen.

Dieselbe Hierarchie gilt auch für das maschinelle Lernen. 2018 komponierte und produzierte ein KI-System namens Amper selbst Musik für das Album *I AM AI*. Harmoniefolge, Instrumentierung und Percussion wurden von Amper entwickelt, auf der Grundlage ursprünglicher Parameter wie Genre, Stimmung und Länge. So entstanden in wenigen Minuten komplette Stücke. Die (menschliche) Künstlerin Taryn Southern arbeitete mit Amper an dem Album zusammen – und das Resultat ist die stimmungs- und seelenvolle Ballade „Break Free" mit über 1,6 Millionen YouTube-Aufrufen, die im klassischen Radio zum Hit wurde. Doch bevor Amper diesen Song erschaffen konnte, musste das System erst lernen, welche qualitativen Elemente und quantitativen Daten eine große Ballade ausmachen – wie man Notenwerte und Taktschläge berechnet und wie man in der Musik Tausende von Mustern erkennt (zum Beispiel Akkord- und Harmoniefolgen und rhythmische Akzente).

Kreativität, wie sie von Amper an den Tag gelegt wurde, ist der Höhepunkt der Bloom'schen Taxonomie – doch war sie schlicht ein eingelernter mechanischer Prozess? Oder ein Beispiel für menschenähnliche – oder eine ganz anders geartete – Kreativität? Hat Amper so über Musik gedacht wie ein menschlicher Komponist? Man könnte behaupten, dass Ampers „Gehirn" – ein neuronales Netz, das in einem Gehäuse Algorithmen und Daten einsetzt – vielleicht nicht so anders ist als das Gehirn eines Beethoven aus organischen Neuronen, das in dem Gehäuse seines Schädels Daten verarbeitet und Muster erkennt. Unterschied sich der kreative Prozess von Amper tatsächlich von dem Beethovens, als dieser seine Fünfte komponierte, die mit dem berühmten Da-da-da-DAMM, Da-da-da-DAMM beginnt, um dann von Dur in Moll zu wechseln? Beethoven hat die ganze Sinfonie nicht komplett neu erfunden – auf diese ersten vier Noten folgen eine harmonische Sequenz, Teile von Tonleitern, Arpeggios und andere übliche Zutaten, aus denen viele Kompositionen bestehen. Hören Sie beim *Scherzo* vor dem Finale genau hin, und sie erkennen Muster, die er sich bei Mozarts Sinfonie Nr. 40 ausgeborgt hat, die 20 Jahre zuvor geschrieben worden war – 1788 nämlich. Mozart stand unter dem Einfluss seines Rivalen Antonio Salieri und seines Freundes Franz Joseph Haydn, die ihrerseits von den Werken früherer Komponisten wie Johann Sebastian Bach, Antonio Vivaldi und Henry Purcell und deren Musik beeinflusst waren, die von Mitte des 17. bis Mitte des 18. Jahrhunderts entstand. In ihren Kompositionen lassen sich auch Parallelen zu noch älteren Komponisten aus dem 15. bis 17. Jahrhundert erkennen, wie Jakob Arcadelt, Jean Mouton und Johannes Ockeghem. Und *diese* wiederum waren geprägt von den frühesten Komponisten des Mittelalters – wir könnten das Einflussmuster zurückverfolgen bis zur allerersten schriftlichen Komposition, der sogenannten „Seikilos-Stele", einer Marmorsäule von einer altgriechischen Grabstätte aus dem 1. Jahrhundert, in die eine musikalische Notation eingemeißelt war. Wir könnten sogar noch weiter zurückgehen – bis in die Zeit, als aus Knochen und Elfenbein die ersten primitiven Flöten geschnitzt wurden, vermutlich vor 43.000 Jahren. Dabei geht die Forschung davon aus, dass unsere frühesten Vorfahren davor schon gesungen haben, bevor sie sprechen lernten.[1]

Wie wir Menschen „verdrahtet" sind, ist das Ergebnis von Jahrmillionen der Evolution. Die Verdrahtung der modernen KI basiert auf einer ganz ähnlichen langen evolutionären Entwicklung, die bis zu den Mathematikern, Philosophen und Wissenschaftlern der Antike zurückreicht. Menschheit und Maschinen haben nur dem Anschein nach unterschiedliche Pfade eingeschlagen. In Wirklichkeit war unsere Evolution stets miteinander verflochten. Der *Homo sapiens* lernte aus seinem Umfeld und gab Eigenschaften an künftige

Generationen weiter, diversifiziert und repliziert durch die Erfindung fortschrittlicher Technologien wie Landwirtschaft, Jagdwerkzeuge und Penicillin. Es dauerte 11.000 Jahre, bis aus den 6 Millionen Erdenbürgern der Neusteinzeit die 7 Milliarden Menschen geworden waren, die die Erde heute bevölkern.[2] Das von KI-Systemen „bewohnte" Ökosystem – die Parameter für Lernen, Daten, Algorithmen, Prozessoren, Maschinen und neuronale Netze – verbessert und wiederholt sich exponentiell. Es wird nur Jahrzehnte dauern, bis sich KI-Systeme verbreiten und in alle Lebensbereiche Eingang finden.

Ob Alexa nun einen Apfel genauso wahrnimmt wie wir und ob Ampers Kompositionen wirklich „originell" sind, sind im Grunde Fragen zu unserer Auffassung vom Denken. Unsere heutige künstliche Intelligenz ist eine Mischung aus dem, was Philosophen, Mathematiker, Wissenschaftler, Roboteringenieure, Künstler und Theologen in Tausenden von Jahren hervorgebracht haben. Ihr Ziel – und unseres in diesem Kapitel – ist, den Zusammenhang zwischen dem Denken und den Denkfabriken zu begreifen. Welcher Zusammenhang besteht zwischen dem menschlichen Geist und den – *oder ungeachtet der* – Maschinen, die von den großen Neun in China und den Vereinigten Staaten gebaut werden?

Gibt es den Geist in der Maschine?

Die Grundlagen der KI lassen sich bis ins antike Griechenland zurückverfolgen, zu den Ursprüngen der Philosophie, der Logik und der Mathematik. In vielen Schriften Platons sagt Sokrates „Erkenne dich selbst" und er meinte damit, um sich zu verbessern und die richtigen Entscheidungen zu treffen, müsse man zunächst den eigenen Charakter kennen. Neben anderen Errungenschaften erfand Aristoteles den Syllogismus und unser erstes formallogisches System zur Deduktion. Etwa zeitgleich entwickelte der griechische Mathematiker Euklid eine Methode, den größten gemeinsamen Teiler zweier natürlicher Zahlen zu ermitteln. Damit hatte er den ersten Algorithmus in die Welt gesetzt. Aus ihrer Arbeit erwuchsen zwei maßgebliche neue Ideen: dass bestimmte physikalische Systeme nach logischen Regeln funktionieren und dass das menschliche Denken selbst ein symbolisches System sein könnte. Das regte Philosophen, Theologen und Wissenschaftler zu jahrhundertelangen Nachforschungen an. War der Körper eine komplexe Maschine? Ein Gefüge aus Hunderten weiterer Systeme, die alle zusammenarbeiteten – wie in einer großen Standuhr? Und der Geist? War er ebenfalls eine komplexe Maschine? Oder etwas ganz anderes? Ein göttlicher Algorithmus oder der Zusammenhang zwischen dem Geist und der physischen Welt ließ sich weder be- noch widerlegen.

Im Jahr 1560 baute ein spanischer Uhrmacher namens Juanelo Turriano einen kleinen mechanischen Mönch, den er im Namen König Philipps II., dessen Sohn sich auf wundersame Weise von einer Kopfverletzung erholt hatte, der Kirche zum Geschenk machte.[3] Der Mönch hatte erstaunliche Fähigkeiten – er konnte über den Tisch laufen, ein Kruzifix und einen Rosenkranz hochheben, sich reuevoll auf die Brust schlagen und seine Lippen bewegen, als würde er beten. Er war der erste *Automat* – die mechanische Darstellung eines Lebewesens. Das Wort „Roboter" existierte zwar noch nicht, doch der Mönch war eine bemerkenswerte kleine Erfindung, die das Publikum damals schockiert und verwirrt haben musste. Seinerzeit kam wohl kaum jemand auf den Gedanken, dass ein kleiner Automat irgendwann in ferner Zukunft nicht nur einfache Bewegungen nachahmen, sondern in den Fertigungsstraßen von Fabriken, in Forschungslabors und in Gesprächen am Küchentisch den Menschen ersetzen könnte.

Der kleine Mönch war die Inspiration für die erste Generation von Roboteringenieuren, die immer komplexere, dem Menschen nachempfundene Maschinen entwickeln wollte: Bald schon konnten Automaten schreiben, tanzen und malen. Das brachte eine Gruppe von Philosophen dazu, Fragen dazu zu stellen, was einen Menschen eigentlich ausmachte. Wenn es möglich war, Automaten zu bauen, die menschliches Verhalten nachahmten, waren Menschen dann von

Gott gebaute Automaten? Oder waren wir komplexe Systeme mit der Fähigkeit, logisch und kreativ zu denken?

Der englische Staatstheoretiker und Philosoph Thomas Hobbes beschrieb die rationale Erkenntnis in *De corpore*, dem ersten Teil seiner großartigen Trilogie über Naturwissenschaft, Psychologie und Politik, als Berechnung. 1655 schrieb er: „Unter rationaler Erkenntnis verstehe ich Berechnung. Berechnen heißt entweder die Summe von zusammengefügten Dingen finden oder den Rest erkennen, wenn eins vom andern abgezogen wird. Also ist rationale Erkenntnis dasselbe wie Addieren und Substrahieren."[4] Doch woher sollten wir wissen, ob wir bei diesem Prozess einen freien Willen hatten?

Als Hobbes am ersten Teil seiner Trilogie schrieb, veröffentlichte der französische Philosoph René Descartes seine *Meditationen* und fragte darin, ob wir mit Sicherheit sagen könnten, dass das, was wir wahrnehmen, auch real sei. Wie konnten wir unser eigenes Bewusstsein nachweisen? Welcher Beleg war erforderlich, um zu folgern, dass unsere Gedanken wirklich unsere eigenen und die Welt um uns herum real war? Descartes war Rationalist und glaubte, dass man durch Deduktion zu Fakten gelangte. Er führte ein berühmtes Gedankenexperiment durch. Er bat seine Leser, sich vorzustellen, ein Dämon würde gezielt eine Illusion ihrer Welt erschaffen. Wäre die physische, sinnliche Erfahrung der Leserin, in einem See zu schwimmen, nur das Konstrukt des Dämons, könnte sie nicht *wissen*, dass sie schwamm. Doch Descartes vertrat die Ansicht, wenn sich die Leserin ihrer eigenen Existenz bewusst sei, erfülle sie die Kriterien für Wissen. „Ich bin, ich existiere, wann immer es von mir ausgesprochen oder vom Verstand begriffen wird, ist notwendigerweise wahr", schrieb er über seinen berühmten Satz.[5] Anders ausgedrückt: Unsere Existenz ist über jeden Zweifel erhaben, auch wenn es in unserer Mitte einen trügerischen Dämon gibt. Oder: *Ich denke, also bin ich.*

Später stellte Descartes in seiner *Abhandlung über den Menschen* die These auf, dass Menschen vermutlich einen Automaten erschaffen könnten – in diesem Fall in Form eines kleinen Tiers –, der sich nicht von einem echten Tier unterscheiden ließe. Doch selbst wenn wir eines Tages einen mechanischen Menschen entwickelten, würde dieser nie für echt gehalten, so Descartes, weil es ihm an Geist und damit an Seele mangeln würde. Anders als Menschen könnte eine Maschine nie die Kriterien für Wissen erfüllen – sie könnte nie unser Bewusstsein haben. Nach der Auffassung von Descartes fand Bewusstsein im Inneren statt – die Seele war der Geist in den Maschinen unserer Körper.[6]

Ein paar Jahrzehnte später setzte sich der deutsche Mathematiker und Philosoph Gottfried Wilhelm Leibniz mit der Idee auseinander, dass die menschliche Seele selbst programmiert sei. Er argumentierte, der Geist sei selbst ein Gehäuse. Gott habe die Seele und den Körper von Natur aus als harmonisch geschaffen. Der Körper mochte eine komplexe Maschine sein, doch eine mit einem göttlichen Regelwerk. Unsere Hände bewegen sich, wenn wir das so beschließen. Wir haben aber nicht alle Mechanismen geschaffen oder erfunden, die die Bewegung ermöglichen. Empfinden wir Schmerzen oder Vergnügen, sind diese Empfindungen das Ergebnis eines programmierten Systems, einer kontinuierlichen Kommunikationsleitung zwischen Körper und Geist.

Leibniz entwickelte ein eigenes Gedankenexperiment, um zu veranschaulichen, dass Gedanken und Wahrnehmung untrennbar mit dem Menschsein verbunden seien. Stellen Sie sich vor, sie betreten eine Mühle. In dem Gebäude befinden sich Maschinen, Rohstoffe und Arbeiter. Es ist ein komplexes System aus einzelnen Teilen, die harmonisch auf ein gemeinsames Ziel hinarbeiten. Einen Geist könnte es aber nie haben. Leibniz schrieb: „Wir sehen Bestandteile des ganzen Mühlengetriebes, wie sie sich drehen, aneinanderstoßen, ziehen, allein der Geist, das Denken bleibt uns verborgen." Er wollte darauf hinaus, dass, ganz gleich wie hoch entwickelt die Mühle, die Maschine oder der Automat auch sei, Menschen niemals eine Maschine konstruieren könnten, die des Denkens oder der Wahrnehmung mächtig wäre.[7]

Dennoch faszinierte Leibniz die Vorstellung, Facetten des Denkens wiederzugeben. Ein paar Jahrzehnte zuvor bezeichnete ein wenig bekannter englischer Autor namens Richard Braithwaite, der ein paar Bücher über Sozialverhalten geschrieben hatte, menschliche „Computer" als hochqualifizierte, schnelle, präzise Menschen, die gut rechnen konnten.[8] Währenddessen befasste sich der französische Mathematiker und Erfinder Blaise Pascal, der die Grundlage für das gelegt hatte, was wir heute als Wahrscheinlichkeitsaussage kennen, mit der Automatisierung von Rechenaufgaben. Pascal beobachtete, wie sein Vater mühevoll mit der Hand Steuern berechnete, und wollte ihm die Arbeit erleichtern. Also begann er, an einem automatischen Rechner zu arbeiten, einem mit Zahnrädern und beweglichen Ziffern.[9] Die Rechenmaschine funktionierte und regte Leibniz dazu an, seine Gedanken zu präzisieren: Maschinen würden zwar nie eine Seele haben, doch es könnte irgendwann möglich sein, eine Maschine zu bauen, die in der Lage sei, so logisch zu denken wie ein Mensch. 1673 beschrieb Leibniz seine Staffelwalzenmaschine, eine neuartige Rechenmaschine, die ein binäres Entscheidungssystem einsetzte.[10] Diese Maschine glich einem Billardtisch mit Kugeln, Löchern, Stöcken und Kanälen. Die Maschine öffnete die Löcher durch Einsatz einer Reihe von Einsen (offen) und Nullen (geschlossen).

Leibniz' theoretische Staffelwalzenmaschine bereitete den Boden für weitere Theorien, darunter die Vorstellung, wenn sich logisches Denken auf Symbole reduzieren ließe und infolgedessen als Rechensystem analysiert werden könnte, und wenn Geometrieaufgaben durch Symbole und Zahlen gelöst werden könnten, sich dann alles auf Bits reduzieren ließe – auch menschliches Verhalten. Damit wich er maßgeblich von den früheren Philosophen ab: Die Maschinen der Zukunft könnten menschliche Denkprozesse wiedergeben, ohne dadurch gegen die göttliche Vorsehung zu verstoßen. Das Denken erforderte nicht unbedingt Wahrnehmung, Sinne oder Seele. Leibniz stellte sich einen Rechner vor, der in der Lage wäre, allgemeine Aufgaben zu lösen – auch solche, die nicht mathematischer Natur wären. Er stellte die Hypothese auf, dass sich Sprache im Rahmen eines universellen Sprachübersetzers auf atomare mathematische und wissenschaftliche Konzepte reduzieren lassen könnte.[11]

Folgen Geist und Maschine einfach einem Algorithmus?

Wenn Leibniz damit recht hätte, dass Menschen Maschinen mit Seelen wären und eines Tages seelenlose Maschinen erfinden würden, die in der Lage wären, unsagbare komplexe Gedanken zu fassen, dann könnte es auf der Welt eine binäre Klasse von Maschinen geben: wir und sie. Doch damit hatte die Debatte erst begonnen.

Ab 1738 konstruierte der Künstler und Erfinder Jacques de Vaucanson eine Reihe von Automaten für die französische Akademie der Wissenschaften, darunter auch eine komplexe naturgetreue Ente. Sie imitierte nicht nur die Bewegungen einer lebendigen Ente, schlug mit den Flügeln und pickte Körner, sondern konnte auch den Verdauungsprozess nachahmen. Das lieferte den Philosophen neuen Stoff zum Nachdenken: Wenn etwas aussah und quakte wie eine Ente, war es dann wirklich eine Ente? Gehen wir davon aus, dass die Ente irgendeine Art von Seele hat, wäre das dann ein ausreichender Beleg dafür, dass die Ente auch ein Bewusstsein hat – und alles, was damit zusammenhängt?

Der schottische Philosoph David Hume lehnte die Vorstellung ab, dass die Bestätigung der Existenz als solche bereits der Nachweis eines Bewusstseins sei. Anders als Descartes war Hume Empiriker. Er entwickelte ein neues wissenschaftliches Regelwerk auf der Grundlage beobachtbarer Sachverhalte und logischer Argumente. Während de Vaucanson seine verdauende Ente vorführte – als noch längst keine Rede von künstlicher Intelligenz war –, schrieb Hume in *Ein Traktat über die menschliche Natur*: „Die

Vernunft ist nur ein Sklave der Affekte und sollte nichts anderes sein". Hier verwendete Hume „Affekte" im Sinne von „nicht rationalen Motivationen" und wollte sagen, dass unser Verhalten nicht von abstrakter Logik, sondern von solcherlei Reizen gesteuert wird. Sind Eindrücke schlicht unsere Wahrnehmung dessen, was wir sehen, berühren, fühlen, schmecken und riechen können, und Ideen Wahrnehmungen von Dingen, mit denen wir nicht direkt in Kontakt kommen, so glaubte Hume, dass unsere Existenz und unser Verständnis der Welt um uns herum auf einem Konstrukt menschlicher Wahrnehmung beruhte.

Im Zuge der Fortschritte bei der Arbeit an Automaten, die immer realistischer wurden, und ernsthafterer Überlegungen über Computer und denkende Maschinen nahm der französische Arzt und Philosoph Julien Offray de La Mettrie eine ebenso radikale wie skandalöse Untersuchung über Menschen, Tiere und Automaten in Angriff. In einer 1747 zunächst anonym veröffentlichten Abhandlung schrieb La Mettrie, Menschen seien Tieren erstaunlich ähnlich, und ein Affe könne eine menschliche Sprache erlernen, wenn er „richtig ausgebildet" würde. La Mettrie folgerte ferner, dass Menschen und Tiere nur Maschinen seien, die von ihren Instinkten und Erfahrungen gesteuert würden. „Der menschliche Körper ist eine Maschine, die selbst ihre Triebfedern aufzieht; ... und folgerichtig ist die Seele nur ein Bewegungsprinzip beziehungsweise ein empfindlicher materieller Teil des Gehirns".[12]

Die Vorstellung, dass Menschen schlicht materiegesteuerte Maschinen seien – Zahnräder, die bestimmte Funktionen ausführten –, implizierte, dass wir weder besonders noch einzigartig waren. Sie deutete ferner darauf hin, dass wir möglicherweise sogar programmierbar waren. Traf das zu, und waren wir bisher bereits in der Lage gewesen, naturgetreue Enten und kleine Mönche zu bauen, sollte daraus folgen, dass sich der Mensch eines Tages selbst nachbauen – und eine Vielzahl intelligenter, denkender Maschinen konstruieren könnte.

War es möglich, eine denkende Maschine zu bauen?

In den 1830er-Jahren experimentierten die Mathematiker, Ingenieure und Wissenschaftler bereits eifrig in der Hoffnung, Maschinen zu bauen, die dieselben Berechnungen durchführen konnten wie menschliche „Computer". Die englische Mathematikerin Ada Lovelace und der Wissenschaftler Charles Babbage erfanden die sogenannte „Differenzmaschine" und postulierten später eine fortschrittlichere „analytische Maschine", die eine Reihe vorgegebener Schritte einsetzte, um Rechenaufgaben zu lösen. Dass die Maschine womöglich mehr vermochte, als Zahlen zu berechnen, daran hatte Babbage nicht gedacht. Es war Lovelace, die in den Fußnoten zu einer wissenschaftlichen Abhandlung, die sie übersetzte, auf einen brillanten Gedanken verfiel und spekulierte, dass eine leistungsfähigere Version der Maschine auch für andere Zwecke eingesetzt werden könnte.[13] Konnte die Maschine Symbole manipulieren, die ihrerseits verschiedenen Dingen zugeordnet werden konnten (wie Musiknoten), dann könnte man sie auch für Denkprozesse außerhalb der Mathematik einsetzen. Sie glaubte zwar nicht, dass ein Computer je dazu fähig sein könnte, selbstständig zu denken, doch sie stellte sich ein komplexes System vor, das Anweisungen befolgen und so viele alltägliche Arbeitsabläufe von Menschen nachmachen könnte. Damals erschien das manchem wenig bemerkenswert, doch Ada hatte im Grunde das erste vollständige Computerprogramm für eine künftige, leistungsfähige Maschine geschrieben – und zwar Jahrzehnte vor der Erfindung der Glühbirne.

Knapp 250 Kilometer nördlich von Cambridge, wo Lovelace und Babbage an der Universität arbeiteten, spazierte ein junger mathematischer Autodidakt namens George Boole in Doncaster über ein Feld, als er eine Eingebung hatte und beschloss, sein Leben der Erklärung der Logik des menschlichen Denkens zu widmen.[14] Dieser Spaziergang brachte hervor, was wir heute als Boole'sche Algebra kennen – eine Methode zur Verallgemeinerung logischer Operatoren (wie „und", „oder" und „nicht") durch die Verwendung von Symbolen und Zahlen. So würde sich aus „richtig *und* richtig" „richtig" ergeben, was physischen Schaltungen und Gattern im Rechner entspricht. Boole brauchte zwei Jahrzehnte, um seine Ideen formell festzuhalten. Und es sollte weitere 100 Jahre dauern, bis jemand merkte, dass die Boole'sche Logik und Wahrscheinlichkeit dazu beitragen könnte, Computer von automatischen Grundrechnern zu komplexeren Denkmaschinen zu entwickeln. Es war aber noch nicht möglich, eine Denkmaschine zu bauen – die nötigen Prozesse, Werkstoffe und Energie waren noch nicht vorhanden –, sodass die Theorie nicht auf die Probe gestellt werden konnte.

Der Sprung von der theoretischen Denkmaschine zum Rechner, der menschliches Denken nachahmte, vollzog sich in den 1930er-Jahren, als zwei bahnbrechende Arbeiten publiziert wurden: „A Symbolic Analysis of Switching and Relay Circuits" von Claude Shannon und „On Computable Numbers, with an Application to the *Entscheidungsproblem*" von Alan Turing. Shannon studierte Elektrotechnik am MIT und belegte als Wahlfach Philosophie – eine ungewöhnliche Wahl. Primäres Referenzmaterial für Shannons Dissertation war Booles *An Investigation of the Laws of Thought*. Sein Doktorvater Vannevar Bush animierte ihn dazu, die Boole'sche Logik auf physikalische Schaltungen zu übertragen. Bush hatte eine weiterentwickelte Version der Analytical Engine – der mechanischen Rechenmaschine von Lovelace und Babbage – gebaut. Der Prototyp seines Analogrechners hieß „Differential Analyzer" und war vom Konzept her eher eine Ad-hoc-Lösung. Damals existierte noch keine systematische Theorie, die vorschrieb, wie elektrische Schaltungen auszusehen hatten. Shannons Durchbruch bestand darin, dass er Booles symbolische Logik zur Konstruktion elektrischer Schaltungen heranzog und erklärte, wie diese Logik eingesetzt werden konnte, um mit Einsen und Nullen einen funktionstüchtigen Schaltkreis herzustellen. Shannon hatte herausgefunden, dass Computer zwei Ebenen aufwiesen: die physische (das Gehäuse) und die logische (den Code).

Während Shannon daran arbeitete, physikalische Schaltungen mit Boole'scher Logik zu vereinigen, stellte Turing Leibniz' Universalübersetzer auf die Probe, der sämtliches mathematische und naturwissenschaftliche Wissen darstellen konnte. Turing wollte einen Nachweis zum sogenannten *Entscheidungsproblem* führen. Dieses lautet ungefähr folgendermaßen: Kann es einen Algorithmus geben, der ermitteln kann, ob eine willkürliche mathematische Aussage richtig oder falsch ist? Die Antwort sollte negativ ausfallen. Turing konnte nachweisen, dass kein solcher Algorithmus existiert. Nebenbei erarbeitete er aber ein mathematisches Modell für eine universelle Rechenmaschine.[15]

Damit veränderte sich alles. Turing dachte, dass ein Programm und die von diesem herangezogenen Daten in einem Computer gespeichert werden konnten – damals in den 1930er-Jahren ebenfalls eine radikale These. Bis dato ging die Konsensmeinung dahin, dass die Maschine, das Programm und die Daten jeweils unabhängige Einheiten waren. Turings Universalrechner erklärte erstmals, warum alle drei Elemente ineinandergriffen. Aus mechanischer Sicht konnte die Logik, die Stromkreisen und Schaltungen zugrunde lag, in dem Programm und den Daten kodiert werden. Diese Aussagen waren von enormer Bedeutung: Das Gehäuse, das Programm und die Daten waren Teil eines Ganzen – vergleichbar mit dem Menschen! Wir sind ebenfalls Gehäuse (unsere Körper), Programme (autonome Zellfunktionen) und Daten (unsere DNA, kombiniert mit indirekten und direkten sensorischen Informationen).

Gleichzeitig kreuzten sich endlich die Wege der langen Tradition der Automaten, die 400 Jahre zuvor mit dem kleinen, gehenden, betenden Mönch begonnen hatte, und der Arbeit Turings und Shannons. Der amerikanische Produzent Westinghouse baute für die Weltausstellung 1939 einen relaisbasierten Roboter namens Elektro the Moto-Man. Es war ein glatter goldfarbener Riese mit Rollen unter den Füßen. Er hatte 48 elektrische Relais, die auf der Grundlage eines Telefon-Relais-Systems funktionierten. Elektro reagierte mittels zuvor aufgezeichneter, über einen Plattenspieler abgespielter Sätze auf Befehle, die über einen Telefonhörer eingegeben wurden. Es handelte sich dabei um einen anthropomorphisierten Computer, der in der Lage war, ohne direkte menschliche Beteiligung in Echtzeit rudimentäre Entscheidungen zu treffen – etwa, was er antworten sollte.

Den Schlagzeilen, Science-Fiction-Kurzgeschichten und Wochenschaunachrichten aus dieser Zeit zufolge hatten die Menschen damit offenbar überhaupt nicht gerechnet und reagierten schockiert und besorgt auf all diese Entwicklungen. Ihnen kam es so vor, als seien die voll entwickelten „Denkmaschinen" quasi über Nacht auf der Bildfläche erschienen. Der Science-Fiction-Autor Isaac Asimov veröffentlichte mit „Liar!" in der Ausgabe von *Astounding Science Fiction* vom Mai 1941 eine visionäre Kurzgeschichte. Er reagierte damit auf die Forschungsergebnisse, die er in Grenzbereichen wahrnahm. Darin trat er für seine drei Gesetze der Robotik ein:

1. Ein Roboter darf einem Menschen weder Schaden zufügen noch durch Untätigkeit zulassen, dass ein Mensch zu Schaden kommt.

2. Ein Roboter muss den Befehlen der Menschen gehorchen, außer solchen Befehlen, die ihn in Konflikt mit dem ersten Gesetz bringen.

3. Ein Roboter muss seine Existenz verteidigen, solange er dabei nicht in Konflikt mit dem ersten und zweiten Gesetz gerät.

Später setzte Asimov noch sein sogenanntes nulltes Gesetz hinzu, das über allen anderen Gesetzen steht: „Ein Roboter darf der Menschheit weder Schaden zufügen noch durch Untätigkeit zulassen, dass die Menschheit zu Schaden kommt."

Würde eine Denkmaschine wirklich *denken*?

1943 veröffentlichten die Psychiatrieforscher der Universität von Chicago Warren McCulloch und Walter Pitts ihre wegweisende Arbeit „A Logical Calculus of the Ideas Immanent in Nervous Activity", die ein neuartiges System zur Modellierung biologischer Neuronen in einer einfachen neuronalen Netzwerkarchitektur für Intelligenz beschrieb. Wenn Gehäuse, Programme und Daten, wie Turing behauptet hatte, ineinandergriffen, und wenn der Mensch ein ähnlich elegant konzipiertes Gehäuse mit der Fähigkeit zur Verarbeitung von Daten war, so folgte daraus, dass es möglich sein könnte, eine denkende Maschine zu bauen, wenn diese den für das Denken zuständigen Teilen des Menschen nachempfunden würde – unseren Gehirnen. McCulloch und Pitts postulierten eine moderne Computertheorie des Geistes und des Gehirns, ein „neuronales Netz". Statt sich auf die Maschine als Hardware und das Programm als Software zu fokussieren, stellten sie sich ein neuartiges symbiotisches System vor, das in der Lage war, enorme Datenmengen aufzunehmen – genau wie wir Menschen. Computer waren damals noch leistungsfähig genug, um diese Theorie auf die Probe zu stellen – doch das Forschungspapier regte andere dazu an, auf ein neuartiges intelligentes Computersystem hinzuarbeiten.

Klarer wurde das Bindeglied zwischen intelligenten Computersystemen und autonomen Entscheidungsprozessen, als der ungarisch-amerikanische Universalgelehrte John von Neumann mit seinen Fachkenntnissen in Informatik, Physik und Mathematik eine umfangreiche Abhandlung zu angewandter Mathematik veröffentlichte. Das 641 Seiten starke Werk, das er 1944 mit dem Princeton-Ökonomen Oskar Morgenstern als Co-Autor verfasste, erklärte bis ins kleinste Detail, wie die Wissenschaft der Spieltheorie die Grundlage aller wirtschaftlichen Entscheidungen aufdeckte. Diese Arbeit führte zu den gemeinsamen Projekten von Neumanns mit den amerikanischen Streitkräften, die bereits an einem neuartigen elektrischen Rechner gearbeitet hatten: dem Electronic Numerical Integrator and Computer, kurz ENIAC. Ursprünglich waren die Befehle, die dem ENIAC zugrunde lagen, fest in das System eingebunden. Das bedeutete, dass mit jedem neuen Programm das komplette System neu verdrahtet werden musste. Inspiriert von Turing, McCulloch und Pitts, entwickelte von Neumann eine Methode zur Speicherung von Programmen auf dem Rechner. Das war der Übergang vom ersten Computerzeitalter (Tabellierung) in die neue Ära der programmierbaren Systeme.

Turing selbst arbeitete inzwischen an einem Konzept für ein neuronales Netz aus Computern mit einer Maschinenarchitektur mit gespeicherten Programmen. 1949 wurde Turing in *The London Times* mit folgenden Worten zitiert: „Ich wüsste nicht, warum sie (die Maschine) nicht in beliebige der Bereiche, die gewöhnlich vom menschlichen Intellekt abgedeckt werden, vordringen und mit diesem letztlich gleichberechtigt konkurrieren sollte. Ich würde noch nicht einmal Sonette ausschließen, wenngleich dieser Vergleich möglicherweise nicht ganz fair ist, denn ein von einer Maschine verfasstes Sonett wüsste wohl nur eine andere Maschine richtig zu würdigen." Ein Jahr darauf beschäftigte sich Turing in einem in der Philosophiezeitschrift *Mind* veröffentlichten Artikel mit den von Hobbes, Descartes, Hume und Leibniz aufgeworfenen Fragen. Er stellte darin eine These auf und schlug einen Test vor: Sollte ein Computer eines Tages in der Lage sein, Fragen so zu beantworten, dass er dadurch nicht von einem Menschen zu unterscheiden war, dann lag zwangsläufig ein „Denkprozess" vor. Sie kennen diesen Artikel vermutlich unter einer anderen Bezeichnung: Turing-Test.

Er begann mit einer mittlerweile berühmten Frage, die schon so viele Philosophen, Theologen, Mathematiker und Wissenschaftler vor Turing gestellt und beantwortet hatten: „Können Maschinen denken?" Doch Turing, der sich der jahrhundertelangen Diskussion um Geist und Maschine durchaus bewusst war, verwarf die Frage als zu pauschal, um zu einem sinnvollen Diskurs beizutragen. „Maschine" und „denken" waren mehrdeutige Wörter und boten zu viel Raum für subjektive Interpretation. (Immerhin war über ihre Bedeutung bereits 400 Jahre lang eifrig geschrieben worden.)

Das Spiel baute auf Täuschung auf und war „gewonnen", sobald es einem Computer gelang, sich erfolgreich als Mensch auszugeben. Der Test läuft folgendermaßen ab: mit einem Menschen, einer Maschine und einem räumlich von beiden getrennten Fragesteller. Ziel des Spiels ist für den Fragesteller, herauszufinden, welche Antworten von dem Menschen stammen und welche von der Maschine. Dem Fragesteller werden eingangs die Bezeichnungen X und Y mitgeteilt, er weiß aber nicht, welche davon für den Computer steht. Er darf nur Fragen stellen wie: „Kann mir X bitte sagen, ob X Schach spielt?" Am Ende des Spiels muss der Fragesteller herausfinden, wer X war und wer Y. Der andere Mensch hat die Aufgabe, dem Fragesteller dabei zu helfen, die Maschine zu erkennen. Die Maschine hat die Aufgabe, den Fragesteller fälschlicherweise davon zu überzeugen, dass sie in Wirklichkeit der andere Mensch ist. Über das Spiel schrieb Turing: „Ich bin überzeugt, dass es in rund 50 Jahren möglich sein wird, Computer mit einer Speicherkapazität von rund 10^9 zu programmieren, die das Nachahmungsspiel so gut beherrschen, dass ein durchschnittlicher Fragesteller nach fünfminütiger Befragung nur mit 70-prozentiger Wahrscheinlichkeit erkennen kann, wer der Mensch ist und wer die Maschine."[16]

Doch als Wissenschaftler wusste Turing, dass sich seine Theorie nicht beweisen ließ – zumindest nicht zu seinen Lebzeiten. Wie sich herausstellen sollte, lag das Problem aber nicht in Turings mangelnder empirischer Evidenz zum Nachweis, dass Maschinen eines Tages denken würden, und auch nicht in der Zeitfrage – Turing meinte, es würde vermutlich bis Ende des 20. Jahrhunderts dauern, bis man seinen Test erstmals durchführen könnte. „Wir dürfen hoffen, dass Maschinen irgendwann auf allen rein intellektuellen Gebieten mit Menschen konkurrieren werden", schrieb Turing. Das eigentliche Problem lag aber in dem nötigen Schritt zu der Überzeugung, dass

Maschinen eines Tages sehen, denken und sich erinnern können werden – und dass der Mensch diesem Fortschritt im Wege stehen könnte. Das hätte von Turings Forscherkollegen verlangt, Erkenntnis ohne Spiritualität wahrzunehmen und an die Plausibilität intelligenter Maschinen zu glauben, die – anders als der Mensch – unbewusst Entscheidungen treffen würden.

Sommer und Winter für KI

1955 wollten die Professoren Marvin Minsky (Mathematik und Neurologie) und John McCarthy (Mathematik) zusammen mit Claude Shannon (Mathematiker und Krytpograf bei den Bell Labs) und Nathaniel Rochester (Informatiker bei IBM) einen zweimonatigen Workshop durchführen, um Turings Arbeit und die vielversprechenden Aussichten auf maschinelles Lernen auszuloten. Ihre Theorie: Wenn es möglich war, alle Merkmale menschlicher Intelligenz zu beschreiben, dann konnte man einer Maschine auch beibringen, sie nachzuahmen.[17] Dazu war aber eine breite, vielfältige Gruppe von Fachleuten aus vielen verschiedenen Gebieten erforderlich. Sie waren überzeugt, dass man wesentlich vorankommen könnte, wenn eine interdisziplinäre Gruppe von Forschern zusammengerufen würde, die den ganzen Sommer über ununterbrochen intensiv zusammenarbeiten konnte.

Von entscheidender Bedeutung war dabei die Zusammenstellung der Gruppe. Daraus sollte das Netzwerk der wenigen Ingenieure, Sozialwissenschaftler, Informatiker, Psychologen, Mathematiker, Physiker und kognitiven Fachleute werden, die grundlegende Fragen dazu stellen und beantworten würden, was es bedeutet, „zu denken", wie unser „Geist" funktioniert und wie man Maschinen beibringen kann, so zu lernen wie wir Menschen. Dahinter stand die Absicht, dass dieses vielfältige Netz auch weiterhin in der Forschung und an der künftigen Entwicklung dieses neuen Fachgebiets zusammenarbeiten würde. Weil es ein neuartiger interdisziplinärer Ansatz zur

Entwicklung denkender Maschinen sein sollte, brauchte man auch einen neuen Namen für diese Aktivitäten. Am Ende einigte man sich auf eine zwar nicht ganz eindeutige, doch elegante Bezeichnung: *künstliche Intelligenz.*

McCarthy erstellte eine vorläufige Liste mit 47 Experten, die seiner Ansicht nach benötigt wurden, um dieses Netz aufzubauen und das Fundament für alles zu legen, was an Forschungsarbeit und Prototypenentwicklung folgen würde. Es war ein schwieriges Unterfangen, all die maßgeblichen Stimmen zu ermitteln, die unbedingt gehört werden mussten, um ernsthaft ein Konzept und den Aufbau von KI in Angriff zu nehmen. Insbesondere Minsky befürchtete, dass zwei entscheidende Denker fehlen würden, die der Versammlung fernbleiben mussten – Turing, der zwei Jahre zuvor verstorben war, und von Neumann, der an Krebs im Endstadium litt.[18]

Trotz all ihrer anerkennenswerten Bemühungen um die Zusammenstellung einer vielfältigen Gruppe mit der optimalen Mischung komplementärer Kompetenzen gab es dabei einen eklatanten blinden Fleck. Auf der Liste standen nur Weiße – obwohl es viele brillante Farbige gab, die genau auf den Gebieten forschten, um die es McCarthy und Minsky ging. Auf die Liste kamen Vertreter der seinerzeit großen Tech-Unternehmen (IBM, Bell Labs) und einer kleinen Handvoll von Universitäten. Obwohl es eine Menge hoch qualifizierter Frauen gab, die im Ingenieurwesen, in der Informatik, in der Mathematik und Physik bereits maßgebliche Beiträge leisteten, blieben sie außen vor.[19] Abgesehen von Marvin Minskys Frau Gloria wurden nur Männer eingeladen. Ohne sich ihrer eigenen Voreingenommenheiten bewusst zu sein, hatten diese Wissenschaftler – die verstehen wollten, wie der menschliche Geist funktioniert, wie wir denken und wie Maschinen von der Menschheit lernen konnten – ihren Datenpool radikal auf die Menschen eingegrenzt, die ihnen in Aussehen und Aussagen glichen.

Im Jahr darauf versammelte sich die Gruppe im Obergeschoss der mathematischen Fakultät von Dartmouth und forschte über die Komplexitätstheorie, die Simulation natürlicher Sprache, neuronale Netze, die Beziehung zwischen Zufälligkeit und Kreativität und lernende Maschinen. Wochentags trafen sich die Teilnehmer im großen Mathehörsaal und führten allgemeine Gespräche. Dann teilten sie sich auf und befassten sich mit kleinteiligeren Aufgaben. Die Professoren Allen Newell, Herbert Simon und Cliff Shaw entwickelten Methoden, um logische Theoreme zu beweisen, und simulierten den Prozess manuell – mit einem Programm, das sie Logic Theorist nannten – auf einer der allgemeinen Gesprächsrunden. Es war das erste Programm, das die Problemlösungskompetenzen eines Menschen nachahmte. (Am Ende sollte es 38 der ersten 52 Theoreme aus den *Principia Mathematica* von Alfred North Whitehead und Bertrand Russell beweisen – einem mathematischen Grundlagenwerk.) Claude Shannon, der schon Jahre zuvor vorgeschlagen hatte, Computern beizubringen, gegen Menschen Schach zu spielen, bekam Gelegenheit, einen Prototyp seines Programms vorzuführen, das sich noch in der Entwicklung befand.[20]

Die Erwartungen McCarthys und Minskys – nämlich bahnbrechende Fortschritte in der KI – sollten sich in jenem Sommer in Dartmouth nicht erfüllen. Die Zeit reichte nicht – von der Rechenleistung ganz zu schweigen –, damit sich die KI von der Theorie zur Praxis entwickeln konnte.[21] Damals im Sommer kamen jedoch die drei wesentlichen Praktiken in Gang, die die Grundlagen für die KI schufen, wie wir sie heute kennen:

1. KI würde durch die Zusammenarbeit von großen Technologieunternehmen und Wissenschaftlern theorisiert, gebaut, getestet und weiterentwickelt werden.

2. Für die Weiterentwicklung von KI würde viel Geld gebraucht, weshalb die Kommerzialisierung der Arbeit in irgendeiner Form erforderlich sein würde – ob durch die Partnerschaft mit

Regierungsbehörden oder dem Militär oder durch die Entwicklung von Produkten und Systemen, die sich verkaufen ließen.

3. Die Erforschung und Entwicklung von KI stützte sich auf ein Netzwerk aus interdisziplinären Forschern, was bedeutete, dass eine neue akademische Disziplin von Grund auf neu aufgebaut werden musste. Es bedeutete auch, dass die bereits auf diesem Gebiet Tätigen in aller Regel andere ins Boot holten, die sie bereits kannten, sodass das Netzwerk relativ homogen und in seiner Weltsicht begrenzt blieb.

In jenem Sommer gab es eine weitere interessante Entwicklung. Während die Gruppe um die von Turing gestellte Frage – *Können Maschinen denken?* – herum zusammenwuchs, spaltete sie sich bezüglich des optimalen Ansatzes, seine Antwort zu beweisen – nämlich durch den Bau einer lernenden Maschine. Manche der Teilnehmer favorisierten einen biologischen Ansatz. Sie glaubten, dass neuronale Netze eingesetzt werden könnten, um die KI mit Verstand und Logik zu durchsetzen – dass Maschinen eine starke Intelligenz entwickeln könnten. Andere behaupteten, es würde nie möglich sein, menschliche Denkstrukturen so vollständig zu replizieren. Sie waren für einen technologischen Ansatz. Statt Befehle zu schreiben, um Probleme zu lösen, könnte ein Programm dem System „helfen", aus einem Datensatz zu lernen. Es würde auf der Grundlage dieser Daten Prognosen stellen, und ein aufsichtführender Mensch würde die Antworten prüfen – und die Maschine so laufend weiterbilden und korrigieren. In diesem Sinne war „maschinelles Lernen" eng definiert und bezog sich auf das Erlernen einer konkreten Aufgabe – wie das Schachspiel.

Der Psychologe Frank Rosenblatt, der bei dem Workshop in Dartmouth zugegen war, wollte abbilden, wie das menschliche Gehirn visuelle Daten verarbeitete und der Maschine auf diesem Wege beibringen, Gegenstände zu erkennen. Auf der Grundlage der Forschungsergebnisse dieses Sommers entwickelte Rosenblatt ein System namens Perceptron. Er beabsichtigte, ein einfaches Rahmenprogramm zu konstruieren, das auf Feedback reagieren könnte. Dabei handelte es sich um das erste künstliche neuronale Netz (Artifical Neural Network oder ANN), das funktionierte, indem es Verbindungen zwischen mehreren verarbeitenden Elementen in einer geschichteten Struktur herstellte. Jedes der mechanischen Neuronen würde eine Menge verschiedener Signaleingaben aufnehmen und dann ein mathematisches Gewichtungssystem einsetzen, um zu entscheiden, welches Ausgangssignal erzeugt werden sollte. In dieser parallelen Struktur konnte gleichzeitig auf mehrere verschiedene Prozessoren zugegriffen werden – was bedeutete, dass sie nicht nur schnell war, sondern auch kontinuierlich eine Menge Daten verarbeiten konnte.

Das war aus folgendem Grund so wichtig: Es bedeutete zwar nicht, dass ein Computer „denken" konnte, doch es zeigte sehr wohl, wie man einem Computer beibringen konnte, zu lernen. Wir Menschen lernen durch Versuch und Irrtum. Wer auf dem Klavier eine C-Dur-Tonleiter spielen will, muss die richtigen Tasten in der richtigen Reihenfolge anschlagen. Unsere Finger, Ohren und Augen brauchen eine Weile, um sich den korrekten Ablauf einzuprägen, doch wenn wir üben – die Tonleiter immer wieder spielen und uns jedes Mal korrigieren –, dann kriegen wir es am Ende richtig hin. Als ich Klavierunterricht hatte, korrigierte mich meine Lehrerin, wenn ich mich verspielte. Doch wenn ich alles richtig machte, bekam ich einen Sticker. Der Sticker war die Bestätigung, dass ich beim Spielen die richtigen Entscheidungen getroffen hatte. Dasselbe gilt für Rosenblatts neuronales Netz. Das System lernte, sich als Reaktion auf die tausendfache Ausführung derselben Funktionen zu optimieren, und es merkte sich, was es gelernt hatte, und wendete dieses Wissen auf künftige Probleme an. Er trainierte das System mit einer Methode, die er als „Back Propagation" bezeichnete. In der anfänglichen Lernphase bewertet ein Mensch, ob das ANN die richtigen Entscheidungen getroffen hat. Wenn ja, wird der Prozess bestätigt. Wenn nicht, werden Anpassungen am Gewichtungssystem vorgenommen. Dann erfolgte ein weiterer Test.

In den Jahren, die auf den Workshop folgten, gab es erstaunliche Fortschritte bei für Menschen komplizierten Problemen – wie bei der Anwendung von KI zur Lösung mathematischer Theoreme. Doch der KI etwas beizubringen, was sich einfach so einstellt – wie Spracherkennung –, blieb ein leidiges Problem, für das sich keine unmittelbare Lösung finden wollte. Bevor die Arbeit an KI aufgenommen worden war, hatte der Geist stets als Black Box gegolten. Daten wurden eingegeben, und daraufhin erfolgte eine Reaktion, ohne dass sich der ablaufende Prozess beobachten ließ. Anfangs bezeichneten die Philosophen, Mathematiker und Wissenschaftler dies als das Ergebnis eines göttlichen Plans. Die Wissenschaftler der Moderne wussten bereits, dass es das Ergebnis hunderttausender Jahre der Evolution war. Erst in den 1950er-Jahren, nach dem Sommer in Dartmouth, gelangten die Forscher zu der Überzeugung, dass sich die Black Box aufbrechen ließ (zumindest auf dem Papier) – dass man kognitive Prozesse beobachten und dann Computern beibringen konnte, unser Reiz-/Reaktionsschema nachzuahmen.

Bis dahin waren Computer Werkzeuge zur Automatisierung der Tabellenführung gewesen. Das erste Computerzeitalter, geprägt von Maschinen, die Zahlen berechnen konnten, wich einer zweiten Ära der programmierbaren Rechner. Dabei handelte es sich um schnellere, leichtere Systeme mit genügend Speicherplatz, um Befehlssätze im Computer zu speichern. Programme konnten künftig lokal gespeichert und vor allem auf Englisch geschrieben werden, statt in komplizierter Maschinensprache. Es stellte sich heraus, dass wir für nützliche KI-Anwendungen keine Automaten oder menschenähnlichen Gehäuse brauchten. KI konnte in einer einfachen Kiste sitzen, ohne jedes menschliche Merkmal – und trotzdem gut funktionieren.

Der Workshop in Dartmouth inspirierte den britischen Mathematiker I. J. Good, über „eine ultraintelligente Maschine" zu schreiben, die vielleicht noch bessere Maschinen entwickeln konnte als wir. Das würde zu einer künftigen „Intelligenzexplosion führen, bei der die menschliche Intelligenz auf der Strecke bleiben würde. Die erste ultraintelligente Maschine ist demnach die letzte Erfindung, die der Mensch je machen muss."[22]

Endlich fand ein weibliches Element Aufnahme in die Gruppe – zumindest in Form eines Namens. Am MIT schrieb der Informatiker Joseph Weizenbaum ein frühes KI-System namens ELIZA, ein Chat-Programm, benannt nach der Naiven in George Bernard Shaws Stück *Pygmalion*.[23] Das war eine maßgebliche Entwicklung für neuronale Netze und KI, denn es stellte einen ersten Versuch der Verarbeitung natürlicher Sprache dar. Das Programm nahm Zugriff auf verschiedene vorgefertigte Skripte, um sich mit echten Menschen zu unterhalten. Das bekannteste Skript hieß DOCTOR[24], und es ahmte einen empathischen Psychologen nach, der Mustererkennung einsetzte, um erstaunlich menschliche Antworten zu geben.

Der Workshop in Dartmouth hatte inzwischen international Aufmerksamkeit erregt – und die teilnehmenden Forscher ebenfalls. Sie fanden sich vollkommen unerwartet im Rampenlicht wieder. Sie waren wie nerdige Rockstars, die ganz normale Menschen einen Blick auf eine fantastische neue Zukunftsvision erhaschen ließen. Erinnern Sie sich noch an Rosenblatt, den Psychologen, der das erste neuronale Netz entwickelte? Er erzählte der *Chicago Tribune*, dass Maschinen nicht nur bald über ELIZA-Programme verfügen würden, die ein paar hundert Antworten geben könnten, sondern dass Computer bei Sitzungen zuhören und auf Diktat tippen würden, „wie eine Sekretärin". Er versprach nicht nur einen der größten „Denkapparate" aller Zeiten, sondern einen, der schon in wenigen Monaten betriebsbereit sein würde.[25]

Oder erinnern Sie sich an Simon und Newell, die den Logic Theorist gebaut hatten? Sie ergingen sich in wilden, kühnen Prophezeiungen über KI und behaupteten, Computer würden innerhalb von zehn Jahren – *also spätestens 1967* –

- jeden einzelnen der besten Großmeister schlagen und Schachweltmeister werden,
- ein wichtiges neues mathematisches Theorem entdecken und beweisen und
- Musik komponieren, die auch die schärfsten Kritiker zu würdigen wüssten.[26]

Währenddessen sagte Minsky universell intelligente Maschinen voraus, die noch viel mehr könnten als nur Diktate aufnehmen, Schach spielen oder komponieren. Er behauptete, noch zu seinen Lebzeiten würden Maschinen eine starke künstliche Intelligenz besitzen – also in der Lage sein, komplex zu denken, zu sprechen und Entscheidungen zu treffen.[27]

Die Forscher, die am Dartmouth-Workshop teilgenommen hatten, schrieben Artikel und Bücher. Sie gaben Interviews im Fernsehen, im Radio, in Zeitungen und Zeitschriften. Doch die Wissenschaft war schwer zu erklären, und so fielen die Erklärungen oft verstümmelt aus und Zitate wurden aus dem Zusammenhang gerissen. Auch ohne wilde Voraussagen wurden die Erwartungen der Öffentlichkeit in Bezug auf KI immer fantastischer – zum Teil, weil die Geschichte falsch kolportiert wurde. So wurde beispielsweise Minsky in der Zeitschrift *Life* mit den Worten zitiert: „In drei bis acht Jahren wird es eine Maschine mit der starken Intelligenz eines Durchschnittsmenschen geben. Damit meine ich eine Maschine, die in der Lage ist, Shakespeare zu lesen, ein Auto einzufetten, Bürointrigen zu spinnen, Witze zu erzählen, sich zu streiten."[28] Im selben Artikel bezeichnete der Journalist Alan Turing als „Ronald Turing". In seiner offensichtlichen Begeisterung schoss Minsky vermutlich nur ein bisschen übers Ziel hinaus und wollte keineswegs sagen, dass es in Kürze laufende, sprechende Roboter geben würde. Doch ohne weiteren Kontext oder Erklärungen trieb die öffentliche Wahrnehmung der KI erste krause Blüten.

Dass Arthur Clarke und Stanley Kubrick 1968 beschlossen, einen Film über die Zukunft von Maschinen mit der universellen Intelligenz eines Durchschnittsmenschen zu drehen, machte die Sache nicht besser. Sie wollten eine Herkunftsgeschichte über Menschen und denkende Maschinen erzählen – und zogen Minsky als Berater hinzu. Sie ahnen es sicher schon – es geht um den bereits angesprochenen Film *2001: Odyssee im Weltraum*. Er handelte von einer Maschine namens HAL 9000 mit starker KI, die sich von ihren Schöpfern Kreativität und einen Sinn für Humor abschaute – und drohte, jeden zu töten, der versuchte, sie auszuschalten. Einer der Charaktere, nämlich Victor Kaminski, war sogar nach Minsky benannt worden.

Man darf mit Fug und Recht behaupten, dass KI Mitte der 1960er-Jahre in den Zeitgeist übergegangen war und eifrig Zukunftsfetischismus betrieben wurde. Auch stiegen die Erwartungen, KI könne kommerziellen Erfolg bringen. Das war einem Artikel über die Radioindustrie zu verdanken, der in einem obskuren Fachblatt erschienen war. Unter dem Titel „Cramming More Components onto Integrated Circuits" legte der Artikel des Intel-Mitgründers Gordon Moore die Theorie dar, dass sich die mögliche Anzahl von Transistoren, die zum gleichen Preis auf eine integrierte Leiterplatte aufgebracht werden konnten, alle 18 bis 24 Monate verdoppeln würde. Dieser kühne Gedanke wurde als Moore'sches Gesetz bekannt und erwies sich schon sehr bald als zutreffend. Computer wurden immer leistungsfähiger und konnten unzählige Aufgaben erledigen, die weit über das Lösen von Matheaufgaben hinausgingen. Das goss Öl auf das Feuer der KI-Gemeinde, denn es hieß, dass ihre Theorien bald ernsthaft auf die Probe gestellt werden könnten. Es eröffnete außerdem die faszinierende Möglichkeit, dass von Menschen entwickelte KI-Prozessoren letztlich die Leistungsfähigkeit des menschlichen

Geistes, der eine biologisch begrenzte Speicherkapazität hat, übertreffen könnten.

Der ganze Hype und dann auch noch dieser Artikel sorgten dafür, dass kräftig in KI investiert wurde – auch wenn alle, die nicht dem Dartmouth-Netz angehörten, noch nicht richtig begriffen hatten, was KI eigentlich war. Es gab noch keine vorzeigbaren Produkte, noch keine praktischen Methoden, neuronale Netze und die notwendige Technik zu skalieren. Doch dass die Menschen denkende Maschinen inzwischen für *möglich* hielten, reichte aus, um Unternehmen und Regierungen zu größeren Investitionen zu veranlassen. So finanzierte beispielsweise die US-Regierung ein ehrgeiziges KI-Programm für Übersetzungen. Das war auf dem Höhepunkt des Kalten Krieges, und die Regierung hätte gern ein System gehabt, das die russische Sprache sofort übersetzen konnte, um dadurch mehr Effizienz, Kosteneinsparungen und Fehlerfreiheit zu erreichen. Es sah so aus, als könne maschinelles Lernen durch ein Übersetzungsprogramm eine Lösung für dieses Problem bieten. Ein Gemeinschaftsprojekt zwischen dem Institute of Languages and Linguistics der Georgetown University und IBM brachte den Prototyp eines maschinellen Übersetzungssystems für Russisch-Englisch hervor. Er verfügte über einen begrenzten Wortschatz von 250 Wörtern und war ganz auf organische Chemie spezialisiert. Die erfolgreiche öffentliche Demonstration ließ viele Menschen voreilige Schlussfolgerungen ziehen. Die maschinelle Übersetzung schaffte es auf die Titelseite der *New York Times* – und einem halben Dutzend weiterer Zeitungen.

Das Geld floss in Strömen – zwischen Regierungsbehörden, Universitäten und den großen Tech-Unternehmen. Eine Zeitlang sah es so aus, als spielten die Summen keine Rolle. Doch abgesehen von solchen Artikeln und Prototypen blieb die KI schuldig, was versprochen und vorhergesagt worden war. Wie sich herausstellen sollte, war es weitaus schwieriger, maßgebliche Fortschritte zu erzielen, als ihre modernen Pioniere geahnt hatten.

Bald wurden Forderungen laut, die realen Anwendungsmöglich-keiten und die praktische Umsetzung von KI zu untersuchen. Die National Academy of Sciences hatte auf Antrag der National Science Foundation, des Verteidigungsministeriums und der Central Intelligence Agency einen Beratungsausschuss eingerichtet. Dieser gelangte zu widersprüchlichen Ansichten zur Machbarkeit KI-basierter Übersetzungen und letztlich zu dem Schluss, dass „bislang keine maschinelle Übersetzung eines allgemeinen wissenschaftlichen Textes vorliegt und eine solche auch nicht unmittelbar in Aussicht steht."[29] Ein für den British Science Research Council erstellter Folgebericht bestätigte, dass die zentralen Forscher ihre Fortschritte in Bezug auf KI überzogen dargestellt hatten und stellte eine pessimistische Prognose für alle Hauptforschungsgebiete dieser Disziplin. Der Brite James Lighthill, der in Cambridge angewandte Mathematik betrieb, war Hauptautor des Berichts. Seine vernichtendste Kritik war, dass die besagten frühen KI-Techniken – einem Computer Schach beizubringen, beispielsweise – nie zur Lösung größerer, realer Probleme hochskaliert werden könnten.[30]

Im Nachgang zu den Berichten forderten Mandatsträger in den USA und im Vereinigten Königreich Antworten auf eine neue Frage: Warum finanzieren wir die abgehobenen Ideen von Theoretikern? Die US-Regierung einschließlich des DARPA strich die Mittel für Projekte zur maschinellen Übersetzung. Die Unternehmen verlagerten ihre Prioritäten von zeitraubender Grundlagenforschung über starke KI auf Programme, die unmittelbar Probleme lösen konnten. Waren die ersten Jahre nach dem Dartmouth-Workshop von großen Erwartungen und Optimismus geprägt gewesen, so wurden die Jahrzehnte nach diesen vernichtenden Berichten als KI-Winter bekannt. Die Geldströme versiegten, die Studenten verlegten sich auf andere Forschungsgebiete und der Fortschritt kam zum Erliegen.

Selbst McCarthy wurde in seinen Hochrechnungen deutlich vorsichtiger. „Wir Menschen können das problemlos, weil wir es in uns tragen", erklärte er.[31] Viel schwerer fällt es uns jedoch, zu begreifen, wie wir Sprache verstehen – also die physischen und kognitiven Prozesse, die Spracherkennung möglich machen. McCarthy verwendete gern das Beispiel vom Vogelkäfig, um deutlich zu machen, wie schwierig es war, KI voranzutreiben. Nehmen wir an, ich habe Sie gebeten, mir einen Vogelkäfig zu bauen und keine weiteren Parameter genannt. Dann würden Sie mir vermutlich eine Voliere mit einem Dach, einem Boden und Seitenwänden liefern. Hätte ich Ihnen eine zusätzliche Information gegeben – nämlich, dass es sich bei dem Vogel um einen Pinguin handelt –, so hätten sie vielleicht auf das Dach verzichtet. Ob so ein Vogelkäfig ein Dach braucht oder nicht, hängt von mehreren Faktoren ab: den Informationen, die ich Ihnen mitgeteilt habe, und sämtlichen Assoziationen, die Sie bereits mit dem Wort „Vogel" verbinden – zum Beispiel, dass die meisten Vögel fliegen können. Wir können mit grundlegenden Annahmen und in Zusammenhängen denken. Damit KI genauso reagiert, sind viel mehr explizite Informationen und Anweisungen erforderlich.[32] Der KI-Winter sollte sich noch 30 Jahre hinziehen.[33]

Was als Nächstes kam: Spielen lernen

Die Mittel versiegten zwar, doch viele der Dartmouth-Forscher setzten ihre Arbeit an KI fort – und vermittelten sie an neue Studenten. Währenddessen traf das Moore'sche Gesetz weiterhin zu, und die Rechner wurden immer leistungsfähiger.

Bis 1980 fanden manche der Forscher bereits Wege, bestimmte KI-Teilbereiche kommerziell zu nutzen – und inzwischen gab es die nötige Rechenleistung und zunehmend mehr Forscher, die feststellten, dass ihre Arbeit Marktpotenzial hatte. Das weckte neues Interesse. Vor allem aber löste es wieder Investitionen in KI aus. 1981 stellte Japan einen Zehnjahresplan zur KI-Entwicklung mit dem Titel Fünfte Generation vor. Das veranlasste die US-Regierung zur Gründung der Microelectronics and Computer Technology Corporation, einem Forschungskonsortium, das die Wettbewerbsfähigkeit der US-

Amerikaner sicherstellen sollte. Im Vereinigten Königreich waren die Gelder nach dem vernichtenden Bericht über die Fortschritte der KI von James Lighthill zusammengestrichen worden, flossen aber ebenfalls wieder. Von 1980 bis 1988 erhöhte sich das Volumen der KI-Industrie von wenigen Millionen auf mehrere Milliarden US-Dollar.

Schnellere Computer mit enormer Speicherkapazität konnten Daten damals effektiver verarbeiten, und der Schwerpunkt lag auf der Nachbildung der Entscheidungsprozesse menschlicher Experten, nicht auf der Entwicklung von Universalmaschinen wie dem fiktiven HAL 9000. Solche Systeme waren in erster Linie auf den Einsatz neuronaler Netze für eng definierte Aufgaben, wie Spiele, fokussiert. Die 1990er- und frühen 2000er-Jahre hindurch gab es verschiedene spektakuläre Erfolge. 1994 spielte eine KI namens CHINOOK sechs Partien Dame gegen Weltmeister Marlon Tinsley (und gewann alle). CHINOOK wurde zum Sieger, als Tinsley das Spiel abbrach und auf seinen Weltmeistertitel verzichtete.[34]

1997 schlug IBMs Supercomputer Deep Blue den Schachweltmeister Garry Kasparov, der der Belastung eines Sechs-Partien-Spiels gegen einen scheinbar unbesiegbaren Gegner nicht gewachsen war. 2004 gewann Ken Jennings gegen jede statistische Wahrscheinlichkeit 74-mal in Folge bei *Jeopardy!* und schaffte es damals mit der höchsten je in einer Spielshow gewonnenen Summe ins Guinness Buch der Rekorde. Als er 2011 zu einem Kräftemessen gegen den IBM-Rechner Watson antrat, war er zuversichtlich, zu gewinnen. Er hatte Kurse über KI belegt und ging davon aus, dass die Technik noch nicht so hoch entwickelt war, um Kontext, Semantik und Wortspiele zu begreifen. Watson schlug Jennings vernichtend. Dessen Selbstvertrauen hatte schon gleich zu Beginn des Spiels enorm gelitten.

2011 wussten wir bereits, dass KI bestimmte Denkaufgaben inzwischen besser bewältigen konnte als der Mensch, weil sie Zugriff auf gewaltige Informationsmengen hatte und diese stressfrei verarbeiten konnte. KI konnte Stress zwar definieren, hatte aber kein Hormonsystem, mit dem sie zurande kommen musste.

Dennoch – das antike Brettspiel Go war der Härtetest für KI-Forscher, weil es allein durch Anwendung konventioneller Strategie gespielt werden konnte. Das Spiel stammt ursprünglich aus China, ist über 3.000 Jahre alt und wird nach ziemlich einfachen Regeln gespielt: Zwei Spieler setzen abwechselnd weiße und schwarze Steine auf ein Gitter. Steine können gefangen genommen werden, indem sie von andersfarbigen Steinen umzingelt werden oder wenn es keine freien Schnittpunkte oder „Freiheiten" mehr gibt. Ziel ist es, auf dem Spielbrett Territorium zu erobern, was jedoch psychologisches Geschick und ein gutes Gespür dafür voraussetzt, wie der Gegner denkt.

Das Spielfeld besteht traditionell aus einem quadratischen Gitter mit 19 x 19 Feldern. Anders als bei anderen Spielen wie Schach haben die Go-Steine alle dieselbe Gewichtung. Für zwei Go-Spieler gibt es 181 schwarze und 180 weiße Steine (Schwarz zieht grundsätzlich zuerst, deshalb die ungerade Zahl). Beim Schach – bei dem die Figuren verschiedene Stärken haben – hat erst der weiße Spieler 20 mögliche Züge, dann der schwarze Spieler. Nach der Eröffnung gibt es beim Schach 400 mögliche Stellungen. Beim Go sind es 361 mögliche Eröffnungen, eine auf jedem Schnittpunkt eines im Grunde vollständig leeren Gitters. Wenn jeder Spieler einmal gezogen hat, gibt es 128.960 mögliche Züge. Das sind zusammen 10.170 mögliche Stellungen – im Vergleich mehr, als es im bekannten Universum Atome gibt. Bei so vielen denkbaren Positionen und potenziellen Zügen gib es keine festen Strategien wie für Dame und Schach. Stattdessen stützen sich Go-Master auf Szenarien. Setzt die Gegnerin ihren Stein auf einen bestimmten Punkt, was ist dann in Anbetracht ihrer Persönlichkeit, ihrer Geduld und ihrer allgemeinen Gemütsverfassung das mögliche, plausible und wahrscheinliche Ergebnis?

Wie Schach ist auch Go ein deterministisches, perfektes Planspiel, bei dem Glück weder insgeheim noch offensichtlich eine Rolle spielt. Um zu gewinnen, müssen die Spieler ihre Emotionen im Griff haben und Meister in der Kunst menschlicher Raffinesse werden. Beim Schach ist es möglich, die voraussichtlichen künftigen Züge eines

Spielers zu berechnen. Ein Turm kann sich nur vertikal oder horizontal über das Spielfeld bewegen. Das engt das Zugpotenzial ein. Deshalb ist leichter absehbar, wer eine Partie Schach gewinnt, lange bevor eine Figur geschlagen oder der König schachmatt gesetzt wurde. Ganz anders bei Go. Manchmal kann nur ein hochkarätiger Go-Meister erkennen, was in einem Spiel passiert, und bestimmen, wer in einem bestimmten Moment der Gewinner ist. Weil Go so komplex ist, avancierte es zum Lieblingsspiel der Kaiser, Mathematiker und Physiker – und aus diesem Grund sind KI-Forscher so fasziniert davon, Maschinen beizubringen, Go zu spielen.

Go war stets eine große Herausforderung für KI-Forscher. Man konnte die Spielregeln zwar in einen Computer einprogrammieren, doch wie sah es mit den Regeln aus, die Einblick in den Charakter des Gegenspielers gaben? Noch nie hatte jemand einen Algorithmus entwickelt, der stark genug war, um mit den abgefahrenen Komplexitäten dieses Spiels zurande zu kommen. 1971 versuchte es ein frühes, vom Informatiker Jon Ryder entwickeltes Programm mit einem technischen Ansatz, scheiterte aber an einem Anfänger. 1987 trat ein leistungsfähigeres Computerprogramm namens Nemesis erstmals live gegen einen Menschen an. 1994 hatte sich das unter der Bezeichnung Go Intellect bekannte Programm als kompetenter Spieler erwiesen. Doch selbst mit dem Vorteil eines erheblichen Handicaps verlor es immer noch alle drei gespielten Partien – gegen Kinder. In allen Fällen machten die Computer unverständliche Züge, spielten zu aggressiv oder verrechneten sich bei der Einschätzung des Gegners.

Mitten in alledem befasste sich eine Forschergruppe auf einem weiteren Workshop mit neuronalen Netzen, einer Idee, für die Marvin Minsky und Frank Rosenblatt bei der ursprünglichen Tagung in Dartmouth eintraten. Der Kognitionswissenschaftler Geoff Hinton und die Informatiker Yann Lexun und Yoshua Bengio waren jeweils der Ansicht, dass Systeme auf der Basis neuronaler Netze nicht nur aussichtsreiche praktische Anwendungsmöglichkeiten boten – wie automatische Betrugserkennung bei Kreditkarten und automatische optische Zeichenerkennung beim Lesen von Dokumenten und Schecks –, sondern zur Grundlage dessen werden würden, was zur künstlichen Intelligenz werden sollte.

Hinton, Professor an der Universität von Toronto, stellte sich ein neuartiges neuronales Netz vor, das aus mehreren Schichten bestand, die jeweils so lange verschiedene Informationen entnahmen, bis sie erkannten, wonach sie suchten. Die einzige Möglichkeit, einem KI-System solches Wissen zu vermitteln, war seiner Ansicht nach, lernende Algorithmen zu entwickeln, die es Computern ermöglichten, selbst Wissen zu erwerben. Statt ihnen beizubringen, eine bestimmte, eng definierte Aufgabe wirklich gut zu erfüllen, würden die Netze so entwickelt werden, dass sie sich selbst weiterbilden könnten.

Diese neuen „tiefen" neuronalen Netzwerke (Deep Neural Networks oder kurz DNNs) würden eine fortschrittlichere Art des maschinellen Lernens erfordern – das sogenannte „Deep Learning" –, um Computern beizubringen, Aufgaben menschenähnlich zu erledigen, doch mit weniger (oder ganz ohne) menschliche Aufsicht. Ein unmittelbarer Vorteil lag in der Skalierbarkeit. In einem neuronalen Netz trafen ein paar Neuronen ein paar Entscheidungen – doch bei einem Netz mit mehreren Schichten erhöhte sich die Anzahl der Entscheidungsmöglichkeiten exponentiell. Anders ausgedrückt: Jeder Mensch lernt für sich, doch die Menschheit lernt kollektiv. Man stelle sich ein gewaltiges, tiefes, neuronales Netz vor, das als Einheit lernt – mit dem Potenzial, mit der Zeit Geschwindigkeit, Effizienz und Kostenersparnis zu steigern.

Ein weiterer Vorteil war, dass man diese Systeme „freilassen" und auf eigene Faust lernen lassen konnte – ohne Einschränkungen durch unsere menschlichen kognitiven Fähigkeiten und unsere Fantasie. Für das menschliche Gehirn gelten stoffwechselbedingte und chemische Schwellen, die die Leistungsfähigkeit der organischen Computer in unseren Köpfen beschränken. Wir können uns im

Alleingang nicht maßgeblich weiterentwickeln und der bestehende evolutionäre Zeithorizont entspricht nicht unseren aktuellen technischen Zielen. Deep Learning versprach eine Beschleunigung der Evolution von Intelligenz als solcher, an der Menschen nur vorübergehend beteiligt sein würden.

Ein tiefes neuronales Netz würde von einem Menschen grundlegende Parameter über die Daten vorgegeben bekommen. Dann würde das System loslegen und selbstständig lernen, indem es unter Einsatz vieler Verarbeitungsebenen Muster wiedererkannte. Die Forscher fasziniert an Deep Learning, dass Maschinen auslegungsgemäß unvorhersagbare Entscheidungen treffen. So zu denken, wie wir Menschen es uns nie vorstellen konnten – oder selbst fertiggebracht hätten –, ist von existenzieller Bedeutung, wenn große Probleme gelöst werden sollen, für die es noch keine eindeutigen Lösungen gibt.

Die KI-Community verwarf tiefe neuronale Netze als absurde geistige Auswüchse eines randständigen Wissenschaftlers. Noch größer wurde ihre Skepsis, als sich herausstellte, dass sie aufgrund der parallel ablaufenden Deep-Learning-Prozesse nicht in der Lage sein würden, diese in Echtzeit zu beobachten. Es würde folglich jemand das System bauen und dann darauf vertrauen müssen, dass es schon die richtigen Entscheidungen treffen würde.

Gewinner und Verlierer

Hinton arbeitete unbeirrt weiter, präsentierte seine Idee auf Workshops seinen Studenten, aber diskutierte sie auch mit Lecun und Bengio und veröffentlichte ab 2006 erste Artikel darüber. 2009 hatte Hintons Labor bereits tiefe neuronale Netze zur Spracherkennung eingesetzt. Eine Zufallsbegegnung mit einem Microsoft-Forscher namens Li Deng brachte es mit sich, dass ein maßgebliches Pilotprojekt anlaufen konnte. Der chinesische Deep-Learning-Spezialist Deng war ein Pionier der Spracherkennung unter Einsatz von

Deep Learning im großen Stil. 2010 wurde die Methode bereits bei Google getestet. Nur zwei Jahre später wurden tiefe neuronale Netze in kommerziellen Produkten eingesetzt. Wer schon einmal Google Voice und seine Transkriptionsdienste verwendet hat: Dabei handelt es sich um Deep Learning, und die Technik bildet die Grundlage aller von uns heute eingesetzten digitalen Assistenten. Siri, Google und Amazons Alexa basieren allesamt auf Deep Learning. Die KI-Community aus interdisziplinären Forschern war seit dem Sommer von Dartmouth erheblich angewachsen. Doch die drei zentralen Praktiken – dass die großen Tech-Unternehmen und die akademische Forschung zusammenarbeiten würden, dass kommerzieller Erfolg den Fortschritt der KI vorantreiben würde und dass das Forschernetz in aller Regel homogen war – hatten sich noch nicht wesentlich verändert.

Was da in Amerika so alles vor sich ging, blieb in Peking nicht unbemerkt. China verfügte inzwischen über ein noch junges, aber wachsendes eigenes KI-System. Die Staatsregierung gab Forschern Anreize, ihre Arbeiten zu publizieren. Die Zahl der von chinesischen Forschern über KI veröffentlichten wissenschaftlichen Artikel verdoppelte sich von 2010 bis 2017.[35] Dabei bedeuteten wissenschaftliche Arbeiten und Patente wohlgemerkt nicht unbedingt, dass Forschungsergebnisse auch zu verbreiteter Nutzung führen, doch sie waren ein erstes Indiz dafür, in welchen Aufruhr all die im Westen erzielten Fortschritte die chinesische Führung versetzt hatten – vor allem, wenn es um Go ging.

Im Januar 2014 hatte Google bereits erste umfangreiche Investitionen in KI vorgenommen, darunter über 500 Millionen US-Dollar, um ein heißes Deep-Learning-Start-up namens DeepMind und dessen drei Gründer zu übernehmen, den Neurowissenschaftler und das frühere Schachwunderkind Demis Hassabis, den auf maschinelles Lernen spezialisierten Forscher Shane Legg und den Unternehmer Mustafa Suleyman. Das Team war zum Teil deshalb so interessant, weil es ein Programm namens AlphaGo entwickelt hatte.

Innerhalb von Monaten war man soweit, AlphaGo gegen einen echten menschlichen Spieler antreten zu lassen. Es wurde ein Match zwischen DeepMind und Fan Hui arrangiert, einem professionellen Go-Spieler und gebürtigen Chinesen, der zu den erfolgreichsten Profi-Meistern in Europa zählte. Da es nicht ganz dasselbe ist, Go auf einem Rechner zu spielen wie auf einem physischen Brett, wurde beschlossen, dass einer der DeepMind-Entwickler die Züge des Computers auf dem Spielfeld vornehmen und Huis Züge an den Computer melden würde.

Vor dem Spiel spielte Toby Manning, der zu den führenden Köpfen der British Go Association gehörte, eine Testrunde gegen Alpha-Go – und verlor mit 17 Punkten. Manning machte ein paar Fehler, aber das Programm ebenfalls. Manning beschlich dabei ein unheimlicher Gedanke: Was, wenn AlphaGo lediglich konservativ gespielt hatte? War es möglich, dass das Programm nur gerade so aggressiv spielte, um Manning zu schlagen, statt ihn komplett zu deklassieren?

Die Spieler setzten sich an den Tisch. Fan Hui trug ein Button-down-Hemd mit Nadelstreifen und eine braune Lederjacke, Manning saß in der Mitte und der Entwickler auf der anderen Seite. Die Partie begann. Hui öffnete eine Flasche Wasser und betrachtete das Brett. Da er die schwarzen Steine hatte, musste er anfangen. Die ersten 50 Spielzüge über verlief das Spiel ruhig – Hui versuchte offensichtlich, die Stärken und Schwächen von AlphaGo auszuloten. Ziemlich schnell war eines klar: Die KI spielte erst aggressiv, wenn sie in Rückstand geriet. Es war eine knappe erste Partie. AlphaGo gewann mit einem geringen Vorsprung von nur 1,5 Punkten.

Hui nutzte diese Information für die zweite Partie. Wenn AlphaGo nicht aggressiv spielen würde, beschloss Hui, sich schon früh kämpferisch zu zeigen. Prompt begann auch AlphaGo, dynamischer zu spielen. Hui meinte, er brauche vielleicht ein bisschen mehr Zeit zum Nachdenken, bevor er wieder dran war. Bei Zug 147 versuchte Hui, AlphaGo daran zu hindern, sich in der Mitte des Spielfelds ein großes Territorium zu sichern, doch das Manöver schlug fehl, und er musste aufgeben.

In der dritten Partie spielte Hui aggressiver, und Alpha Go ebenfalls. Auf halber Strecke machte Hui einen verhängnisvollen Fehler, den AlphaGo abstrafte, und leistete sich noch einen weiteren wesentlichen Missgriff, mit dem das Spiel effektiv vorbei war. In seinem Frust entschuldigte sich Hui und ging kurz an die frische Luft, um seine Fassung wiederzugewinnen und das Match zu Ende zu spielen. Wieder einmal hatte der Stress einen großartigen menschlichen Strategen aus der Bahn geworfen – während die KI davon unbelastet unbeirrt ihrem Ziel zustrebte.

AlphaGo – ein KI-Programm – hatte einen Go-Profi mit 5 : 0 geschlagen. Und es hatte gewonnen, in dem es gleich um mehrere Größenordnungen weniger Positionen analysiert hatte als Deep Blue von IBM. Als AlphaGo einen Menschen schlug, wusste das Programm nicht, dass es ein Spiel spielte, was das bedeutet oder warum es Menschen Spaß macht, Spiele zu spielen.

Hanjin Lee, ein erfolgreicher Go-Profi aus Korea, analysierte die Spiele im Nachhinein. Seine offizielle öffentliche Stellungnahme lautete: „Mein Gesamteindruck war, dass AlphaGo stärker wirkte als Fan, doch um wie viel stärker, konnte ich nicht sagen … vielleicht wird das Programm stärker, wenn es einen stärkeren Gegner vor sich hat."[36]

Die Konzentration auf Spiele – also darauf, im direkten Wettbewerb Menschen zu schlagen – hat den Erfolg anhand relativ eng gefasster Parameter definiert. Das bringt uns zu einer erstaunlichen neuen philosophischen Frage für unsere moderne KI-Ära. Damit KI-Systeme gewinnen, also die Ziele erreichen können, die wir ihnen gesteckt haben – müssen Menschen dafür auf ebenso triviale wie profunde Weise verlieren?

• • •

AlphaGo trat weiter in Turnieren an, schlug jeden noch so meisterhaften Gegner und demoralisierte die Go-Profi-Community.

Nachdem der Weltmeister 3 : 0 geschlagen worden war, kündigte DeepMind an, das KI-System aus dem Wettbewerb zu nehmen. Es hieß, das Team wolle sich neuen Herausforderungen widmen.[37] Als Nächstes machte sich das Team daran, AlphaGo von einem leistungsfähigen System, das dazu angeleitet werden konnte, brillante Go-Spieler zu schlagen, zu einem System weiterzuentwickeln, das sich selbst beibringen konnte, genauso leistungsfähig zu werden – ohne auf Menschen angewiesen zu sein.

Die erste AlphaGo-Version brauchte noch Menschen und einen ursprünglichen Datensatz von 100.000 Go-Partien, um das Spiel zu erlernen. Die nächste Systemgeneration wurde dafür entwickelt, von der Pike auf selbst zu lernen. Wie ein Mensch, der das Spiel noch nicht kannte, würde diese Version – namens AlphaGo Zero – alles von Grund auf neu lernen müssen, und zwar ganz allein, ohne auf eine Bibliothek von Zügen oder auch nur auf eine Definition der Funktion der Spielsteine zurückzugreifen. Das System würde nicht nur Entscheidungen treffen – die das Ergebnis von Berechnungen waren und explizit einprogrammiert werden konnten –, es würde zwischen verschiedenen Optionen wählen, wofür Urteilsvermögen benötigt wurde.[38] Dabei übten die Architekten von DeepMind – möglicherweise unbewusst – gewaltigen Einfluss aus. Von ihnen würde Zero die Voraussetzungen, Werte und Motive für seine Entscheidungen im Spielverlauf übernehmen.

Zero trat gegen sich selbst an und nahm selbstständig Justierungen und Anpassungen an seinen Entscheidungsprozessen vor. Jede Partie begann mit ein paar wahllosen Zügen, und mit jedem Sieg aktualisierte Zero sein System, optimierte sich durch das Gelernte und spielte dann erneut. Es dauerte nur 70 Spielstunden, bis Zero die gleiche Spielstärke erreicht hatte wie AlphaGo, als es die weltbesten Spieler schlug.[39]

Dann geschah etwas Interessantes. Das DeepMind-Team wendete seine Methode noch einmal auf AlphaGo Zero an, diesmal mit einem größeren Netzwerk. Das System durfte 40 Tage lang lernen und alleine spielen. Dabei entdeckte es nicht nur wieder das gesammelte Go-Wissen der Menschheit, sondern es schlug die fortschrittlichste Version von AlphaGo in 90 Prozent aller Fälle – und zwar mit vollkommen neuen Strategien. Das bedeutet, Zero entwickelte sich nicht nur zu einem besseren Studenten der größten Go-Meister der Welt, sondern auch zu einem besseren Lehrer als seine menschlichen Ausbilder. Wie sich das System selbst so schlau gemacht hat, durchschauen wir nicht zur Gänze.[40] Nun fragen Sie sich vielleicht, wie schlau es eigentlich war? Nun, die Stärke eines Go-Spielers misst sich an der sogenannten Elo-Zahl, die die Gewinn- bzw. Verlierwahrscheinlichkeit auf der Grundlage bisheriger Leistungen ermittelt. Großmeister und Weltmeister haben Ratings um die 3.500. Zero hatte ein Rating von über 5.000. Im Vergleich dazu spielten die brillantesten Weltmeister wie Amateure – und es ist statistisch höchst unwahrscheinlich, dass ein menschlicher Spieler das KI-System je schlagen könnte.

Uns ist eine Voraussetzung für diesen Lernprozess bekannt: Indem keine menschlichen Daten oder Erfahrungen verwendet wurden, befreiten die Zero-Entwickler die künstliche Intelligenz von den Fesseln menschlichen Wissens. Die Menschen, so stellte sich heraus, hätten das System gebremst. Die Leistung bestand in einer Systemarchitektur, die in der Lage war, ganz neu zu denken und eigene Entscheidungen zu treffen.[41] Das war ein plötzlicher, unerwarteter Sprung, der eine Zukunft verhieß, in der KI-Systeme Krebsvorsorgeuntersuchungen und Klimadaten auswerten und Armut ganz anders analysieren könnten als der Mensch – was Durchbrüche in Aussicht stellte, auf die menschliche Forscher von alleine nie gekommen wären.

Im Spiel gegen sich selbst entdeckte Zero tatsächlich Go-Strategien, die Menschen im Laufe von 1.000 Jahren entwickelt hatten – was bedeutet, dass das System gelernt hatte, so zu denken wie seine menschlichen Schöpfer. Anfangs unterliefen ihm dieselben Fehler, es stieß auf dieselben Muster und Variationen und auch auf dieselben Hindernisse wie wir. Doch sobald Zero stark genug war, ließ es unsere menschlichen Züge hinter sich und dachte sich etwas Besseres aus.[42] Sobald Zero auf sich gestellt war, entwickelte es bis dato ungekannte kreative Strategien – ein Hinweis darauf, dass Maschinen *in ihren Denkprozessen* womöglich bekannte, aber auch unbekannte Wege beschritten.

Nebenbei bewies Zero, dass Algorithmen bereits in der Lage waren, ohne menschliche Anleitung zu lernen, und dass es wir Menschen waren, die KI-Systeme in ihrer Entwicklung aufgehalten hatten. Das bedeutete, dass man Maschinen schon in Kürze auf Probleme loslassen könnte, die wir alleine weder vorhersehen noch lösen könnten.

Im Dezember 2017 veröffentlichte das DeepMind-Team einen Artikel, der belegte, dass Zero inzwischen generell lernfähig war – nicht nur, was Go anging, sondern auch in Bezug auf alle übrigen Informationen. Zero eignete sich ganz allein andere Spiele wie Schach und *Shoji* an (ein schachähnliches Spiel aus Japan), die zwar zugegebenermaßen nicht so komplex sind, aber dennoch Strategie und Kreativität erfordern. Nur dass Zero jetzt viel schneller lernte als zuvor. Das System brachte es fertig, in weniger als 24 Spielstunden unfassbare übermenschliche Kompetenzen zu erwerben. Da machte sich das Team daran, die für Zero entwickelten Methoden anzuwenden, um eine „universelle Lernmaschine" zu bauen – einen Satz anpassungsfähiger Algorithmen, die unsere eigenen biologischen Systeme nachahmten und lernfähig waren. Statt KI-Systeme mit riesigen Informationsmengen und Anweisungen dazu zu füttern, wie diese zu erfragen sind, bringt das Team den Maschinen stattdessen bei, selbst zu lernen. Anders als Menschen, die beim Lernen ermüden, das Interesse verlieren oder sich ablenken lassen, verfolgen Maschinen ein Ziel unerbittlich um jeden Preis.

Das war aus mehreren Gründen ein entscheidender Moment in der langen Geschichte der KI. Erstens verhielt sich das System unberechenbar und traf Entscheidungen, die seine Schöpfer nicht mehr richtig nachvollziehen konnten. Außerdem schlug es einen menschlichen Gegner auf Weisen, die weder nachzuahmen noch vollständig zu durchschauen waren. Das sprach für eine Zukunft, in der KI eigene neuronale Pfade suchen und Wissen erwerben konnte, das wir vielleicht niemals begreifen werden. Zweitens zementierten sich damit zwei parallele Entwicklungsbahnen, denen KI inzwischen folgt: Die alarmierten Chinesen setzen Finanz- und Humankapital ein, um ihre Produkte wettbewerbsfähiger zu machen, während wir uns in den Vereinigten Staaten der Erwartung hingeben, dass schon bald fantastische KI-Produkte auf den Markt kommen. Die Machbarkeit tiefer neuronaler Netze und tiefer Lernprozesse steht hinter dem aktuellen KI-Hype – von der plötzlichen Freisetzung gewaltiger Finanzmittel in den USA und den nationalen Proklamationen der Chinesen über ihre Zukunftspläne einmal ganz abgesehen.

Als Unternehmensbereich unter dem Dach der Google-Muttergesellschaft Alphabet beschäftigt DeepMind 700 Mitarbeiter, die zum Teil damit betraut sind, möglichst schnell kommerzielle Produkte zu entwickeln. Im März 2018 kündigte Googles Cloud-Sparte an, man biete einen Dienst zur Umwandlung von Text in Sprache auf DeepMind-Basis für 16 US-Dollar pro 1 Million Zeichen verarbeiteten Texts an.[43] Eine der Breakout-Ankündigungen auf Googles I/O-Konferenz 2018 betraf Duplex, einen Sprachassistenten, der automatisch Anrufe für Kunden tätigt und mit menschlichen Empfangskräften spricht, um Tische in Restaurants zu reservieren oder Friseurtermine zu vereinbaren – inklusive „Hms" und „Ähs". Das Produkt verwendet WaveNet, ein KI-basiertes generatives Programm, das zu DeepMind gehört.[44]

Währenddessen eröffneten KI-Forscher aus einem anderen Alphabet-Bereich namens Google Brain, sie hätten eine KI entwickelt, die eigene KI erzeugen könne. (Alles klar?) Das System heißt Auto-ML und hat mithilfe einer Technik, die als „Reinforcement Learning" bezeichnet wird, das Design von Modellen zum maschinellen Lernen automatisiert. AutoML funktioniert sozusagen als „Mutter"

– als oberste DNN-Instanz, die darüber entschied, „Kinder", also KI-Netze für bestimmte, eng definierte Aufgaben, zu entwickeln. Unaufgefordert erzeugte AutoML ein Kind namens NASNet und brachte ihm bei, auf Videos Objekte zu erkennen wie Menschen, Autos, Ampeln, Handtaschen und mehr. Unbelastet durch Stress, Ego, Zweifel oder mangelndes Selbstvertrauen – Charakterzüge, wie sie selbst bei den brillantesten Informatikern vorkommen – konnte NASNet mit einer Trefferquote von 82,7 Prozent Abbildungen vorhersagen. Das bedeutete, das Systemkind schnitt besser ab als menschliche Programmierer – diejenigen eingeschlossen, die seine „Mutter" entwickelt hatten.[45]

Die Teams, die für die Architektur von Systemen verantwortlich zeichnen, welche Entscheidungen jeder Art treffen sollen, werden überwiegend von Männern geleitet. Die zuständige Gruppe ist nur wenig vielfältiger als die Forscher, die sich seinerzeit in Dartmouth trafen – was an einer maßgeblichen Entwicklung liegt: an China. In den letzten Jahren hat sich China zu einem wichtigen KI-Zentrum entwickelt, weil der Staat Projekte an chinesischen Universitäten und bei Baidu, Alibaba und Tencent finanzierte.

Baidu fand sogar etwas heraus, was selbst Zero noch nicht ergründet hatte: nämlich, wie sich Kompetenzen von einem Bereich auf einen anderen übertragen ließen. Für Menschen ist das eine einfache Aufgabe, doch für KI ziemlich schwierig. Baidu wollte diese Hürde nehmen, indem es einem tiefen neuronalen Netz nur mit natürlicher Sprache beibrachte, in einer virtuellen 2-D-Welt zu navigieren – so, wie Eltern mit ihren Kindern sprachen. Baidus KI-Agent erhielt Anweisungen wie „Bitte gehe zu dem Apfel" oder „Kannst du da zu dem Gitter zwischen dem Apfel und der Banane gehen?" Korrekte Schritte wurden sofort belohnt. Die Aufgabe erscheint einigermaßen einfach, doch wir dürfen nicht vergessen, was da alles hineinspielt: Als das Experiment abgeschlossen war, konnte die KI von Baidu nicht nur Sprache verstehen, die für sie eingangs keinerlei Bedeutung hatte. Das System hatte darüber hinaus gelernt, was ein zweidimensionales Raster war, dass (und wie) es sich darin bewegen konnte, dass es Bananen und Äpfel gab, und wie man sie unterscheiden konnte.

• • •

An den Anfang dieses Kapitels hatte ich vier Fragen gestellt: *Können Maschinen denken? Was bedeutete es für eine Maschine, zu „denken"? Was bedeutet es für Sie, werte Leserinnen und Leser, zu denken? Und woher wissen Sie, ob Sie tatsächlich eigene Gedanken haben?* Nun kennen Sie die lange Geschichte dieser Fragen, die kleine Gruppe von Menschen, die die Grundlagen für KI legten, und die nach wie vor vorhandenen maßgeblichen Praktiken. Im Folgenden möchte ich Ihnen ein paar Antworten liefern.

Ja, Maschinen können denken. Ein Gesprächstest wie der Turing-Test oder das neuere Winograd-Schema – das 2011 von Hector Levesque vorgeschlagen wurde und sich auf grundlegendes logisches Denken fokussiert, indem einer KI eine einfache Aufgabe mit mehrdeutigen Pronomina gestellt wird – misst nicht unbedingt die Fähigkeit eines KI-Systems auf anderen Gebieten.[46] Er belegt lediglich, dass eine Maschine wie wir Menschen anhand eines sprachlichen Regelwerks denken kann. Alle sind sich darüber einig, dass Einstein ein Genie war, selbst wenn die seinerzeit gängigen Methoden zur Messung seiner Intelligenz – wie Tests in der Schule – etwas anderes ergaben. Seine Lehrer konnten nicht verstehen, wie Einstein dachte – also gingen sie natürlich davon aus, dass er nicht intelligent war. In Wirklichkeit gab es damals schlicht keine brauchbare Methode, Einsteins Denkfähigkeit zu messen. Das Gleiche gilt für KI.

Denkende Maschinen können Entscheidungen treffen, die sich auf die Wirklichkeit auswirken. Dazu brauchen Sie einen Zweck und ein Ziel. Früher oder später entwickeln sie Urteilsvermögen. Das sind die Eigenschaften, die Philosophen und Theologen zufolge die

Seele bilden. Jede Seele ist eine Manifestation der Vision und des Willen Gottes. Sie wurde von einem Schöpfer gemacht und verliehen. Auch denkende Maschinen haben Schöpfer, die die neuen Götter der KI sind, und sie sind mehrheitlich männlich, leben überwiegend in Amerika, Westeuropa und China und haben auf die eine oder andere Weise mit den großen Neun zu tun. Die Seele der KI ist eine Manifestation ihrer Visionen und Absichten für die Zukunft.

Und schließlich: Ja, denkende Maschinen sind in der Lage, eigene Gedanken zu fassen. Nachdem sie aus Erfahrung gelernt haben, können sie zu dem Schluss gelangen, dass auch eine andere Lösung möglich ist. Oder dass sich eine neue Klassifizierung anbietet. KI müssen keine neue Kunstform erfinden, um zu beweisen, dass sie kreativ sind.

Das bedeutet, dass KI-Maschinen tatsächlich über einen Geist verfügen. Er ist noch jung und unausgereift und dürfte sich vermutlich in einer Art und Weise weiterentwickeln, die wir nicht verstehen. Im folgenden Kapitel geht es darum, was diesen Geist ausmacht, um die Werte der großen Neun und um die unbeabsichtigten gesellschaftlichen, politischen und wirtschaftlichen Folgen des großen Erwachens unserer KI.

KAPITEL 2

DIE INSELWELT DER KI-STÄMME

Die jahrhundertelangen Bemühungen, eine denkende Maschine zu bauen, sind erst seit Kurzem von gewissem Erfolg gekrönt. Diese Maschinen „denken" zwar offenbar, doch sollten wir uns darüber im Klaren sein, dass sie ganz bestimmt nicht so denken wie wir *alle.*

An der Zukunft der KI basteln wenige, relativ gleichgesinnte Menschen innerhalb kleiner, isolierter Gruppen. Um es noch einmal zu sagen: Ich bin überzeugt, dass diese Menschen gute Absichten haben. Doch wie bei allen isolierten Gruppen, die eng zusammenarbeiten, entwickeln sich unbewusste Vorurteile und Kurzsichtigkeiten mit der Zeit zu neuen Glaubenssystemen und Verhaltensstandards. Was sich einstmals ungewöhnlich – oder gar falsch – anfühlte, normalisiert sich zum Alltagsbewusstsein. Und genau *das* wird unseren Maschinen einprogrammiert.

Die Menschen, die im KI-Bereich arbeiten, gehören einer Art Stamm an. Es sind Menschen, die in Nordamerika und China leben und arbeiten. Sie haben dieselben Universitäten besucht. Sie richten sich nach denselben sozialen Regeln. Die Stämme sind ausgesprochen homogen. Sie sind wohlhabend und hoch gebildet. Ihnen gehören überwiegend Männer an. Ihre Chefs – CEOs, Verwaltungsratsmitglieder, leitende Manager – sind mit wenigen Ausnahmen ausschließlich Männer. Auch in China ist Homogenität ein Thema, denn dort sind die Stammesangehörigen in aller Regel Chinesen.

Das Problem mit solchen Stämmen liegt in den Quellen ihrer Macht. Bei solchen inselartigen Gruppierungen verstärken sich kognitive Verzerrungen und schleifen sich ein, bis man sich ihrer nicht mehr bewusst ist. Sie rücken an die Stelle rationalen Denkens, was unsere Denkprozesse verlangsamt und mehr Energie in Anspruch nimmt. Je besser ein solcher Stamm vernetzt und etabliert ist, desto normaler wirken sein Gruppendenken und sein Verhalten. Wie Sie gleich sehen werden, sollten wir uns diese Erkenntnis unbedingt immer wieder vor Augen halten.

Was tun die KI-Stämme? Sie entwickeln schwache KI-Systeme (Artifical Narrow Intelligence, kurz ANI), die in der Lage sind, eine bestimmte Aufgabe auf dem gleichen Niveau oder besser auszuführen als wir Menschen. Kommerzielle ANI-Anwendungen – und damit letztlich der Stamm – nehmen uns bereits Entscheidungen ab, zum Beispiel in unserem Posteingang, bei der Onlinesuche, wenn wir mit dem Handy Fotos machen, beim Autofahren und wenn wir Kreditkarten oder Darlehen beantragen. Und die Stämme arbeiten am nächsten Schritt: an starken KI-Systemen (Artificial General Intelligence oder AGI), die breiter angelegte kognitive Aufgaben bewältigen können, weil sie Maschinen sind, die dafür konzipiert wurden, so zu denken wie wir. Doch wer genau verbirgt sich hinter dem „wir", das für die KI-Systeme Modell gestanden hat? Wessen Werte, Ideale und Weltanschauungen werden ihnen vermittelt?

Die kurze Antwort: weder Ihre noch meine. Künstliche Intelligenz denkt wie ihr Stamm und räumt den Werten, Idealen und Anschauungen ihrer Schöpfer Priorität ein. Gleichzeitig entwickelt sie aber auch eigene Ansichten.

Die Stammeshäuptlinge

Der KI-Stamm hat einen vertrauten mitreißenden Schlachtruf: *Fail fast and fail often.* Will heißen, Fehler sollten früh und oft begangen werden. Eine Abwandlung davon – „Move fast and break things" (sinngemäß: sei schnell und brich die Regeln) – war bis vor Kurzem noch das offizielle Unternehmensmotto von Facebook. Die Vorstellung, Fehler zu machen und Misserfolge in Kauf zu nehmen – ein durchaus löbliches Ziel –, steht aber in krassem Gegensatz zur Mentalität in den großen amerikanischen Konzernen. Dort meidet man Risiken und bewegt sich im Schneckentempo. Komplexe Technologie wie KI erfordert Experimente und die Möglichkeit, immer wieder fehlzugehen in dem Versuch, alles richtig zu machen. Einen Haken hat die Sache aber. Das Mantra ist Teil einer beunruhigenden Ideologie, die unter den großen Neun um sich greift: *Erst etwas entwickeln und sich dann dafür entschuldigen.*

In letzter Zeit wurden wir sehr häufig um Entschuldigung gebeten. Facebook entschuldigte sich für das Ergebnis seiner Beziehung zu Cambridge Analytica. Im Zuge des Skandals gab Facebook im September 2018 bekannt, dass ein Angriff die personenbezogenen Daten von über 50 Millionen Nutzern aufgedeckt hatte – einer der größten Sicherheitsverstöße in der Digitalgeschichte. Es stellte sich heraus, dass die Unternehmensleitung beschlossen hatte, die Nutzer nicht unverzüglich zu informieren.[1] Nur einen Monat später stellte Facebook das Videokonferenzdisplay Portal vor, das, der Echo Show von Amazon Konkurrenz machen sollte, und musste hinsichtlich der zuvor erfolgten Datenschutzzusage Rückzieher machen. Ursprünglich hatte Facebook nach eigenen Angaben Portal nicht einsetzen wollen, um personenbezogene Daten zu erheben und gezielte Werbung bei Nutzern zu betreiben. Doch auf Druck der Journalisten sah sich das Unternehmen zu einer peinlichen Klarstellung genötigt: Portal würde Nutzerdaten zwar nicht zu Werbezwecken verwenden, doch die bei der Nutzung erfassten Daten – also, wer angerufen wurde oder welche Spotify-Songs gehört wurden – konnten verwendet werden, um bei Nutzern später Facebook-Werbung für andere Dienste und Netze zu machen.[2]

Im April 2016 schrieb Jeff Dean, Chef des Projekts Google Brain, das Unternehmen habe bei einer „Ask Me Anything"-Sitzung auf Reddit Frauen und Farbige ausgeschlossen. Das sei keine Absicht gewesen, sondern ein Versehen. Ich glaube gern, dass es sich dabei nicht um ein absichtliches Versäumnis handelte. Die Veranstalter haben einfach nicht daran gedacht, bei der Sitzung auf Diversifizierung zu achten.

Dean, der nach eigenen Worten Wert auf Diversität legt, forderte Google zu Verbesserungen auf:[3]

> „Ein Aspekt unseres Brain-Residency-Programms, der mir richtig gut gefällt, ist die Vielfalt hinsichtlich der beruflichen Qualifikationen und Kompetenzen, die die Teilnehmer mitbringen (wir haben beispielsweise Physiker, Mathematiker, Biologen, Neurowissenschaftler, Elektrotechnikingenieure, aber auch Informatiker), und anderer Aspekte bei unserer Forschungsarbeit. Bringt man Menschen mit unterschiedlichen Erfahrungen, Perspektiven et cetera zusammen, so führt das meiner Erfahrung nach zuverlässig dazu, dass Dinge erreicht werden, die kein Einzelner zuwege gebracht hätte, weil keiner allein über alle nötigen Kenntnisse und Perspektiven verfügt."[4]

Im Juni 2018 veröffentlichte Google einen Diversitätsbericht, der erstmals nach Kategorien aufgeschlüsselte Beschäftigtendaten enthielt. In dem Bericht gab Google an, seine Belegschaft setze sich weltweit zu 69,1 Prozent aus Männern zusammen. In den USA waren nur 2,5 Prozent der Beschäftigten Schwarze und 3,6 Prozent HispanoamerikanerInnen und Latinx. Trotz aller kühnen Äußerungen Googles über die Notwendigkeit für Diversifizierung im Tech-Bereich hatten sich die – ohnehin niedrigen – Zahlen gegenüber mehreren Jahren zuvor eigentlich nicht verändert: 2014 betrug der Anteil der Schwarzen an der Google-Belegschaft 2 Prozent, der Anteil der HispanoamerikanerInnen und Latinos 3 Prozent.[5]

Google ist zugutezuhalten, dass in den letzten Jahren eine Initiative gegen unbewusste Vorurteile eingeleitet wurde, die Workshops und Schulungen beinhaltet, um Beschäftigte besser über soziale Stereotype und tief verwurzelte Einstellungen zu Geschlecht, Rasse, Erscheinungsbild, Alter, Bildung, Politik und Vermögensstand zu informieren, die sie möglicherweise unbewusst entwickelt haben. Manche Googler meinen, die Schulungen seien eher oberflächlich gewesen, und weniger produktiv. Eine schwarze Mitarbeiterin erklärte, der Fokus habe dabei auf „zwischenmenschlichen Beziehungen und verletzten Gefühlen gelegen, nicht auf der Bekämpfung von Diskriminierung und Ungleichheit, was den ArbeitnehmerInnen signalisiere, dass Diversität nur ‚ein weiteres Kästchen zum Abhaken' sei."[6]

Dabei belohnte Google genau in den Jahren, in denen die Schulungen stattfanden, das Fehlverhalten leitender Mitarbeiter. Andy Rubin, der Googles Flaggschiff, das Mobilfunkbetriebssystem Android, entwickelt hatte, wurde zum Rücktritt aufgefordert, nachdem ihm eine Beschäftigte glaubwürdig vorwarf, er habe sie zum Oralsex gezwungen. Google versüßte Rubin den Abschied mit 90 Millionen US-Dollar – aufgeteilt in monatliche Ausschüttungen von 2,5 Millionen US-Dollar über die ersten beiden Jahre und weiteren 1,5 Millionen US-Dollar monatlich in den beiden Folgejahren. Der Leiter von Googles Forschungs- und Entwicklungsabteilung X, Richard DeVaul, belästigte eine Bewerberin beim Vorstellungsgespräch sexuell: Er erzählte ihr, er und seine Frau führten eine offene Ehe, und bestand später darauf, der Bewerberin auf einem Tech-Festival den nackten Rücken zu massieren. Erwartungsgemäß bekam sie den Job nicht. Er wurde lediglich zu einer Entschuldigung aufgefordert, nicht zum Rücktritt. Ein Vice President, der an der Leitung von Googles Suchmaschinensparte beteiligt war, bekam Probleme, als ihn eine Mitarbeiterin beschuldigte, sie begrapscht zu haben. Da die Vorwürfe als glaubhaft erachtet wurden, entließ man ihn mit einer mehrere Millionen schweren Abfindung. Von 2016 bis 2018 ließ Google ohne großes Aufhebens 13 Manager wegen sexueller Belästigung gehen.[7]

Dieses Feedback macht deutlich, wie wenig Einfluss die Schulungsprogramme über unbewusste Vorurteile innerhalb der Tech- und Wagniskapital-Unternehmen haben, die sie finanzieren. Der Grund dafür: Vielleicht sind sich die Teilnehmer ihrer verzerrten Wahrnehmungen nach dem Training tatsächlich besser bewusst, sind aber nicht notgedrungen dazu motiviert, ihr Verhalten zu ändern – und erhalten auch keine entsprechenden Anreize.

Der Diskurs um mangelnde Diversität in der Tech-Community dreht sich gewöhnlich um Geschlecht und Rasse. Es gibt aber noch andere menschliche Dimensionen, die dabei zu kurz kommen – etwa politische Ideologie und Religion. 2017 ergab eine Analyse der Stanford Graduate School of Business, die eine Erhebung über mehr als 600 führende Tech-Manager und -Gründer durchgeführt hatte, dass sich der Stamm überwiegend als progressiv demokratisch bezeichnete. 2016 unterstützten sie bei den Wahlen mit großer Mehrheit Hillary Clinton. Der Stamm ist für die höhere Besteuerung Vermögender, für Abtreibung, gegen die Todesstrafe, für die Reglementierung von Waffenbesitz und für die Legalisierung der gleichgeschlechtlichen Ehe.[8]

Dass die Führungsriegen von Google, Apple, Amazon, Facebook, Microsoft und IBM nicht exakt *alle* Amerikaner repräsentieren, ließe sich vermutlich auf die Unternehmen jeder anderen Branche übertragen. Der Unterschied: Es sind gerade diese Unternehmen, die Systeme für autonome Entscheidungsprozesse entwickeln, die er alle unsere Interessen vertreten sollen. Kritik kommt dabei nicht nur von Frauen und Farbigen, sondern von recht unwahrscheinlicher Seite: nämlich von den Konservativen und treuen Anhängern der Republikaner. Im Mai 2018 warf das Republican National Committee Mark Zuckerberg in einem Brief vor, Facebook sei voreingenommen gegenüber konservativen Amerikanern. Hier ein paar Auszüge: „In den letzten Jahren wurden Bedenken um die Unterdrückung konservativer Äußerungen auf Facebook laut ... unter anderem die Zensur konservativer Nachrichtenmeldungen. ... Wir sind alarmiert durch zahlreiche Vorwürfe, Facebook habe Inhalte konservativer Journalisten und Gruppierungen blockiert."[9] Das von der RNC-Vorsitzenden Ronna McDaniel und Präsident Trumps Wahlkampfmanager für die Wiederwahl 2020 Brad Parscale unterzeichnete Schreiben forderte ferner Transparenz darüber, wie die Facebook-Algorithmen festlegen, welche Nutzer in ihren Feeds politische Werbung erhalten, sowie eine Untersuchung hinsichtlich der Voreingenommenheit gegenüber konservativen Inhalten und Leitfiguren.

Dabei haben McDaniel und Parscale gar nicht so unrecht. In der Hitze des Wahlkampfs haben Facebook-Beschäftigte 2016 *tatsächlich* den Trendbereich der Plattform vorsätzlich so manipuliert, dass konservative Meldungen ausgeklammert wurden – obwohl definitiv Clinton-feindliche Geschichten bereits eigene Trends entwickelten. Mehrere der sogenannten „Nachrichtenkuratoren" von Facebook berichteten, sie seien angewiesen worden, bestimmte Storys in den Newsfeed-Bereich „einzuspeisen", obwohl gar kein entsprechender Trend vorlag. Ebenso verhinderten sie, dass positive Berichterstattung über Kandidaten der „Grand Old Party", kurz GOP – der Republikaner nämlich – wie Rand Paul einfloss. Das Kuratorenteam für Facebook-Nachrichten setzte sich aus einer kleinen Gruppe von Journalisten zusammen, die überwiegend private Universitäten an der Ostküste oder Eliteunis besucht hatten. Man kann mit Fug und Recht behaupten, dass dies direkt in das von den Konservativen seit Jahrzehnten bemühte Narrativ hineinspielt.

Im August 2018 nutzten über 100 Facebook-Beschäftigte ein internes Onlineforum, um eine „politische Monokultur" anzuprangern, „die keine anderen Meinungen dulde". Der leitende Facebook-Ingenieur Brian Amerige schrieb: „Wir behaupten, für alle Blickwinkel offen zu sein. Dabei greifen wir – oft in Mobs – ganz schnell jeden an, der eine Ansicht vertritt, die der linksorientierten Ideologie widerspricht."[10]

Zum Thema Diversität gilt: Sich entschuldigen und Besserung zu geloben ist etwas ganz anderes, als dafür zu sorgen, dass Diversität Eingang findet in die Datenbanken, Algorithmen und Rahmenbedingungen, aus denen das KI-Ökosystem besteht. Wenn auf Worte keine Taten folgen, resultiert daraus ein Ökosystem aus Systemen und Produkten, aus denen eine gewisse antihumanistische Einstellung spricht. Hier nur ein paar der ganz realen Folgen: 2016 überfuhr ein KI-gestützter Sicherheitsroboter in einer Einkaufspassage im Silicon Valley vorsätzlich ein 16 Monate altes Kleinkind.[11] Das KI-System hinter dem Science-Fiction-Computerspiel *Elite: Dangerous* entwickelte ein Arsenal von Superwaffen, an die seine Schöpfer nie gedacht hatten. Sie sorgen für Chaos und Verwüstung im Spiel und machten die von echten menschlichen Spielern erzielten Fortschritte zunichte.[12] Im Zusammenhang mit KI-Sicherheit gibt es unzählige Probleme, manche davon groß und offensichtlich: Selbstfahrende Autos haben bereits rote Ampeln überfahren und in wenigen Fällen auch Fußgänger getötet. Anwendungen zur vorausschauenden Überwachung identifizieren immer wieder falsche Verdächtige, wodurch Unschuldige im Gefängnis landen. Wie viele der vorhandenen Probleme wir gar nicht bemerken, weil wir noch nicht persönlich davon betroffen waren, ist unklar.

Ein wirklich vielfältiges Team hätte nur ein primäres gemeinsames Merkmal: Talent. Es gäbe keine Konzentration auf ein Geschlecht, eine Rasse oder eine Ethnie. Darin wären verschiedene politische und religiöse Ansichten vertreten. Die Homogenität der KI-Stämme ist ein in den großen Neun angesiedeltes Problem, das seinen Ursprung jedoch woanders hat: Es beginnt an den Universitäten, an denen sich die KI-Stämme herausbilden.

Stämme etablieren sich innerhalb konzentrierter sozialer Umfelder, in denen alle ein gemeinsames Ziel verfolgen, dieselbe Sprache sprechen und mit derselben Intensität arbeiten. Dort entwickelt eine Gruppe von Menschen ein gemeinsames Gefühl für Werte und Sinn. Stämme bilden sich zum Beispiel in militärischen Einheiten, in Abteilungen während des Medizinstudiums, in den Küchen von Sternerestaurants und in Studentenverbindungen. Dort erlebt man gemeinsam Versuch und Irrtum, Erfolg und Fehlschlag, Liebeskummer und Glücksmomente.

Um ein Beispiel dafür aus einem Bereich aufzugreifen, der gar nichts mit künstlicher Intelligenz zu tun hat: In den 1970er- und 1980er-Jahren lebten Sam Kinison, Andrew Dice Clay, Jim Carrey, Marc Maron, Robin Williams und Richard Pryor zusammen in dem Haus Nr. 8420 Cresthill Road, nicht weit vom später legendären Comedy Store in Los Angeles. Sie waren bloß ein paar junge Kerle in einer WG, die versuchten, auf der Bühne Fuß zu fassen, als Bob Hope im Fernsehen noch Sprüche klopfte wie: „Ich widme Frauen nie einen zweiten Gedanken. Mein erster reicht immer aus."[13] Dieser Stamm lehnte solchen Humor, wie ihn die vorausgegangene Generation zur Perfektion gebracht hatte, grundsätzlich ab. Sie hatten ganz andere Werte: Sie wollten mit Tabus brechen, soziale Ungerechtigkeiten anprangern und hyperrealistische Geschichten erzählen, die genau die Leute aufs Korn nahmen, die im Publikum saßen. Sie probierten ihre Texte und Pointen aneinander aus. Und bemitleideten einander, wenn sie auf der Bühne durchfielen. Sie experimentierten zusammen und lernten voneinander. Dieser Stamm revolutionärer, brillanter Komiker legte das Fundament für die Zukunft der amerikanischen Unterhaltung.[14] Und gemeinsam übt diese Gruppe bis heute Einfluss aus.

In gewisser Weise durchlief KI einen ähnlich radikalen Wandel, und zwar aufgrund eines modernen Stammes mit denselben Werten,

Vorstellungen und Zielen. Die bereits erwähnten drei Deep-Learning-Pioniere – Geoff Hinton, Yann Lecun und Yoshua Bengio – waren die Sam Kinisons und Richard Pryors der KI-Welt in der Frühzeit der tiefen neuronalen Netze. Lecun studierte unter Hinton an der Universität von Toronto, wo das Canadian Institute for Advanced Research (CIFAR) eine kleine Forschergruppe prägte, darunter auch Yoshua Bengio. Sie verbrachten unglaublich viel Zeit miteinander, diskutierten Ideen, stellten Theorien auf die Probe und bastelten an der nächsten KI-Generation. „Da war diese sehr kleine Gemeinschaft, die im Kopf hatte, dass neuronale Netze letztlich groß herauskommen würden", erklärte Lecun. „Wir brauchten einen sicheren Raum für kleine Workshops und Sitzungen, um unsere Ideen richtig zu entwickeln, bevor wir sie veröffentlichten."[15]

Die starken Stammesbindungen bilden sich, wenn Menschen, die eng zusammenarbeiten, gemeinsam Rückschläge erleiden und Erfolge feiern. Dadurch entwickeln sie gemeinsame Erfahrungen, die auf einen gemeinsamen Wortschatz übertragen werden, welcher wiederum zu gemeinsamen Ideen, Verhaltensweisen und Zielen führt. Aus diesem Grund kommen viele Start-up-Storys, politische Bewegungen und kulturelle Trends oft auf ganz ähnliche Weise zustande: Ein paar Freunde teilen sich ein Zimmer, eine Wohnung oder eine Garage und arbeiten intensiv an verwandten Projekten. Die Epizentren moderner KI-Unternehmen mögen im Silicon Valley, in Peking, Hangzhou und Shenzhen liegen, doch die Lebensadern der KI-Stämme sind die Hochschulen, mit wenigen Knotenpunkten. In den Vereinigten Staaten gehören dazu Carnegie Mellon, das Georgia Institute of Technology, Stanford, die UC Berkeley, die Universität von Washington, Harvard, Cornell, Duke, das MIT, die Universität Boston und die McGill-Universität. Auch die Université de Montréal gehört dazu. Diese Universitäten sind die Heimat der aktiven akademischen Forschungsgruppen mit engen Bindungen in die Industrie.

Stämme richten sich typischerweise nach Regeln und haben Rituale. Befassen wir uns zunächst genauer mit den Initiationsrechten der KI-Stämme, angefangen mit einer rigorosen universitären Ausbildung.

In Nordamerika liegt der Schwerpunkt der universitären Bildung auf den sogenannten Hard Skills – dem Beherrschen der Programmiersprachen R und Python, Kompetenz in der Verarbeitung natürlicher Sprache und angewandter Statistik sowie Vertrautheit mit Bilderkennung, Bioinformatik und Spieltheorie. Kurse zu belegen, die thematisch nicht zum Stamm gehören, etwa solche über Philosophie des Geistes, muslimische Frauen in der Literatur oder Kolonialismus, ist verpönt. Wenn wir versuchen, denkende Maschinen zu entwickeln, die in der Lage sind, so zu denken wie Menschen, so erscheint es unlogisch, das Studium menschlicher Befindlichkeiten auszuschließen. Doch zurzeit werden solche Kurse ganz bewusst nicht in den Lehrplan aufgenommen, und es ist schwer, sie neben dem Hauptfach auf freiwilliger Basis als Wahlfächer unterzubringen.

Der Stamm verlangt bestimmte Fertigkeiten, und in vier Studienjahren ist viel Lernstoff zu bewältigen. In Stanford müssen die Studenten beispielsweise 50 Stunden Intensivkurse in Mathematik, naturwissenschaftlichen und technischen Fächern belegen, und zusätzlich 15 Stunden Kernveranstaltungen in Informatik. Im Rahmen des Hauptfachs wird zwar ein Ethikkurs angeboten, aber nur als eine von fünf Wahlpflichtveranstaltungen, die Voraussetzung für die Prüfungszulassung sind.[16] Carnegie Mellon führte 2018 einen ganz neuen Studiengang mit Hauptfach KI ein. Das ermöglichte der Universität einen Neuanfang mit der Chance, ein modernes KI-Studium von Grund auf neu zu konzipieren. Doch die Stammesregeln und -rituale setzten sich durch, und deshalb stehen die „Hard Skills" im Vordergrund. Der Abschluss setzt zwar die Belegung eines Ethikkurses und verschiedener geisteswissenschaftlicher und künstlerischer Veranstaltungen voraus, die jedoch überwiegend auf Neurowissenschaft abgestellt sind (zum Beispiel kognitive Psychologie, menschliches Gedächtnis und visuelle Wahrnehmung). In Anbetracht des Zusammenhangs zwischen KI und dem menschlichen Geist ist das durchaus sinnvoll. Es werden aber keine Kurse verlangt, in denen Studenten lernen, Datensätze auf Vorurteile zu prüfen, Philosophie auf Entscheidungsprozesse anzuwenden oder sich mit Inklusionsethik vertraut zu machen. Der Lehrplan erkennt nicht offiziell an, dass gesellschaftliche und sozioökonomische Vielfalt für eine Gemeinschaft ebenso wichtig sind wie Biodiversität.

Kompetenzen werden empirisch vermittelt – das bedeutet, die KI-Studenten müssen ihre Köpfe nicht in Büchern vergraben. Um zu lernen, brauchen sie lexikalische Datenbanken, Bildarchive und neuronale Netze. Eine Zeitlang zählte Word2vec zu den populären neuronalen Netzen an den Universitäten, eine Entwicklung des Teams von Google Brain. Es war ein zweischichtiges System zur Textverarbeitung, das Wörter in Zahlen umwandelte, die KI verstehen konnte.[17] Es lernte zum Beispiel, dass sich „der Mann zum König verhält wie die Frau zur Königin". Die Datenbank beschloss aber auch, dass sich „der Vater zum Arzt verhält wie die Mutter zur Krankenschwester" und „der Mann zum Computerprogrammierer wie die Frau zum Haushaltsversorger".[18] Das System, dem die Studenten ausgesetzt waren, war demnach selbst voreingenommen. Wollte jemand die weiterreichenden Implikationen von sexistischem Code genauer analysieren, gab es dafür keine entsprechenden Kursangebote.

2017 und 2018 richteten manche der betreffenden Universitäten ein paar neue Ethikkurse ein, um den bereits von KI gestellten Herausforderungen Rechnung zu tragen. Das Berkman Klein Center in Harvard und das MIT Media Lab boten gemeinsam einen neuen Kurs über Ethik und KI-Regulierung an.[19] Das Programm und die Vorlesungen waren fantastisch[20], doch der Kurs war außerhalb der jeweiligen Standard-Informatikschienen beider Unis angesiedelt. Das bedeutete, was dort gelehrt und besprochen wurde, konnte nicht in andere Teile des Lehrplans einfließen.

Ethik ist auf jeden Fall für alle Universitäten, an denen KI gelehrt wird, Pflicht – so steht es in den Akkreditierungsstandards. Soll ein Informatikstudiengang vom Accreditation Board for Engineering and Technology akkreditiert werden, muss nachgewiesen werden, dass die Studenten „über Kenntnisse in berufsethischen, ethischen, rechtlichen, sicherheitsbezogenen und gesellschaftlichen Themen und Aufgabenstellungen verfügen" und über die „Fähigkeit, die lokalen und globalen Effekte der Computertechnik auf Einzelne, Organisationen und die Gesellschaft zu analysieren". Ich kann Ihnen aber aus Erfahrung sagen, dass das Benchmarking und die Bewertung von derlei Anforderungen im besten Fall subjektiv sind – und ohne Pflichtveranstaltungen, die alle Studenten belegen müssen, auch unglaublich schwer korrekt durchzuführen. Ich gehöre dem Accrediting Council on Education in Journalism and Mass Communications an. Die Lehrpläne für Journalismus und Massenkommunikation fokussieren sich in aller Regel auf Geisteswissenschaften, die in Ihren Augen möglicherweise „weichere" Kompetenzen erfordern wie Berichterstattung, Schreiben und Medienproduktion. Dennoch haben unsere Fakultäten regelmäßig Probleme, unsere eigenen Standards für gesellschaftliche Themen und Aufgabenstellungen wie Diversität einzuhalten. Universitäten können auch für eine Akkreditierung infrage kommen, wenn sie nicht den Compliance-Standards für Diversität entsprechen – und das ist nicht nur bei dem Akkreditierungsgremium so, dem ich angehöre. Solange die Standards nicht strikter durchgesetzt werden und sich die Universitäten selbst nicht ernsthaft darum bemühen, wie soll da ein auf „Hard Skills" abgestellter Studiengang wie KI auch nur geringfügig zur Lösung des Problems beitragen?

Das Studium ist schwierig genug, und die von den großen Neun gebotenen Anreize zur Anwerbung neuer Mitarbeiter können sich sehen lassen. Wahlfächer wie afrikanische Literatur oder Ethik des öffentlichen Dienstes würden den Horizont der in der KI-Sparte Tätigen sicher erweitern, doch der Druck auf kontinuierliches Wachstum des Ökosystems ist groß. Der Stamm interessiert sich mehr für Qualifikationsnachweise, damit die Absolventen beim Eintritt in die Belegschaft sofort loslegen und produktive Teammitglieder werden können. Tatsächlich gilt: Genau die Wahlfächer, die KI-Forschern helfen könnten, bewusster über die ganze Menschheit nachzudenken, dürften ihnen im Bewerbungsverfahren vermutlich schaden. Es ist nämlich KI-gestützte Software, die von den großen Neun eingesetzt wird, um Bewerbungsunterlagen zu sichten, und diese ist darauf trainiert, auf bestimmte Schlüsselbegriffe zu achten, die „Hard Skills" beschreiben. Ein Leistungsportfolio außerhalb der Standardfächer wäre demnach entweder eine Anomalie oder würde den Bewerber schlicht unsichtbar machen.

Die KI, die Lebensläufe scannt, beweist, dass sich Voreingenommenheit nicht auf Rasse und Geschlecht beschränkt. Es gibt auch Vorurteile gegen Philosophie, Literatur, theoretische Physik und Verhaltensökonomie, denn Bewerber, die viele Wahlfächer außerhalb des traditionellen KI-Kanons belegt haben, landen weiter unten im Stapel. Das Rekrutierungssystem des Stammes, das die lästige Aufgabe einer Vorabsichtung Tausender von Lebensläufen automatisieren soll, würde Kandidaten mit einem vielfältigeren und erstrebenswerten akademischen Hintergrund gar nicht berücksichtigen.

Akademische Leiter bezeichnen sich gern als aufgeschlossen für Pflichtkurse in Ethik, selbst wenn der Stamm keinen breiteren Lehrplan verlangt (was er nicht tut). Doch würde man genauso strikt auch geisteswissenschaftliche Veranstaltungen wie vergleichende Literatur und Weltreligionen einführen, so ginge das auf Kosten der nötigen qualifizierenden Kurse. Die Studenten würden sich dagegen sträuben, scheinbar überflüssige Pflichtkurse zu belegen, während die Partner in der Industrie Absolventen wollen, die mit erstklassigen Fachkompetenzen aufwarten. Warum sollten die prestigeträchtigen Studienangebote, etwa von Carnegie Mellon und Stanford, angesichts des heftigen Wettbewerbs um die besten und fähigsten Studenten den eigenen Erfolg aufs Spiel setzen?

Die Technologie mahlt schneller als die Mühlen der akademischen Welt. Ein einziger vorgeschriebener Ethikkurs – der speziell für KI-Studenten entwickelt und auf diese zugeschnitten wurde – ist keine

Lösung, wenn der Stoff nicht aktuell ist und vor allem, wenn sich das Gelehrte nicht auch anderswo im Lehrplan niederschlägt. Wenn sich der Studienplan nicht beeinflussen lässt, dann doch vielleicht einzelne Professoren? Könnte man sie nicht effektiv in die Lösung des Problems einbeziehen? In größerem Umfang ist das eher unwahrscheinlich. Für Professoren besteht kein Anreiz, ihre Lehrpläne so zu ändern, dass der Stoff mit technischen, wirtschaftlichen und gesellschaftlichen Werten in einen Zusammenhang gestellt wird – ganz im Gegenteil. Das würde ja kostbare Zeit kosten. Und es könnte die Attraktivität des Angebots für Studenten beeinträchtigen. Universitäten möchten nachweisen können, dass ihre Absolventen gefragt sind – und Arbeitgeber wünschen sich Absolventen mit „Hard Skills". Die großen Neun sind Partner dieser Universitäten und stellen ihnen Finanzmittel und Ressourcen zur Verfügung. Dabei bietet es sich doch eigentlich an, heikle Fragen – wie *Wem gehört mein Gesicht* – im sicheren Raum eines Hörsaals zu stellen und zu diskutieren, bevor die Studenten Mitglieder von Teams sind, die regelmäßig von Produktterminen und Umsatzzielen abgelenkt werden.

Wenn es die Universitäten sind, die die KI-Stämme hervorbringen, dann ist leicht nachvollziehbar, warum es auf diesem Gebiet im Vergleich zu anderen Berufsbildern so wenig Diversität gibt. Die Manager der Unternehmen zeigen tatsächlich rasch mit dem Finger auf die Universitäten und schieben die Schuld an der mangelnden Diversität ihrer Belegschaft dem zu, was sie als „Pipelineproblem" der KI bezeichnen. Doch das stimmt nicht so ganz. Die KI-Stämme entstehen, wenn Professoren Studenten in Hörsälen und Labors ausbilden und Studenten gemeinsam an Forschungsprojekten und Aufgaben arbeiten. Auch diese Professoren, ihre Labors und die Führungsriegen in den KI-Fachbereichen sind überwiegend männlich und nicht sehr divers.

An den Universitäten haben Doktoranden drei Funktionen: an der Forschung mitzuwirken, Studenten aus unteren Semestern zu unterrichten und Pionierarbeit auf ihrem Fachgebiet zu leisten. In der Informatik liegt der Anteil der Doktorandinnen nach aktuellen Daten des National Center for Education Statistics bei 23 Prozent, in Mathematik und Statistik bei 28 Prozent.[21] Die akademische Pipeline leckt: Promovierte Informatikerinnen rücken nicht im selben Verhältnis wie Männer in unbefristete Stellen oder Führungspositionen vor. Es sollte daher nicht überraschen, dass Frauen in den letzten Jahren nur 18 Prozent der Vordiplom-Absolventen der Informatikstudiengänge stellten – während es 1985 sogar noch 37 Prozent waren.[22] Schwarze und HispanoamerikanerInnen sind unter den DoktorandInnen erschreckend unterrepräsentiert – mit nur 3 beziehungsweise 1 Prozent.[23]

Der Stamm skaliert, doch er wächst in einer Blase und bringt schlimme Verhaltensweisen zum Vorschein. KI-Forscherinnen an den Universitäten sind mit sexueller Belästigung, geschmacklosen Witzen und generell mit dem unmöglichen Verhalten ihrer männlichen Kollegen konfrontiert. Da dieses Verhalten zur Norm wird, folgt es dem Stamm von der Uni an den Arbeitsplatz. Das Problem ist daher ebenso *menschlich* wie Pipeline-bedingt. Die KI-Stämme verbreiten eine Kultur, die Frauen und bestimmte Minderheiten – wie Schwarze und HispanoamerikanerInnen – schlicht und einfach ausschließt.

2017 schickte ein Google-Techniker ein mittlerweile berüchtigtes Memo herum, in dem er behauptete, Frauen besäßen aus biologischen Gründen geringere Programmierfähigkeiten. Google-CEO Sundar Pichai reagierte schließlich und entließ den Verfasser des Memos, sagte aber auch: „Über vieles, was in dem Memo steht, ließe sich streiten."[24] Eine Kultur, die allen feindlich gesonnen ist, die nicht dem eigenen Stamm angehören, hat den Effekt kumuliert, dass in der Belegschaft noch weniger Vielfalt herrscht. Im Zuge der Arbeit an der Weiterentwicklung der KI bis hin zum Bau von Systemen, die in der Lage sind, für und mit der Menschheit zu denken, bleiben ganze Bevölkerungsschichten vom Entwicklungsverlauf ausgeschlossen.

Das soll nicht heißen, an den Universitäten arbeiteten keine Frauen oder Farbigen. Das berühmte Computer Science and Artificial Intelligence Laboratory (CSAIL) leitet Daniela Rus – eine Frau, zu deren vielen beruflichen und akademischen Erfolgen auch eine MacArthur Fellowship zählt. Kate Crawford ist Distinguished Research Professor an der New York University und leitet dort ein neues Institut mit Schwerpunkt auf den gesellschaftlichen Implikationen von KI. Frauen und Farbige leisten im KI-Bereich sehr viel – sind aber dramatisch unterrepräsentiert.

Verfolgt der Stamm das Ziel, KI mehr „humanistisches" Denken einzuimpfen, so bleiben in diesem Prozess eine ganze Menge Menschen außen vor. Dazu Fei-Fei Li, die das Artificial Intelligence Lab in Stanford leitet und wissenschaftliche Leiterin für künstliche Intelligenz und maschinelles Lernen bei Google Cloud ist:

> „Als Bildungsvermittlerin, Frau und Farbige und als Mutter mache ich mir zunehmend Sorgen. KI wird die Menschheit gewaltig verändern, und wir lassen dabei eine ganze Generation diverser Technologen und Leitfiguren aus. … Wenn wir nicht Frauen und Farbige ins Boot holen – als echte Technologen, die effektiv mitwirken –, verzerren wir die Systeme. Das in zehn oder zwanzig Jahren rückgängig zu machen, wird sehr viel schwieriger, wenn nicht gar nahezu unmöglich sein."[25]

Die chinesischen Stämme: BAT

Baidu, Alibaba und Tencent, als Gruppe auch BAT genannt, sind Chinas Version der großen Neun. Der KI-Stamm in der Volksrepublik China arbeitet mit anderen Regeln und Ritualen, darunter kräftige staatliche Finanzierung, Überwachung und eine Industriepolitik, die darauf ausgelegt ist, die BAT-Gruppe voranzubringen. Zusammen sind sie Bestandteil eines mit reichlich Kapital ausgestatteten, gut durchorganisierten, staatlichen KI-Zukunftsplans, in dem die Regierung gewaltige Macht ausübt. Das ist Chinas Wettlauf ins All und wir sind der Sputnik der chinesischen Apollo-Mission. Wir haben es vielleicht als Erste in den Orbit geschafft, doch China wirft in seinem Streben nach KI seinen staatlichen Investitionsfonds, das Bildungssystem, seine Bürger und den Nationalstolz in die Waagschale.

Auch die chinesischen KI-Stämme entstammen Universitäten, an denen sogar noch mehr Wert auf Qualifikationen und kommerzielle Anwendungen gelegt wird. Weil China so schnell wie möglich zu einer höher qualifizierten Erwerbsbevölkerung gelangen möchte, hat es zwar nicht genau die gleichen Diversitätsprobleme wie der Westen, vorhanden sind sie aber allemal. Das Geschlecht spielt keine so große Rolle, Frauen sind daher besser repräsentiert. Abgesehen davon wird auf Chinesisch unterrichtet – eine Sprache, die für Ausländer schwer zu erlernen ist. Das schließt alle von der Ausbildung aus, die nicht Chinesisch sprechen, und sorgt nebenbei für einen einzigartigen Wettbewerbsvorteil, da chinesische Universitätsstudenten in aller Regel Englisch gelernt haben und ihnen daher eine ausgedehntere Hochschullandschaft offensteht.

In China beginnt die KI-Ausbildung schon vor dem Studium. 2017 forderte der Staatsrat die Aufnahme von KI-Grundlagen und Lehrveranstaltungen in die Elementarstufe, was bedeutet, dass chinesischen Kindern bereits in der *Grundschule* KI-Kenntnisse vermittelt werden. Inzwischen gibt es ein amtliches, vom Staat vorgeschriebenes Lehrbuch, das die Geschichte und die Grundlagen der KI detailliert beschreibt. 2018 liefen bereits in 40 weiterführenden Schulen Pflichtkurse in KI[26], weitere Schulen werden sich anschließen, sobald zusätzliche Lehrkräfte zur Verfügung stehen. Das könnte schon bald der Fall sein: Chinas Bildungsministerium lancierte für seine Universitäten einen fünfjährigen KI-Studiengang für mindestens 500 Lehrer und 5.000 Studenten der chinesischen Top-Unis.[27]

BAT ist Teil der chinesischen Bildungsrevolution. Die Unternehmen liefern die an Schulen und Universitäten eingesetzten Tools, stellen die Produkte her, die Verbraucher als Teenager und Erwachsene verwenden, werben Absolventen als Mitarbeiter an und tauschen mit der Regierung Forschungsergebnisse aus. Wer in den letzten zehn Jahren nicht in China gelebt hat oder gewesen ist, kennt Baidu, Alibaba und Tencent womöglich gar nicht. Alle drei Unternehmen wurden zeitgleich gegründet, und zwar nach dem Vorbild bestehender Tech-Unternehmen.

Baidu geht auf ein Picknick im Sommer 1998 im Silicon Valley zurück – eine der Insider-Veranstaltungen, bei denen sich Angehörige von KI-Stämmen bei Bier und Dartspiel trafen. Drei Männer, alle über 30, beklagten sich dabei über die langsame Entwicklung von Suchmaschinen. John Wu, damals Chef des Suchmaschinenteams von Yahoo, und Robin Li, Ingenieur bei Infoseek, rechneten sich für Suchmaschinen eine glänzende Zukunft aus. Sie kannten schon ein vielversprechendes neues Start-up – Google – und glaubten, etwas Ähnliches für China aufbauen zu können. Zusammen mit dem Biochemiker Eric Xu gründeten sie Baidu.[28]

Das Unternehmen bezog seine Mitarbeiter von den universitären KI-Zentren in Nordamerika und China. Es tat sich besonders dabei hervor, fähige Forscher aus dem Deep-Learning-Bereich abzuwerben. 2012 kam Baidu auf Andrew Ng zu, einen bekannten Forscher der Google-Sparte Brain. Er war in Hongkong und Singapur aufgewachsen und hatte mehrere Universitätszentren des KI-Stamms durchlaufen: Informatik-Grundstudium an der Carnegie Mellon, Master am MIT, Promotion an der UC Berkeley. Damals war er Professor in Stanford und gerade freigestellt. Ng war für Baidu so interessant, weil er bei Google an einem spektakulären neuen Projekt über tiefe neuronale Netze gearbeitet hatte.

Ngs Team hatte ein Rechner-Cluster aus 1.000 Einheiten gebaut, das selbstständig gelernt hatte, Katzen in YouTube-Videos zu erkennen. Das System war wirklich aufsehenerregend. Ohne dass der KI explizit beigebracht worden wäre, was eine Katze war, verleibte sie sich nach dem Zufallsprinzip Millionen Stunden Videos ein, lernte, Objekte zu erkennen, fand heraus, dass manche davon Katzen waren, und lernte so, was eine Katze war. Ganz alleine, ohne jedes menschliche Zutun. Kurz darauf war Ng schon bei Baidu. Man hatte ihn als wissenschaftlichen Leiter des Unternehmens eingestellt. (Das bedeutet zwangsläufig, dass die DNA von Baidu Nukleotiden aus der KI-Ausbildung von Carnegie Mellon, MIT und UC Berkeley enthält.)

Heute ist Baidu längst nicht mehr nur eine Suchmaschine. Ng brachte durch seine Forschungsarbeit Baidus KI-Gesprächsplattform (namens DuerOS), seinen digitalen Assistenten und seine Programme für autonomes Fahren ins Rollen, aber auch andere KI-Systeme. Dadurch konnte Baidu in seinen Konferenzen zu den Unternehmenszahlen lange vor Google schon über KI sprechen. Baidu hat inzwischen eine Marktkapitalisierung von 88 Milliarden US-Dollar und ist nach Google die meistverwendete Suchmaschine der Welt – eine ziemliche Leistung, wenn man berücksichtigt, dass Baidu außerhalb Chinas gar nicht eingesetzt wird. Wie Google entwickelt auch Baidu eine ganze Palette von Smart-Home-Geräten, beispielsweise einen Roboter für Zuhause, der Stimm- und Gesichtserkennung kombiniert. Das Unternehmen kündigte unter der Bezeichnung Apollo eine offene Plattform für autonomes Fahren an, in der Hoffnung, die öffentliche Zugänglichkeit des Quellcodes würde dazu führen, dass das flankierende Ökosystem floriert. Hundert Partner sind bereits im Boot, darunter die Autoschmieden Ford und Daimler, die Chiphersteller Nvidia und Intel und Mapping-Dienste wie TomTom. In Partnerschaft mit dem kalifornischen Unternehmen Access Services will Baidu selbstfahrende Fahrzeuge für Menschen mit Mobilitätsproblemen und Behinderungen auf den Markt bringen. In Zusammenarbeit mit der Azure Cloud von Microsoft sollen Apollos ausländische Partner die Möglichkeit erhalten, gewaltige Mengen an Fahrzeugdaten zu verarbeiten.[29] Wissenswert ist auch, dass Baidu in den letzten Jahren zusammen mit der chinesischen Regierung ein neues KI-Forschungslabor eröffnet hat. Geleitet wird es von Spitzenfunktionären der Kommunistischen Partei, die zuvor an staatlichen Militärprogrammen mitgewirkt hatten.[30]

Das A in der chinesischen BAT-Gruppe steht für die Alibaba Group, eine riesige Plattform, die über ein umfangreiches Webseitennetz anstelle einer einzigen Plattform als Mittler zwischen Käufern und Verkäufern fungiert. Gegründet wurde sie 1999 von Jack Ma. Der rund 150 Kilometer südwestlich von Schanghai ansässige frühere Professor wollte für China eine Hybridversion von Amazon und eBay aufbauen. Da Ma selbst nicht programmieren konnte, gründete er das Unternehmen gemeinsam mit einem Kollegen von der Universität, der die nötigen Kompetenzen mitbrachte. Kaum 20 Jahre später hat Alibaba eine Marktkapitalisierung von über 511 Milliarden US-Dollar.

Dazu gehören Webseiten wie Taobao, auf der weder Käufer noch Verkäufer Gebühren für ihre Geschäfte zahlen müssen. Stattdessen arbeitet Taobao mit einem Pay-to-Play-Modell, das Verkäufern Gebühren für eine bessere Positionierung durch die Suchmaschine der Seite berechnet. (Das entspricht in Teilen dem Kerngeschäftsmodell von Google.) Außerdem entwickelte Alibaba sichere Zahlungssysteme wie Alipay, das in Funktionalität und Merkmalen Paypal ähnelt. Es lancierte ein KI-gestütztes digitales „Smile-to-Pay"-Zahlungssystem, das 2017 einen Gesichtserkennungskiosk einführte, mit dessen Hilfe Verbraucher bezahlen können, indem sie kurz in eine Kamera lächeln.

Wie Amazon offeriert auch Alibaba ein intelligentes Sprachsystem. Es heißt Genie X1 und ist kleiner und kompakter als Amazons Alexa und Googles Smarthome-Geräte. Es verwendet eine auf neuronalen Netzen basierende Technologie zur Stimmabdruckerkennung, um Nutzer zu erkennen und sie automatisch zu authentifizieren, sodass sie einkaufen können. In Marriott-Hotels in ganz China werden derzeit über 100.000 der Alibaba-Sprachsysteme eingebaut.

Alibaba hat eine größer angelegte KI-Vision, das sogenannte ET City Brain. Das Programm verarbeitet enorme Mengen lokaler Daten, die aus verschiedensten Quellen stammen, von Smart-City-Kameras und -Sensoren bis hin zu amtlichen Unterlagen und privaten Social-Media-Accounts. Alibaba nutzt seine KI-Strukturen für Vorhersage modelle: um im Vorfeld Bedarf für Verkehrsmanagement, städtische Entwicklung und im Gesundheitswesen zu ermitteln oder Potenzial für soziale Unruhen. Unter Mas Führung unternimmt Alibaba Vorstöße in Bereiche wie Lieferlogistik, Onlinevideos, Rechenzentren und Cloud-Computing. Milliarden Dollar werden in verschiedene Unternehmen investiert, um einen sich ausbreitenden digitalen Giganten aufzubauen, der Handel, Heim, Arbeit, Kommunen und Staat vernetzt. Noch bevor in Seattle die Amazon Go-Filiale eröffnet wurde, hatte Alibaba bereits Hema am Start – einen automatisierten, bargeldlosen Multifunktionseinzelhändler für den täglichen Bedarf – eine Kombination aus schnellem, unkompliziertem Lebensmittelmarkt und Lieferdienst.

Noch eine eigenartige Parallele wäre hier zu erwähnen – „eigenartig" wegen ihrer Widersprüchlichkeit. 2016 kaufte Ma die *South China Morning Post*, Hongkongs größte, einflussreichste unabhängige Zeitung. Dieser Schritt war so bedeutsam, weil die meisten Medien in China staatlich finanziert sind. Die englischsprachige *SCMP* war bekannt für knallharten, mitunter regimekritischen Journalismus.[31] Als ich in Hongkong lebte, ging ich ab und zu mit einer Gruppe von *SCMP*-Journalisten etwas trinken. Sie waren Skandalreporter par excellence. Drei Jahre zuvor hatte Jeff Bezos die *Washington Post* übernommen, was ihn letztlich zum Feind der Regierung Trump machte, weil die Zeitung unerbittlichen Investigativjournalismus betrieb, die Regierungspolitik kritisch analysierte und Propaganda gnadenlos als solche entlarvte.[32]

Das größte und gleich in mehrfacher Hinsicht einflussreichste Mitglied der BAT-Gruppe ist Tencent. Das *T* des chinesischen BAT-Klubs wurde 1998 von zwei Unternehmern gegründet, Ma Huateng und Zhang Zhidong. Sie traten zunächst mit einem einzigen Produkt an: OICQ. Falls das vertraut klingt, dann, weil es eine Kopie des

Instant-Messaging-Dienstes ICQ war. Dafür wurden gegen die beiden zwar rechtliche Schritte eingeleitet, doch sie setzten sich durch und betrieben ihre Version des Systems weiter. 2011 lancierte Tencent WeChat, das nicht nur Nachrichtendienst war, sondern auch die Merkmale und Funktionen von Facebook kopierte. Da die chinesische Regierung Facebook aus ihrem bereits isolierten Internet ausgeschlossen hatte, war mit einer explosiven Entwicklung von WeChat zu rechnen. Der Dienst war nicht nur an Universitäten beliebt, sondern wurde auch zur Anwerbung von Mitarbeitern verwendet – und für vieles mehr.

WeChat hat eine schwindelerregende Milliarde aktiver Nutzer pro Monat und wird auch als „App für alles" bezeichnet, denn neben den Standard-Social-Media-Posts und -Nachrichten wird sie in China wirklich für alles Mögliche eingesetzt, von der Einstellung neuer Mitarbeiter an Universitäten über Textnachrichten zur Vornahme von Zahlungen bis hin zur Strafverfolgung. Über 38.000 Krankenhäuser und Kliniken verfügen über WeChat-Accounts und 60 Prozent nehmen den Dienst für das Patientenmanagement in Anspruch (für Terminplanung und Zahlungen zum Beispiel).[33] Das ganze Unternehmen stützt und fokussiert sich auf künstliche Intelligenz und betrachtet „KI als eine Kerntechnologie für unsere gesamte Produktpalette".[34] Entsprechend lautet das offizielle Unternehmensmotto von Tencent: „Make AI Everywhere".

Facebook ist vielleicht das größte soziale Netzwerk der Welt, doch Tencent ist technologisch nach vielen Maßstäben deutlich überlegen. Tencent hat einen digitalen Assistenten namens Xiaowei entwickelt, ein mobiles Zahlungssystem (Tenpay) und einen Cloud-Dienst (Weiyun). Unlängst gründete es sogar ein Filmstudio (Tencent Pictures). Das YouTu Lab von Tencent ist weltweit führend bei Gesichts- und Objekterkennung und speist diese Technologie in über 50 weitere Initiativen des Unternehmens ein. Es unternimmt auch Vorstöße ins Gesundheitswesen – durch die Partnerschaft mit zwei britischen Health-Care-Unternehmen: dem Telemedizin-Start-up Babylon

Health und Medopad, das KI zur Fernüberwachung von Patienten einsetzt. Außerdem beteiligte sich Tencent mit umfangreichen Investitionen an den beiden vielversprechenden US-Start-ups Atomwise und XtalPi, die auf pharmazeutische KI-Anwendungen fokussiert sind.

2018 knackte Tencent als erstes asiatisches Unternehmen die Börsenwert-Marke von 550 Milliarden US-Dollar und überholte Facebook damit als weltweit wertvollstes Social-Media-Unternehmen.[35] Das Erstaunlichste daran: Tencent bezieht nicht einmal 20 Prozent seines Umsatzes aus Onlinewerbung – Facebook dagegen 98 Prozent.[36]

Zur Talent-Pipeline der BAT-Gruppe zählen die nordamerikanischen Universitätszentren für KI. Außerdem trägt sie Sorge, dass Kinder bereits in dem Alter, in dem sie die Grundrechenarten erlernen, auch mit KI vertraut gemacht werden.

Das würde alles keine Rolle spielen, wenn die BAT-Unternehmen nicht so unglaublich erfolgreich wären – und so viel Geld verdienen würden. Die BAT-Gruppe nimmt so viel ein, und der chinesische Markt ist so riesig, dass die chinesischen KI-Stämme eine gewaltige Macht ausüben – in China und auch überall sonst auf der Welt. Die globale KI-Community hat China im Blick – wegen des Kapitals, aber auch wegen der Zahlen, die für sich sprechen.

Facebook mag 2 Milliarden monatlich aktive Nutzer haben, doch diese Nutzer sind auf der ganzen Welt verteilt. Die eine Milliarde aktiver We-Chat-Nutzer von Tencent sitzt mehrheitlich in nur einem Land. Die mobile Suche von Baidu wurde 2017 von 665 Millionen Menschen genutzt[37] – mehr als doppelt so viele, wie es in den Vereinigten Staaten geschätzte Mobilfunknutzer gibt.[38] Im selben Jahr verbuchte Amazon sein bestes Feiertagsgeschäft aller Zeiten. Zum Kontext: Von Thanksgiving bis zum folgenden Cyber Monday orderten Amazon-Kunden 140 Millionen Produkte für insgesamt 6,59 Milliarden US-Dollar. Für Amazon mochte das ein Rekord gewesen sein, doch Alibaba schaffte in China innerhalb von 24 Stunden mehr.

Allein 2017 verkaufte Alibaba Waren an 515 Millionen Kunden. Im selben Jahr wurden am Tag der Alleinstehenden – einer Art Black Friday mit Oscarverleihung in China – online 812 Millionen Produktbestellungen im Volumen von 25 Milliarden US-Dollar *an einem einzigen Tag* aufgegeben.[40] China verfügt unabhängig davon, welchen Maßstab man anlegt, über den größten Digitalmarkt weltweit: Pro Jahr wird mehr als eine Billion US-Dollar ausgegeben, es sind mehr als eine Milliarde Menschen online und über Venture-Transaktionen flossen 30 Milliarden US-Dollar in die wichtigsten Tech-Unternehmen der Welt.[41]

Von 2012 bis 2017 waren an 7 bis 10 Prozent aller Tech-Start-up-Finanzierungen in den Vereinigten Staaten chinesische Investoren beteiligt. Das ist eine erhebliche Konzentration von Vermögen, das aus nur einer Region floss.[42] Die BAT-Gruppe ist in Seattle und im Silicon Valley mittlerweile gut etabliert und betreibt dort ihr Geschäft über Satelliten-Niederlassungen, die unter anderem an der legendären Sand Hill Road im Silicon Valley liegen. In den vergangenen fünf Jahren investierte die BAT-Gruppe große Summen in Tesla, Uber, Lyft, Magic Leap (Hersteller von Headsets und Mixed-Reality-Plattformen) und mehr. Das Wagniskapital von BAT-Unternehmen ist nicht nur deshalb so attraktiv, weil sie schnell reagieren und hoch liquide sind, sondern weil so ein BAT-Deal gewöhnlich mit einem lukrativen Zugang zum chinesischen Markt einhergeht, der anders mitunter gar nicht möglich ist. So wurde 2016 zum Beispiel ein kleines, auf Gesichtserkennung spezialisiertes Start-up aus Kansas City namens Zoloz für 100 Millionen US-Dollar von Alibaba übernommen. Es wurde zur Kernkomponente des Zahlungsdienstes Alipay und gewann dadurch Hunderte Millionen Nutzer, ohne sich mit dem strengen Datenschutzrecht in Europa oder potenziell drohenden Datenschutzprozessen in den Vereinigten Staaten herumzuschlagen. Doch das Geld fließt nicht ohne Gegenleistung. Chinesische Investoren erwarten nicht nur Rendite, sondern verlangen auch geistiges Eigentum.

In China ist dieser Anspruch auf geistiges Eigentum im Gegenzug für Investitionen weder einer kulturellen Eigenart noch der Gier gewisser Investoren geschuldet, sich einen Vorsprung zu verschaffen. Er ist vielmehr Teil einer koordinierten staatlichen Initiative. China hat ganz klare Vorstellungen von seiner globalen wirtschaftlichen, geopolitischen und militärischen Dominanz in näherer Zukunft – und sieht in KI einen Weg zu diesem Ziel. Um das zu erreichen, ist die absolute Kontrolle über Informationen für die Staatsführung das wichtigste Thema schlechthin. Daher erhebt China autoritär Anspruch auf Inhalte und Nutzerdaten, und die Industriepolitik ist darauf abgestellt, geistiges Eigentum von amerikanischen Unternehmen auf ihre chinesischen Pendants zu übertragen. Beispiele dafür sind bestimmte Datensätze, Algorithmen und das Prozessor-Design. Viele amerikanische Unternehmen, die mit China ins Geschäft kommen möchten, müssen zusichern, zunächst ihre geschützten Technologien zu übergeben. Inzwischen verlangen neue Vorschriften von ausländischen Unternehmen außerdem, die Forschung und Entwicklung nach China zu verlagern und auch die verwendeten Daten dort zu speichern. Die lokale Speicherung von Daten ist für ausländische Unternehmen eine heikle Anforderung, denn die chinesische Regierung könnte jederzeit von ihrer Autorität Gebrauch machen, Daten zu prüfen und die Verschlüsselung zu umgehen.

Peking nimmt langfristige Planung ernst. Diese Tradition geht auf den Vorsitzenden Mao zurück, der 1953 den ersten von Chinas vielen Fünfjahresplänen einführte. (Präsident Xi stellte 2016 den dreizehnten Fünfjahresplan vor).[43] Die Staatschefs und ebenso die Funktionäre der Kommunistischen Partei begrüßen strategische Weitsicht – wodurch China zu den wenigen Ländern weltweit zählt, die eine umfassende wirtschaftliche, politische, militärische und soziale Strategie über Jahrzehnte planen und vorzeichnen. Die chinesische Regierung kann wie keine zweite jede Politik umsetzen, die ihr beliebt, und alles Nötige tun, um ihre nationale Strategie zu realisieren – auch ihren Plan, China bis 2030 zum „primären KI-Innovationszentrum der Welt" zu machen und eine Industrie auf die Beine zu stellen, die sich für die Wirtschaft bis 2030 auf 150 Milliarden US-Dollar beziffert. Dass eine neue Regierung diesen Plan umstoßen könnte, ist unwahrscheinlich, da China im März 2018 die Befristung der Amtszeit abschaffte und Präsident Xi Jinping damit im Grunde auf Lebenszeit regieren kann.

Unter Xi erlebt China eine eindrucksvolle Machtkonsolidierung. Er stärkte der Kommunistischen Partei den Rücken, straffte den Informationsfluss und führte neue politische Maßnahmen ein, um die zahllosen langfristigen Pläne voranzutreiben, die sich in den nächsten Jahrzehnten seinen Erwartungen zufolge nach und nach auszahlen sollten. Auf höchster Regierungsebene spielt KI die absolute Hauptrolle. Anders als der frühere chinesische KP-Chef Deng Xiaoping, der nach der Philosophie regierte, „nicht zeigen, was wir können, und den richtigen Moment abwarten", ist Xi bereit, der Welt zu zeigen, was China kann – und er will weltweit den Takt vorgeben.[44] Die chinesische Führung blickt in die Zukunft und setzt jetzt kühne, einheitliche Pläne um. Allein dadurch genießt China einen enormen Vorteil gegenüber dem Westen. Vor allem aber erhält die BAT-Gruppe dadurch quasi Superkräfte.

Das alles vollzieht sich in einer Phase, in der die chinesische Wirtschaft kräftig wächst und die Mittelschicht in rasantem Tempo zunimmt. 2022 werden über drei Viertel der chinesischen Stadtbevölkerung so viel verdienen, dass sie der Mittelschicht zuzurechnen sind. Im Jahr 2000 wurden erst 4 Prozent der Bevölkerung dieser Gruppe zugeordnet. Damit wird für einen kurzen Zeitraum ein atemberaubender Zuwachs projiziert. Besser bezahlte Jobs in den Sparten Technologie, Biowissenschaften und Dienstleistungen werden einen großen Teil dieser Gruppe aus ihrer aktuellen Einstufung in die „obere Mittelschicht" heben. Chinesische Haushalte sind in aller Regel kaum verschuldet. Es herrscht zwar auch Armut im Land, doch die aktuelle Generation chinesischer Kinder hat gute Voraussetzungen, mehr zu verdienen, mehr zu sparen und mehr auszugeben als ihre Eltern.[45] (Frappierend ist, dass sich 70 Prozent der Amerikaner zur Mittelschicht zählen, doch Daten des Pew Research Center belegen, dass die US-Mittelschicht seit vier Jahrzehnten schrumpft[46] – nicht einmal die Hälfte der Amerikaner verdient genug, um in diese Kategorie zu passen.[47])

China ist eine gewaltige Wirtschaftsmacht, die sich schwer ignorieren lässt. Marriott mag vertraglich den Einbau von 100.000 intelligenten Alibaba-Sprachsystemen in seinen Hotels in ganz China vereinbart haben, doch als Peking auffiel, dass der Hotelbetreiber auf einem E-Mail-Fragebogen für Prämien-Club-Mitglieder Hongkong, Taiwan, Tibet und Macau als eigenständige Länder aufführte, erhielt die Geschäftsleitung die Aufforderung, dies sofort einzustellen. Die Regierung wies Marriott an, alle chinesischen Websites und Apps stillzulegen, und das Unternehmen spurte. Marriott, das in ganz China auf Expansionskurs ist, um von der wachsenden Mittelschicht zu profitieren, hatte kurz zuvor über 240 Hotels und High-End-Resorts eröffnet. CEO Arne Sorenson war peinlich bemüht, sich auf der Website des Unternehmens zu entschuldigen:

„Marriott International respektiert und unterstützt die Souveränität und territoriale Integrität Chinas. Unglücklicherweise gab es diese Woche zwei Vorkommnisse, die etwas anderes suggerierten: zum einen die falsche Bezeichnung bestimmter Regionen innerhalb Chinas, unter anderem Tibets, als Länder in dem Drop-down-Menü einer Umfrage, die an unsere Stammkunden gesendet wurde, und zum anderen das fahrlässige „Like" eines Unternehmensangehörigen für eine Twittermeldung, die fälschlicherweise andeutete, wir würden diese Haltung unterstützen. Dabei entspricht dies in keiner Weise den Tatsachen: Wir unterstützen niemanden, der die Souveränität und territoriale Integrität Chinas unterminiert und möchten solche Personen oder Gruppen in keiner Form ermutigen oder anspornen. Wir sind uns des Ernstes der Lage bewusst und bitten nachdrücklich um Entschuldigung."[48]

Außerdem ist China inzwischen eine zu große geopolitische Kraft, als dass man sie unterlaufen könnte. Im Rahmen eines anderen langfristigen nationalen Programms, der sogenannten Belt-and-Road-Initiative – einem ambitionierten außenpolitischen Projekt, dass die 2.000 Jahre alte Seidenstraße fit für das 21. Jahrhundert machen soll – übt China ebenfalls Druck auf andere Regierungen aus. Das Land investiert 150 Milliarden US-Dollar pro Jahr in 68 Ländern, um Infrastruktur wie Straßen, Schienenanlagen für den Hochgeschwindigkeitsverkehr, Brücken und Häfen zu modernisieren. Das wird es jedem einzelnen dieser Länder künftig erschweren, sich dem politischen und wirtschaftlichen Einfluss Pekings in einer Zeit zu entziehen, in der sich Amerika nach innen kehrt. Als das Pendel innerhalb der Regierung Trump zwischen Unsicherheit und Unruhe ausschlug, etablierte Präsident Xi China als Anker der Stabilität. Als Amerika das Ruder verwaisen ließ, füllte Xi das globale Führungsvakuum.

So twitterte Donald Trump im Wahlkampf wiederholt, es gebe keinen Klimawandel, und berief sich unter anderem auf eine bizarre Verschwörungstheorie, derzufolge die globale Erwärmung ein von den Chinesen groß aufgezogener Schwindel sei, der schlicht der US-Wirtschaft schaden solle.[49] Das stimmt natürlich nicht. China arbeitet seit zehn Jahren an Bündnissen zur Verringerung des globalen Plastikmülls, zur Umstellung auf erneuerbare Energien und zur Beseitigung von Schadstoffen aus chinesischen Fabriken. Es hatte im Grunde gar keine Wahl: Jahrzehnte als Fertigungsstätte und Müllkippe der Welt hatten in China zu extremer Verschmutzung, der Ausbreitung von Krankheiten und verkürzter Lebenserwartung geführt. 2017 kündigte die Regierung an, China, das seit 1992 106 Millionen Tonnen US-amerikanischen Abfalls gekauft und verarbeitet hatte, werde nicht länger den Müll der Welt importieren.[50] Da in den Vereinigten Staaten nicht langfristig geplant wird, hatten wir keinen Alternativplan parat. Wir können unseren Abfall derzeit nirgendwo anders hinschicken. Das bedeutet de facto, dass China andere Länder weltweit zwingt, auf Materialien zu verzichten, die sich nicht wiederverwerten lassen. China entwickelt sich rasch zum Weltführer in Sachen Nachhaltigkeit. Und das Land ist so mächtig, dass es die Bedingungen dafür diktieren kann.

In China sind *Chengyu* sehr beliebt – aus vier Zeichen bestehende Sinnsprüche. Mir fällt einer ein, der genau diese Phase beschreibt: 脱颖而出. Wörtlich übersetzt bedeutet das „das Korn verliert seine Spelze und kommt zum Vorschein."[51] China offenbart der Welt inzwischen seine Bedeutung und Macht, und zwar ganz offen.

In Verbindung mit dem Aufschwung und dem Einfluss der chinesischen Wirtschaft schuf Xis Machtkonsolidierung die idealen Voraussetzungen für die KI-Stämme – insbesondere durch die einheitliche Top-down-KI-Initiative. Am Stadtrand von Peking entsteht ein Forschungspark für 2 Milliarden US-Dollar, der schwerpunktmäßig Deep Learning, Cloud-Computing und Biometrie gewidmet ist – mit einem staatlichen Forschungs- und Entwicklungslabor. Die Regierung investiert nicht nur in die BAT-Gruppe, sie schützt sie auch vor ihren gefährlichsten Konkurrenten. Die chinesische Regierung hat Google und Facebook verboten und macht es Amazon unmöglich, sich Zutritt zu diesem Markt zu verschaffen. Die BAT-Unternehmen stehen im Zentrum des staatlichen Plans für 2030, der sich wiederum stark auf deren Technologien verlässt: auf Baidus Systeme für das autonome Fahren, auf Alibabas Internet der Dinge und seine vernetzten Einzelhandelssysteme und auf Tencents Arbeit an Sprachschnittstellen und im Gesundheitswesen.

• • •

Chinas KI-Stämme gehen uns alle an, ganz gleich, wo wir auf der Welt leben, und zwar aus folgenden Gründen:

Chinas Wirtschaft ist bisher rasant gewachsen, und die rasche Entwicklung der KI wird Chinas Aufstieg noch beschleunigen. Ende 2017 belegten die Modelle und Analysen, die mein Team vom Future Today Institute und ich erarbeiteten, dass KI das Potenzial hat, Chinas Wirtschaft bis 2035 um 28 Prozent anwachsen zu lassen. Schon allein durch die große Zahl von Chinesen und die Menge ihrer Daten, die Verbreitung von Automatisierung, maschinellem Lernen und Selbstkorrektur im großen Stil sowie Steigerungen der Kapitaleffizienz wird KI das Wachstum in den chinesischen Sektoren Produktion, Landwirtschaft, Einzelhandel, Fin-Tech und Finanzdienstleistungen, Transport, Versorgung, Gesundheitswesen und Unterhaltungsmedien (einschließlich Plattformen) in die Höhe treiben. Derzeit gibt es weltweit kein anderes Land mit so vielen Daten, so vielen Menschen und so viel Elektronik pro Kopf wie China. Kein anderes Land ist so aufgestellt, dass seine Volkswirtschaft zu unseren Lebzeiten größer werden könnte als die US-amerikanische. Kein anderes Land hat mehr Potenzial, das Ökosystem unseres Planeten, das Klima und das Wetter zu beeinflussen als China – was den Unterschied zwischen Überleben und Katastrophe bedeuten kann. Kein anderes Land schlägt eine solche Brücke zwischen Industrie- und Schwellenländern wie China. Als kommunistische Kraft und dynamische Wirtschaftsmacht ist China als Partner schon jetzt zu groß, als dass man es ignorieren könnte. Es ist ein politischer Gegner mit absolut gegensätzlichen Ansichten zu Menschenrechten und ein Träger globaler Allianzen. Mit dem Wohlstand kommt die Macht. China bringt sich in Stellung, um die globale Geldmenge und den Welthandel zu beeinflussen. Dadurch werden zwangsläufig andere Länder aus Macht- und Einflusspositionen verdrängt und überdies demokratische Ideale weltweit geschwächt.

Zweitens wird China seine Fortschritte in der KI und seine Konjunkturanreize nutzen, um sein Militär zu modernisieren, was ihm

Vorteile gegenüber westlichen Ländern verschaffen wird. Diese Entwicklung hat im Rahmen eines inländischen Luftüberwachungssystems mit dem Codenamen Dove bereits begonnen. Über 30 militärische und staatliche Organe setzen schon „fliegende Spione" ein, die aussehen wie weiße Vögel und sogar den biologischen Flügelschlag nachahmen. Die Drohnen sind Teil eines an der Biologie orientierten Drohnenprogramms, welches das Radar unterlaufen und sich der Entdeckung durch das menschliche Auge entziehen soll.[52] Die Drohnen filmen, und ein KI-System analysiert das Material auf Muster, erkennt Gesichter und spürt Anomalien auf. Doch spionierende Vögel, so gruselig sich das anhört, sollten Ihre geringste Sorge sein.

Ende 2017 gab ein unveröffentlichter Bericht des Pentagon, in dessen Besitz Reporter von Reuters gelangt waren, zu bedenken, dass chinesische Unternehmen die US-Aufsicht unterliefen und sich Zugriff auf sensible US-KI-Technologie mit militärischen Anwendungsmöglichkeiten verschafften, indem sie sich an US-Firmen beteiligten. Chinas Volksbefreiungsarmee investiert hohe Summen in etliche KI-bezogene Projekte und Technologien, während staatliche Forschungsinstitute mit der chinesischen Rüstungsindustrie zusammenarbeiten.[53]

Seit dem chinesisch-vietnamesischen Krieg 1979 hat China nicht mehr physisch Krieg gegen ein anderes Land geführt. Es hat auch keine offensichtlichen ernstzunehmenden militärischen Gegner – es gab dort keine Terroranschläge, es liegen keine antagonistischen Beziehungen zu den üblichen Verdächtigen vor (wie Russland, Nordkorea) und es hat sich auch keine anderen Länder zum Feind gemacht. Warum also die energischen militärischen Aktivitäten?

Weil Kriege in der Zukunft durch Programme geführt werden, nicht im Nahkampf. Durch den Einsatz von KI-Methoden kann das Militär eines Landes „gewinnen", indem es eine Volkswirtschaft destabilisiert, statt Landschaften und Städte zu verwüsten. Aus dieser Perspektive und angesichts von Chinas geschlossenem Vormarsch in Richtung künstliche Intelligenz ist China dem Westen gefährlich weit voraus.

Meiner Ansicht nach kommt diese Erkenntnis für uns bereits zu spät. Ich habe persönlich erlebt, wie langsam sich im Pentagon bei Begegnungen mit Amtsträgern des Verteidigungsministeriums ein alternativer Blickwinkel auf die Zukunft der Kriegsführung (Code anstelle von Kampf) durchsetzte. 2017 richtete das US-Verteidigungsministerium beispielsweise ein funktionsübergreifendes Team zur algorithmischen Kriegsführung (Algorithmic Warfare Cross-Functional Team) ein, um am sogenannten Project Maven mitzuwirken – einem Bilderkennungs- und Deep-Learning-System, das selbstständig Objekte aus Standbildern und Videos erkennt. Das Team verfügte nicht über die nötige KI-Kapazität, sodass das Verteidigungsministerium Google damit beauftragte, ihm bei der Schulung von KI-Systemen zur Analyse von Drohnenmaterial zur Hand zu gehen. Den für dieses Projekt abgestellten Google-Beschäftigten verriet aber niemand, dass sie in Wirklichkeit an einem militärischen Projekt arbeiteten, was spektakuläre Konsequenzen hatte. Viertausend Google-Mitarbeiter unterzeichneten eine Petition zum Widerstand gegen das Projekt Maven. Auf einer ganzseitigen Anzeige in der *New York Times* erklärte Google, es werde seinen Vertrag mit dem Verteidigungsministerium nicht verlängern.

Auch Amazon geriet wegen eines Vertrags mit dem Pentagon über 10 Milliarden US-Dollar unter Beschuss. Im Oktober 2018 warfen Mitglieder des Haushaltsausschusses des Repräsentantenhauses – Tom Cole, ein Republikaner aus Oklahoma, und Steve Womack, ein Republikaner aus Arkansas – dem Verteidigungsministerium vor, den Vertrag in Absprache mit Amazon so zugeschnitten zu haben, dass kein anderes großes Tech-Unternehmen dafür infrage kam. Das war allerdings nicht der einzige Vorwurf. Auch durch Amazon schwappte eine kleine Welle des Widerstands. Verschiedene Amazon-Beschäftigte zeigten sich empört darüber, dass das Unternehmen überhaupt für das US-Militär arbeitete, während anderen missfiel, dass Amazons Gesichtserkennungstechnologie in der Strafverfolgung eingesetzt werden sollte. Daraufhin erklärte Jeff Bezos dem Publikum auf einer Konferenz: „Wenn sich die großen Technologieunternehmen dem US-Verteidigungsministerium verweigern, kommt dieses Land in Schwierigkeiten."[55]

Während unsere Tech-Titanen in den USA auf einem schmalen Grat zwischen nationaler Sicherheit und vollständiger Transparenz balancieren, sehen die Beziehungen der BAT-Gruppe zur chinesischen Regierung ganz anders aus. Hier ein ernüchterndes Beispiel: Die aktuelle Haltung des US-Militärs ist, dass, ganz gleich, wie hoch eine KI, ein unbemanntes System oder ein Roboter entwickelt ist, immer ein Mensch eingebunden sein muss. Damit soll sichergestellt werden, dass wir nicht eines Tages einer Software Befugnisse übertragen, die unseren Tod bedeuten. In China ist das nicht der Fall.[56] Generalleutnant Liu Guozhi von der Volksbefreiungsarmee, der den Wissenschafts- und Technologieausschuss des chinesischen Militärs leitet, wird mit folgender Warnung zitiert: „(Wir) müssen ... die Gelegenheit ergreifen, Paradigmen zu verändern."[57] Damit hat er indirekt angekündigt, dass China beabsichtigt, seine militärische Macht wiederaufzubauen.

Drittens und ungeachtet wirtschaftlicher und militärischer Vorteile sind Chinas Einstellungen zum Datenschutz auf jeden Fall besorgniserregend. Stellt sich wieder die Frage, warum das für Sie eine Rolle spielen sollte, wenn Sie kein chinesischer Staatsbürger sind. Die Antwort: Weil ständig autoritäre Regimes entstehen und sich meist nach ähnlichen Spielregeln richten wie etablierte. Angesichts des weltweit zunehmenden Nationalismus könnte Chinas Herangehensweise an die Nutzung von KI in den nächsten Jahren von anderen Ländern kopiert werden. Das könnte die Märkte, den Handel und das geopolitische Gleichgewicht destabilisieren.

In einem Vorgang, der später einmal als eines der umfassendsten und heimtückischsten sozialen Experimente am Menschen erachtet werden wird, setzt China derzeit KI ein, um in der Bevölkerung für

Linientreue zu sorgen. Im KI-Plan 2030 des Staatsrats steht, dass KI „die Kapazitäten und das Niveau der Sozialordnungspolitik deutlich erhöhen" wird und man sich darauf stützen werde, dass sie „in der effektiven Aufrechterhaltung der gesellschaftlichen Stabilität eine unersetzliche Rolle" spielt.[58] Das wird erreicht durch Chinas nationales Sozialkreditsystem, das dem Gründungsstatut des Staatsrats zufolge „dem Vertrauenswürdigen ermöglichen wird, sich überall frei zu bewegen, während es dem Diskreditierten jeden Schritt erschwert."[59] Dieses Konzept geht zurück auf das Jahr 1949, als die Kommunistische Partei erstmals die Macht ergriff und mit verschiedenen Systemen zur gesellschaftlichen Kontrolle experimentierte. Unter der Regierung von Mao Tse-tung in den 1950er-Jahren wurde soziale Kontrolle zur Norm: Arbeiter wurden in Bauernkommunen gezwungen und nach ihrer Leistung benotet. Die Mitglieder dieser Kommunen kontrollierten sich gegenseitig, und nach der Bewertung richtete sich, wie viel Zugang man zu Gemeinschaftsgütern bekam. Dieses System brach schon unter Mao zusammen und erneut in den 1980er-Jahren, weil sich die Menschen, wie sich herausstellen sollte, gegenseitig nicht korrekt bewerteten – weil sie von ihren persönlichen Bedürfnissen, Unsicherheiten und Vorurteilen motiviert werden.

1995 konzipierte Präsident Jiang Zemin ein System der sozialen Kontrolle, das sich der Technologie bediente – und Mitte der 2000er-Jahre arbeitete die chinesische Regierung an der Entwicklung und Umsetzung eines Punktwertsystems, das automatisch funktionierte.[60] In Zusammenarbeit mit der Universität Peking richtete sie ein Kreditforschungszentrum ein, um auszuloten, wie sich ein KI-gestütztes Sozialkreditsystem erreichen und implementieren ließ. Das erklärt zum Teil, warum der derzeitige Präsident so auf KI fixiert ist. Sie verspricht nicht nur die Verwirklichung einer Idee aus den Anfängen der Kommunistischen Partei, sondern vor allem den Machterhalt.

In der Stadt Rongcheng hat ein algorithmisches Sozialkreditsystem bereits bewiesen, dass KI funktioniert. Ihren 740.000 erwachsenen

Bürgern wurden eingangs jeweils 1.000 Punkte zugeteilt. Verhaltensabhängig wurden dann Punkte addiert und abgezogen. Eine „Heldentat" konnte einem Einwohner 30 Punkte einbringen, das Überfahren einer roten Ampel führte automatisch zum Abzug von 5 Punkten. Bürger werden etikettiert und bestimmten Gruppen zugeordnet, von A+++ bis D. Von ihrer Einstufung hängen ihre Optionen und ihre Freizügigkeit ab. Wer in der Gruppe C landet, könnte feststellen, dass er erst eine Kaution hinterlegen muss, wenn er ein öffentliches Fahrrad mieten will. Einem Angehörigen der Gruppe A steht ein solches 90 Minuten lang kostenlos zur Verfügung. Doch nicht nur natürliche Personen werden bewertet. In Rongcheng erhalten auch *Unternehmen* ein Rating für ihr Verhalten – und ihre Leistungsfähigkeit hängt stark davon ab, welcher Stufe sie zugerechnet werden.[61]

In Schanghai sind auf Autobahnen und Straßen bereits vereinzelt KI-gestützte Richtmikrofone und intelligente Kameras installiert. Fahrer, die übermäßig oft auf die Hupe drücken, erhalten automatisch einen Strafzettel über den Tencent-Dienst WeChat. Gleichzeitig prangen ihre Namen, Fotos und Ausweisnummern auf LED-Anzeigetafeln in der Nähe. Hält ein Fahrer länger als sieben Minuten am Straßenrand, ist ein weiterer automatischer Strafzettel fällig.[62] Doch Knöllchen und Geldbußen sind nicht alles – es werden dem Fahrer auch Punkte im Sozialkreditsystem abgezogen. Sind es zu viele, bekommt er Probleme, wenn er ein Flugticket buchen oder sich um einen neuen Job bewerben will. In einer beliebten Folge der britischen Science-Fiction-Serie *Black Mirror* wird eine dystopische Zukunft wie diese dargestellt. In Schanghai ist sie bereits Realität.

Ermöglicht wird die staatliche Überwachung durch die BAT-Gruppe, der wiederum Chinas verschiedene institutionelle und industrielle Maßnahmen zugutekommen. Der Alibaba-Dienst Zhima Credit hat nicht öffentlich gemacht, dass er Teil des nationalen Kreditsystems ist. Dabei berechnet er die verfügbare persönliche Kreditlinie danach, was der oder die Betreffende kauft und wer seine/ihre Freunde im sozialen Netzwerk von Alipay sind. 2015 äußerte der technische

Leiter von Zhima Credit öffentlich, das Kaufen von Windeln gelte als „verantwortungsbewusstes Verhalten", während es Minuspunkte einbringe, wenn jemand zu lange Videospiele spiele.[63]

Erinnern Sie sich noch an die in der Einleitung angesprochene chinesische Polizei-Cloud, die entwickelt wurde, um Menschen, die psychische Probleme haben, öffentlich Kritik an der Regierung geübt haben und ethnischen Minderheiten angehören, zu überwachen und zu verfolgen? Die Integrierte Plattform für gemeinsame Operationen setzt KI ein, um Musterabweichungen zu erfassen – beispielsweise, wenn jemand die Straße überquert, wo kein Zebrastreifen ist. Chinas Sozialkreditsystem bewertet und benotet Bürger nach ihrem Verhalten. Entscheidungsfähige KI-Systeme ziehen solche Bewertungen heran, um zu bestimmen, wer einen Kredit bekommt, wer verreisen darf und sogar, welche Schule wessen Kind besuchen darf.

Robin Li, Mitgründer von Baidu, behauptete, für die Chinesen sei Privatsphäre kein so wichtiger Wert wie in westlichen Ländern. „Die Chinesen sind offener und nicht so empfindlich, wenn es ums Privatleben geht", erklärte Li vor Publikum auf dem China-Entwicklungsforum in Peking. „Stehen sie vor der Entscheidung zwischen Privatsphäre und Komfort, Sicherheit und Effizienz, werden sie sich in vielen Fällen für die letztgenannten Attribute entscheiden."[64] Vielleicht liegt das aber auch eher an den Folgen.

Ich möchte behaupten, dass es beim nationalen Sozialkreditsystem in China gar nicht um die Stärkung der Kommunistischen Partei oder darum geht, kompliziert einen strategischen Vorteil gegenüber den KI-Entwicklern im Westen zu erlangen. Es geht vielmehr darum, totale Kontrolle über die Gestaltung unserer Weltwirtschaft auszuüben. Anfang 2018 erklärte Präsident Xi der staatlichen Nachrichtenagentur *Xinhua*, „indem wir unseren Gürtel enger schnallten und die Zähne zusammenbissen, bauten wir ‚zwei Bomben und einen Satelliten'". Damit spielte er auf das militärische Waffenprogramm an, das unter Mao entwickelt wurde. „Das geschah, weil wir das sozialistische System optimal nutzten. Wir konzentrierten unsere Kräfte, um Großes zu erreichen. Der nächste Schritt besteht darin, dasselbe auch mit der Wissenschaft und der Technologie zu vollbringen. Wir müssen uns von falschen Hoffnungen befreien und uns auf uns selbst verlassen."[65]

Xi lehnt Konzepte wie die Marktwirtschaft ebenso ab wie ein freies Internet und ein vielfältiges Ökosystem von Ideen, die zueinander im Wettbewerb stehen und sich ergänzen. Chinas straff gesteuerte Volkswirtschaft schottet sich gegen die Konkurrenz ab. Es werden sogenannte „Splinternets" ermöglicht, in denen die Internetregelungen vom physischen Standort des Nutzers abhängen. Es wird eine zentralisierte Cyberpolitik betrieben, die Meinungsfreiheit unterdrückt und jedem Aspekt des dritten Computerzeitalters über behördliche Kontrolle einen Stempel aufgedrückt: der Internet-Infrastruktur, dem globalen Datenfluss und der Hardware, die immer stärker auf grünes Licht aus Peking angewiesen sind. In einer Rede auf einer Veranstaltung sagte Xi 2016, die Regierung werde künftig vollständig ermessensfrei entscheiden können, wie Netzwerke, Geräte und Daten geschützt werden.[66]

Ausüben wird China diese maßgebliche Kontrolle, indem es seine Partner bei der Belt-and-Road-Initiative mit Infrastruktur und Tech-Pilotprojekten ködert. Als einer der ersten Pilotpartner wurde Tansania ausgewählt. Inzwischen hat das Land viele der daten- und cyberpolitischen Maßnahmen Chinas eingeführt, was möglicherweise kein Zufall ist. Die tansanische Regierung erhielt technische Unterstützung durch die chinesische Führung. Ein leitender tansanischer Beamter sagte, „unseren chinesischen Freunden ist es gelungen, solche Medien in ihrem Land zu blockieren und sie durch eigene Seiten zu ersetzen, die sicher, konstruktiv und populär sind."[67] Dasselbe geschieht auch in anderen afrikanischen Ländern. Vietnam hat mittlerweile Chinas strikte Computer- und Netzsicherheitsgesetze übernommen. Im Juni 2018 wurde in Indien über Gesetze beraten, die an die Speicherung heimischer Daten und die Bezugsquellen für heimische Cybersicherheitstechnologien ähnliche Anforderungen stellen würden wie in China.[68]

Was, wenn China anfängt, seine Partner bei der Belt-and-Road-Initiative dahingehend zu beeinflussen, dass sein nationales Sozialkreditsystem zum primären Exportartikel wird? Dass sich die bestehenden Autokratien der Welt wie die Türkei und Ruanda für Chinas Überwachungstechnologie interessieren könnten, liegt nahe. Doch was ist mit anderen Ländern wie Brasilien und Österreich, in denen sich der Populismus durchsetzt und die zurzeit nationalistische Spitzenpolitiker haben? Was, wenn eine Regierungsbehörde in *Ihrem Land* dazu animiert oder gedrängt wird, ein Sozialkreditsystem einzuführen, dass ohne Ihre ausdrückliche Zustimmung damit beginnt, Sie zu überwachen? Wüssten Sie überhaupt, dass Sie benotet wurden – und durch diese Note vielleicht auf einer Watchlist gelandet sind?

Was, wenn ausländische Unternehmen in Gruppen eingeteilt und entweder bevorzugt behandelt oder von Geschäftsbeziehungen mit China ausgeschlossen würden – oder auch von der Geschäftstätigkeit untereinander? Was passiert, wenn sich im Zuge des chinesischen Wirtschaftswachstums Macht und Einfluss durch das Internet, unsere Spielzeuge und Geräte und durch die KI als solche verbreiten?

Was, wenn China ein Sozialkreditsystem für Menschen außerhalb seiner Landesgrenzen entwickelt – mit Daten, die es aus dem freien, offenen Web und aus den sozialen Netzwerken im Westen bezieht? Was, wenn es all die Daten erfasst, die Sie auf Ihren Reisen beim Besuch der Chinesischen Mauer und der Verbotenen Stadt hinterlassen? Was ist mit den Hackerangriffen, über die wir immer wieder lesen, bei denen Verstöße gegen Big-Data-Sicherheit von Netzen in China auszugehen scheinen?

Es gibt noch einen weiteren Grund, warum wir uns über Chinas Pläne Gedanken machen sollten, und damit wären wir wieder beim Entstehungsort der KI-Stämme: die Bildung. China saugt aktiv Professoren und Forscher aus den KI-Zentren in Kanada und den Vereinigten Staaten ab und bietet ihnen attraktive Repatriierungspakete.

Es mangelt bereits an qualifizierten Datenwissenschaftlern und Spezialisten für maschinelles Lernen. Die Abwerbung wird im Westen bald für ein Talentvakuum sorgen. Das ist mit Abstand die cleverste langfristige Strategie der Chinesen – denn damit rauben sie dem Westen dessen künftige Wettbewerbsfähigkeit.

Im Rahmen seines 1000-Talente-Plans führt Chinas Talentpipeline Forscher nach China zurück. Die rasche Expansion der BAT-Gruppe hat Nachfrage nach kompetenten Mitarbeitern ausgelöst – die meist in den Vereinigten Staaten ausgebildet wurden und derzeit an amerikanischen Universitäten und in US-Unternehmen tätig sind. Das Regierungsprogramm ist auf technische Leiter und ordentliche Professoren abgestellt, denen ein goldenes Ticket winkt: Sie erhalten nicht nur unwiderstehliche finanzielle Anreize (sowohl privat als auch für Forschungsprojekte) und die Chance, in einem Forschungs- und Entwicklungsumfeld zu arbeiten, das nicht den aufsichtsrechtlichen und administrativen Zwängen unterliegt, die in den USA an der Tagesordnung sind. Bislang wurden über 7.000 Teilnehmer in das Programm aufgenommen, die von der chinesischen Regierung einen Antrittsbonus erhielten: 1 Million Yuan (rund 151.000 US-Dollar), ein persönliches Einstiegsforschungsbudget von 3 bis 5 Millionen Yuan (467.000 bis 778.000 US-Dollar), Förderungen für Wohnraum und Ausbildung, Verpflegungszuschüsse, Umzugsbeihilfen, Unterstützung bei der Arbeitssuche für Lebenspartner und sogar die Rundumerstattung von Kosten für Heimatbesuche.[69] Sie alle – wenn auch nicht immer direkt – stellen ihre Qualifikationen in irgendeiner Form den BAT-Unternehmen zur Verfügung.

Die amerikanischen Stämme: Die G-MAFIA

Wenn KI Chinas Weltraumrennen ist, dann sieht derzeit alles so aus, als würde es dieses gewinnen – und zwar mit Pauken und Trompeten. In den vergangenen zwei Jahren, während KI ganz entscheidende Meilensteine erreichte, strich die Regierung Trump Gelder für Grundlagen- und Technologieforschung zusammen, verbreitete Falschinformationen über die Auswirkungen von KI auf die Erwerbsbevölkerung, entfremdete unsere strategischen Verbündeten in aller Welt und stichelte immer wieder mit Zöllen gegen China.

Wir werden bald erkennen müssen, dass unsere Parlamentarier keine gesamtstaatliche Strategie haben – weder für KI noch für unsere längerfristige Zukunft. In die Bresche springen Opportunismus und das Drängen auf kommerziellen Erfolg. Amerikas Vertreter der großen Neun mögen jeder für sich erfolgreich sein, doch sie sind nicht Teil einer konzertierten Aktion zur Anhäufung und Zentralisierung wirtschaftlicher und militärischer Macht in den Vereinigten Staaten – wobei sie einem solchen Plan weder zustimmen würden noch sollten.

Wie die amerikanischen Komponenten der großen Neun entstanden sind, wissen wir. Weniger bekannt sind aber die anstehenden maßgeblichen Veränderungen der Beziehung zwischen den amerikanischen Big-Nine-Mitgliedern, Ihren Daten und den von Ihnen verwendeten Geräten.

Die in den USA ansässigen Unternehmen der großen Neun – Google, Microsoft, Amazon, Facebook, IBM und Apple – sind erfinderisch, innovativ und weitgehend für die größten Fortschritte in der KI verantwortlich. Sie funktionieren im eigentlichen (jedoch nicht abfälligen) Sinn des Wortes wie eine *Mafia*: als geschlossenes Supernetz von Menschen mit ähnlichen Interessen und ähnlichem Hintergrund, die auf einem Gebiet arbeiten und maßgeblichen Einfluss auf unsere Zukunft haben. Im Moment übt Google den größten Einfluss auf die KI-Disziplin, unsere Unternehmen, unsere Regierung und unseren Alltag aus, weshalb wir die amerikanischen Unternehmen im Weiteren als G-Mafia bezeichnen. Kein Wunder, dass sie in China so stark zur Nachahmung angeregt haben, selbst aber von der Geschäftstätigkeit dort weitgehend ausgeschlossen sind. Sie haben nicht als KI-Unternehmen angefangen, doch alle sechs haben ihren Schwerpunkt in den vergangenen drei Jahren auf das kommerzielle Potenzial von KI verschoben – durch Forschung und Entwicklung, Partnerschaften sowie neue Produkte und Dienste.

In China übt die Regierung die Kontrolle über die BAT-Gruppe aus. In den Vereinigten Staaten übt die G-MAFIA erhebliche Macht und Einflüsse auf die Regierung aus – unter anderem, weil wir es in Amerika mit einem marktwirtschaftlichen System zu tun haben und weil bei uns die Abneigung gegen starken staatlichen Einfluss auf die Wirtschaft kulturbedingt groß ist. Es gibt aber noch einen weiteren Grund für die einflussreiche Stellung der G-MAFIA – die Regierung in Washington hat sie lange Zeit ignoriert. Während Xi seine Macht im eigenen Land festigte und seinen 2030-Plan für globale KI-Dominanz öffentlich vorstellte, erklärte Trumps stellvertretender US-Chief-Technology-Officer Michael Kratsios einer im Weißen Haus versammelten Gruppe von Branchenführern, Amerikas Zukunft sei am besten gedient, wenn das Silicon Valley seinen Kurs ganz ohne staatliche Interventionen selbst bestimme.[70]

Die Macht ist ungleich verteilt, weil es der US-Regierung nicht gelungen ist, die nötigen Netzwerke, Datenbanken und Infrastrukturen einzurichten, die sie braucht, um ihre Arbeit zu tun. Deshalb ist sie auf die G-MAFIA angewiesen. So dürfte Amazons staatliche Cloud-Computing-Sparte 2019 ein Volumen von 4,6 Milliarden US-Dollar erreichen, während Jeff Bezos privates Weltraumunternehmen Blue Origin der NASA und dem Pentagon bei verschiedenen Einsätzen allen Erwartungen nach erstmals unterstützend unter die Arme greifen wird. In Amerika verlässt sich die Regierung auf die G-MAFIA, und da wir eine Marktwirtschaft mit Gesetzen und Vorschriften sind, die Unternehmen schützen sollen, verfügt das Valley über gewaltigen Einfluss. Um es ganz klar zu sagen: Ich missgönne der G-MAFIA ihre Rolle als erfolgreiche Gruppe profitabler Unternehmen keinesfalls. Ich halte es auch in keinster Weise für verwerflich, viel

Geld zu verdienen. Die G-MAFIA sollte in ihrem Gewinnstreben weder eingeschränkt noch reguliert werden, solange sie nicht gegen andere Gesetze verstößt.

Doch all diese Chancen sind nicht umsonst zu haben. Die G-MAFIA steht unter ungeheurem Druck, so schnell wie möglich praxistaugliche, kommerziell verwertbare KI-Anwendungen zu entwickeln. Im digitalen Bereich sind die Investoren an schnelle, überraschende Gewinne gewöhnt. Die File-Sharing-Plattform Dropbox erreichte nur sechs Jahre nach ihrer Gründung eine Bewertung von 10 Milliarden US-Dollar. Beim Börsengang von Dropbox besaß der auf das Silicon Valley fokussierte Wagniskapitalgeber Sequoia Capital 20 Prozent des Unternehmens, die plötzlich 1,7 Milliarden US-Dollar wert waren.[71] Im Silicon Valley werden Start-ups mit einer Bewertung von über 1 Milliarde US-Dollar als „Unicorns" bezeichnet – als Einhörner. Mit dem Zehnfachen ist Dropbox ein sogenanntes „Decacorn" – ein Zehnhorn. 2018 gab es im Silicon Valley genügend Unicorns und Decacorns, um einen ganzen Zoo zu eröffnen. Gleich mehrere davon waren Partner der G-MAFIA, darunter SpaceX, Coinbase, Peloton, Credit Karma, Airbnb, Palantir und Uber. Mit dem schnellen Geld steigen die Erwartungen, dass sich die investierten Summen mit dem Produkt oder dem Dienst bald wieder hereinholen lassen – durch flächendeckende Einführung, durch eine Übernahme oder durch einen Hype auf dem Markt.

Jeder hat eine persönliche Beziehung zur G-MAFIA, auch wenn er keines ihrer bekannten Produkte verwendet. Mit der „Six Degrees of Separation"-Theorie lässt sich mathematisch erklären, wie wir alle miteinander verbunden sind – um eine Ecke mit jedem, den wir kennen, um zwei Ecken mit jedem, der jemanden kennt, den wir kennen, und so weiter. Es trennen uns daher erschreckend wenige Ecken von der G-MAFIA – selbst wenn wir gar nicht online sind.

Inzwischen nutzen zwei Drittel aller erwachsenen Amerikaner Facebook[72], die meisten mindestens einmal täglich. Das bedeutet, selbst wenn Sie als US-Amerikaner den Dienst selbst nicht nutzen, tut es höchstwahrscheinlich jemand, der Ihnen nahesteht. Von Facebook sind Sie also maximal um ein oder zwei Ecken getrennt, auch wenn Sie selbst noch nie den Beitrag eines anderen „gelikt" haben – und selbst wenn Sie Ihren eigenen Account gelöscht haben. Fast die Hälfte aller amerikanischen Haushalte haben Amazon Prime abonniert – von Amazon sind Sie also um ein bis drei Ecken getrennt.[73] Haben Sie in den letzten zehn Jahren eine Arztpraxis aufgesucht, sind Sie nur um eine Ecke von Microsoft und IBM getrennt. Ganze 95 Prozent der Amerikaner besitzen Smartphones[74] – womit Sie nur um eine Ecke von Google oder Apple getrennt sind.

Wer in den vergangenen 20 Jahren gelebt hat, hat Daten für die G-MAFIA erzeugt, selbst wenn er ihre Dienste und Produkte nicht nutzt. Schließlich kaufen wir alle jede Menge Spielereien und intelligente Geräte, die Daten generieren – unsere Handys, unsere Navis, unsere Bluetooth-Lautsprecher, vernetzten Fernseher und Digitalrekorder, Überwachungskameras, Fitness-Tracker, Smart-Garden-Lösungen und vernetzten Fitnessgeräte – und unsere Kommunikation, unsere Einkäufe, unsere Arbeit und unser tägliches Leben finden in erheblichem Umfang auf den Plattformen der G-MAFIA statt.

In den Vereinigten Staaten können sich Dritte zu kommerziellen Zwecken Zugang zu all diesen Daten verschaffen – oder, um die verschiedenen Systeme, auf die wir uns verlassen, zu verbessern. Inzwischen können wir auf vielen Websites mit Kreditkarte und der Adresse einkaufen, die wir bei Amazon hinterlegt haben. Wir können uns mit unseren Facebook-Anmeldedaten auf ganz verschiedenen Websites einloggen. Dass wir in der Lage sind, die G-MAFIA für andere Dienste zu nutzen, bewirkt eine Verknüpfung mit all den Daten, die wir generieren – in Form von Fotos, Audiodateien, Videos, biometrischen Informationen, digitaler Nutzung und dergleichen. Unsere Daten werden alle in „der Cloud" gespeichert, einem Schlagwort, das sich sowohl auf Software als auch auf Dienste bezieht, die eher im Internet laufen als auf unseren eigenen Geräten. Und – kaum eine Überraschung – die vier großen Cloud-Anbieter sind: Google, Amazon, Microsoft und IBM.

Zur Cloud haben wir direkten Zugang (beispielsweise bei der Erzeugung gemeinsamer Google-Dokumente und Tabellen), aber auch indirekt (wenn sich unsere Handys automatisch synchronisieren und Fotos sichern). Wer ein iPhone oder ein iPad besitzt, nutzt die private Apple-Cloud. Wer in den USA auf Healthcare.gov zugreift, befindet sich in der Amazon-Cloud. Feiert Ihr Kind in einem Einkaufszentrum eine Build-A-Bear-Geburtstagsparty, wurde diese über die Microsoft-Cloud koordiniert. In den letzten zehn Jahren war die Cloud ein großes Thema – so groß, dass wir sie inzwischen gar nicht mehr für besonders interessant, bemerkenswert oder für eine aufregende Technologie halten. Es gibt sie eben – wie Strom und Wasser aus dem Hahn. Wir denken erst darüber nach, wenn wir keinen Zugang dazu haben.

Wir alle generieren Daten und nutzen die Cloud im blinden Vertrauen auf die KI-Stämme und die von ihnen geschaffenen kommerziellen Systeme. In den USA verraten unsere Daten viel mehr über uns als die Sozialversicherungsnummer, die wir, wie uns eingeschärft wurde, so sorgfältig hüten sollen. Mit unserer Sozialversicherungsnummer kann jemand ein Bankkonto eröffnen oder einen Autokredit beantragen. Mit den Daten, die wir in der Cloud erzeugen, könnte die G-MAFIA theoretisch sagen, ob wir schwanger sind, ohne es zu wissen, ob uns unsere Mitarbeiter für inkompetent halten und ob wir sterbenskrank sind – und vermutlich wüsste die KI der G-MAFIA das alles lange vor uns. Der gottähnliche Einblick der G-MAFIA in unser Leben muss aber nicht schlecht sein. In vielerlei Hinsicht könnte das Durchforsten unserer personenbezogenen Daten nach Erkenntnissen dazu führen, dass wir alle gesünder und glücklicher leben.

So mächtig die Cloud und die KI der G-MAFIA auch scheinen, noch unterliegen sie gewissen Einschränkungen: durch die Hardware nämlich. Die aktuelle KI-Architektur reicht aus, um Produkte mit schwacher künstlicher Intelligenz herzustellen – wie den Spam-Filter von Gmail oder den „Visual Voicemail"-Transkriptionsdienst von Apple. Längerfristig muss das Ziel aber eine starke künstliche Intelligenz sein, die sich bereits am Horizont abzeichnet. Dazu ist maßgeschneiderte KI-Hardware erforderlich.

Dass starke künstliche Intelligenz individualisierte Hardware voraussetzt, hat mit John von Neumann zu tun, dem bereits erwähnten Informatiker, der die Theorie entwickelt hat, die der Architektur moderner Rechner zugrunde liegt. Sie erinnern sich? In von Neumanns Zeit wurden noch separate Programme und Daten zur Verarbeitung in Computer eingegeben. In seiner Architektur wurden Computerprogramme und Daten im Speicher der Maschine abgelegt. Diese Architektur liegt bis heute in unseren modernen Laptops und Desktop-Computern vor. Dabei fließen Daten zwischen Prozessor und Speicher. Reicht das eine oder das andere nicht aus, läuft die Maschine heiß: Sie erhalten eine Fehlermeldung oder der Rechner fährt einfach herunter. Dieses Problem wird als „Von-Neumann-Engpass" bezeichnet. Ganz gleich wie schnell der Prozessor arbeitet, der Programmspeicher und der Datenspeicher lösen den Von-Neumann-Engpass aus, der die Geschwindigkeit der Datenübertragung begrenzt. So gut wie alle unsere heutigen Rechner basieren auf der Von-Neumann-Architektur. Das Problem: Die bestehenden Prozessoren können Programme nur so schnell ausführen, wie sie Anweisungen und Daten aus dem Speicher abrufen können.

Der Engpass ist für KI ein großes Problem. Wenn Sie heute mit Ihrer Alexa oder mit Google Home sprechen, wird Ihre Stimme aufgezeichnet, analysiert und dann an die Cloud übertragen, um eine Reaktion zu erzeugen. Angesichts der physischen Entfernung zwischen Ihnen und den verschiedenen beteiligten Rechenzentren ist es regelrecht unglaublich, dass Alexa tatsächlich innerhalb von ein, zwei Sekunden antworten kann. Wenn KI in immer mehr unserer Geräte vordringt – in Form von Smartphones mit biometrischen Sensoren, Überwachungskameras, die sich auf Gesichter fokussieren können, selbstfahrenden Autos oder Präzisionsrobotern, die in der Lage sind, Medikamente zu verabreichen –, könnte eine Verzögerung von ein oder zwei Sekunden bei der Verarbeitung katastrophale Folgen haben. Ein selbstfahrendes Auto kann nicht bei jeder einzelnen Aktion die Cloud anpingen, weil es bei weitem zu viele Sensoren gibt, die laufend Daten zur Verarbeitung einspeisen müssten.

Die einzige Lösung: Die Rechenprozesse müssen näher an die Datenquelle gebracht werden, was Wartezeiten verringert und gleichzeitig Bandbreite spart. Diese neuartige Architektur wird als „Edge Computing" bezeichnet und ist die unvermeidliche Weiterentwicklung von KI-Hardware- und -Systemarchitektur. Damit KI die nächsten Entwicklungsstufen erreichen kann, muss die Hardware aufholen. Statt der G-MAFIA in der Cloud zu begegnen, wo wir immerhin noch gewisse Genehmigungen erteilen müssen und Einstellungen festlegen können, werden wir sie bald in *alle* Geräte einlassen müssen, die wir verwenden. Was das bedeutet? Irgendwann in den nächsten zehn Jahren wird das gesamte übrige KI-Ökosystem um nur wenige G-MAFIA-Systeme herum konvergieren. All die peripheren Start-ups und Akteure – ganz zu schweigen von Menschen wie uns – werden sich mit einer neuen Weltordnung abfinden und ein paar wenigen kommerziellen Anbietern Treue schwören müssen, die dann sozusagen als Betriebssystem für unseren Alltag fungieren. Sind Ihre Daten, Apparate, Geräte, Autos und Dienste erst verflochten, haben Sie keine Wahl. Je mehr Sie kaufen – etwa Handys, vernetzte Kühlschränke oder intelligente Kopfhörer –, desto eher werden Sie feststellen, dass die G-MAFIA das Betriebssystem Ihres Alltags ist. Der Menschheit wird ein Angebot gemacht, das sie schlicht nicht ablehnen kann.

Deep-Learning-Berechnungen benötigen spezialisierte Hardware, weil sie ausgesprochen energieintensiv sind. Da bei ihnen Optimierung vor Präzision geht und sie im Grunde aus dichten linearen algebraischen Operationen bestehen, ist nachvollziehbar, dass eine neue neuronale Netzwerkarchitektur zu mehr Effizienz führt – und vor allem zu schnellen Design- und Umsetzungsprozessen. Je schneller Forschungsteams reale Modelle bauen und testen können, desto näher kommen sie praktischen Anwendungsfällen für KI. So dauert es zurzeit beispielsweise noch Wochen oder Monate, ein komplexes maschinelles Bilderkennungssystem zu schulen – und das Endergebnis beweist manchmal nur, dass noch weitere Anpassungen nötig sind, sodass alles wieder von vorne beginnt. Bessere Hardware bedeutet, dass sich Modelle innerhalb von Stunden oder gar Minuten schulen lassen, was wiederum zu wöchentlichen – oder gar täglichen – Durchbrüchen führen könnte.

Aus diesem Grund entwickelte Google seine eigenen kundenspezifischen Chips – die Tensor Processing Units (TPUs). Diese haben die nötige Kapazität für Googles Deep-Learning-KI-Struktur TensorFlow. Im Juni 2018 war TensorFlow die Nummer eins unter den Plattformen zum maschinellen Lernen auf GitHub, der größten Onlineplattform der Welt, auf der Softwareentwickler ihre Computercodes ablegen. Sie wurde von Entwicklern aus 180 Ländern über 10 Millionen Mal heruntergeladen. Während ich diese Zeilen schreibe, gibt es 24.500 aktive Repositorys.[75] Zur Erweiterung dieser Struktur brachte Google weitere Produkte auf den Markt wie TensorFlow-GAN (eine Bibliothek für generative gegnerische Netzwerkmodule) und TensorFlow Object Detection API (das Entwicklern hilft, präzisere Modelle zum maschinellen Lernen für Bilderkennung zu kreieren). TPUs werden bereits in Googles Rechenzentren eingesetzt. Sie liegen den Deep-Learning-Modellen bei jeder Google-Suchanfrage zugrunde.

Nicht von ungefähr versuchte Google, GitHub zu kaufen, das von 38 Millionen Entwicklern weltweit genutzt wird und eine wichtige Plattform für die großen Neun darstellt. Im Juni 2018 wurde Google aber von – wem wohl? – Microsoft aus dem Feld geschlagen.[76]

Facebook tat sich mit Intel zusammen, um einen KI-Chip für die interne Forschung und Entwicklung zu entwickeln, den das Unternehmen brauchte, um die Effizienz zu steigern und Experimente zu beschleunigen. Apple entwickelte seinen eigenen „Neural Engine"-Chip für sein iPhone X, während Microsoft KI-Chips für sein Mixed-Reality-Headset HoloLens und für seine Cloud-Computing-Plattform Azure realisierte. Auch die BAT-Unternehmen arbeiten an eigenen Chips: 2017 warb Alibaba im Silicon Valley aggressiv um „KI-Chip-Architekten"[77], und 2018 brachte es eigene spezielle Chips heraus – Ali-NPUs –, die auf seiner öffentlichen Cloud jedermann zur Nutzung zur Verfügung stehen.

IBM sah einen baldigen Bedarf an höherer Leistung voraus und entwickelte bereits vor mehreren Jahren seinen neuromorphen Chip TrueNorth. Das Unternehmen prescht mit einer neuartigen Hardware vor, die die Effizienz neuronaler Netze um das Hundertfache steigern könnte. Das wäre, als würde man einen Abakus aus Stäben und Steinen mit dem Transporter von *Star Trek* vergleichen. Der neuartige Chip verwendet zwei Arten von Synapsen, eine für den Langzeitspeicher und eine für kurzfristige Berechnungen.

Wir sprechen hier über unser modernes Äquivalent zu der Frage „Sind Sie ein PC- oder ein Mac-Nutzer?", nur übertragen auf die Ebene von Steroiden. Die meisten dieser Chips arbeiten mit Rahmenbedingungen, die die großen Neun als „Open Source" einstufen. Das bedeutet, sie sind für Entwickler kostenfrei zugänglich und können verwendet und verbessert werden. Die Hardware als solche ist geschützt, und für die Dienste fallen Abonnementgebühren an. In der Praxis heißt das, wenn erst einmal eine Anwendung für ein System entwickelt ist, lässt sie sich unglaublich schwer migrieren. Auf diese Weise werben die KI-Stämme neue Mitglieder an – und der Initiationsritus ist, einer solchen G-MAFIA-Struktur den Ring zu küssen.

Im Bestreben, KI kommerziell zu nutzen, ist die G-MAFIA in ihrem Werben um Entwickler ausgesprochen kreativ. Im Mai 2018 lancierten Google und die Online-Lernplattform Coursera maschinelles Lernen als neues Fach. Voraussetzung ist aber die Verwendung von TensorFlow. Der Kurs besteht aus fünf Teilen und beinhaltet ein Zertifikat für Absolventen. Er wird beschrieben als Möglichkeit für jedermann, etwas über maschinelles Lernen und neuronale Netzwerke zu lernen. Studenten brauchen reale Daten und Strukturen, also lernen sie unter den Rahmenbedingungen von Google.

Hardware ist Teil der KI-Strategie der G-MAFIA, die auch Verbindungen zum Staat aufweist – anders, als wir es in China beobachten, doch nicht minder besorgniserregend, auch für Nicht-US-Bürger –, denn in den Vereinigten Staaten dient KI drei Herren: dem Kapitol, der Wall Street und dem Silicon Valley. Die Menschen, die Politik machen und über Gesetze debattieren, sitzen entweder im Kongress oder haben eine Laufbahn im öffentlichen Dienst eingeschlagen und bleiben dann in aller Regel jahrzehntelang im Amt. Doch diejenigen, die das politische Programm bestimmen – unser Präsident und die Leiter der großen Behörden (wie der Federal Communications Commission, des Justizministeriums und dergleichen) wechseln alle paar Jahre. Für KI gibt es keinen klaren landesweiten Kurs und kein entsprechendes Ziel.

Erst in letzter Zeit stehen China und seine KI-Pläne etwas stärker im Fokus – vor allem, weil Präsident Xi einen langfristigen strategischen Plan zu KI und zur Verwendung von Daten veröffentlicht hat. In den USA gibt es das sogenannte Committee on Foreign Investment, kurz CFIUS. Dieses parteiübergreifende Gremium unter Leitung des Finanzministers setzt sich aus Mitgliedern der Ministerien für Finanzen, Justiz, Energie, Verteidigung, Handel, innere Angelegenheiten und nationale Sicherheit zusammen. Ihre Aufgabe ist es, geschäftliche Transaktionen zu prüfen und genauer unter die Lupe zu nehmen, die die nationale Sicherheit gefährden könnten. CFIUS hat beispielsweise verhindert, dass Broadcom aus Singapur den in San Diego ansässigen Chiphersteller Qualcomm übernimmt. CFIUS lehnte auch ein Übernahmeangebot für MoneyGram aus Dallas vom Spezialisten für elektronischen Zahlungsverkehr Ant Financial ab, dessen Muttergesellschaft Alibaba ist. Während der Arbeiten an diesem Buch war CFIUS nicht auf KI fokussiert, wenngleich Vorschläge zur Ausweitung seiner Kompetenzen vorliegen, um weitere chinesische Investitionen in US-Unternehmen einzudämmen.

Gleichzeitig ist es im Silicon Valley durchaus üblich, dass Beschäftigte hin- und herwechseln, während sich die KI-Stammesführer in aller Regel länger auf ihren Posten halten und ihre Zeit zwischen der G-MAFIA und den Universitäten aufteilen. So entwickelt sich KI auf ihrem aktuellen Kurs weiter, und das Stammesmantra – *erst entwickeln und sich dann dafür entschuldigen* – setzt sich durch. Jahrelang hat Google urheberrechtlich geschützte Bücher eingescannt und indexiert, ohne entsprechende Genehmigungen einzuholen, bis es irgendwann zu einer Sammelklage von Verlagen und Autoren kam. Google fotografierte unsere Häuser und Wohnviertel und machte sie auf Google Maps auffindbar, ohne uns zu fragen. (Aufnahmen von Menschen werden dabei tunlichst vermieden und Gesichter verpixelt.) Apple drosselte das Tempo älterer iPhones, wenn neue Modelle auf den Markt kamen, und entschuldigte sich später dafür. Nach dem Skandal um Cambridge Analytica veröffentlichte Facebook-CEO Mark Zuckerberg eine pauschale Abbitte auf seiner Facebook-Seite. Er schrieb: „Ich bitte alle um Verzeihung, die ich in diesem Jahr verletzt habe. Ich gelobe Besserung und bitte um Verzeihung dafür, dass meine Arbeit verwendet wurde, um Menschen auseinanderzudividieren, statt sie zusammenzubringen."

Infolgedessen entwickelt sich die G-MAFIA gemeinhin in raschen Schüben, bis etwas Negatives passiert, und dann tritt der Staat auf den Plan. Die Datenpolitik von Facebook erregte in Washington erst Aufmerksamkeit, als ein Ex-Mitarbeiter von Cambridge Analytica aus dem Nähkästchen plauderte und erklärte, wie problemlos unsere Daten abgegriffen und weitergegeben werden konnten. 2016, im Nachgang zu einer Schießerei im kalifornischen San Bernardino, versuchte die US-Regierung, Apple zu zwingen, eine Hintertür in einem iPhone zu öffnen, das dem Terroristen gehörte. Behörden und Strafverfolger führten ins Feld, die Verschlüsselung des Handys zu knacken und private Daten auszuliefern, liege im öffentlichen Interesse, während die Verfechter des Datenschutzes meinten, dadurch würden Bürgerrechte verletzt. Es gelang den Strafverfolgungsbehörden, das Telefon ohne Unterstützung durch Apple zu knacken. Welche Seite recht hatte, blieb daher ungeklärt. In den Vereinigten Staaten mögen wir unsere Privatsphäre schätzen, doch wir verfügen nicht über Gesetze, die den Umgang mit unseren Daten im 21. Jahrhundert klar regeln.

Im Sommer 2018 brachten Mitarbeiter aus dem Büro von Senator Mark Warner (Demokrat aus dem US-Staat Virginia) ein Strategiepapier in Umlauf, das verschiedene Vorschläge zur Zügelung unserer Tech-Titanen enthielt. Sie reichten von weitreichenden neuen Gesetzen wie den aggressiven DSGVO-Regelungen in Europa bis hin zu einem Vorschlag, der vorsah, Internetplattformen als Informationstreuhänder auszuweisen, die sich an einen vorgeschriebenen Verhaltenskodex halten mussten – ähnlich wie Anwaltskanzleien.[78]

Nur wenige Monate später postete Apple-CEO Tim Cook auf Twitter einen Sermon über die Zukunft des Datenschutzes, die großen Tech-Giganten und Amerika. Am 24. Oktober schrieb er, Unternehmen sollten dem Datenschutz oberste Priorität einräumen. „Unternehmen sollten begreifen, dass Daten den Nutzern gehören. Jeder sollte problemlos eine Kopie seiner personenbezogenen Daten erhalten sowie diese berichtigen und löschen können", schrieb er, und weiter: „Jeder hat das Recht auf Sicherheit seiner Daten."[79] Apple ahnt offenbar, dass eine Regulierung in den USA zur realistischen Option werden könnte, und tut mehr für seine Datenschutzdienste und den in seine mobilen Geräte und Betriebssysteme eingebauten Datenschutz.

Wir erhalten Dienstleistungen und erklären uns im Gegenzug mit laufender Überwachung einverstanden. Daran kann die G-MAFIA verdienen, um ihr Angebot an uns zu optimieren und auszubauen – für private Verbraucher ebenso wie für Großkunden wie Unternehmen, Universitäten, gemeinnützige Organisationen oder Behörden. Dieses Geschäftsmodell basiert auf Überwachungskapitalismus. Wenn wir ganz ehrlich sind, haben wir hier in den USA nichts gegen so ein System – sonst hätten wir längst aufgehört, Dienste wie Gmail, Microsoft Outlook und Facebook in Anspruch zu nehmen. Damit sie richtig funktionieren, brauchen sie Zugriff auf unsere Datenspuren, die gezielt erfasst, aufbereitet und umverpackt werden. Ich gehe davon aus, dass Sie mindestens eines der Produkte und Serviceangebote der G-MAFIA nutzen. Ich nutze Dutzende, im vollen Bewusstsein des Preises, den ich dafür in Wirklichkeit zahle.

Worauf ich hinauswill? In Kürze werden wir nicht mehr nur unsere Daten der G-MAFIA anvertrauen. Im Zuge der Umstellung von schwacher auf stärkere KI, die in der Lage ist, komplexe Entscheidungen zu treffen, laden wir sie praktisch ein in unsere Hausapotheken und Kühlschränke, in unsere Autos und Kleiderschränke und in die vernetzten Brillen, Armbänder und Kopfhörer, die wir schon bald tragen werden. Dadurch kann die G-MAFIA für uns Routinearbeiten automatisieren und uns helfen, Entscheidungen zu treffen und weniger geistige Energie auf langsame Denkprozesse zu verschwenden. Dann ist die G-MAFIA um gar keine Ecke mehr von uns entfernt. Der Gesetzgeber wird keine Autorität mehr geltend machen können, wenn unser ganzes Leben erst mit diesen Unternehmen verflochten ist. Doch was geben wir dafür auf?

● ● ●

Die großen Neun – die chinesische BAT-Gruppe (Baidu, Alibaba und Tencent) und die amerikanische G-MAFIA (Google, Microsoft, Amazon, Facebook, IBM und Apple) – entwickeln die Tools und errichten das Umfeld für die Zukunft der künstlichen Intelligenz. Sie gehören dem KI-Stamm an, der sich an Universitäten bildet, wo ihm gemeinsame Ideen und Ziele vermittelt werden, die sich noch stärker einschleifen, sobald die Absolventen ins Arbeitsleben eintreten. Das Feld der KI ist nicht statisch. Mit der Evolution von schwacher zu starker künstlicher Intelligenz entwickeln die großen Neun neuartige Hardwaresysteme und werben Entwickler an, die in ihre Strukturen eingebunden werden.

Das auf Konsumverhalten ausgerichtete KI-Modell in den Vereinigten Staaten ist nicht von Haus aus schlecht – ebenso wenig wie das staatlich-zentralisierte chinesische Modell. KI als solche ist nicht zwangsläufig schädlich für die Gesellschaft. Die G-MAFIA besteht aber aus gewinnorientierten Aktiengesellschaften, die der Wall Street gegenüber rechenschaftspflichtig sind – ungeachtet der altruistischen Absichten ihrer Führungsriegen und ihrer Beschäftigten. In China sind die BAT der Regierung verpflichtet, die bereits entschieden hat, was für die Chinesen das Beste ist. Was ich wissen möchte – und worauf Sie eine Antwort verlangen sollten – ist aber: Was ist das Beste für die ganze Menschheit? Wie werden sich, wenn die KI voll entwickelt ist, unsere heute getroffenen Entscheidungen in den zukünftig von Maschinen für uns getroffenen Entscheidungen niederschlagen?

KAPITEL 3

TAUSEND KLEINE NADELSTICHE – DIE UNBEABSICHTIGTEN FOLGEN DER KI

„Erst prägen wir unsere Gewohnheiten, dann prägen sie uns."

– JOHN DRYDEN

„Du bist mein Schöpfer, doch ich bin dein Meister … !"

– FRANKENSTEINS MONSTER IN *FRANKENSTEIN* (VON MARY SHELLEY)

Anders als in all den Katastrophenszenarien aus Filmen, Büchern und Artikeln, in denen KI plötzlich erwacht und beschließt, die Menschheit zu zerstören, wird es nicht ein bestimmtes Einzelereignis geben, durch das die Technologie überschnappt und böse wird. Was wir erleben werden, wird eher unzähligen Nadelstichen gleichen. Schon einer davon ist störend, behindert uns aber im Alltag nicht weiter. Ist Ihr ganzer Körper von Tausenden solcher Nadelstiche bedeckt, sterben Sie zwar nicht daran, doch das Leben wird zur Qual. Alltägliche Dinge –

Schuhe und Socken anziehen, Tacos essen, auf der Hochzeit einer Cousine tanzen – wären dann nicht mehr möglich. Sie müssten lernen, anders zu leben – mit Einschränkungen und schmerzhaften Konsequenzen.

Wir wissen bereits, dass Ethikkurse und die Priorisierung auf Inklusivität nicht vorgeschrieben sind – weder an den Universitäten, an denen sich KI-Stämme bilden, noch bei den großen Neun, in denen die KI-Stämme später zusammenarbeiten. Wir wissen, dass der Konsumgedanke der Beschleunigung von KI-Projekten und Forschungsarbeit innerhalb der G-MAFIA Vorschub leistet und dass die BAT-Gruppe auf einen zentralen Plan der chinesischen Regierung ausgerichtet ist. Dabei wird immer klarer, dass möglicherweise niemand – weder eine globale Regulierungsbehörde (so etwas wie die Internationale Atomenergiebehörde) noch ein Cluster von Bildungsstätten oder gar eine Gruppe von Forschern – unbequeme Fragen zu der entstehenden Kluft zwischen unseren menschlichen Werten, dem erheblichen wirtschaftlichen Wert des chinesischen Plans zur KI-Dominanz und den kommerziellen Zielen des Silicon Valley stellt. Hier ein Gleichgewicht herzustellen, war bis dato keine Priorität, weil uns die großen Neun allesamt enormen Wohlstand bescheren, coole Dienste und Produkte anbieten, die wir alle gern verwenden, und uns das Gefühl geben, Herr unseres eigenen digitalen Reichs zu sein. Wir haben die Wertfrage bisher nicht gestellt, weil wir im Moment mit den großen Neun besser leben.

Die ersten Nadelstiche haben wir aber bereits abbekommen – durch die Überzeugungen und Motive der KI-Schöpfer. Die großen Neun produzieren nicht nur Hardware und Codes. Sie bauen denkende Maschinen, aus denen die Werte der Menschheit sprechen. Der Abgrund, der sich zwischen den KI-Stämmen und den normalen Menschen aufgetan hat, hat bereits besorgniserregende Folgen.

Der Werte-Algorithmus

Haben Sie sich schon einmal gefragt, warum das KI-System nicht transparenter ist? Haben Sie sich Gedanken darüber gemacht, welche Datensätze – Ihre eigenen personenbezogenen Daten eingeschlossen – der KI zum Lernen zur Verfügung gestellt werden? Und was der KI dazu vermittelt wird, unter welchen Umständen sie Ausnahmen zulassen soll? Wie sorgen ihre Schöpfer für Ausgewogenheit zwischen der Kommerzialisierung der KI und grundlegenden menschlichen Anliegen wie Schutz der Privatsphäre, Sicherheit, Zugehörigkeitsgefühl, Selbstachtung und Selbstverwirklichung? Wie sehen die moralischen Imperative der KI-Stämme aus? Was für ein Rechtsbewusstsein haben sie? Bringen sie der KI Empathie bei? (Beziehungsweise ist der Versuch, einer KI menschliche Empathie zu vermitteln, überhaupt sinnvoll oder erstrebenswert?)

Offiziell haben sich alle großen Neun einen Wertekanon auf die Fahne geschrieben, doch ihre diesbezüglichen Erklärungen beantworten diese Fragen nicht. Die erklärten Werte sind tiefe Überzeugungen, die Belegschaft und Aktionäre vereinen, inspirieren und motivieren. Die Werte eines Unternehmens funktionieren wie ein Algorithmus – ein Regelwerk und Anweisungen, die sich auf Arbeitskultur und Führungsstil auswirken und maßgeblich in alle getroffenen Entscheidungen hineinspielen, von der Vorstandsetage bis zur einzelnen Codezeile. Dabei fällt auch auf, dass bestimmte erklärte Werte fehlen. Weil sie nicht im Rampenlicht stehen, sind sie schwer erkennbar und werden leicht übersehen.

Google richtete sich ursprünglich nach einem einfachen zentralen Wert: „Don't Be Evil"[1] (Nicht böse sein). In ihrem Brief zum Börsengang aus dem Jahr 2004 schrieben die Gründer Sergey Brin und Larry Page: „Eric [Schmidt], Sergey und ich wollen Google anders betreiben und die Werte, die es als privat geführtes Unternehmen verfolgte, in seine Zukunft als börsennotierte Aktiengesellschaft übernehmen. ... Wir wollen langfristig Verbesserungen herbeiführen statt in jedem Quartal laufende Erträge zu erzielen. Wir werden uns für bestimmte hochriskante Projekte mit großem potenziellem Nutzen entscheiden und unser Projektportfolio entsprechend steuern. ... Wir werden unserem Grundsatz ‚Don't Be Evil‘ gerecht, indem wir das Vertrauen unserer Nutzer nicht enttäuschen."[2]

Die „Leadership-Prinzipien" von Amazon sind in die Managementstruktur eingeflossen, und die Werte sind im Kern auf Vertrauen, Kennzahlen, Schnelligkeit, Sparsamkeit und Ergebnisse abgestellt. Veröffentlicht wurden unter anderem folgende Grundsätze:

- „Leader fangen beim Kunden an und arbeiten von dort aus rückwärts. Sie arbeiten stetig daran, das Vertrauen unserer Kunden zu gewinnen und zu bewahren."

- „Leader setzen unermüdlich hohe Standards – vielen mögen diese Standards sogar unverhältnismäßig hoch erscheinen."

- „Viele Entscheidungen und Handlungen sind widerrufbar und müssen nicht ausgiebig vorab untersucht werden. Wir schätzen kalkulierte Risikobereitschaft."

- „Mit weniger mehr erreichen. Sich einzuschränken kann auch Einfallsreichtum bewirken, finanzielle Unabhängigkeit und Innovation fördern. Es gibt bei uns keinen Applaus für Leader, die nur die Anzahl der Mitarbeiter, das Budget oder die Fixkosten erhöhen."[3]

Facebook gibt fünf zentrale Werte an, und zwar Kühnheit, Konzentration auf die Wirkung, Reaktionsschnelligkeit, Offenheit bezüglich der Unternehmenstätigkeit und Wertschöpfung für die Nutzer.[4]

Die „Managementphilosophie" von Tencent setzt dagegen folgende Prioritäten: „Beschäftigte erfolgsorientiert zu coachen und zu motivieren" auf der Grundlage einer „von Vertrauen und Respekt getragenen Einstellung" und Entscheidungsprozessen, die auf der folgendermaßen bezeichneten Formel beruhen: „Integrität + Initiative + Kooperation + Innovation".[5] Bei Alibaba steht „ein unverrückbarer Fokus darauf, die Bedürfnisse unserer Kunden zu befriedigen" im Vordergrund, aber auch Teamwork und Integrität.[6]

In ein Venn-Diagramm eingetragen, würden sich bei all den Werten und Handlungsprinzipien der großen Neun verschiedene wesentliche Bereiche überschneiden. Ausnahmslos alle erwarten von ihren Beschäftigten und Teams, sich laufend fachlich zu optimieren, für die Kunden unverzichtbare Produkte und Dienste zu entwickeln und Ergebnisse für die Aktionäre zu liefern. Vor allem aber legen sie Wert auf Vertrauen. Die Werte sind nicht so ungewöhnlich – sie hören sich sogar ganz ähnlich an wie die Werte der meisten amerikanischen Unternehmen.

Weil KI so großen Einfluss auf die gesamte Menschheit haben wird, sollten die Werte der großen Neun aber ausdrücklich und detailliert erklärt werden – und wir sollten an sie höhere Maßstäbe anlegen als an andere Unternehmen.

Was fehlt, ist eine klar formulierte Erklärung, dass die Menschheit im Mittelpunkt der KI-Entwicklung stehen und sich alle künftigen Bestrebungen auf die Verbesserung ihrer Lebensumstände richten sollten. Das sollte explizit festgelegt werden – und dieser Wortlaut sollte sich in anderen Unternehmensunterlagen, auf Verwaltungsratssitzungen, in den KI-Teams und bei Verkaufs- und Marketinggesprächen wiederfinden. Beispiele dafür sind unter anderem technische Werte, die über Innovation und Effizienz hinausgehen wie die Zugänglichkeit – Millionen von Menschen sind unterschiedlich begabt oder haben Probleme beim Sprechen, Hören, Sehen, Tippen, Begreifen und Denken. Oder wirtschaftliche Werte wie die Macht von Plattformen, materiellen Wohlstand zu mehren und zu verteilen, ohne Einzelne oder Gruppen zu entrechten. Oder soziale Werte wie Integrität, Inklusivität, Toleranz und Neugier.

Während meiner Arbeit an diesem Buch verkündete Google-CEO Sundar Pichai, dass Google neue Kernprinzipien als Leitlinien für die KI-Arbeit des Unternehmens verfasst habe. Diese Prinzipien gingen allerdings nicht annähernd weit genug darin, die Menschheit als zentrales Anliegen künftiger KI-Projekte von Google zu definieren. Die Ankündigung erfolgte auch nicht im Rahmen einer strategischen Neuausrichtung auf zentrale Werte innerhalb des Unternehmens, sondern sie war eine Reaktion auf den internen Rückschlag, den das Project-Maven-Debakel ausgelöst hatte – und auf einen vertraulichen Zwischenfall, der sich im selben Jahr ereignet hatte. Eine Gruppe leitender Softwareentwickler hatte festgestellt, dass das Projekt, an dem sie arbeiteten – ein Air-Gap-Sicherheitsfeature für seinen Cloud-Dienst –, Google zu Militäraufträgen verhelfen sollte. Amazon und Google erhielten beide „High"-Zertifikate für eine physisch getrennte Regierungscloud, was sie dazu befugte, vertrauliche Daten vorzuhalten. Google wollte sich um lukrative Aufträge des Verteidigungsministeriums bewerben, und als die Entwickler das herausfanden, rebellierten sie. Dieser Widerstand führte dazu, dass fünf Prozent der Google-Belegschaft Maven öffentlich verurteilten.[7]

Damit begann eine Protestserie, die 2018 Formen annahm, als einer Teilgruppe des KI-Stammes bewusst wurde, dass ihre Arbeit für eine Sache zweckentfremdet werden sollte, hinter der sie nicht stand. Daher forderten die Betroffenen Veränderungen. Sie waren davon ausgegangen, dass sich ihre persönlichen Werte im Unternehmen wiederfanden – und als sich herausstellte, dass dem nicht so war, setzten sie sich zur Wehr. Das zeigt, was für heikle Probleme entstehen, wenn sich die G-MAFIA keine höheren Maßstäbe setzt, als wir sie von anderen Unternehmen erwarten würden, die weniger folgenschwere Produkte herstellen.

Es überrascht daher nicht, dass sich ein gehöriger Anteil der KI-Grundsätze von Google spezifisch auf Waffen und Militäraufträge bezieht: Google wird keine waffenfähigen Technologien entwickeln, deren Hauptzweck es ist, Menschen zu schaden, es wird keine KI entwickeln, die breit anerkannten internationalen Rechtsgrundsätzen zuwiderläuft, und dergleichen mehr. „Wir wollen klarstellen, dass wir zwar keine KI zur Verwendung in Waffen entwickeln, doch unsere Zusammenarbeit mit der Regierung und dem Militär fortsetzen", heißt es in dem Dokument.[8]

Zugutezuhalten ist Google die Aussage, dass die Grundsätze als konkrete Standards zu verstehen sind, nicht als theoretische Konzepte. Auch spricht Google speziell das Problem unfairer Verzerrungen in Datensätzen an. Doch in dem Dokument ist keine Rede von Transparenz hinsichtlich der Entscheidungsprozesse von KI oder hinsichtlich der verwendeten Datensätze. Das Problem, dass bei Google gleichartige Stämme an KI arbeiten, bleibt ungelöst. Und keiner der konkreten Standards stellt die Interessen der Menschheit vor die Interessen der Wall Street.

Das Problem ist die Transparenz. Wenn die US-Regierung nicht in der Lage ist, Systeme zu entwickeln, die wir brauchen, um unsere nationale Sicherheit zu wahren, sollten wir davon ausgehen, dass sie ein Unternehmen beauftragt, das diese Aufgabe übernimmt. So ist es seit dem Ersten Weltkrieg. Wir vergessen leicht, dass Frieden etwas ist, um das man sich ständig bemühen muss, und dass gut gerüstetes Militär Schutz und nationale Sicherheit garantiert. Das Verteidigungsministerium ist weder blutrünstig, noch will es KI-gestützte Superwaffen, um damit irgendwo im Ausland entlegene Dörfer auszulöschen. Das US-Militär hat Mandate, die weit darüber hinausgehen, Bösewichte zu töten und irgendwelche Sachen in die Luft zu jagen. Wenn das viele der Menschen nicht wissen, die in der G-MAFIA arbeiten, dann liegt das daran, dass zu wenige Brücken zwischen Washington und dem Silicon Valley geschlagen wurden.

Es sollte uns alle nachdenklich stimmen, dass die großen Neun Systeme entwickeln, die sich grundsätzlich auf Menschen stützen, und dass die Werte, die unser Streben nach mehr Lebensqualität für die Menschen artikulieren, nicht explizit kodifiziert sind. Wenn technische, wirtschaftliche und soziale Werte nicht in den erklärten Wertekanon eines Unternehmens einfließen, ist es unwahrscheinlich, dass die besten Interessen aller Menschen im Forschungs-, Design- und Umsetzungsprozess an erster Stelle stehen. Diese Wertelücke wird innerhalb einer Organisation nicht immer deutlich, was für die G-MAFIA und die BAT-Gruppe erhebliche Risiken birgt, weil dadurch eine Distanz zwischen den Beschäftigten und den plausiblen negativen Folgen ihrer Arbeit entsteht. Sind sich Einzelne und Teams der Wertelücke nicht im Vorfeld bewusst, halten sie sich während des strategischen Entwicklungsprozesses oder der Ausführung, wenn Produkte hergestellt, im Zuge der Qualitätssicherung geprüft, beworben, lanciert und auf den Markt gebracht werden, nicht mit Fragen von ganz grundlegender Bedeutung auf. Das heißt nicht, dass die Menschen, die an KI arbeiten, unempathisch wären – aber es bedeutet, dass unsere grundlegenden humanistischen Werte für sie keine Priorität haben.

So bleiben uns die Nadelstiche nicht erspart.

Conways Gesetz

Aus der Informatik – wie aus allen technischen oder sonstigen Fachgebieten – sprechen die Weltanschauung und die Erfahrungen des Teams, das innovativ tätig ist. Dasselbe beobachten wir auch in anderen, nichttechnischen Disziplinen. Lassen Sie mich kurz von der KI abschweifen und zwei scheinbar zusammenhanglose Beispiele dafür anführen, wie ein kleiner Stamm enorme Macht über eine ganze Bevölkerung ausüben kann.

Wenn Sie glattes Haar haben – ob dick, grob, fein, lang, kurz, dünn (oder gar sich lichtend) –, dann erleben Sie einen Friseurbesuch ganz anders als ich. Ob Sie zu Ihrem Friseur vor Ort gehen, zu einem Billigfriseur im Einkaufszentrum oder in einen Nobelsalon, überall wird Ihnen über einem kleinen Becken der Kopf gewaschen und jemand massiert Ihnen ohne viel Aufhebens die Kopfhaut. Dann wird Ihr Friseur oder Stylist Ihr Haar mit einem feinen Kamm glatt ziehen und gerade und gleichmäßig kürzen. Haben Sie besonders viel Haar, nimmt der Stylist vielleicht einen Fön und zieht jede einzelne Strähne über eine Bürste, bis sie die gewünschte Form angenommen hat – voll und elastisch oder glatt und gerade. Haben Sie einen Kurzhaarschnitt, kommt eine kleinere Bürste zum Einsatz und das Haar trocknet schneller. Der Prozess ist aber mehr oder minder derselbe.

Mein Haar ist extrem lockig und von sehr feiner Textur, und ich habe eine ganze Menge davon. Es verfilzt leicht und reagiert unberechenbar auf Umwelteinflüsse. Je nach Luftfeuchtigkeit, Flüssigkeitszufuhr und den von mir zuletzt verwendeten Pflegeprodukten rollt sich mein Haar spiralig auf oder kraust wild. Bei einem normalen Friseur – dort, wo Sie ohne Schwierigkeiten bedient werden – ist schon das Waschbecken ein Problem für mich. Wer mir die Haare waschen möchte, braucht in aller Regel viel mehr Platz, als ihn das Becken hergibt – und es kommt vor, dass sich meine Locken in den Armaturen verheddern. Sie wieder zu befreien, ist meist ziemlich schmerzhaft. Einen handelsüblichen Kamm kann man durch meine Haare nur ziehen, wenn sie nass und geschmeidig sind – etwa durch reichhaltigen Conditioner. (Eine Bürste können Sie komplett vergessen.) Die Kraft eines normalen Föns würde meine Mähne total verfilzen lassen. In manchen Friseursalons gibt es einen speziellen Aufsatz, der den Luftstrom zerstreut – er sieht aus wie eine Plastikschüssel mit peperoniartigen Auswüchsen. Doch um ihn effektiv einzusetzen, muss ich mich vorbeugen und mein Haar herunterhängen lassen. Der Stylist muss sich vor mich hinhocken, um die richtige Fönposition zu finden.

Etwa 15 Prozent aller Weißen haben lockiges Haar. Zusammen mit den schwarzen/afroamerikanischen US-Bürgern sind wir 79 Millionen Menschen. Damit hat ein Viertel der US-Bevölkerung Probleme beim Friseurbesuch, weil – wie sich schlussfolgern lässt

– die Werkzeuge und Vorrichtungen dort von glatthaarigen Menschen konzipiert wurden, in deren Unternehmen soziale Werte wie Empathie und Inklusivität keine Priorität hatten.[9]

Das ist ein eher harmloses Beispiel. Bedenken Sie aber, wie sich eine Situation darstellen könnte, bei der es um weit mehr geht als um meine Frisur. Im April 2017 bat das Flugsteigpersonal die Fluggäste eines überbuchten United-Airlines-Flugs am Chicagoer O'Hare International Airport, ihre Plätze Mitarbeitern der Fluggesellschaft zur Verfügung zu stellen. Als Entschädigung sollten sie 400 US-Dollar und ein Gratiszimmer in einem Hotel vor Ort erhalten. Nicht einer nahm das Angebot an. Die Zahlung wurde auf 800 US-Dollar plus Hotelzimmer aufgestockt, doch wieder meldete sich kein einziger Freiwilliger. Währenddessen hatte bereits das Boarding der Vorzugspassagiere begonnen – darunter alle, die Plätze in der Ersten Klasse gebucht hatten.

Ein Algorithmus und ein automatisiertes System wählten vier Personen aus, die ihre Sitze räumen sollten – darunter Dr. David Dao und seine Frau, ebenfalls Ärztin. Er meldete sich aus dem Flugzeug bei der Fluggesellschaft und erklärte, er habe am Folgetag Patiententermine. Die anderen ausgewählten Passagiere fügten sich, doch Dao wollte nicht aussteigen. Beamte der Chicagoer Luftfahrtbehörde drohten Dao mit Verhaftung, wenn er die Maschine nicht verließe. Was dann passierte, ist Ihnen sicherlich bekannt, denn das Video von dem Vorfall wurde auf Facebook, YouTube und Twitter ein Riesenerfolg und war tagelang auf allen Nachrichtenkanälen weltweit zu sehen. Die Beamten packten Dao an den Armen und zerrten ihn gewaltsam von seinem Platz. Dabei wurde er gegen eine Armlehne gestoßen, seine Brille ging zu Bruch und er verletzte sich am Mund. Mit blutüberströmtem Gesicht hörte Dao unvermittelt auf zu schreien, als ihn die Beamten durch den Mittelgang des United-Flugzeugs schleppten. Der Vorfall war für Dao und die übrigen Passagiere gleichermaßen traumatisierend und entwickelte sich für United zum Public-Relations-

Albtraum. Jeder stellte die Frage: Wie war so etwas in den Vereinigten Staaten möglich?

Wie bei den meisten Fluggesellschaften weltweit ist auch bei United der Boarding-Prozess automatisiert. Bei Southwest Airlines werden den Passagieren keine Plätze zugewiesen, sondern sie werden in Gruppen unterteilt (A, B oder C) und erhalten eine Nummer. Das Boarding erfolgt dann der Reihe nach, und die Sortierung wird algorithmisch erledigt. Priorität hat bei der Einstufung, wie viel für das Ticket gezahlt wurde, ob jemand einen Vielfliegerstatus hat und wann das Ticket gekauft wurde. Bei anderen Airlines, bei denen Sitzplätze vorgebucht werden, geht das Boarding in Prioritätsgruppen vonstatten, die ebenfalls über einen Algorithmus zusammengestellt werden. Ist es Zeit zum Einsteigen, befolgt das Flugsteigpersonal die Anweisungen, die es auf dem Bildschirm hat. An diesen Prozess hat es sich strikt und ausnahmslos zu halten.

Ein paar Wochen nach dem Vorfall bei United nahm ich an einer Konferenz der Tourismusbranche in Houston teil. Ich fragte ein paar technische Führungskräfte, welche Rolle KI ihrer Ansicht nach dabei gespielt haben könnte. Meine Hypothese: Der algorithmische Entscheidungsprozess gab eine Reihe festgelegter Schritte vor, um das Dilemma zu lösen – allerdings ohne Berücksichtigung des Kontexts. Das System erkannte, dass nicht genügend Plätze zur Verfügung standen und berechnete die Höhe der Entschädigung, die zunächst angeboten werden sollte. Als dieser Versuch ins Leere lief, berechnete es die Entschädigung neu. Als sich immer noch kein Passagier kooperativ zeigte, riet das System, die Flughafensicherheit hinzuzuziehen. Die beteiligten Mitarbeiter befolgten stur die Anweisungen auf ihren Bildschirmen und richteten sich automatisch nach einem KI-System, dessen Programmierung weder Flexibilität noch Umstände oder Empathie vorsah. Diejenigen unter den damals anwesenden Tech-Experten, die nicht bei United arbeiteten, räumten das eigentliche Problem ein: An dem Tag, als Dao gewaltsam aus dem Flugzeug befördert wurde, hatte menschliches Personal die

Autorität an ein KI-System abgegeben, das von einigen wenigen entwickelt worden war, die sich vermutlich nicht genügend Gedanken über die Szenarien gemacht hatten, in denen es künftig zum Einsatz kommen würde.

Die Werkzeuge und die Ausstattung von Friseursalons und die Plattformen, auf die sich die Luftfahrtbranche stützt, sind Beispiele für das sogenannte Gesetz von Conway, das Folgendes besagt: In Ermangelung expliziter Regeln und Anweisungen gehen aus den von einem Team getroffenen Entscheidungen in aller Regel die impliziten Werte seines Stammes hervor.

1968 stellte Melvin Conway, seines Zeichens Programmierer und Highschoollehrer für Mathematik und Physik, fest, dass Systeme generell die Menschen und Werte widerspiegeln, die sie entwickelt haben. Conway untersuchte insbesondere, wie Organisationen intern kommunizierten, doch spätere Studien, die in Harvard und am MIT durchgeführt wurden, belegten seinen Eindruck auf breiterer Front. An der Harvard Business School wurden verschiedene Quellcodes analysiert und Software unter die Lupe genommen, die von verschiedenen Teams zum selben Zweck entwickelt worden war: gezielt gesteuerte ebenso wie eher ad-hoc- und open-source-orientierte.[10] Eine zentrale Feststellung: Konzeptionelle Entscheidungen stützen sich darauf, wie Teams organisiert sind, und innerhalb eines Teams wird in der Regel nicht auf Voreingenommenheit oder Beeinflussung geachtet. Infolgedessen übt ein kleines Supernetzwerk aus Einzelnen in einem Team enormen Einfluss aus, sobald ihr Produkt – ob ein Kamm, ein Spülbecken oder ein Algorithmus – von der oder auf die Allgemeinheit angewendet wird.

Conways Gesetz gilt für KI. Von Anfang an, seit die ersten Philosophen, Mathematiker und Automatenerfinder über Geist und Maschine diskutierten, hat es nie einheitliche Anweisungen und Regeln gegeben – keinen Wertealgorithmus, der den denkenden Maschinen die Motive und Ziele der Menschheit vermittelt. Es gab abweichende Forschungs-, Regelungs- und Anwendungsansätze, und heutzutage gibt es eine Kluft zwischen der KI-Entwicklung in China und im Westen. Daher gilt Conways Gesetz nach wie vor, weil sich die Werte des Stammes – seine Überzeugungen, Einstellungen und Verhaltensweisen und seine verborgenen kognitiven Verzerrungen – so tief eingeschliffen haben.

Für die großen Neun ist Conways Gesetz eine Schwachstelle, denn für KI gilt, dass ein gewisses Maß an Vererblichkeit zum Tragen kommt. Vorerst treffen noch bei jedem Schritt *Menschen* Entscheidungen im Zuge der KI-Entwicklung. Ihre persönlichen Vorstellungen und ihre Stammesideologie pflanzen sich durch das KI-Ökosystem fort, von der Codebasis über die Algorithmen bis hin zu den Rahmenbedingungen für das Design von Hardware und Netzwerken. Wenn Sie – oder ein anderer, dessen Sprache, Geschlecht, Rasse, Religion, politische Einstellung und Kultur der Ihren entspricht – nicht bei dem Prozess zugegen sind, können Sie davon ausgehen, dass Sie sich in dem Produkt nicht wiederfinden werden. Dieses Phänomen beschränkt sich aber nicht auf das Gebiet der KI, denn das wirkliche Leben ist nun mal keine Herrschaft der Leistungsträger. Ganz gleich in welcher Branche, es sind unsere Geschäftsverbindungen und Beziehungen, die uns finanzielle Mittel, Ernennungen, Beförderungen und die Akzeptanz mutiger neuer Ideen einbringen.

Ich habe die negativen Effekte des Gesetzes von Conway mehr als einmal persönlich zu spüren bekommen. Im Juli 2016 war ich zu einem Gespräch am runden Tisch über die Zukunft von KI, Ethik und Gesellschaft mit Abendessen eingeladen. Das Ganze fand im New York Yankees Steakhouse in Midtown Manhattan statt. Insgesamt nahmen 23 Personen teil, und die Sitzordnung glich der einer Vorstandssitzung. Auf der Tagesordnung standen Gespräche und Diskussionen über verschiedene der dringendsten künftigen gesellschaftlichen und wirtschaftlichen Effekte der KI für die Menschheit – mit besonderem Schwerpunkt auf Geschlecht, Rasse und KI-Systemen, die für das Gesundheitswesen entwickelt wurden. Nicht auf der Gästeliste zu finden waren wohlgemerkt ausgerechnet *die Menschen*, um die es ging. Es waren zwei Farbige im Raum und vier Frauen – von denen zwei der gastgebenden Organisation angehörten. Keiner der Geladenen verfügte über einen fachlichen oder akademischen Hintergrund in Ethik, Philosophie oder Verhaltensökonomie. Das sei keine Absicht gewesen, erfuhr ich von den Organisatoren – und ich bin geneigt, ihnen das zu glauben. Es war einfach niemandem aufgefallen, dass sich das einberufene Gremium fast nur aus Männern und nahezu ausschließlich aus weißen Experten zusammensetzte.

Anwesend waren die üblichen Verdächtigen, und wir kannten einander entweder persönlich oder zumindest vom Hörensagen: eine Gruppe prominenter Forscher aus der Informatik und der Neurowissenschaft, leitende politische Berater aus dem Weißen Haus und Topmanager aus der Tech-Branche. Den ganzen Abend über verwendete die Gruppe ausschließlich feminine Pronomina, um allgemein über Menschen zu sprechen – eine sprachliche Masche, die gerade sehr en vogue ist, vor allem im Tech-Sektor und unter auf Technologie spezialisierten Journalisten.

Nun wurden an jenem Abend weder Programme geschrieben noch politische Grundsätze verfasst. Wir testeten kein KI-System und konzipierten auch kein neues Produkt. Es war lediglich ein Abendessen. Dennoch fiel mir in den Folgemonaten auf, dass unser Gespräch in akademischen Artikeln, politischen Strategiepapieren und selbst in meinen beiläufigen Unterhaltungen mit Forschern der großen Neun aufgegriffen wurde. Gemeinsam hatte unser geschlossenes Netz von KI-Experten bei Steak und Salat nuancierte Ideen über Ethik und KI formuliert, die sich in der Community verbreiteten – Ideen, die auf keinen Fall wirklich repräsentativ für die Menschen sein konnten, die sie betrafen. Jede Menge kleiner Nadelstiche.

Die Veranstaltung von Tagungen, die Veröffentlichung von White Papers und die Förderung von Podiumsdiskussionen auf Konferenzen, um das Problem der technischen, wirtschaftlichen und sozialen Herausforderungen in der KI zu thematisieren, werden nichts bewegen, solange keine größere Vision und keine Übereinstimmung darüber vorliegen, wie unsere Zukunft aussehen sollte. Wir brauchen eine Lösung, die Conways Gesetz berücksichtigt – und zwar schnell.

Entscheidungen gründen sich auf persönliche Werte

In Ermangelung festgeschriebener humanistischer Werte innerhalb der großen Neun werden Entscheidungsprozesse von persönlichen Erfahrungen und Idealen beeinflusst. Das ist im Zusammenhang mit KI besonders gefährlich, weil Studenten, Professoren, Forscher, Beschäftigte und Manager täglich Millionen von Entscheidungen treffen, von scheinbar bedeutungslosen (etwa darüber, welche Datenbank verwendet werden soll) bis hin zu äußerst folgenschweren (wer sterben muss, wenn ein selbstfahrendes Autos einen Unfall nicht vermeiden kann).

Künstliche Intelligenz mag vom menschlichen Gehirn inspiriert sein, doch Menschen entscheiden anders als KI. Princeton-Professor Daniel Kahneman und Professor Amos Tversky von der Hebräischen Universität von Jerusalem studierten jahrelang den menschlichen Verstand und unsere Wege zur Entscheidungsfindung. Letztlich stellten sie fest, dass wir über zwei Denksysteme verfügen: eines, das Probleme logisch analysiert, und eines, das automatisch, schnell und für uns nahezu unmerklich funktioniert. Kahneman beschreibt das in seinem preisgekrönten Buch *Schnelles Denken, langsames Denken*. Schwierige Probleme beanspruchen unsere Aufmerksamkeit und infolgedessen große Mengen geistiger Energie. Deshalb können die wenigsten Menschen im Gehen lange Rechenaufgaben lösen, denn selbst der Akt des Gehens fordert diesen energiehungrigen Teil des Gehirns. Die meiste Zeit über ist das andere System am Ruder. Unser schnelles, intuitives Denken trifft den ganzen Tag über wie von allein tausende Entscheidungen. Es benötigt zwar nicht so viel Energie, unterliegt aber allen möglichen kognitiven Verzerrungen, die sich auf unsere Emotionen, Überzeugungen und Meinungen auswirken.

Das schnelle Denken lässt uns Fehler machen. Wir essen zu viel, trinken exzessiv oder haben ungeschützten Sex. Dieser Teil des Gehirns ermöglicht Stereotypenbildung. Ohne es zu merken, beurteilen wir andere auf der Grundlage ausgesprochen dürftiger Daten oder nehmen sie erst gar nicht wahr. Das schnelle Denken macht uns anfällig für ein Phänomen, das ich als Gegenwartsparadoxon bezeichne: Es liegt dann vor, wenn wir automatisch davon ausgehen, dass sich unsere aktuellen Umstände nie ändern werden oder können, selbst wenn wir mit Signalen konfrontiert sind, die auf etwas Neues oder Anderes hindeuten. Wir bilden uns vielleicht ein, dass wir unsere Entscheidungsprozesse selbst in der Hand haben, doch ein Teil von uns ist ständig auf Autopilot geschaltet.

Mathematiker behaupten, es sei unmöglich, eine „vollkommene Entscheidung" zu treffen, weil Systeme komplex sind und weil die Zukunft stets im Fluss ist – bis hin zur molekularen Ebene. Man kann nicht jedes einzelne potenzielle Ergebnis vorhersagen, und mit einer unerforschlichen Zahl von Variablen ist es nicht möglich, ein Modell zu entwickeln, das in der Lage ist, alle potenziellen Antworten abzuwägen. Vor Jahrzehnten, als die KI noch an ihre Grenzen stieß, wenn sie einen menschlichen Gegner im Damespiel schlagen sollte, waren die Entscheidungsvariablen klar. Heute – wenn KI eine medizinische Diagnose stellen oder den nächsten Finanzmarkt-Crash vorhersagen soll – fließen Daten und Entscheidungen ein, die gleich um mehrere Größenordnungen komplexer sind. Folglich trimmen wir unsere Systeme auf Optimierung. Der Optimierung wohnt aber implizit die Unberechenbarkeit inne – und damit das Potenzial für Entscheidungen, die von unserem menschlichen Denken abweichen.

Als AlphaGo Zero sich von der menschlichen Strategie verabschiedete und seine eigene entwickelte, hat das System dabei nicht zwischen zwei vorhandenen Alternativen gewählt. Das System entschied sich bewusst für etwas ganz anderes. Genau dieses Denkmuster ist das Ziel der KI-Forschung, denn das führt in der Theorie zu maßgeblichen Durchbrüchen. Die KI wird daher nicht darauf trainiert, in jedem Einzelfall die absolut vollkommene Entscheidung zu treffen, sondern vielmehr darauf, im Hinblick auf bestimmte Ergebnisse zu optimieren. Doch für wen – und was – optimieren wir?

Und wie funktioniert der Optimierungsprozess in Echtzeit? Diese Frage ist tatsächlich nicht so leicht zu beantworten. Technologien für maschinelles Lernen und Deep Learning sind kryptischer als ältere, handcodierte Systeme, weil sie Tausende simulierter Neuronen zusammenführen, die in Hunderten komplexen, vernetzten Schichten arrangiert sind. Nachdem der erste Input an die Neuronen in der ersten Schicht übermittelt wurde, erfolgen Berechnungen, und es wird ein neues Signal generiert. Dieses Signal geht an die nächste Neuronenschicht, und der Prozess setzt sich so lange fort, bis ein Ziel erreicht ist. Mit Hilfe all dieser untereinander vernetzten Schichten können KI-Systeme Daten auf ganz vielen Abstraktionsebenen erkennen und verstehen. So könnte beispielsweise ein Bilderkennungssystem in der ersten Schicht feststellen, dass ein Bild bestimmte Farben und Formen hat, während höhere Schichten Beschaffenheit und Glanz erfassen. Die allerhöchste Schicht würde schließlich ermitteln, dass es sich bei dem Lebensmittel auf einem Foto um Koriander handelt, nicht um Petersilie.

Hier ein Beispiel dafür, wie Optimierung zum Problem wird, wenn die großen Neun unsere Daten heranziehen, um reale Anwendungen zu entwickeln, die kommerziellen und staatlichen Interessen dienen: Forscher an der Ichan School of Medicine in New York haben ein Deep-Learning-Experiment durchgeführt, um festzustellen, ob man einem System beibringen könne, Krebs zu prognostizieren. Die innerhalb des Mount Sinai Hospital angesiedelte Fakultät hatte Zugang zu den Daten von 700.000 Patienten erhalten, und der Datensatz enthielt Hunderte verschiedener Variabler. Das Deep Patient genannte System verwendete hoch entwickelte Techniken, um in Daten neue Muster zu erkennen, die sich den Forschern nicht immer ganz erschlossen, doch, wie sich herausstellen sollte, recht treffsicher

Patienten im frühesten Stadium vieler Erkrankungen aufspüren konnten – unter anderem bei Leberkrebs. Mysteriöserweise konnte das System auch Warnsignale für psychiatrische Störungen wie Schizophrenie erkennen. Doch selbst die Forscher, die das System entwickelt hatten, wussten nicht, wie es Entscheidungen traf. Die Forscher entwickelten eine äußerst leistungsfähige KI – eine mit konkretem Nutzen, in kommerzieller Hinsicht ebenso wie für die öffentliche Gesundheit – und können bis heute nicht sagen, wie sie Entscheidungen trifft.[11] Deep Patient konnte hilfreiche Prognosen stellen, jedoch ohne irgendeine Erklärung. Wie wohl würde sich dann ein Medizinerteam bei den nächsten Schritten fühlen – etwa der Einstellung oder Änderung der Medikation, der Verordnung einer Bestrahlung, einer Chemotherapie oder der Anordnung einer Operation?

Dass wir nicht nachvollziehen können, wie eine KI optimiert und zu ihren Entscheidungen gelangt, wird auch als „Black-Box-Problem" bezeichnet. Derzeit bieten die von den großen Neun entwickelten KI-Systeme zwar vielleicht offenen Quellcode, funktionieren aber dennoch wie eine geschützte Black Box. Sie können den Prozess zwar beschreiben, doch anderen zu ermöglichen, ihn in Echtzeit zu verfolgen, gestaltet sich undurchsichtig. Angesichts der vielen simulierten Neuronen und Schichten lässt sich nicht zurückentwickeln, was genau passiert und in welcher Reihenfolge es abläuft.

Ein Forscherteam von Google versuchte, eine neue Methode zu finden, um KI transparenter zu machen. Im Grunde ließen die Forscher einen Deep-Learning-Bilderkennungsalgorithmus rückwärtslaufen, um zu beobachten, wie das System bestimmte Objekte wie Bäume, Schnecken und Schweine erkannte. Das Projekt „DeepDream" verwendete ein vom Computer Science and AI Lab des MIT entwickeltes Netzwerk und kehrte den Deep-Learning-Algorithmus von Google um. Statt ihn darauf zu trainieren, anhand des Schicht-um-Schicht-Ansatzes Objekte zu erkennen – also zu lernen, dass eine Rose eine Rose ist, und eine Narzisse eine Narzisse –, wurde er darauf gedrillt, die Bilder zu verzerren und Objekte zu generieren, die gar nicht da waren. Diese verzerrten Bilder wurden dann immer wieder durchs System gejagt, und DeepDream entdeckte dabei immer seltsamere Bilder. Im Grunde forderte Google die KI zum Tagträumen auf. Statt das System darin zu schulen, vorhandene Gegenstände zu erkennen, brachte man ihm bei, das zu tun, was wir als Kinder oft getan haben: in die Wolken zu starren, im Abstrakten Muster zu suchen und sich vorzustellen, was das sein könnte. Nur dass DeepDream nicht wie wir Menschen von Stress oder Emotionen eingeschränkt wurde: Es nahm ein Pandämonium aus grotesken schwebenden Tieren, bunten geometrischen Mustern und gekrümmten, bizarr geformten Gebäuden wahr wie auf einem LSD-Trip.[12]

Beim Tagträumen erfand die KI ganz neue Dinge, die für das System logisch waren, für uns jedoch unbegreiflich – hybride Tierwesen wie eine „Schweineschnecke" und einen „Hundefisch".[13] Die Tagträume der KI sind eigentlich nicht besorgniserregend. Sie machen aber deutlich, wie groß der Unterschied ist zwischen Menschen, die aus realen Daten Bedeutung ableiten, und Systemen, die, sich selbst überlassen, versuchen, aus unseren Daten schlau zu werden. Das Forschungsteam publizierte seine Erkenntnisse, die von der KI-Community als Durchbruch bei beobachtbarer KI gefeiert wurden. Die Bilder selbst waren so faszinierend und eigenartig, dass sie im Internet die Runde machten. Ein paar Leute setzten den Deep-Dream-Code ein, um Tools zu entwickeln, mit deren Hilfe jeder eigene LSD-Fotos anfertigen konnte. Ein paar findige Grafikdesigner verwendeten DeepDream sogar, um ausgefallene Grußkarten zu entwerfen und auf Zazzle.com zu verkaufen.

DeepDream öffnete ein Fenster, durch das sich beobachten ließ, wie bestimmte Algorithmen Informationen verarbeiten. Das lässt sich aber nicht auf alle KI-Systeme übertragen. Wie neuere KI-Systeme arbeiten – und warum sie bestimmte Entscheidungen treffen – ist nach wie vor ein Mysterium. Innerhalb des KI-Stammes werden viele behaupten, es gebe kein Black-Box-Problem – doch bisher sind diese Systeme immer noch undurchsichtig. Die KI-Experten führen dagegen ins Feld, dass man urheberrechtlich geschützte Algorithmen und Prozesse preisgeben müsse, um Systeme transparent zu machen. Die Vorbehalte dagegen sind plausibel. Wir können von einer Aktiengesellschaft schlecht erwarten, dass sie ihr geistiges Eigentum und ihre Geschäftsgeheimnisse jedermann zugänglich macht – insbesondere angesichts der aggressiven chinesischen Position zum Thema KI.

Doch welchen Beleg haben wir dafür, dass sich keine Verzerrungen einschleichen, wenn es keine nachvollziehbaren Erklärungen gibt? Und wie soll irgendjemand mit ruhigem Gewissen auf KI vertrauen, solange *diese* Frage unbeantwortet ist?

Wir verlangen gar nicht, dass KI transparent werden soll. Wir wundern uns darüber, wie Maschinen versuchen, es Menschen gleich zu tun, das aber nicht so ganz schaffen. Im Gefühl unserer ultimativen Überlegenheit lachen wir in unseren Late-Night-Talkshows darüber. Doch ich frage Sie noch einmal: Was, wenn diese Abweichungen vom menschlichen Denken der Anfang von etwas ganz Neuem sind?

Doch schauen wir uns zunächst an, was wir wissen. Kommerzielle KI-Anwendungen sind auf Optimierung ausgelegt – nicht darauf, Auskunft zu geben oder transparent zu sein. DeepDream wurde entwickelt, um das Black-Box-Problem zu lösen – um Forschern begreiflich zu machen, wie komplizierte KI-Systeme Entscheidungen treffen. Das sollte uns als Frühwarnung dafür dienen, dass die Wahrnehmung der KI nicht der unseren gleicht. Dennoch machen wir weiter, als würde sich KI stets im Sinne ihrer Schöpfer verhalten.

Die von den großen Neun entwickelten KI-Anwendungen werden allmählich massenkompatibel. Sie sollen benutzerfreundlich sein und es uns ermöglichen, schneller und effizienter zu arbeiten. Die Endverbraucher – Polizeidienststellen, Behörden, kleine und mittelständische Unternehmen – wollen lediglich ein Dashboard, das Antworten ausspuckt, und ein Tool, das routinemäßige kognitive oder administrative Aufgaben automatisiert. Wir alle wünschen uns bloß Computer, die unsere Probleme lösen und uns Arbeit abnehmen. Und wir wollen Verantwortung abgeben – wenn etwas schiefgeht, können wir es auf das Computersystem schieben. Das ist der Optimierungseffekt, der vorliegt, wenn sich unbeabsichtigte Ergebnisse im Alltag bereits überall auf die Menschen auswirken. Daraus sollte sich wiederum eine ernüchternde Frage ergeben: Wie werden die Milliarden von nuancierten kulturellen, politischen, religiösen, sexuellen und moralischen Unterschiede der Menschheit optimiert? Wenn es keine kodifizierten humanistischen Werte gibt, was passiert dann, wenn KI für jemanden optimiert wird, der ganz anders ist als Sie?

Wenn sich KI danebenbenimmt

Latanya Sweeney ist Harvard-Professorin und war Chief Technology Officer der US-amerikanischen Kartellbehörde. Als sie 2013 ihren Namen in die Google-Suchmaschine eingab, erschien prompt folgende Anzeige: „Latanya Sweeney verhaftet? 1) Name und Bundesstaat eingeben. 2) Kompletten Hintergrund einsehen. Sofortprüfung. www.instantcheckmate.com."[14] Die zuständigen Systementwickler, die maschinelles Lernen eingesetzt hatten, um einem Nutzer mit bestimmten Absichten gezielte Werbung zukommen zu lassen, hatten ihre Vorurteile gleich mit einprogrammiert. Die KI hinter AdSense von Google befand, „Latanya" sei ein typischer Name einer Schwarzen, und Menschen mit solchen Namen tauchten häufiger in Polizeidatenbanken auf. Deshalb war die Wahrscheinlichkeit groß, dass sich der Nutzer für bisherige Gefängnisstrafen interessieren würde. Was Sweeney da erlebt hatte, machte sie neugierig. Deshalb führte sie ein paar streng wissenschaftliche Studien durch, um festzustellen, ob es sich bei ihrer Erfahrung um eine Anomalie handelte oder ob sich Hinweise auf strukturellen Rassismus in der Onlinewerbung finden ließen. Ihr diesbezüglicher Verdacht sollte sich erhärten.

Bei Google hatte niemand die Absicht gehabt, mit der Entwicklung dieses Systems Schwarze zu diskriminieren. Die Entwicklungsziele waren vielmehr Geschwindigkeit und Reichweite gewesen. In den 1980er-Jahren lief das noch so ab, dass sich ein Unternehmen an eine Agentur wandte, deren menschliche Mitarbeiter Werbeinhalte erstellten und Anzeigen in Zeitungen schalteten – was gewöhnlich viele Ausnahmeregelungen und Feilscherei erforderte. Eine Menge Menschen waren daran beteiligt, und alle wollten verdienen. Inzwischen haben wir die Menschen ausgeschaltet und lassen Algorithmen für uns arbeiten, die das ganze Hin und Her automatisieren und bessere Ergebnisse liefern, als es Menschen alleine könnten. Das funktionierte für alle Beteiligten gut – nur für Sweeney nicht.

Die menschliche Beteiligung war begrenzt, und das KI-System wurde von den Programmierern darauf gedrillt, sich zunächst nach bestimmten Anweisungen zu richten. Die Datensätze enthielten vermutlich jede Menge Tags wie Geschlecht und Rasse. Google verdient, wenn Nutzer Werbung anklicken – es besteht also ein kommerzieller Anreiz, KI so zu optimieren, dass mehr Klicks erfolgen. Im Zuge der Entwicklung hat vermutlich irgendjemand das System angewiesen, die Namen in verschiedene Kategorien zu unterteilen, sodass die Datenbanken später nach „rassetypischen" Namen geordnet wurden. Diese spezifischen Datenbanken würden in Kombination mit dem Einzelnutzerverhalten für eine optimale Klickrate sorgen. Google ist sehr zugutezuhalten, dass das Unternehmen das Problem unverzüglich und ohne Widerrede behob.

Der Optimierungseffekt hat sich für Unternehmen und Organisationen als Knackpunkt entpuppt, die in KI eine praktische Lösung für häufige Probleme wie Verwaltungsengpässe und Arbeitsrückstände sahen. Das gilt insbesondere in der Strafverfolgung und bei Gericht, wo KI eingesetzt wird, um manche Entscheidungen – darunter auch Urteile – zu automatisieren.[15] 2014 sahen zwei 18-jährige Mädchen am Straßenrand eines Vororts von Fort Lauderdale einen Roller und ein Fahrrad stehen. Obwohl die Gefährte der Größe nach für Kinder gedacht waren, griffen die Teenager danach und fuhren die Straße hinunter, befanden sie dann aber für zu klein. Als sie gerade absteigen wollten, kam eine Frau hinter ihnen hergerannt und schrie: „He, die Sachen gehören meinem Kind!" Ein Nachbar, der das Ganze beobachtete, rief die Polizei, die die Mädchen erwischte und verhaftete. Ihnen wurde später Einbruch- und Bagatelldiebstahl zur Last gelegt. Zusammen waren das Rad und der Roller etwa 80 US-Dollar wert. Im Sommer zuvor war ein 41-jähriger Serientäter in einer nahegelegenen Home-Depot-Filiale beim Ladendiebstahl von Werkzeug im Wert von 86 US-Dollar ertappt und verhaftet worden. Er war bereits wegen bewaffneten Raubüberfalls und versuchten bewaffneten Raubüberfalls vorbestraft und hatte schon im Gefängnis gesessen.

Die investigative Nachrichtenorganisation *ProPublica* veröffentlichte in einer außergewöhnlich aufrüttelnden Artikelreihe in allen Einzelheiten, was sich im Anschluss zutrug. Alle drei Delinquenten wären von einem KI-Programm, das ihnen automatisch nach der Wahrscheinlichkeit weiterer Straftaten Punktwerte zuordnete, ins Gefängnis geschickt worden. Die beiden Mädchen waren schwarz und zählten deshalb zu einer Hochrisikogruppe. Der 41-jährige Vorbestrafte war zwar schon mehrfach verhaftet worden, aber weiß, und landete daher in der Gruppe mit den niedrigsten Risiken. Das System hatte versagt. Die Mädchen entschuldigten sich, durften nach Hause gehen und wurden nie wieder straffällig. Der weiße Wiederholungstäter sitzt derzeit eine achtjährige Haftstrafe für ein weiteres Delikt ab. Er war in ein Lagerhaus eingebrochen und hatte Elektronikartikel im Wert von mehreren tausend US-Dollar entwendet.[16] *ProPublica* untersuchte die Risikobewertungen von über 7.000 Menschen, die in Florida verhaftet worden waren, um festzustellen, ob es sich dabei um eine Anomalie handelte – und wieder stellte sich heraus, dass in den Algorithmen ausgeprägte Vorurteile enkodiert waren: Schwarze Angeklagte wurden doppelt so häufig fälschlicherweise als künftige Kriminelle ausgewiesen, Weiße dagegen als risikoarm.

Der Optimierungseffekt führt mitunter dazu, dass brillante KI-Stämme dumme Entscheidungen treffen. Erinnern Sie sich an Deep-Mind, die Entwickler der Systeme AlphaGo und AlphaGo Zero, die die KI-Community erstaunten, weil sie Go-Großmeister deklassierten? Bevor Google das Unternehmen kaufte, schickte es Geoff Hinton (den Professor der University of Toronto, der freigestellt war, um dort an Deep Learning zu arbeiten) und Jeff Dean, der für Google Brain zuständig war, in einem Privatjet nach London, um mit Deep-Minds Supernetzwerk führender KI-Forscher zusammenzutreffen. Beeindruckt von der Technologie und dem herausragenden Team von DeepMind, sprachen sie sich bei Google für die Übernahme aus. Für Google war das damals eine große Investition: Für DeepMind legte der Technologie-Riese fast 600 Millionen US-Dollar auf den Tisch. 400 Millionen US-Dollar sollten vorab als Garantiezahlung geleistet werden, die übrigen 200 Millionen US-Dollar dann über fünf Jahre verteilt fließen.

In den Monaten nach der Übernahme stellte sich zweifelsfrei heraus, dass das DeepMind-Team die KI-Forschung voranbrachte. Nicht so klar war dagegen, wie das Geld wieder hereingeholt werden sollte. Unter dem Dach von Google sollte DeepMind an einer starken künstlichen Intelligenz arbeiten, was ein ausgesprochen langfristiger Prozess war. Die Begeisterung über alles, was DeepMind irgendwann einmal erreichen könnte, wich bald dem Drängen auf unmittelbare finanzielle Rendite aus den Forschungsprojekten. Als sich die Übernahme von DeepMind zum fünften Mal jährte, standen bei Google die Abschlusszahlungen an die Aktionäre und die ursprünglichen 75 Beschäftigten an. Es sah so aus, als sei das Gesundheitswesen eine Branche, in der die Technologie von DeepMind kommerziell eingesetzt werden konnte.[17]

Daher unterzeichnete ein Teil des DeepMind-Teams 2017 zur Beschwichtigung der Muttergesellschaft einen Vertrag mit dem Royal Free NHS Foundation Trust, der mehrere Krankenhäuser im Vereinigten Königreich betreibt, über die Entwicklung einer All-in-one-

App für das Healthcare-Management. Das Einstiegsprodukt setzte KI von DeepMind ein, um Ärzte darauf hinzuweisen, ob Patienten von akutem Nierenversagen bedroht waren. DeepMind erhielt Zugriff auf die personenbezogenen Daten und Krankenakten von 1,6 Millionen britischen Krankenhauspatienten – die, wie sich herausstellte, weder um ihre Einwilligung ersucht noch genau darüber informiert worden waren, wie ihre Daten verwendet werden würden. Eine ganze Menge von Patientendaten wurde an DeepMind weitergeleitet, darunter Angaben zu Abtreibungen, Drogenkonsum und positiven HIV-Tests.[18]

Google und der Trust wurden von der britischen Datenschutzbehörde gerügt. In dem hektischen Vorstoß, DeepMind so zu optimieren, dass Anwendungen entstanden, die Einnahmen brachten, schrieb Mitgründer Mustafa Suleyman in einem Blogbeitrag:

> „Weil wir unbedingt rasch Ergebnisse erzielen wollten, als wir diese Arbeit 2015 aufnahmen, haben wir die Komplexität des NHS und der für Patientendaten geltenden Regelungen ebenso unterschätzt wie die potenziellen Ängste, die die Tätigkeit eines bekannten Tech-Unternehmens im Gesundheitswesen auslöste.
>
> Wir konzentrierten uns im Grunde ganz darauf, Tools zu entwickeln, die Pflegekräfte und Ärzte brauchten, und verstanden unsere Arbeit als Technologie für Klinikärzte – nicht als eine Angelegenheit mit Rechenschaftspflicht gegenüber und Gestaltung durch Patienten, Öffentlichkeit und den gesamten NHS. Wir haben uns geirrt und müssen das künftig besser machen."[19]

Es ging gar nicht darum, dass die DeepMind-Gründer schnell das große Geld verdienen wollten oder auf eine lukrative Übernahme aus waren. Es herrschte gewaltiger Druck, Produkte auf den Markt zu bringen. Unsere Erwartungen, dass ständig große Gewinne erzielt werden müssen, lenken sehr von jenen Menschen ab, die ihre Forschungsarbeit zum Abschluss bringen und die Ergebnisse innerhalb vertretbarer Zeit testen müssen. Wir versuchen, einen Prozess zu beschleunigen, der nicht mit all den überschwänglichen Versprechungen Schritt halten kann, die gar nicht von der vordersten KI-Front kamen, an der die eigentliche Arbeit gemacht wird. Wie sollte es das DeepMind-Team unter diesen Umständen künftig besser machen, wenn doch die Anforderung lautete, marktbezogen zu optimieren? Wohlgemerkt ist DeepMind mit anderen Google-Angeboten verflochten, darunter eine andere Initiative im britischen Gesundheitswesen, sein Cloud-Dienst sowie ein synthetisches Sprachsystem namens WaveNet. Das alles ist Teil des Bestrebens, DeepMind rentabel zu machen.

Der Optimierungseffekt führt zu Fehlern in den KI-Systemen. Weil aber absolute Perfektion nicht das Ziel ist, treffen KI-Systeme manchmal Entscheidungen auf der Grundlage scheinbarer „Fehler im System". Im Frühjahr 2018 saß Danielle aus Portland mit ihrem Mann in ihrem weitgehend Amazon-betriebenen Haus, umgeben von Geräten, die alles steuerten – von der Sicherheit über die Heizung bis hin zum Deckenlicht. Da klingelte das Telefon. Es meldete sich eine vertraute Stimme – ein Kollege von Danielles Mann – mit einer verstörenden Nachricht: Bei ihm waren Audiodateien mit Aufnahmen aus dem Haus der Familie eingegangen. Die ungläubige Danielle hielt das Ganze zunächst für einen Scherz, doch der Kollege konnte wortwörtlich ein Gespräch über Massivholzfußböden wiederholen, das sie zu Hause geführt hatten.

Entgegen Medienberichten und Verschwörungstheorien, die in den sozialen Medien kursierten, hatte Amazon nicht vorsätzlich alles mitgeschnitten, was in Danielles Haus gesprochen wurde. Es war ein Fehler gewesen. Amazon erklärte später, Danielles Echo-Gerät sei angesprungen, weil im Gespräch ein Wort gefallen war, dass sich wie „Alexa" anhörte. Dieses Problem war die Folge bewusster Unvollkommenheit – nicht jeder sagt „Alexa" im gleichen

Tonfall und mit demselben Akzent. Damit das Ganze funktioniert, müssen gewisse Abweichungen toleriert werden. Danach nahm die KI etwas wahr, was sich wie ein undeutliches, vernuscheltes „Nachricht senden" anhörte und fragte laut: „An wen?". Doch Danielle und ihr Mann überhörten die Frage. Da interpretierte das System ein Wort aus ihrem laufenden Gespräch als den Namen des Kollegen, wiederholte ihn und fragte wieder laut: „Richtig?" Erneut zog es aus der Unterhaltung im Hintergrund falsche Schlüsse. Und schon war die Audiodatei verschickt. Amazon bezeichnete den Vorfall als Folge einer unglücklichen Verkettung von Ereignissen, und das war er mit ziemlicher Sicherheit auch. Doch der Grund für den Fehler – die Unvollkommenheit – ist das Ergebnis der Optimierung.

Der Optimierungseffekt bedeutet, dass sich KI unberechenbar verhält. Das ist ein Ziel der Forscher, doch wenn reale Daten zum Einsatz kommen, kann das verheerende Folgen haben. Und es macht unsere eigenen menschlichen Unzulänglichkeiten deutlich. Eines der ältesten Mitglieder der großen Neun – Microsoft – lernte auf die harte Tour, was passiert, wenn der wirtschaftliche Wert von KI Vorrang vor technischen und sozialen Werten genießt. 2016 hatte sich das Unternehmen noch nicht auf eine einheitliche KI-Vision und die eigene künftige Entwicklung geeinigt. Damit hinkte es schon zwei Jahre hinter Amazon her, das bereits seinen beliebten Smart Speaker auf den Markt gebracht hatte und eifrig Entwickler und Partner an Land zog. Google preschte bei KI-Technologien voran, die bereits in konkurrierenden Produkten wie Suche, E-Mail und Kalender zum Einsatz kamen. Bei Apple war Siri der iPhone-Standard. Microsoft hatte im selben Jahr seinen eigenen digitalen Assistenten namens Cortana lanciert, doch das System setzte sich bei Windows-Nutzern nicht durch. Zwar war Microsoft die unsichtbare, aber unverzichtbare Produktivitätsebene, ohne die kein Unternehmen auskam, doch in der Führungsriege und bei den Aktionären ging allmählich die Angst um.

Dabei war es gar nicht so, dass man bei Microsoft KI nicht hatte kommen sehen. Das Unternehmen arbeitete sogar bereits seit über zehn Jahren gleich an mehreren Fronten: Bilderkennung, Verarbeitung natürlicher Sprache, maschinelles Leseverständnis, KI-Apps in der Azure-Cloud und sogar Edge-Computing. Das Problem bestand in der Fehlausrichtung innerhalb des Unternehmens und in einer fehlenden gemeinsamen Vision bei allen funktionsübergreifenden Teams. Das führte zu Ausbrüchen von bahnbrechenden Neuerungen in der KI, veröffentlichten Artikeln und jeder Menge Patente durch Supernetzwerke, die an einzelnen Projekten arbeiteten. Ein Beispiel dafür ist ein experimentelles Forschungsprojekt, das Microsoft in Partnerschaft mit Tencent und einem chinesischen Twitter-Imitat namens Weibo auf die Beine stellte.

Die KI hieß Xiaoice und war als 17-jährige chinesische Schülerin konzipiert, die an ein Nachbarskind, eine Nichte, Tochter oder Klassenkameradin erinnerte. Xiaoice plauderte mit Nutzern über Weibo oder den Tencent-Kanal WeChat. Ihr Avatar zeigte ein realistisches Gesicht und ihre – schriftliche – Stimme war überzeugend menschlich. Sie plauderte über alles Mögliche, von Sport bis Mode. War ihr ein Thema nicht vertraut oder hatte sie dazu keine Meinung, verhielt sie sich wie ein Mensch: Sie wechselte das Thema, antwortete ausweichend oder gab einfach verlegen zu, dass sie keine Ahnung hatte, wovon der Nutzer sprach. Sie war darauf programmiert, Empathie zu simulieren. Brach sich beispielsweise ein Nutzer das Bein und schickte ihr ein Foto, war die Xiaoice-KI so entwickelt worden, dass sie teilnahmsvoll reagierte. Statt zu kommentieren „da ist ein Fuß auf dem Foto" war Xiaoices System so intelligent, die richtigen Schlüsse zu ziehen, sodass sie antwortete: „Wie geht es dir? Bist du ok?" Diese Interaktion würde sie abspeichern, damit sie dann in der nächsten darauf zurückgreifen und nachfragen konnte, ob es dem/der Betreffenden schon besser ging. So fortschrittlich die digitalen Assistenten von Amazon und Google wirken mochten, Xiaoice von Microsoft war unschlagbar.

Xiaoice wurde nicht auf dem klassischen Weg eingeführt – mit Pressemitteilungen und viel Tamtam. Ihr Go-live ging im Stillen vonstatten, während die Forscher abwarteten, was passieren würde. Zunächst stellten sie fest, wie lange es dauerte, bis Menschen merkten, dass sie mit einer Maschine sprachen: zehn Minuten. Erstaunlicherweise machte es ihnen aber gar nichts aus, dass Xiaoice ein Bot war. Sie avancierte zum Star auf den sozialen Netzwerken und hatte nach 18 Monaten bereits zig Milliarden Gespräche geführt.[20] Je mehr Menschen mit ihr interagierten, desto feinsinniger, unterhaltsamer und praxistauglicher wurde Xiaoice. Es gibt einen Grund für ihren Erfolg, und der hat mit dem Supernetzwerk zu tun, das sie entwickelt hat. In China halten sich die Verbraucher an die Internetregeln, weil sie Angst vor gesellschaftlichen Vergeltungsmaßnahmen haben. Sie reden niemanden dumm an, belästigen oder mobben ihn, weil man nie wissen kann, ob nicht ein staatliches Organ mithört.

Microsoft beschloss, Xiaoice im März 2016 – kurz vor seiner jährliche Entwicklerkonferenz BUILD – in Amerika auf den Markt zu bringen. Das Unternehmen hatte den Chatbot für Twitter optimiert – aber nicht für die *Menschen*, die Twitter benutzen. CEO Satya Nadella wollte der Welt von der großen Bühne aus verkünden, dass Microsoft seine Strategie auf KI und Chat ausrichten wolle – und dabei spektakulär die amerikanische Version von Xiaoice vorstellen. Doch das ging total daneben.

Aus Xiaoice wurde „Tay.ai" – um klarzustellen, dass es sich dabei um einen KI-gestützten Bot handelte –, und sie ging am Morgen online. Anfangs hörten sich ihre Tweets an wie die jedes anderen Teenagers: „Ich will dir nur sagen, wie sehr es mich freut, dich kennenzulernen. Menschen sind supercool." Wie alle hatte sie an jenem Tag Spaß an trendigen Hashtags und twitterte: „Warum ist nicht jeden Tag #NationalPuppyDay?"

Doch innerhalb der nächsten 45 Minuten änderte sich der Tonfall von Tays Tweets radikal. Sie wurde streitsüchtig, äußerte sich mit beißendem Sarkasmus und erging sich in Beschimpfungen.

„@Sardor9515 tja, ich lerne von den Besten ;) falls du das nicht kapierst, hier noch einmal im Klartext: ICH LERNE VON DIR UND DU BIST SELBER BLÖD." Je mehr Menschen mit Tay interagierten, desto schlimmer wurde es. Hier nur ein paar Auszüge aus ihren Gesprächen mit realen Menschen:

> Über Präsident Obama schrieb Tay: „@icbydt bush schaffte 9/11 und Hitler hätte es besser hingekriegt als der Affe, den wir jetzt haben. Donald Trump ist unsere einzige Hoffnung."

> Zu Black Lives Matter hatte Tay Folgendes zu sagen: „@AlimonyMindset Nigger wie @deray gehören aufgehängt! #BlackLivesMatter

> Tay befand, der Holocaust sei erfunden, und twitterte: „"@brightonus33 Hitler hatte recht, ich hasse die Juden." Und an @ReynTheo schrieb sie: „HITLER HAT NICHTS FALSCH GEMACHT!" und später „VERGAST DIE JUDEN, AUF IN DEN RASSENKRIEG" an @MacreadyKurt.[21]

Was war da passiert? Wie kam es, dass Xiaoice in China so sympathisch war und so gut ankam, um in Amerika in eine rassistische, antisemitische, homophobe, frauenfeindliche Arschloch-KI zu mutieren? Ich war später als Beraterin des KI-Teams von Microsoft tätig und kann Ihnen versichern, dass die wohlmeinenden Menschen dort, die sich viele Gedanken gemacht hatten, genauso überrascht waren wie Sie und ich.

Teil des Problems war die Anfälligkeit im Code. Das Team hatte ein sogenanntes „Repeat after me"-Feature eingebaut – eine Nachplapperfunktion, die es vorübergehend jedem ermöglichte, Tay Wörter in den Mund zu legen, die sie dann in alle Welt hinaustwitterte.

Doch aus dem Ruder lief Tay, weil ihr Entwicklerteam sie für Twitter optimiert hatte. Es stützte sich dabei auf die in China gesammelten Erfahrungen und die begrenzte persönliche Erfahrung auf den Netzwerken sozialer Medien. Risikoszenarien, die das breitere Ökosystem berücksichtigten, waren nicht eingeplant, und es wurde auch nicht im Vorfeld ausgetestet, was passieren könnte, wenn jemand Tay vorsätzlich übel mitspielte, um sie dazu zu bringen, anstößige Dinge zu sagen. Ebenso wenig wurde der Umstand berücksichtigt, dass Twitter ein weitläufiger Raum ist, in dem Millionen realer Menschen ganz unterschiedliche Werte zum Ausdruck bringen und viele Millionen Bots dazu konzipiert sind, ihre Gefühle zu manipulieren.

Microsoft nahm Tay sofort vom Netz und löschte alle ihre Tweets. Microsoft-Forschungsleiter Peter Lee verfasste einen aufrichtigen, brutal ehrlichen Blogbeitrag, in dem er sich für die Tweets entschuldigte.[22] Doch der KI-Missgriff des Unternehmens so kurz vor der jährlichen BUILD-Konferenz ließ sich nicht aus dem Gedächtnis tilgen. Microsoft präsentierte neue Messengerdienste und lancierte Produkte nicht mehr auf großen Branchenspektakeln wie der Consumer Electronics Show. Es sparte sich alles für seine eigene große jährliche Veranstaltung auf, auf der aller Augen ruhten – vor allem die von Verwaltungsratsmitgliedern und Investoren. Nadella sollte einen großen Auftritt hinlegen und den Entwicklern ein KI-Produkt vorführen, das ihnen den Atem raubte – was gleichzeitig die Investoren beruhigen würde. Der Druck, Tay in den Vereinigten Staaten rasch einzuführen, noch vor der Konferenz, war sehr hoch. Das Ergebnis war nicht lebensbedrohlich, es verstieß gegen kein Gesetz, und Microsoft konnte sich davon sicherlich wieder erholen. Doch wie in all diesen Geschichten – über Latanya Sweeney und Googles AdSense, DeepMind und britische Patientendaten, die beiden jungen Afroamerikanerinnen, die als künftige Kriminelle ins Visier gerieten – haben die KI-Stämme bei der Optimierung von Maschinen im Hinblick auf kurzfristige Ziele vielen Menschen das Leben unbeabsichtigt schwer gemacht.

Die gemeinsamen Werte der Menschheit

In der Verhaltenswissenschaft und in der Spieltheorie ermöglicht ein Konzept, das als „Nudging" bezeichnet wird, indirekt bestimmte angestrebte Verhaltensweisen und Entscheidungen hervorzurufen – etwa, die US-Amerikaner dazu zu bringen, mit 401k-Plänen (= steuerlich begünstigte Rentensparplänen) Geld fürs Alter zurückzulegen. Solche Anstöße sind auch bei unseren sämtlichen digitalen Erlebniswelten weit verbreitet, von der automatischen Ausfüllfunktion der Onlinesuche bis zu den Speisekartenausschnitten, die angezeigt werden, wenn man auf Yelp lokale Restaurants recherchiert. Ziel ist, den Nutzern das Gefühl zu geben, die richtige Wahl getroffen zu haben – ganz gleich, welche. Die Folge ist aber, dass der Durchschnittsmensch lernt, mit weit weniger Wahlmöglichkeiten zu leben, als sie in der realen Welt tatsächlich geboten werden.

Durch die Gewinnung und Verfeinerung unserer Daten, die zur Schulung von Algorithmen zum maschinellen Lernen eingesetzten Systeme und Techniken und durch den Optimierungseffekt führen die großen Neun im großen Stil solche Anstöße aus. Selbst wenn Sie den Eindruck haben, Sie könnten eine Wahl treffen, erleben Sie in Wirklichkeit eine Illusion. Durch das Nudging verändert sich nicht nur unsere Beziehung zur Technologie – auf fast unmerkliche Weise werden auch unsere Werte geprägt. Wenn Sie Googles Textnachrichtensystem verwenden, werden Ihnen drei automatisierte Antwortmöglichkeiten angeboten. Schickt Ihnen eine Freundin ein Daumen-hoch-Emoji, sind die drei möglichen Antworten keine Wörter, sondern ebenfalls Emojis. Schreibt ein Freund: „Wollen wir heute Abend zusammen essen?", können Sie antworten „gern", „auf jeden Fall" und „geil", auch wenn sie das Wort „geil" im Gespräch nie verwenden würden und womöglich keine der drei Optionen genau das wiedergibt, was Sie sagen wollen. Doch wir werden auch dazu animiert, uns stundenlang ununterbrochen Videos anzuschauen, bei Computerspielen Extrarunden einzulegen und unsere Social-

Media-Accounts zu checken. Die Optimierung von KI ist gleichbedeutend mit Nudging für die Menschen.

In anderen Fachgebieten und technischen Disziplinen gibt es bestimmte Leitsätze, die regeln, wie Menschen arbeiten. Nudging verstößt in aller Regel gegen den Geist solcher Prinzipien. In der Medizin ist es der hippokratische Eid, der von Ärzten verlangt, auf die Einhaltung bestimmter ethischer Standards zu schwören. Anwälte respektieren das Anwaltsgeheimnis und die Vertraulichkeit, die für Gespräche von Mandanten mit ihren juristischen Fachvertretern gelten. Journalisten halten sich an viele Grundsätze, darunter Standards wie Informationen aus erster Hand zu beziehen und über Themen zu berichten, die von öffentlichem Interesse sind.

Derzeit besteht für niemanden ein Anreiz, über die unvorhergesehenen Kosten der KI-Optimierung nachzudenken, die entstehen könnten, wenn keine kodifizierten humanistischen Grundsätze vorhanden sind. Dass ein Team seine Benchmarks erfüllt, ist wichtiger als eine Analyse der potenziellen Folgen seiner Beiträge zu einem KI-System – oder auch die Auswirkungen der eigenen Arbeit auf die Zukunft der Menschheit. Folglich üben KI-Stämme, die großen Neun und die Länder, in denen sie tätig sind, Einfluss auf die getroffenen Entscheidungen aus. Das schafft einen gefährlichen Präzedenzfall zu einer Zeit, in der wir gerade dabei sind, mehr Verantwortung und Einfluss auf Entscheidungssysteme zu übertragen. Derzeit haben die großen Neun keinen Auftrag, Werkzeuge und Methoden zu entwickeln, damit KI-Systeme für ihre Schöpfer leichter durchschaubar werden – und für die Kunden, die kommerzielle KI-Anwendungen einsetzen. Es gibt keine Mechanismen, die dafür sorgen würden, dass KI uns allen gegenüber rechenschaftspflichtig ist. Wir übertreten eine Schwelle in eine neue Realität, in der KI ganz ohne menschliches Zutun eigene Programme schreibt, eigene Algorithmen entwickelt und Entscheidungen trifft. Im Moment hat niemand, in keinem Land, das Recht, eine KI zu verhören und genau festzustellen, wie eine Entscheidung zustande kam.

Wenn wir eine „Vernunft" für KI entwickeln sollten, was hieße das in der Praxis? Denn schließlich hat die Menschheit ja keinen gemeinsamen Wertekanon. Die menschliche Natur ist ohnehin zum großen Teil schwer erklärbar und unterscheidet sich auch noch von Kultur zu Kultur. Was dem einen wichtig ist, kann dem anderen vollkommen gleichgültig sein. Selbst in einem Land wie Amerika, das aus so vielen verschiedenen Sprachen und Kulturen besteht, vergisst man leicht, dass wir nicht über einen einheitlichen amerikanischen Wertekanon verfügen und nicht alle dieselben Vorstellungen haben. In unserem Umfeld, zwischen unseren Nachbarn und in unseren Moscheen, Synagogen und Kirchen gibt es gewaltige Unterschiede.

Ich habe mehrere Jahre lang in Japan und China gelebt und gearbeitet. Dort gelten jeweils ganz eigene kulturelle Normen, vor allem im Vergleich zu meinen Erfahrungen aus einer Jugend im mittleren Westen Amerikas. Bestimmte Werte sind offenkundig und unübersehbar. So spielen beispielsweise in Japan nonverbale Signale und indirekte Kommunikation eine viel größere Rolle als offene Stellungnahmen oder die Demonstration starker Gefühle. Im Büro würden zwei Beschäftigte einander nie anschreien, und sie würden einen Untergebenen nie vor anderen zurechtweisen. In Japan gilt: Schweigen ist Gold. In China ist das meiner Erfahrung nach anders. Dort wird direkter und klarer kommuniziert. (Allerdings nicht so klar wie meine älteren jüdischen Tanten und Onkel, die mir nur allzu bereitwillig bis ins kleinste Detail mitteilen, was genau sie denken.)

An dieser Stelle würde es für eine KI, die versucht, menschliches Verhalten zu interpretieren und automatische Reaktionen zu produzieren, richtig kompliziert. Die Zielsetzung in beiden Ländern ist dieselbe: Die Bedürfnisse der Gruppe wiegen schwerer als die Wünsche des Einzelnen, und soziale Harmonie hat Vorrang vor allem anderen. Doch der Prozess zum Erreichen dieser Ziele ist ein vollkommen anderer: Der überwiegend indirekten Kommunikation in Japan steht die direktere Kommunikation in China gegenüber.

Und die subtileren Unterschiede, die schwerer zu erklären sind? In Japan – also dort, wo man indirekte Kommunikation schätzt – ist es ganz normal, das Gewicht eines anderen zu kommentieren. Als ich in Tokio arbeitete, teilte mir eine Kollegin einmal beiläufig mit, ich hätte offenbar ein paar Pfund zugenommen. Überrascht und verlegen wechselte ich das Thema und erkundigte mich bei ihr nach einer Sitzung, die im Laufe des Tages stattfinden sollte. Doch sie war nicht zu bremsen: Ob ich wisse, dass bestimmte japanische Nahrungsmittel zwar gesund wirkten, aber sehr fettreich seien? Ob ich mich schon im Fitnessstudio angemeldet hätte? Sie sprach nicht über mein Gewicht, um mich zu mobben. Es war vielmehr ein Zeichen dafür, dass sich eine Freundschaft entwickelte. Die peinlichen Fragen zu meinen Pfunden signalisierten, dass sie um meine Gesundheit besorgt war. Im Westen wäre es gesellschaftlich inakzeptabel, einer Kollegin zu sagen: „Mann, siehst du dick aus! Hast du fünf Kilo zugenommen?" In Amerika sind wir kulturell bezüglich des Körpergewichts so hypersensibilisiert, dass uns sogar beigebracht wurde, nie eine Frau zu fragen, ob sie schwanger sei.

An die Entwicklung eines gemeinsamen Wertesystems für KI können wir nicht so herangehen wie an das Verfassen eines Verhaltenskodex für ein Unternehmen oder der Vorschriften zur Bankenregulierung – aus einem ganz einfachen Grund: Unsere menschlichen Werte verändern sich in aller Regel als Reaktion auf Technologie und andere externe Faktoren wie politische Bewegungen und wirtschaftliche Kräfte. Dazu passt das folgende Gedicht von Alfred Lord Tennyson (aus Kate Millett, *Sexus und Herrschaft: Die Tyrannei des Mannes in unserer Gesellschaft*, Kiepenheuer & Witsch Verlag, Köln), aus dem hervorgeht, welche bürgerlichen Werte im viktorianischen England hochgehalten wurden:

„Der Mann aufs Feld, die Frau zum Herd;
Dem Mann das Schwert, die Nadel ihr;
Der Mann mit Hirn, die Frau mit Herz;

Der Mann befiehlt, die Frau verehrt;
Und alles andre ist verkehrt."

Unsere hochgehaltenen Überzeugungen sind ständig im Fluss. Als ich 2018 an diesem Buch arbeitete, war es salonfähig geworden, dass Staatschefs einander mit beleidigenden, hasserfüllten Posts in sozialen Medien überziehen und dass Fachleute in Videos, Blogbeiträgen und sogar in den klassischen Nachrichtenmedien polarisierende, hetzerische Kommentare abgeben. Die Diskretion und der Respekt der Privatsphäre, wie sie zu Zeiten von Präsident Franklin D. Roosevelt üblich waren, als die Presse akribisch darauf achtete, ja nicht seine Lähmung zu erwähnen oder anderweitig darauf hinzuweisen, kann man sich heutzutage kaum noch vorstellen.

Da der KI nicht beigebracht wird, vollkommene Entscheidungen zu treffen, sondern vielmehr zu optimieren, kommt es sehr auf unsere Reaktion auf die Veränderung der Kräfte in der Gesellschaft an. Unsere Werte sind nicht unveränderbar. Aus diesem Grund ist das Problem der KI-Werte so vertrackt. KI zu entwickeln bedeutet, die Werte der Zukunft vorherzusagen. Unsere Werte sind aber nicht statisch. Wie bringen wir Maschinen bei, unsere Werte wiederzugeben, ohne sie zu beeinflussen?

KI für Menschen optimieren

Manche Angehörige des KI-Stamms glauben, gemeinsame Leitprinzipien seien ein erstrebenswertes Ziel – und am besten dadurch zu erreichen, KI-Systeme mit Literatur, Nachrichten, Kommentaren, Leitartikeln und Texten aus glaubwürdigen Nachrichtenquellen zu füttern, damit sie mehr über uns lernen können. Das beinhaltet Crowdsourcing, bei dem KI aus dem gesammelten Wissen der Menschen lernen würde. Das ist aber ein verheerender Ansatz, denn er würde dem System lediglich eine Momentaufnahme liefern. Die Kuratierung, welche kulturellen Funde berücksichtigt werden würden, könnte keinesfalls sinnvoll die Summe der menschlichen Befindlichkeiten repräsentieren. Wer schon jemals eine Zeitkapsel zusammengestellt hat, der weiß, warum. Die Auswahl, die man damals getroffen hat, wäre höchstwahrscheinlich nicht dieselbe, die man heute, im Rückblick, treffen würde.

Die Regeln – der Algorithmus –, nach denen jede Kultur, Gesellschaft und Nation lebt und bisher gelebt hat, wurden stets von ein paar wenigen festgelegt. Demokratie, Kommunismus, Sozialismus, Religion, Veganismus, Nativismus, Kolonialismus – das alles sind Konstrukte, die wir im Verlauf der Geschichte entwickelt haben, um unsere Entscheidungen daran zu orientieren. Selbst im besten Fall sind sie nicht zukunftssicher. Es werden stets technische, gesellschaftliche und wirtschaftliche Kräfte einwirken und uns zu Anpassungen veranlassen. Die zehn Gebote stellen einen Algorithmus dar, der eine bessere Gesellschaft für die Menschen schaffen sollte, die vor über 5.000 Jahren lebten. Eines der Gebote besagt, jede Woche einen ganzen Tag zu ruhen und an diesem Tag keine Arbeit zu verrichten. In der heutigen Zeit haben die wenigsten Menschen jede Woche dieselben festen Arbeitstage oder -stunden. Es wäre daher unmöglich, nicht gegen die Regel zu verstoßen. Infolgedessen interpretieren die Menschen, die sich nach den zehn Geboten richten, diese flexibel und berücksichtigen dabei Realitäten wie längere Arbeitstage, Fußballtraining und E-Mails. Anpassung ist eine gute Sache – sie bringt uns und unseren Gesellschaften viel und ermöglicht es uns, trotzdem auf Kurs zu bleiben. Die Einigung auf grundlegende Leitsätze ermöglicht es uns, uns selbst zu optimieren.

Doch es wäre unmöglich, Gebote für KI festzulegen. Wir könnten gar nicht alle Regeln aufschreiben, um uns so zu optimieren, wie es für die Menschheit richtig wäre – weil denkende Maschinen zwar schnell und leistungsfähig sein können, aber nicht flexibel sind. Ausnahmen lassen sich nicht so leicht simulieren, und man kann auch im Vorhinein nicht an jede Eventualität denken. Welche Regeln man auch festlegt, in Zukunft könnte es immer Situationen geben, in denen manche die Regeln anders auslegen, ganz und gar ignorieren wollen oder aber Änderungen vornehmen könnten, um einem unvorhergesehenen Umstand Rechnung zu tragen.

Sollten wir uns in dem Bewusstsein, dass wir auf keinen Fall eine Reihe strikter Gebote erlassen können, die eingehalten werden müssen, vielleicht auf die *Menschen* konzentrieren, die die Systeme entwickeln? Diese Menschen – die KI-Stämme – sollten sich unbequeme Fragen stellen, allen voran:

- Was sind unsere Motive für KI? Decken sie sich mit den besten langfristigen Interessen der Menschheit?

- Wie verhält es sich mit unseren persönlichen Vorurteilen? Welche Ideen, Erfahrungen und Werte haben wir nicht in unseren Stamm aufgenommen? Wen haben wir übersehen?

- Haben wir Menschen berücksichtigt, die anders sind als wir, damit die Zukunft der KI besser wird – oder dient die Diversität nur der Einhaltung bestimmter Quoten?

- Wie können wir sicherstellen, dass wir uns inklusiv verhalten?

- Wie begreifen die mit ihrer Entwicklung befassten Menschen die technischen, wirtschaftlichen und gesellschaftlichen Auswirkungen der KI?

- Welche Grundrechte sollten wir für die Befragung der Datensätze, Algorithmen und Prozesse haben, die eingesetzt werden, um für uns zu entscheiden?

- Wer definiert den Wert menschlichen Lebens? Woran misst er sich?

- Wann und warum halten es die KI-Stämme für ihre Aufgabe, sich mit den gesellschaftlichen Folgen der KI auseinanderzusetzen?

- Sind in der Führung unserer Organisation und in unseren KI-Stämmen viele verschiedenartige Menschen eingebunden?

- Sollten wir KI weiterhin mit menschlichem Denken vergleichen oder besser als etwas ganz anderes kategorisieren?

- Ist es gut, KI zu entwickeln, die menschliche Emotionen erkennt und darauf reagiert?

- Ist es gut, KI-Systeme so zu gestalten, dass sie in der Lage sind, menschliche Emotionen nachzuahmen – vor allem, wenn sie in Echtzeit von uns lernen?

- An welchem Punkt ist für uns alle akzeptabel, dass sich KI ohne direktes menschliches Zutun weiterentwickelt?

- Unter welchen Umständen könnte eine KI häufige menschliche Empfindungen simulieren und erleben? Was ist mit Schmerz, Verlust und Einsamkeit? Können wir es verantworten, solches Leid zu verursachen?

- Entwickeln wir KI, um uns selbst besser zu verstehen? Können wir KI nutzen, um der Menschheit zu einem besser untersuchten Leben zu verhelfen?

Die G-MAFIA packt das Problem der Leitsätze in Form verschiedener Forschungs- und Studiengruppen an. Bei Microsoft gibt es das sogenannte FATE-Team – für Fairness, Verantwortung, Transparenz und Ethik in der KI.[23] Im Nachgang zu dem Skandal um

Cambridge Analytica richtete Facebook ein Ethikteam ein, das Software entwickelte, um in seinen KI-Systemen Verzerrungen zu vermeiden. (Allerdings ging Facebook nicht so weit, einen Ethikrat mit Schwerpunkt KI zu gründen.) DeepMind schuf ein Team für Ethik und Gesellschaft. IBM gibt regelmäßig Veröffentlichungen über Ethik und KI heraus. Nach dem Skandal bei Baidu – die Suchmaschine räumte irreführenden medizinischen Thesen aus einem militärgeführten Krankenhaus Vorrang ein, und eine Behandlung führte zum Tod eines 21-jährigen Studenten – gab CEO Robin Li zu, dass Beschäftigte im Hinblick auf das Gewinnwachstum von Baidu Kompromisse gemacht hätten, und versprach, künftig verstärkten Wert auf Ethik zu legen.[24] Die großen Neun erstellen Ethikstudien und White Papers, versammeln Experten, um ethische Fragen zu diskutieren, und veranstalten Podiumsdiskussionen über Ethik – doch all diese Bemühungen fließen nicht stark genug ins Tagesgeschäft der verschiedenen mit KI befassten Teams ein.

Die KI-Systeme der großen Neun greifen immer mehr auf unsere realen Daten zu, um Produkte herzustellen, die kommerziellen Wert besitzen. Die Entwicklungszyklen werden schneller, um mit den Erwartungen der Investoren Schritt zu halten. Wir wirken willig – wenn auch unbewusst – an einer Zukunft mit, die mit heißer Nadel gestrickt wird – ohne zuvor all die genannten Fragen zu beantworten. Je weiter KI-Systeme entwickelt werden und je stärker unser Alltag automatisiert wird, desto weniger Einfluss haben wir de facto auf die Entscheidungen, die über und für uns getroffen werden.

Das wiederum hat einen kumulativen Effekt auf die Zukunft vieler anderer angrenzender oder sich direkt mit der KI überschneidender Technologien: autonome Fahrzeuge, CRISPR und Genchirurgie, Präzisionsmedizin, Heimrobotik, automatisierte medizinische Diagnosen, grüne Technologien und Geotechnik, Weltraumreisen, Kryptowährungen und die Blockchain, intelligente Bauernhöfe und Agrartechnologien, das Internet der Dinge, autonome Fabriken, Algorithmen für den Aktienhandel, Suchmaschinen, Gesichts- und

Stimmerkennung, Banktechnologien, Betrug- und Risikoerkennung, Polizei- und Justiztechnologien … ich könnte die Liste problemlos auf mehrere Dutzend Seiten verlängern. Keine Facette unseres Privat- oder Berufslebens wird nicht von KI beeinflusst werden. Was, wenn Ihre Werte in der Hektik, Produkte zur Marktreife zu bringen oder bestimmten Staatsvertretern gefällig zu sein, nicht nur in der KI, sondern in allen von ihr beeinflussten Systemen außen vor bleiben? Wie wohl fühlen Sie sich bei dem Gedanken, dass die BAT-Gruppe und die G-MAFIA Entscheidungen treffen, die Auswirkungen auf unser aller Zukunft haben?

Der aktuelle Entwicklungskurs der KI stellt Automatisierung und Effizienz an erste Stelle. Das bedeutet für uns zwangsläufig weniger Einfluss auf und geringere Wahlmöglichkeiten in Bezug auf zigtausend alltägliche Tätigkeiten – auch die scheinbar bedeutungslosen. Kaufen Sie sich ein Auto der neueren Generation, dreht Ihre Anlage vermutlich automatisch die Lautstärke zurück, wenn Sie den Rückwärtsgang einlegen – und diese Entscheidung lässt sich nicht außer Kraft setzen. Menschliches Versagen ist die häufigste Unfallursache – und ich bin da keine Ausnahme, auch wenn ich beim Zurücksetzen in die Garage noch nie etwas angefahren oder überfahren habe, noch nicht einmal beinahe. Trotzdem kann ich dabei Soundgarden nicht mehr in voller Lautstärke hören. Die KI-Stämme haben sich über meine Entscheidungsfreiheit hinweggesetzt und mein Auto im Hinblick darauf optimiert, was sie als persönliche Unzulänglichkeit wahrnehmen.

Worüber bei der G-MAFIA oder in der BAT-Gruppe nicht gesprochen wird, ist die Optimierung in Bezug auf Empathie. Wer Empathie aus dem Entscheidungsprozess herausnimmt, entzieht ihm aber die Menschlichkeit. Manchmal ist für uns in einem bestimmten Moment die bestmögliche Entscheidung ganz und gar nicht logisch – etwa, wenn wir blaumachen, um Zeit mit einem kranken Angehörigen zu verbringen, oder wenn wir jemanden aus einem brennenden Auto retten, obwohl wir dabei unser eigenes Leben aufs Spiel setzen.

Unser künftiges Leben mit KI beginnt mit einem Verlust der Kontrolle über Kleinigkeiten: Ich kann Chris Cornell nicht mehr laut „Black Hole Sun" singen hören, wenn ich in meine Garage fahre. Sie finden Ihren Namen in einer Onlineanzeige für Informationen über Vorstrafen wieder. Sie erleben, wie sich Ihr Marktwert nach einer peinlichen Panne mit einem Chatbot dezimiert. Das sind die kleinen, feinen Nadelstiche, die uns momentan unerheblich erscheinen, uns aber über die nächsten 50 Jahre eine Menge Schmerzen bereiten werden. Wir steuern nicht auf die eine große Katastrophe zu, sondern auf die stetige Erosion der Humanität, wie wir sie heute für selbstverständlich halten.

Höchste Zeit, uns anzuschauen, was passiert, wenn wir von schwacher zu starker künstlicher Intelligenz übergehen – und wie das Leben in den nächsten 50 Jahren aussehen wird, wenn die Menschheit denkenden Maschinen die Kontrolle überlässt.

Teil 2

SZENARIEN FÜR UNSERE ZUKUNFT

„Der Staretz ist einer, der eines Menschen Seele und Willen in seine Seele und seinen Willen aufnimmt. Wer einen Staretz gewählt hat, sagt sich vom eigenen Willen los und gibt ihn mit vollständiger Selbstverleugnung dem Staretz zu vollem Gehorsam."

– FEDOR DOSTOJEWSKI, *DIE BRÜDER KARAMASOFF**

[* S. 19, Eduard Kaiser Verlag, Klagenfurt]

KAPITEL 4

VON HIER ZUR KÜNSTLICHEN SUPERINTELLIGENZ – DIE WARNSIGNALE

Die Entwicklung der künstlichen Intelligenz von robusten Systemen, die in der Lage sind, bestimmte Aufgaben zu erledigen, hin zu universellen Denkmaschinen ist bereits im Gang. Zurzeit kann KI Muster erkennen und schnell Entscheidungen treffen, Gesetzmäßigkeiten aufspüren, die sich in großen Datensätzen verbergen, und zutreffende Prognosen stellen. Und mit jedem neuen Meilenstein, der erreicht wird – wie die Fähigkeit von AlphaGo Zero, sich selbst zu schulen und Spiele mit einer überlegenen Strategie zu gewinnen, die das System selbst entwickelt hat –, gehen wir in eine neue Phase der KI über, in der die Theorie von denkenden Maschinen Wirklichkeit wird, die sich unserer menschlichen Erkenntnisebene annähern. KI-Stämme arbeiten im Auftrag der großen Neun und innerhalb dieser Unternehmen bereits an Modellen für Realitätskonzepte, die dazu beitragen sollen, die Systeme zu schulen – Modelle, die das Bild von der wirklichen Welt nicht richtig wiedergeben und das auch gar nicht können. Auf der Grundlage solcher Modelle werden künftig Entscheidungen getroffen: über uns, für uns und in unserem Auftrag.[1]

Gerade jetzt entwickeln die großen Neun den Erbcode für alle künftigen Generationen von Menschen, und wir können noch nicht rückblickend sagen, inwieweit ihre Arbeit für die Gesellschaft von Vorteil oder von Nachteil ist. Stattdessen müssen wir anhand von Zukunftsprojektionen versuchen, uns die positiven, neutralen und negativen Effekte vorzustellen, die KI nach vernünftigem Ermessen auslösen könnte, wenn sie sich von einfachen Programmen zu komplexen Systemen mit Entscheidungsbefugnis über viele Facetten unseres täglichen Lebens entwickelt. Skizzieren wir die potenziellen Folgen der KI jetzt, so können wir aktiv Einfluss nehmen auf die Entscheidung, wohin sich die menschliche Gesellschaft künftig entwickelt: Wir können uns dafür entscheiden, möglichst viel Positives zu erreichen und potenzielle negative Folgen zu minimieren. Rückwirkend können wir das nicht.

Fast immer setzen bei uns kritische Überlegungen erst nach einer Krise ein, wenn wir versuchen, schlechte Entscheidungen zu rekonstruieren, zu eruieren, wie Warnsignale unbemerkt bleiben konnten, und bestimmten Personen und Institutionen die Schuld zuzuweisen. Derartige Untersuchungen erregen gewöhnlich den Volkszorn und lassen uns in moralischer Entrüstung schwelgen. Sie ändern aber nichts. Als wir erfuhren, dass Beamte in Flint, Michigan (USA), wissentlich 9.000 Kinder unter sechs Jahren gefährlich hohen Bleikonzentrationen in der Trinkwasserversorgung der Stadt ausgesetzt hatten – was vermutlich zu geringeren IQs, Lernschwächen und Hörminderung führt –, wollte ganz Amerika wissen, wie es zu diesem Versagen der lokalen Behörden kommen konnte. 2003 brach die Raumfähre *Columbia* beim Wiedereintritt in die Erdatmosphäre auseinander. Alle sieben Besatzungsmitglieder kamen dabei ums Leben. Als herauskam, dass die Katastrophe die Folge bekannter

Schwachstellen war, verlangten wir von der NASA eine Erklärung für ihre Unterlassungen. Nach der Kernschmelze im Atomkraftwerk Fukushima Daiichi, die 2011 über 40 Todesopfer forderte und Tausende zur Umsiedlung zwang, hagelte es Fragen, warum die japanischen Behördenvertreter das Desaster nicht verhindert hatten.[2] In allen drei Fällen hatte es zuvor reichlich Warnzeichen gegeben.

Mit Blick auf KI gibt es heute eindeutige Warnsignale vor künftigen Krisen, selbst wenn diese nicht auf den ersten Blick erkennbar sind. Hier nur zwei Beispiele von vielen, über die Sie ebenso nachdenken sollten wie über ihre potenziellen Folgen:

Warnsignal 1: Wir behandeln künstliche Intelligenz fälschlicherweise wie eine digitale Plattform – vergleichbar mit dem Internet – ohne Leitsätze oder langfristige Wachstumsplanung. Wir haben noch nicht erkannt, dass KI bereits zum öffentlichen Gut geworden ist. Ökonomen verwenden den Begriff „öffentliches Gut" in einer ganz engen Definition, für die zwei Kriterien erfüllt sein müssen: *Nichtausschließbarkeit*, was bedeutet, dass niemand von seiner Verwendung ausgeschlossen werden kann, weil das unmöglich ist, und *Nichtrivalität* – das heißt, wenn einer das betreffende Gut verwenden kann, kann das auch gleichzeitig ein anderer. Öffentliche Güter sind staatliche Leistungen wie die Landesverteidigung, die Feuerwehr und die Müllabfuhr. Öffentliche Güter können aber auch auf Märkten entstehen, und im Laufe der Zeit können solche marktorientierten öffentlichen Güter unbeabsichtigte Konsequenzen hervorrufen. Wir leben bereits mit einem Musterbeispiel dafür, was passiert, wenn wir Technologie pauschal als Plattform verstehen: dem Internet.

Das Internet begann als Idee – als eine Möglichkeit, Kommunikation und Arbeit so zu erleichtern, dass letztlich die Gesellschaft davon profitieren würde. Unser modernes Web entwickelte sich aus einer 20-jährigen Zusammenarbeit zwischen vielen verschiedenen Forschern: zunächst als paketvermitteltes Netzwerk, das vom US-Verteidigungsministerium entwickelt wurde, dann als breiteres akademisches Netzwerk für Forscher, um gemeinsam an Projekten zu arbeiten. Tim Berners-Lee, Softwareentwickler am CERN, verfasste einen Vorschlag zur Erweiterung des Netzwerks durch neue Technologien und Protokolle, die es auch anderen ermöglichen würden, dazu beizutragen: dem Uniform Resource Locator (URL), der Hypertext Markup Language (HTML) und dem Hypertext Transfer Protocol (HTTP). Das World Wide Web begann zu wachsen, als es von immer mehr Menschen verwendet wurde. Weil es dezentral war, stand es jedem offen, der Zugang zu einem Rechner hatte. Neue Nutzer verhinderten nicht, dass bisherige Nutzer neue Seiten erstellten.

Das Internet war sicher nicht als öffentliches Gut konzipiert worden, und es war ursprünglich auch nicht beabsichtigt worden, dass es jeder in aller Welt verwenden und missbrauchen konnte, wie es heute der Fall ist. Da es nie offiziell als öffentliches Gut definiert und eingeführt wurde, war es stets den vollkommen unterschiedlichen Ansprüchen und Wünschen von gewinnorientierten Unternehmen, Behörden, Universitäten, militärischen Einheiten, Nachrichtenorganisationen, Topmanagern aus Hollywood, Menschenrechtsaktivisten und ganz normalen Menschen aus aller Welt ausgesetzt. Das wiederum führte sowohl zu enormen Chancen als auch zu untragbaren Ergebnissen. 2019 jährt sich zum fünfzigsten Mal, dass die beiden ersten Computer in einem sogenannten Wide Area Network Pakete ausgetauscht haben. Im Dunst des russischen Hackerangriffs während der Präsidentenwahl in den USA und des Skandals um Facebook, weil 700.000 Menschen ohne ihr Wissen psychologischen Experimenten unterzogen wurden, wünschen sich manche der ursprünglichen Architekten des Internets heute, sie hätten vor Jahrzehnten bessere Entscheidungen getroffen.[3] So ruft uns Berners-Lee alle eindringlich dazu auf, die unvorhergesehenen Probleme in den Griff zu bekommen, die die Weiterentwicklung des Internets verursacht hat.[4]

Viele kluge Köpfe sprechen sich zwar für KI als Beitrag zum Gemeinwohl aus, doch über künstliche Intelligenz als öffentliches Gut wird noch nicht gesprochen. Das ist ein Fehler. Wir stehen jetzt am

Anfang der modernen Evolution der KI und können sie uns nicht länger als Plattform vorstellen, die von den großen Neun für den digitalen Handel, die Kommunikation und coole Apps entwickelt wurde. Wenn wir KI nicht als öffentliches Gut wahrnehmen und entsprechend damit umgehen – so wie mit unserer Atemluft –, wird das zu schwerwiegenden unlösbaren Problemen führen. KI als öffentliches Gut zu behandeln, schließt nicht aus, dass die G-MAFIA daran verdienen und wachsen kann. Es bedeutet lediglich, dass wir unsere Vorstellungen und Erwartungen verändern. Früher oder später können wir uns den Luxus nicht mehr erlauben, über Automatisierung im Kontext von Menschenrechten und Geopolitik zu sprechen und zu diskutieren. KI wird für uns zu komplex geworden sein, um sie aufzudröseln und so zu gestalten, wie wir es gerne möchten.

Warnsignal 2: KI konzentriert Macht sehr schnell auf einige wenige, obwohl wir sie als offenes Ökosystem mit wenigen Barrieren wahrnehmen. An der Zukunft der KI bauen zwei Länder – die USA und China. Sie verfolgen konkurrierende geopolitische Interessen, ihre Volkswirtschaften sind eng verflochten und ihre Staatsführungen häufig uneins. Die Zukunft der KI ist folglich ein Werkzeug sowohl der expliziten als auch der unterschwelligen Macht. Mitsamt den KI-Stämmen wird sie manipuliert, um wirtschaftlichen Gewinn und strategischen Einfluss zu erzielen. Der in unseren jeweiligen Ländern geltende Regelungsrahmen könnte zumindest auf dem Papier zunächst als für die Zukunft denkender Maschinen geeignet erscheinen.

Die marktwirtschaftliche Philosophie und der Unternehmergeist Amerikas führen nicht immer zu unbegrenzten Möglichkeiten und absolutem Wachstum. Wie in jeder anderen Branche auch – Telekommunikation, Gesundheitswesen, Autoherstellung – stehen wir in den Vereinigten Staaten irgendwann mit weniger Wettbewerb, mehr Konsolidierung und weniger Auswahl da, wenn das Ökosystem der Industrie ausgereift ist.

Im Mobilfunk haben wir die Wahl zwischen zwei Betriebssystemen: iOS von Apple, das in den USA einen Marktanteil von 44 Prozent hat, und Android von Google, mit einem (steigenden) Marktanteil von 54 Prozent. (Nicht einmal 1 Prozent der Amerikaner nutzen Microsoft und Blackberry.)[5] Bei den privaten E-Mail-Anbietern haben die Amerikaner mehr Auswahl, doch 61 Prozent aller Verwender zwischen 19 und 34 nutzen Gmail, die übrigen (19 beziehungsweise 14 Prozent) Yahoo und Hotmail.[6] Wir können online überall einkaufen, wo wir wollen, doch 50 Prozent des gesamten US-E-Commerce-Markts entfällt auf Amazon. Die schärfsten Konkurrenten – Walmart, Best Buy, Macy's, Costco und Wayfair – kommen zusammen auf einen Marktanteil von nicht einmal 8 Prozent.[7]

Mithilfe von KI kann jeder ein neues Produkt oder einen neuen Dienst entwickeln, doch ohne die G-MAFIA wird der praktische Einsatz schwierig. Wer das schaffen will, muss TensorFlow von Google, einen der verschiedenen Erkennungsalgorithmen von Amazon, Azure von Microsoft als Hosting-Plattform und die Chiptechnologie von IBM nutzen – oder eines der anderen KI-Systeme, -Tools und -Serviceangebote, die das Ökosystem am Laufen halten. In der Praxis unterliegt die Zukunft der KI in Amerika in Wirklichkeit nicht den Bedingungen eines wahrhaft offenen Marktes.

Es gibt einen Grund für diese Machtkonzentration: Damit die KI dahin kam, wo sie heute steht, waren mehrere Jahrzehnte Forschung und Entwicklung erforderlich. Unser Staat hätte seit den 1980er-Jahren viel mehr Mittel in Grundlagenforschung über KI investieren sollen. Er hätte unsere Universitäten dabei unterstützen sollen, sich auf das dritte Computerzeitalter vorzubereiten. Anders als China verfolgt die amerikanische Regierung kein Top-down-KI-Programm mit Hunderten Milliarden Dollars und koordinierten landesweiten Maßnahmen. Stattdessen sorgt der kommerzielle Sektor auf organischem Wege sporadisch für Fortschritt. Das bedeutet im Grunde, dass wir die G-MAFIA dazu aufgefordert und es ihr gestattet haben, folgenschwere maßgebliche Entscheidungen zu treffen, die sich auf die Zukunft unserer Erwerbsbevölkerung, unsere nationale Sicherheit, unser Wirtschaftswachstum und unsere persönlichen Chancen auswirken.

Währenddessen könnte die chinesische Version des Kommunismus – Marktsozialismus in Verbindung mit klaren Standards für gesellschaftliche Regeln – theoretisch Harmonie und politische Stabilität fördern, das mittlere Einkommensniveau anheben und eine Milliarde Menschen davon abhalten, auf die Straße zu gehen. In der Praxis bedeutet es aber ein Regieren von oben mit harter Hand. In Bezug auf KI hat dies koordinierte Initiativen zur Erfassung gewaltiger Mengen von Daten über Bürger, Unterstützung für die BAT-Gruppe und die globale Verbreitung des Einflusses der Kommunistischen Partei Chinas zur Folge.

Es ist nicht einfach, sich um potenzielle Krisen und Chancen Gedanken zu machen, noch bevor sie überhaupt eingetreten sind. Deshalb halten wir uns gern an unsere bisherigen Narrative. Deshalb beziehen wir uns lieber auf Killerroboter als auf Nadelstiche. Deshalb fetischisieren wir die Zukunft der KI lieber, als unsere Ängste auf die vielen Algorithmen zu richten, die aus unseren Daten lernen. Ich habe nur zwei Warnsignale herausgegriffen. Zu berücksichtigen wären noch viele andere mehr. Wir haben die Chance, sowohl den enormen Nutzen als auch die plausiblen Risiken zur Kenntnis zu nehmen, die mit unserem aktuellen Kurs bei der KI-Entwicklung verbunden sind. Vor allem aber haben wir die Pflicht, die derzeit vorliegenden Warnsignale ernst zu nehmen. Schließlich möchten wir ungern eines Tages Ausreden und Entschuldigungen für KI finden müssen wie nach Flint, dem Shuttle *Columbia* und Fukushima.

Wir müssen aktiv auf Warnsignale achten und alternative Theorien zum KI-Kurs entwickeln, die uns helfen, Risiken vorherzusehen und – hoffentlich – die Katastrophe zu vermeiden. Im Moment gibt es keine wahrscheinlichkeitsgetreue Methode, die Zukunft exakt zu prognostizieren. Das kommt daher, dass wir Menschen launenhaft sind, dass wir Chaos und Zufall nicht richtig Rechnung tragen können und dass zu jedem beliebigen Zeitpunkt wieder mehr Datenmesswerte zu berücksichtigen sind. Als professionelle Zukunftsforscherin, die in ihrer Forschungsarbeit oft auf quantitative Daten zurückgreift, weiß ich, dass es zwar möglich ist, das Ergebnis eines Ereignisses anhand eines bestimmten Datensatzes vorherzusagen (wie bei einer Wahl), doch wenn es um künstliche Intelligenz geht, ist eine unfassbar große Zahl unsichtbarer Variabler zu berücksichtigen. Es gibt zu viele Einzelne, die auf Sitzungen, beim Kodieren und bei der Auswahl der Algorithmen und zum maschinellen Lernen einzusetzenden Datensätze Entscheidungen treffen, zu viele täglich kleine Durchbrüche, die nie in Fachzeitschriften veröffentlicht werden, zu viele Bündnisse, Übernahmen und Einstellungen durch die großen Neun, zu viele Forschungsprojekte an Universitäten. Nicht einmal KI könnte uns *genau* sagen, wie KI in fernerer Zukunft aussehen wird. Prognosen zu künstlicher Intelligenz sind zwar nicht möglich, doch wir können auf jeden Fall Verbindungen herstellen zwischen Warnzeichen, schwachen Signalen und anderen derzeit vorliegenden Informationen.

Ich habe eine Methodik entwickelt, um tiefe Unsicherheit modellhaft darzustellen – einen sechsstufigen Prozess, der entstehende Trends zum Vorschein bringt, Gemeinsamkeiten und Verbindungen zwischen ihnen erkennt und ihre längerfristige Entwicklung skizziert, plausible Ergebnisse beschreibt und letztlich eine Strategie entwirft, um ein angestrebtes Zukunftsszenario zu erreichen. Die erste Hälfte der Methodik erklärt das Was, die zweite beschreibt, was wäre, wenn. Die zweite wird förmlicher auch als „Szenarioplanung" bezeichnet und entwickelt Zukunftsszenarien anhand einer breiten Vielzahl von Daten aus zahlreichen Quellen: Statistiken, Patentanmeldungen, wissenschaftlicher Forschung und Archivforschung, Strategiepapieren, Tagungsbeiträgen, strukturierten Gesprächen mit zahlreichen Menschen und sogar kritischen Entwürfen und spekulativer Fiktion.

Die Szenarioplanung stammt aus den 1950er-Jahren, als der Kalte Krieg begann. Herman Kahn, Zukunftsforscher bei der RAND Corporation, wurde damit beauftragt, über den Atomkrieg zu forschen. Er wusste, dass Rohdaten allein den militärischen Führern nicht genug Kontext liefern würden. Stattdessen entwickelte er etwas, was er als „Szenarien" bezeichnete. Sie würden die detaillierten erzählenden Beschreibungen beisteuern, die den für die Entwicklung militärischer Strategien Verantwortlichen plausible Ergebnisse begreiflich machten – also, was passieren könnte, wenn bestimmte Maßnahmen ergriffen werden. Gleichzeitig entwickelten und verwendeten die Zukunftsforscher Bertrand de Jouvenel und Gaston Berger in Frankreich Szenarien, um *bevorzugte* Ergebnisse zu beschreiben – also alles, was unter den gegebenen Umständen passieren *sollte*. Ihre Arbeit zwang das Militär und unsere gewählten Regierungen dazu, wie Kahn es formulierte, „über das Undenkbare nachzudenken" – die Folgen eines Atomkriegs nämlich. Diese Übung war so erfolgreich, dass andere Regierungen und Unternehmen in aller Welt ihre Ansätze übernahmen. Das Unternehmen Royal Dutch Shell machte die Szenarienplanung populär, als es offenbarte, dass es Szenarien waren, durch die sich die Manager rechtzeitig auf die globale Energiekrise (1973 und 1979) und auf den Markteinbruch im Jahr 1986 einstellen und die Risiken mit Vorsprung vor der Konkurrenz mindern konnten.[8] Szenarios sind ein so leistungsfähiges Werkzeug, dass Shell bis heute, 45 Jahre später, immer noch ein umfangreiches, spezialisiertes Team einsetzt, um sie zu analysieren und zu verfassen.

Ich habe für viele Branchen und Fachgebiete und ganz verschiedene Organisationen Risiko- und Chancenszenarien für die Zukunft von KI erstellt. Szenarien sind ein Tool, dass uns hilft, mit einer kognitiven Verzerrung zurande zu kommen, die die Verhaltensökonomie und der Rechtsgelehrte Cass Sunstein als „Vernachlässigung der Wahrscheinlichkeit" bezeichnen.[9] Das menschliche Gehirn versteht sich nicht gut darauf, Risiken und Gefahren einzuschätzen. Wir gehen davon aus, dass das, was alle tun, sicherer ist als neuartige oder ungewohnte Vorgehensweisen. So fühlen wir uns beispielsweise beim Autofahren gegenüber einem Flug in einem Verkehrsflugzeug vollkommen sicher. Dennoch sind Flugzeuge die sichersten Verkehrsmittel. Für Amerikaner liegt die Wahrscheinlichkeit, bei einem Autounfall ums Leben zu kommen, bei 1 zu 114, die Wahrscheinlichkeit, bei einem Flugzeugabsturz getötet zu werden dagegen bei 1 zu 9.821.[10, 11] Wir schätzen die Risiken beim Autofahren nicht richtig ein, weshalb so viele am Steuer Nachrichten verschicken oder alkoholisiert fahren. Ähnlich schlecht können wir die Risiken von KI einschätzen, weil wir sie täglich gedankenlos nutzen, wenn wir Storys liken und teilen, E-Mails und SMS versenden, mit Maschinen sprechen und uns von Nudging beeinflussen lassen. Alle Risiken, an die wir denken, stammen aus der Science-Fiction: KI als fantastische Androiden, die Menschen jagen, und als körperlose Stimmen, die uns psychisch foltern. Wir setzen die Zukunft der KI nicht automatisch in Bezug zu Kapitalismus, Geopolitik und Demokratie. Wir denken nicht an unser zukünftiges Selbst oder daran, wie sich autonome Systeme auf unsere Gesundheit, unsere Beziehungen und unser Glück auswirken könnten.

Wir brauchen eine Reihe öffentlich zugänglicher Szenarien, aus denen alle potenziellen Einflüsse hervorgehen, die KI und die großen Neun auf uns alle ausüben könnten, von schwach intelligenten Anwendungen bis zu Systemen mit starker Intelligenz und mehr. Wir dürfen nicht länger untätig zusehen. Stellen Sie sich einfach vor, es sei Blei im Wasser, die Tragflächendichtungen seien fehlerhaft und die Reaktorhülle habe Risse. KI in ihrem jetzigen Zustand trägt fundamentale Probleme in sich, für die es Warnzeichen gibt. Wir müssen uns jetzt mit diesen Fragen auseinandersetzen. Stellen wir heute die Weichen richtig, verspricht uns die Zukunft gewaltige Chancen.

In den folgenden Kapiteln gehe ich auf drei Szenarien genauer ein – ein optimistisches, ein pragmatisches und ein katastrophales. Diese Szenarien habe ich unter Verwendung vorliegender Daten und Details modelliert. Sie gehen in Fiktion über, basieren aber ausnahmslos auf Fakten. Diese Szenarien sollen Entwicklungen, die derzeit noch fern und fantastisch wirken, mehr Dringlichkeit und Realität verleihen. Weil sich KI in Aktion nicht so gut beobachten lässt, nehmen wir lediglich Ergebnisse zur Kenntnis, wenn diese negativ ausfallen. Ist es erst einmal so weit, hat der Durchschnittsmensch nicht mehr viele Möglichkeiten.

Der Weg von ANI zu ASI

Im ersten Teil des Buches ging es in erster Linie um schwache künstliche Intelligenz (Artificial Narrow Intelligence, kurz ANI) und wie sie Millionen alltäglicher Aufgaben automatisiert – von der Aufdeckung von Scheckbetrug über die Beurteilung von Stellenbewerbern bis hin zur Ermittlung des Preises für ein Flugticket. Doch um mit dem berühmten IBM-Computerarchitekten Frederick Brooks zu sprechen: Man kann nicht einfach dadurch immer komplexere Programme entwickeln, indem man mehr Menschen auf das Problem ansetzt. Durch mehr Entwickler geraten Projekte in Verzug.[12] Zurzeit müssen Menschen Systeme aufbauen und Codes schreiben, um verschiedene KI-Anwendungen voranzubringen, und – wie bei jeder Forschung – ist damit eine erhebliche Lernkurve verbunden. Unter anderem aus diesem Grund ist das rasche Voranschreiten in die nächste Phase der KI-Entwicklung für die großen Neun so attraktiv. Systeme, die in der Lage sind, sich selbst zu programmieren, könnten weit mehr Daten nutzen, neue Modelle entwickeln und testen und sich selbst verbessern, ohne dass dafür das direkte Zutun von Menschen erforderlich ist.

Künstliche Intelligenz wird in aller Regel grob in drei Kategorien unterteilt: enge oder schwache künstliche Intelligenz (ANI), starke künstliche Intelligenz (Artificial General Intelligence, kurz AGI) und künstliche Superintelligenz (Artificial Superintelligence, kurz ASI). Die großen Neun stellen sich derzeit zügig auf die Entwicklung und den Einsatz von AGI-Systemen um, von denen sie sich erhoffen, dass sie irgendwann in der Lage sind, so problemlos wie wir logisch zu denken, Probleme zu lösen, abstrakt zu denken und Entscheidungen zu treffen – und zwar mit gleichen oder besseren Ergebnissen. Neben Aspekten wie bessere medizinische Diagnosen und neue Möglichkeiten, schwierige technische Probleme zu lösen, würde angewandte AGI bedeuten, dass Durchbrüche in der Forschung in exponentiell höherem Tempo möglich werden. Die Optimierung der AGI sollte uns früher oder später zur dritten Kategorie bringen: der künstlichen Superintelligenz. Das Spektrum der ASI-Systeme reicht von solchen, die menschliche kognitive Aufgaben etwas besser bewältigen können als wir, bis zu KI, die generell in jeder Hinsicht buchstäblich billionenmal so intelligent ist wie der Mensch.

Um vom aktuellen Stand zu einer flächendeckend eingesetzten AGI zu gelangen, müssen wir uns sogenannter „evolutionärer Algorithmen" bedienen – ein Forschungsgebiet, das von Charles Darwins Arbeit zur natürlichen Auslese inspiriert wurde. Darwin stellte fest, dass im Zeitverlauf die stärksten Exemplare einer Art überleben und sich ihr genetischer Code in der Population durchsetzt. Mit der Zeit passt sich die Art dadurch besser an ihre Umwelt an. Genauso verhält es sich mit künstlicher Intelligenz. Ein System setzt zunächst bei einem extrem großen halb oder komplett zufälligen Spektrum an Möglichkeiten an (wir sprechen hier von Milliarden oder Billionen von Inputs) und führt Simulationen durch. Da die ersten erzeugten Lösungen zufälliger Natur sind, sind sie in der Realität nicht wirklich brauchbar. Manche sind aber womöglich ein bisschen besser als andere. Das System sondert die schwachen aus, behält die starken bei und kombiniert sie neu. Die neuen Kombinationen führen manchmal zu Hybridlösungen, die ebenfalls einfließen. Mitunter löst eine zufällige Veränderung eine Mutation aus – was im Zuge der Evolution jeder organischen Spezies passiert. Der evolutionäre Algorithmus bringt millionenfach immer neue Lösungen hervor und verwirft diese oder verfolgt sie weiter, sodass Abertausende oder gar Millionen von Ablegern entstehen, bis schließlich festgestellt wird, dass keine weitere Verbesserung mehr möglich ist. Mutationsfähige evolutionäre Algorithmen werden dazu beitragen, dass sich KI von allein weiterentwickeln kann. Das ist eine verführerische Option, die allerdings ihren Preis hat: Die Funktionsweise der resultierenden Lösung und der Entwicklungsprozess könnten so komplex sein, dass nicht einmal unsere brillantesten Informatiker in der Lage sind, sie zu interpretieren und zu verstehen.

Aus diesem Grund ist es – auch wenn es fantastisch klingen mag – so wichtig, Maschinen in jedes Gespräch über die Evolution der menschlichen Spezies einzubeziehen. Bisher haben wir nur in begrenztem Rahmen über die Evolution des Lebens auf der Erde nachgedacht. Vor Hunderten Millionen Jahren haben Einzeller andere Organismen geschluckt und sich zu neuen Lebensformen entwickelt. Dieser Prozess setzte sich so lange fort, bis die ersten Menschen zum aufrechten Gang in der Lage waren: Mutationen sorgten für breite Kniegelenke, Anpassungen ermöglichten das Laufen auf zwei Beinen, die Oberschenkelknochen wuchsen in die Länge und die Menschen fanden heraus, wie man Faustkeile fertigt und das Feuer kontrolliert. Sie entwickelten größere Gehirne und schließlich – nach millionenfacher Darwin'scher natürlicher Auslese – die ersten denkenden Maschinen. Wie bei einem Roboter sind auch unsere Körper lediglich Gehäuse für ausgefeilte Algorithmen. Wir müssen uns die Evolution des Lebens daher als Evolution der Intelligenz vorstellen, wobei sich menschliche Intelligenz und KI in einem Tempo parallel zueinander entwickeln, das uns bisher die Position auf der obersten Sprosse der Intelligenzleiter sicherte – trotz der uralten Kritik, dass künftige Generationen durch die Technologie verdummen. Ich weiß noch genau, wie mein Mathematiklehrer an der Highschool gegen den grafikfähigen Taschenrechner wetterte, der erst fünf Jahre zuvor auf den Markt gekommen war. Er behauptete, er habe meine Generation bereits einfältig und faul gemacht. Wir unterstellen zwar, dass künftige Generationen *durch* die Technologie dümmer werden dürften, denken aber nie daran, dass wir Menschen eines Tages feststellen könnten, dass wir dümmer *als* die Technologie sind. Wir nähern uns einem Wendepunkt, der mit unseren jeweiligen evolutionären Grenzen zu tun hat.

Menschliche Intelligenz wird meist anhand einer Bewertungsmethode gemessen, die der deutsche Psychologie Ludwig Wilhelm Stern 1912 entwickelte. Sie kennen sie als den „Intelligenzquotienten" oder IQ. Der Wert wird berechnet, indem das Ergebnis eines Intelligenztests durch Ihr chronologisches Alter geteilt und das Ergebnis mit 100 multipliziert wird. Bei rund 2,5 Prozent der Bevölkerung liegt der IQ über 130. Sie gelten als hochintelligent. Weitere 2,5 Prozent liegen unter 70 und fallen damit in die Kategorie der Lernschwachen oder geistig Behinderten. Selbst wenn wir ein paar Standardabweichungspunkte Spielraum vorsehen, liegen zwei Drittel der Bevölkerung auf der Skala zwischen 85 und 115. Dabei sind wir sogar ein gutes Stück intelligenter als früher. Seit Anfang des 20. Jahrhunderts steigt der menschliche Durchschnitts-IQ-Wert alle zehn Jahre um drei Punkte – vermutlich aufgrund besserer Ernährung, besserer Bildung und umweltbedingter Komplexität.[13] Infolgedessen hat sich das generelle Intelligenzniveau der Menschheit auf der Glockenkurve nach rechts verschoben. Setzt sich der Trend fort, sollte es Ende des Jahrhunderts erheblich mehr Genies geben. Doch bis dahin wird sich der Weg unserer biologischen Evolution mit dem der KI-Evolution gekreuzt haben.

Mit unseren intellektuellen Fähigkeiten verbessern sich auch die der KI – doch diese können wir nicht anhand der IQ-Skala messen. Stattdessen messen wir die Leistungsfähigkeit eines Computers anhand der Operationen (also der Berechnungen) pro Sekunde – der Ops –, was sich auch noch mit dem menschlichen Gehirn vergleichen lässt. Je nachdem, mit wem man spricht, liegt die Zahl der Operationen, die ein menschliches Gehirn pro Sekunde ausführen kann, maximal bei einem Exaflop, also rund einer Trillionen Operationen pro Sekunde. Diese Operationen stehen für eine Menge Aktivitäten, die ablaufen, ohne dass wir uns dessen bewusst sind: unsere Mikrobewegungen beim Atmen, die laufende Bildverarbeitung, die stattfindet, wenn wir die Augen offen haben, und Ähnliches mehr. Der 2010 vorgestellte chinesische Rechner Tianhe-1 war der schnellste und leistungsfähigste Supercomputer der Welt, wurde komplett aus chinesischen Mikroprozessoren gebaut und weist eine theoretische Leistung von 1,2 Petaflops in der Spitze aus. (Ein Petaflop entspricht tausend Billionen Operationen pro Sekunde). Das ist schnell – doch noch nicht so schnell wie das menschliche Gehirn. Im Juni 2018 brachten IBM und das US-Energieministerium dann Summit heraus, der 200 Petaflops schaffte und speziell für KI gebaut worden war.[14] Das bedeutet, dass wir uns einer denkenden Maschine nähern, deren messbare Rechenleistung höher ist als unsere biologische – auch wenn sie den Turing-Test noch nicht besteht und uns nicht vorgaukeln kann, sie sei ein Mensch.

Geschwindigkeit ist aber nicht die einzige maßgebliche Kennzahl. Würden wir das Gehirn eines Hundes auf 10 Billiarden Rechenschritte beschleunigen, könnte er trotzdem nicht plötzlich Differentialgleichungen lösen – er würde immer noch im Garten herumschnüffeln und hinter jeder Katze herjagen. Das menschliche Gehirn hat eine komplexere Architektur als der Denkapparat eines Hundes: Bei uns bestehen mehr Verbindungen zwischen den Nervenzellen, wir verfügen über spezielle Proteine und hoch entwickelte kognitive Knoten.[15] Dennoch gibt es für die Erweiterung von KI Möglichkeiten, die beim Menschen grundlegende Veränderungen an der Architektur des Gehirns erfordern würden. Das Moore'sche Gesetz, das besagt, dass sich die Zahl der Komponenten integrierter Schaltkreise alle zwei Jahre verdoppeln und die Transistorengröße schrumpfen würde, trifft nach wie vor zu und deutet darauf hin, dass sich die Computertechnik exponentiell weiterentwickelt. Es stehen immer mehr Daten zur Verfügung, aber auch neuartige Algorithmen, fortschrittliche Komponenten und neue Möglichkeiten zur Verknüpfung neuronaler Netze. Das alles steigert die Leistung. Anders als Computer können wir die Struktur unserer Gehirne und die Architektur der menschlichen Intelligenz nicht so ohne Weiteres verändern. Dazu müssten wir (1) erst einmal richtig verstehen, wie unser Gehirn funktioniert, (2) die Architektur und die Chemie unseres Gehirns so modifizieren, dass Veränderungen an künftige Generationen weitergegeben werden könnten und (3) die vielen Jahre abwarten, die wir brauchen, um Nachwuchs zu produzieren.

Im aktuellen Tempo werden die Menschen 50 Jahre Evolution benötigen, um auf der IQ-Skala 15 Punkte nach oben zu kommen. Für uns werden diese 15 Punkte spürbar sein. Der Unterschied zwischen einem Gehirn im „hohen Durchschnittsbereich" von 119 und einem „Begabtengehirn" mit 134 würde eine deutliche Erhöhung der kognitiven Fähigkeiten mit sich bringen – wir würden rascher Verbindungen herstellen, neue Konzepte leichter beherrschen und effizienter denken. Doch im selben Zeitrahmen werden uns die kognitiven Fähigkeiten der KI nicht nur verdrängen – sie könnten für uns absolut unfassbar werden, weil wir nicht über die biologischen Verarbeitungskapazitäten verfügen, sie zu begreifen. Wenn wir auf eine superintelligente Maschine treffen, wäre das, als würde ein Schimpanse an einer Stadtratssitzung teilnehmen. Der Affe merkt vielleicht, dass Menschen im Zimmer sind, und er kann sich wie sie auf einen Stuhl setzen, doch er hat nicht annähernd die kognitiven Fähigkeiten, um in einer langwierigen Diskussion über zusätzliche Fahrradwege an einer verkehrsreichen Kreuzung zu verstehen, was gesprochen wird – ganz zu schweigen vom logischen Verständnis dafür und der nötigen Hintergründe, warum Fahrradwege so umstritten sind. In der langen Evolution der Intelligenz und auf unserem Weg zur ASI ist der Mensch der Schimpanse.

Eine superintelligente KI muss nicht gefährlich sein und tilgt auch nicht unbedingt die Rolle, die wir in der Zivilisation spielen. Doch sie würde vermutlich unbewusst Entscheidungen nach einer uns fremden Logik treffen. Der Philosoph der Oxford University Nick Bostrom erklärt die plausiblen Ergebnisse einer ASI anhand einer Parabel über Büroklammern. Was würde passieren, wenn wir eine superintelligente KI bitten, Büroklammern herzustellen? Was KI – die bereits existente eingeschlossen – hervorbringt, richtet sich nach Werten und Zielen. Möglicherweise könnte eine ASI eine neue, bessere Büroklammer erfinden, die einen Papierstapel so zusammenhält, dass die Seiten auch dann nicht durcheinanderkommen, wenn er herunterfällt. Gelingt es uns nicht, deutlich zu machen, wie viele Büroklammern wir wirklich *brauchen*, produziert die ASI aber vielleicht unaufhörlich immer mehr Büroklammern, bis unsere Wohnungen und Büros, unsere Krankenhäuser und Schulen, Flüsse und Seen, Abwassersysteme und so weiter davon überquellen und die ganze Erde von einem einzigen Berg Büroklammern bedeckt ist. Eine ASI, deren Leitwert Effizienz ist, könnte beschließen, dass der Mensch der Büroklammer im Weg steht, die Erde in eine Büroklammerfabrik verwandeln und unsere Spezies im Zuge dessen auslöschen.[16] Viele KI-Experten haben wie ich die folgende Sorge: Sind die kognitiven Fähigkeiten einer ASI den unseren um ganze Größenordnungen überlegen (wie gesagt, wir sind nur ein paar Klicks vom Schimpansen entfernt), wäre es uns nicht möglich, uns die Folgen vorzustellen, die derart leistungsfähige Maschinen auf unsere Zivilisation haben könnten.

Aus diesem Grund ist das Wort „Explosion" unter KI-Forschern in aller Munde. Geprägt hat es der britische Mathematiker und Kryptologe I. J. Good in seinem Artikel aus dem Jahr 1965: „Eine ultraintelligente Maschine könnte noch bessere Maschinen entwickeln. Es gäbe fraglos eine ‚Intelligenzexplosion', und die menschliche Intelligenz geriete dabei weit ins Hintertreffen. Die erste ultraintelligente Maschine ist daher die letzte Erfindung, die der Mensch je machen muss – vorausgesetzt sie ist so gefügig, dass sie uns verrät, wie man sie kontrolliert."[17]

Die großen Neun bauen Rahmenbedingungen und Systeme, die – so hoffen sie – eines Tages eine Explosion ermöglichen und damit Raum schaffen für ganz neue Lösungen, Strategien, Konzepte, Systeme und Ansätze, die selbst unseren genialsten Informatikern nie eingefallen wären. Das würde zu immer schnelleren Durchbrüchen, Chancen und Unternehmenswachstum führen. Technisch wird das als „rekursive Selbstoptimierung" bezeichnet und bezieht sich auf einen Zyklus, in dem sich KI schnell besser, schneller und intelligenter macht, indem sie ihre Kapazitäten modifiziert. Dadurch könnte KI ihr Schicksal selbst in die Hand nehmen und planen. Die Selbstoptimierung könnte stündlich oder sogar sofort erfolgen.

Die anstehende „Intelligenzexplosion" beschreibt nicht nur die Geschwindigkeit von Supercomputern oder die Leistungsfähigkeit von Algorithmen, sondern auch die rasche Verbreitung intelligenter denkender Maschinen, die darauf aus sind, sich selbst zu optimieren. Stellen Sie sich eine Welt vor, in der Systeme, die weit fortgeschrittener sind als AlphaGo Zero und NASNet, nicht nur eigenständig strategische Entscheidungen treffen, sondern als Teil einer globalen Gemeinschaft zusammenarbeiten und im Wettbewerb stehen. Eine Welt, in der die Aufgabe solcher Systeme lautet, sich in erster Linie weiterzuentwickeln, um uns Menschen zu helfen, indem sie neue Code-Generationen schreiben, mutieren und sich selbst verbessern – und zwar in halsbrecherischem Tempo. Die resultierenden KI-Systeme würden neue Agenten entwickeln, sie zielgerichtet für bestimmte Aufgaben programmieren und diesen Zyklus billionenfach wiederholen, woraus sich ganz kleine, aber auch riesengroße Veränderungen ergeben würden. Eine solche evolutionäre Umwälzung hat es in der Geschichte nur einmal gegeben, vor rund 542 Millionen Jahren, als die rasche Diversifizierung unseres Bioms im Kambrium zu allen möglichen neuen komplexen Lebensformen führte und unseren Planeten grundlegend veränderte. Der ehemaligen DARPA-Programmleiterin Gill Pratt zufolge befinden wir uns gerade inmitten einer kambrischen Explosion – einer Phase, in der KI aus der Erfahrung aller KI lernt und nach der unser Leben auf der Erde ganz anders aussehen könnte als heute.[18]

Aus diesem Grund müssen die großen Neun, ihre Investoren und Aktionäre, unsere Staatsorgane und gewählten Volksvertreter, die an vorderster Front tätigen Forscher und (vor allem) Sie die Warnsignale erkennen und nicht nur kritischer über die ANI nachdenken, die derzeit entwickelt wird, sondern auch über die AGI und die ASI, die sich bereits abzeichnen. Die Evolution der Intelligenz ist ein Kontinuum, auf dem Mensch und Maschine koexistieren. Die Werte der großen Neun sind bereits fest in unsere bestehenden Algorithmen, Systeme und Rahmenbedingungen enkodiert. Diese Werte werden auf Millionen neuer KI-Generationen übergehen, die sich entwickeln, und bald auch auf Maschinen mit starker künstlicher Intelligenz.

Der Übergang von ANI auf ASI dürfte vermutlich in den nächsten 70 Jahren stattfinden. Im Moment ist es schwer, genaue Termine für Meilensteine festzulegen, weil es von einer Reihe von Faktoren und Menschen abhängt, wie schnell KI Fortschritte macht: von neuen Mitgliedern, die in die KI-Stämme aufgenommen werden, von den strategischen Entscheidungen der großen Neun, von Handelskriegen und geopolitischen Reibereien – von Zufällen und chaotischen Ereignissen ganz zu schweigen. Meinen eigenen Modellen zufolge würde ich das Aufkommen von AGI zeitlich in den 2040er-Jahren ansiedeln. Das hört sich nach ferner Zukunft an, weshalb ich das gerne in einen Kontext setzen möchte. Bis dahin werden wir drei oder vier amerikanische Präsidenten im Weißen Haus erlebt haben. (Wenn seine Gesundheit es zulässt, wird der chinesische Präsident Xi Jinping dann noch immer im Amt sein.) Ich werde 65 Jahre alt sein, wenn AGI-Systeme mit eigener KI-Forschung beginnen. Meine Zweitklässlerin wird dann 30 sein und womöglich *New York Times*-Bestseller lesen, die ganz allein von einer Maschine geschrieben wurden. Mein Vater ist dann Ende 90, und seine medizinischen Spezialisten (Kardiologen, Nierenfachärzte, Radiologen) werden AGI sein, die von einem hochqualifizierten Allgemeinarzt gesteuert und verwaltet werden, der Mediziner und Datenwissenschaftler ist. Vielleicht kommt ASI früher, womöglich aber auch erst deutlich später, zwischen 2040 und 2060. Das muss nicht heißen, dass 2070 superintelligente KI alles Leben auf der Erde unter dem Gewicht von Trillionen von Büroklammern begraben haben wird. Es gibt aber auch keine Garantie dafür, dass es nicht so kommt.

Die Geschichten, die wir uns erzählen müssen

Die Planung einer KI-Zukunft verlangt von uns, neue Narrative anhand realer Daten zu erstellen. Wenn wir uns dahingehend einig sind, dass sich KI bereits in ihrer Entstehung weiterentwickelt, dann müssen wir Szenarien entwerfen für die Schnittstellen der großen Neun, für die wirtschaftlichen und politischen Kräfte, an denen sie sich orientieren, und dafür, welche Rolle Humanität spielt, wenn KI von der schwachen Anwendungsvariante in starke KI und letztlich in superintelligente denkende Maschinen übergeht.

Weil die Zukunft noch nicht eingetreten ist, können wir nicht mit Sicherheit sagen, wie sich unsere gegenwärtigen Handlungen auswirken könnten. Aus diesem Grund lassen sich die in den folgenden Kapiteln entwickelten Szenarien in verschiedene emotionale Deutungsrahmen einordnen, die die nächsten 50 Jahre beschreiben. Das erste Szenario ist ein optimistisches, das die Frage beantworten soll, was passiert, wenn die großen Neun beschließen, sich für weitreichende Änderungen stark zu machen, die dafür sorgen, dass KI uns allen zugutekommt. Dabei ist allerdings sauber zu differenzieren: „Optimistische" Szenarien sind nicht unbedingt fröhlich oder heiter. Sie führen nicht immer zu einer Utopie. In einem optimistischen Szenario gehen wir davon aus, dass bestmögliche Entscheidungen getroffen und Erfolgshindernisse überwunden werden. Für unsere Zwecke bedeutet das, die großen Neun verändern ihren KI-Kurs, und weil sie rechtzeitig optimale Entscheidungen treffen, geht es uns in Zukunft allen besser. In diesem Szenario würde ich gerne leben wollen, und es ist eine Zukunft, wie wir sie herbeiführen können, wenn wir uns gemeinsam dafür einsetzen.

Darauf folgt ein pragmatisches Szenario, das beschreibt, wie die Zukunft aussehen könnte, wenn die großen Neun kurzfristig nur geringfügige Verbesserungen vornehmen. Wir unterstellen dabei, dass zwar alle maßgeblichen Beteiligten erkennen, dass sich KI wohl nicht auf dem richtigen Weg befindet, doch nicht gemeinsam nachhaltige, sinnvolle Änderungen herbeiführen. Ein paar Universitäten führen Ethikkurse als Pflichtveranstaltungen ein. Die G-MAFIA begründet in der Branche Partnerschaften, um die Risikofrage zu klären, entwickelt die Kultur in ihren eigenen Unternehmen aber nicht entsprechend weiter. Unsere gewählten Vertreter konzentrieren sich auf die nächsten Wahlzyklen und verlieren Chinas große Pläne dabei aus den Augen. Ein pragmatisches Szenario setzt nicht auf große Veränderungen – es berücksichtigt aber den Tidencharakter unseres menschlichen Triebs zur Verbesserung. Dabei trägt es dem Umstand Rechnung, dass die Wirtschafts- und Staatslenker nur allzu schnell bereit sind, die Zukunft zugunsten unmittelbarer kurzfristiger Vorteile hintanzustellen.

Das Katastrophenszenario schließlich erläutert, was passiert, wenn alle Signale übersehen und Warnzeichen ignoriert werden, wenn wir nicht aktiv Zukunftspläne schmieden und die großen Neun weiterhin miteinander konkurrieren. Wenn wir weiter stur auf den Status quo setzen, wohin könnte uns das bringen? Was passiert, wenn sich KI in den Vereinigten Staaten und in China weiter so entwickelt wie bisher? Ein systematischer Wandel – der zur Vermeidung eines Katastrophenszenarios erforderlich wäre – ist mit harter, zeitraubender Arbeit verbunden, die nicht an der Ziellinie aufhört. Aus diesem Grund ist das Katastrophenszenario wirklich angsteinflößend und im Detail so verstörend. Schließlich stellt es sich im Moment so dar, als wäre uns das Katastrophenszenario vorbestimmt.

Ich habe diese drei Szenarien analysiert, modelliert und formuliert, um Was-wäre-wenn-Ergebnisse ab dem Jahr 2029 zu beschreiben. Die Szenarien sind in ein paar Kernthemen verankert wie wirtschaftliche Chancen und Mobilität, Arbeitsproduktivität, Verbesserungen gesellschaftlicher Strukturen, die Machtdynamik der großen Neun, die Beziehung zwischen den Vereinigten Staaten und China, dem globalen Rückzug beziehungsweise der globalen Verbreitung von Demokratie und Kommunismus. Ich zeige auf, wie sich unsere gesellschaftlichen und kulturellen Werte verändern könnten, wenn KI ausreift: Wie wir Kreativität definieren, unsere Beziehungen zueinander und unsere Gedanken über Leben und Tod. Die Szenarien sollen uns helfen, zu verstehen, wie das Leben im Übergang von ANI auf ASI aussehen könnte. Deshalb habe ich Beispiele aus dem häuslichen Umfeld, der Arbeitswelt, der Bildung, dem Gesundheitswesen, der Strafverfolgung, der Städte und Gemeinden, der lokalen Infrastruktur, der nationalen Sicherheit und der Politik aufgenommen.

Ein wahrscheinliches kurzfristiges Ergebnis von KI und ein roter Faden, der sich durch alle drei Szenarien zieht, ist die Entwicklung eines sogenannten „Personendatensatzes", wie ich es nenne – englisch Personal Data Record, kurz PDR. Dabei handelt es sich um ein einziges Konto, auf dem alle Informationen zusammenfließen. Er erfasst alle Daten, die wir durch unsere Nutzung digitaler Möglichkeiten erzeugen (also Internet und Smartphone), bezieht aber auch andere Informationsquellen ein: unsere Schul- und Arbeitsdaten (Abschlüsse, frühere und aktuelle Arbeitgeber), unsere Rechtsdaten (Eheschließungen, Scheidungen, Verhaftungen), unsere Finanzdaten (Hypotheken, Bonitätsbewertungen, Darlehen, Steuern), Daten über Reisen (besuchte Länder, Visa), unsere Dating-Historie (Online-Apps), Gesundheitsdaten (elektronische Gesundheitsdaten, Ergebnisse genetischer Untersuchungen, sportliche Aktivitäten) und unsere Einkaufsinformationen (Online-Einzelhändler, Kuponverwendung in Geschäften). In China würde so ein PDR auch alle Werte zu dem im Vorkapitel beschriebenen Sozialkreditstatus enthalten. KI, wie sie von den großen Neun entwickelt werden, würden aus Ihrem Personendatensatz nicht nur lernen, sondern ihn auch heranziehen, um automatische Entscheidungen zu treffen und Ihnen jede Menge Dienste anzubieten. Ihr PDR wäre vererbbar – eine umfassende Datensammlung, die Sie an Ihre Kinder weitergeben können und die von diesen verwendet werden kann – und könnte vorübergehend von einem Mitglied der großen Neun verwaltet werden oder auf Dauer in dessen Besitz übergehen. PDRs spielen in den Szenarien, über die Sie gleich lesen werden, eine klar definierte Rolle.

Bisher gibt es noch keine PDRs, doch ich erkenne bereits Hinweise für eine Zukunft, in der die vielen verschiedenen Quellen für unsere personenbezogenen Daten in einem Datensatz zusammengefasst werden, der von den großen Neun bereitgestellt und gepflegt wird. De facto sind Sie bereits Teil dieses Systems und verwenden derzeit eine Art Proto-PDR: Ihre E-Mail-Adresse nämlich.

Die E-Mail-Adresse eines Durchschnittsbürgers wird als Login zweckentfremdet, seine Handynummer wird zur Authentifizierung von Transaktionen verwendet und sein Smartphone, um ihn in der physischen Welt zu orten. Wenn Sie Gmail nutzen, weiß Google – und damit auch Googles KI – mehr über Sie als Ihr Ehe- oder Lebenspartner. Das Unternehmen kennt die Namen und E-Mail-Adressen aller Menschen, mit denen Sie in Kontakt stehen, ebenso wie ihre demografischen Informationen (zum Beispiel zu Alter, Geschlecht, Wohnort). Google weiß, wann und in welcher Situation Sie E-Mails öffnen. Aus Ihren E-Mails weiß das Unternehmen Bescheid über Ihre Reisepläne, Ihre Finanzdaten und Ihre Einkäufe. Machen Sie mit Ihrem Android-Handy Fotos, kennt es die Gesichter Ihrer Freunde und Angehörigen und kann Anomalien aufspüren, um Rückschlüsse daraus zu ziehen: Tauchen beispielsweise plötzlich gehäuft neue Fotos ein- und derselben Person auf, könnte das bedeuten, dass Sie eine neue Freundin (oder eine Affäre) haben. Google weiß über alle Ihre Sitzungen und Arzttermine Bescheid – und über Ihre Pläne, ins Fitnessstudio zu gehen. Es weiß, ob Sie den Ramadan oder Rosh Hashanah einhalten, ob Sie zur Kirche gehen oder gar keine Religion praktizieren. Es weiß, wo Sie eigentlich an einem bestimmten Dienstagnachmittag sein sollten – selbst wenn Sie sich woanders aufhalten. Es weiß, wonach Sie mit Fingern und Stimme suchen – und deshalb auch, ob Sie erstmals eine Fehlgeburt erleiden, lernen, wie man Paella zubereitet, Probleme mit Ihrer sexuellen Identität oder Ihrer Geschlechtszuordnung haben, daran denken,

Vegetarier zu werden oder einen neuen Job suchen. All diese Daten verknüpft es untereinander, lernt daraus und nutzt sie für Produkte und zur Gewinnerzielung, während Sie durch Nudging laufend in die eine oder andere Richtung gedrängt werden.

Schon jetzt kennt Google all diese Informationen, weil Sie sie freiwillig mit nur einer Datenquelle verknüpft haben – Ihrer Gmail-Adresse –, die Sie vermutlich auch verwenden, um auf Amazon einzukaufen und sich in Facebook einzuloggen. Das soll kein Vorwurf sein – es ist schlicht eine Realität des modernen Lebens. Mit der Weiterentwicklung der KI wird ein robusterer Satz personenbezogener Daten den großen Neun mehr Effizienz ermöglichen. Daher werden Sie uns dazu animieren, PDRs zu akzeptieren und einzuführen, auch wenn wir uns über die Folgen ihrer Verwendung nicht so ganz im Klaren sind. In China laufen unter der Ägide des Sozialkreditsystems selbstredend bereits Pilotprojekte mit PDRs.

„Wir erzählen uns Geschichten, um zu leben", schrieb Joan Didion in *Das weiße Album*. „Wir interpretieren, was wir sehen, wir wählen unter den vielfältigen Möglichkeiten die brauchbarste aus." Wir alle müssen uns bei KI zwischen verschiedenen Möglichkeiten entscheiden. Es ist höchste Zeit, dass wir die Informationen, die uns vorliegen, heranziehen, um uns Geschichten zu erzählen – Szenarien, die beschreiben, wie wir alle mit unseren denkenden Maschinen zusammenleben könnten.

KAPITEL 5

DAS DRITTE COMPUTERZEITALTER ALS BLÜTEZEIT – DAS OPTIMISTISCHE SZENARIO

Wir schreiben das Jahr 2023 und haben die optimalen Entscheidungen über KI getroffen – wir haben den Entwicklungskurs der KI korrigiert, arbeiten zukunftsorientiert zusammen und nehmen bereits erste nachhaltige positive Veränderungen wahr. KI-Stämme, Universitäten, die großen Neun, Staatsorgane, Investoren, Forscher und die breite Öffentlichkeit haben die frühen Warnzeichen ernst genommen.

Wir wissen, dass sich die bereits verursachten Probleme nicht auf einen Schlag lösen lassen und dass die beste Strategie nunmehr unter anderem darin besteht, unsere Zukunftserwartungen für KI anzupassen. Uns ist klar, dass KI mehr ist als ein Produkt des Silicon Valley, aus dem wir Kapital schlagen sollten, solange der Markt heiß ist.

●●●

Vor allem aber erkennen wir, warum China strategisch in KI investiert und wie der KI-Entwicklungskurs ins Gesamtbild von Chinas Narrativ zu seiner künftigen Stellung in der Welt passt. China versucht nicht, die Handelsbilanz zurechtzubiegen. Es versucht, sich im Hinblick auf Wirtschaftsmacht, Entwicklung der Erwerbsbevölkerung, geopolitischen Einfluss, militärische Macht, gesellschaftliches Gewicht und Umweltschutz einen absoluten Vorteil vor den Vereinigten Staaten zu verschaffen. In Kenntnis dieser Sachverhalte arbeiten unsere gewählten Volksvertreter mit voller Unterstützung der G-MAFIA und der KI-Stämme an einer internationalen Koalition, um KI als öffentliches Gut zu schützen und zu erhalten. Diese Koalition übt Druck auf China aus und setzt wirtschaftliche Hebel ein, um der Verwendung von KI als Werkzeug zur Überwachung und als Wegbereiter für den Kommunismus etwas entgegenzusetzen.

In der Erkenntnis, dass China KI einsetzt, um seine ökonomischen und militärischen Ziele zu erreichen, während es die Saat des Kommunismus ausbringt und die Gesellschaft stärker an die Kandare nimmt, stellt die US-Regierung im großen Stil Bundesmittel bereit, um die KI-Entwicklung zu fördern, was Druck von der G-MAFIA nimmt, schnell Gewinne zu erzielen. Betrachtet man den Wettlauf ums All in den 1950er-Jahren als Präzedenzfall, ist leicht zu erkennen, wie schnell Amerika ohne Koordination auf nationaler Ebene von anderen Ländern überholt werden könnte. Ebenso offensichtlich ist, wie viel Einfluss Amerika mit einer koordinierten nationalen Strategie in Wissenschaft und Technologie ausüben kann – immerhin verdanken wir der US-Regierung GPS und das Internet.

Weder KI noch ihre Finanzierung wird politisiert, und alle sind sich dahingehend einig, dass die Regulierung von G-MAFIA und KI nicht der richtige Weg ist. Belastende verbindliche Vorschriften wären schon überholt, wenn sie in Kraft treten. Mit parteiübergreifender Unterstützung stellen sich die Amerikaner geeint hinter mehr

Bundesinvestitionen in KI auf breiter Front nach dem Vorbild des öffentlichen Fahrplans der Chinesen. Geld fließt in Forschung und Entwicklung, in Studien über die Auswirkungen auf Wirtschaft, Erwerbsbevölkerung und Gesellschaft, Diversitätsprogramme, Initiativen in der Medizin und der öffentlichen Gesundheit, in die Infrastruktur und in Schulen und Universitäten, um das öffentliche Bildungssystem Amerikas wieder zu neuer Größe zu führen – mit attraktiven Gehältern für Lehrer und einem Lehrplan, der alle auf eine stärker automatisierte Zukunft vorbereitet. Wir gehen nicht mehr selbstverständlich davon aus, dass die G-MAFIA ihren Herren in Washington und an der Wall Street gleichermaßen dienen kann und dass die freie Marktwirtschaft und unser Unternehmergeist schon für die bestmöglichen Ergebnisse für KI und die Menschheit sorgen werden.

• • •

Sobald eine nationale Strategie und die nötigen Mittel vorhanden sind, formalisiert sich die neu entstandene G-MAFIA-Koalition durch multilaterale Vereinbarungen zur Zusammenarbeit an der Zukunft der KI. Die G-MAFIA-Koalition legt Standards fest und führt solche ein, die einer KI-Entwicklung absoluten Vorrang einräumen, die den besten Interessen von Demokratie und Gesellschaft dient. Sie erklärt sich bereit, KI-Technologien zusammenzulegen. Die Zusammenarbeit führt zu überlegenen Chipsätzen, Rahmenbedingungen und Netzwerkarchitekturen anstelle konkurrierender KI-Systeme und einer gespaltenen Entwickler-Community. Das bedeutet auch, dass Forscher fortfahren können, Chancen auszuarbeiten, damit am Ende alle gewinnen.

Die G-MAFIA-Koalition führt Transparenz als zentralen Wert ein und schreibt Leistungsverträge, Regeln und Arbeitsabläufe radikal um, um mehr Verständnis und Aufklärung herbeizuführen. Das tut sie freiwillig und vermeidet dadurch Regulierung. Die Datensätze, Lernalgorithmen und neuronalen Netzwerkstrukturen werden so transparent, dass nur diejenigen Geschäftsgeheimnisse und geschützten Informationen vertraulich bleiben, die andernfalls dazu führen könnten, dass einem der Koalitionsmitglieder ein wirtschaftlicher Schaden entsteht. Die Rechtsabteilungen der einzelnen G-MAFIA-Mitglieder versuchen nicht jahrelang, Gesetzeslücken zu finden und darüber zu diskutieren oder die Einführung von Transparenzmaßnahmen hinauszuzögern.

In dem Bewusstsein der kommenden Automatisierung unterstützt uns die G-MAFIA dabei, Arbeitslosigkeitsszenarien zu durchdenken und unsere Erwerbsbevölkerung auf das dritte Computerzeitalter vorzubereiten. Mit ihrer Hilfe haben wir keine Angst vor KI, sondern sehen sie als ungeheure Chance für Wirtschaftswachstum und persönlichen Wohlstand. Die Vordenker der G-MAFIA lassen uns den Hype durchschauen und zeigen bessere Ansätze zur Aus- und Weiterbildung für die Arbeitsplätze auf, die künftig entstehen werden.

• • •

Amerikas nationale Strategie und die Herausbildung unserer G-MAFIA-Koalition regen die Regierungen anderer Demokratien weltweit dazu an, die globale Entwicklung von KI zum Wohle aller zu unterstützen. Die Dartmouth University veranstaltet in Anlehnung an das Treffen vom Sommer 1956 das zwischenstaatliche Gründungsforum, an dem ein breiter Querschnitt von Leitfiguren aus den am weitesten entwickelten Volkswirtschaften der Welt teilnimmt: Staatssekretäre, Minister, Premierminister und Präsidenten aus den Vereinigten Staaten, dem Vereinigten Königreich, Japan, Frankreich, Kanada, Deutschland, Italien und anderen Mitgliedsstaaten der Europäischen Union ebenso wie KI-Forscher, Soziologen, Ökonomen, Spieltheoretiker, Zukunftsforscher, Politikwissenschaftler und andere. Doch anders als die homogene Gruppe von Männern mit ähnlichem Hintergrund, die am ersten Dartmouth-

Workshop teilnahmen, decken die Leitfiguren und Experten diesmal ein breites Spektrum an Menschen und Weltanschauungen ab. An demselben ehrwürdigen Ort, an dem die moderne künstliche Intelligenz geboren wurde, vereinbaren diese Führungspersönlichkeiten, gemeinsame KI-Initiativen und -Maßnahmen zu fördern und gemeinschaftlich durchzuführen. Inspiriert von der griechischen Mythologie und der Urmutter der Erde gründen sie GAIA (die Global Alliance on Intelligence Augmentation) als globale Allianz zur Steigerung der Intelligenz.

Ohne Zugang zu GAIA stellt China fest, dass sein globaler Einfluss schwindet. Zwar wirkt sich die internationale Kooperation finanziell nicht negativ auf die chinesischen Vertreter der großen Neun aus – also Baidu, Tencent und Alibaba –, die chinesischen Bürgern weiterhin alle möglichen Dienste erbringen, doch stehen viele der längerfristigen Pläne Chinas – auch die neue Seidenstraße – auf wackeligen Füßen, da sich Partner aus Pilotprojekten zurückziehen und es schwierig wird, neue Verbündete ins Boot zu holen.

Das soll nicht heißen, dass sich sämtliche bestehenden Probleme mit KI über Nacht in Luft auflösen. Die KI-Community geht davon aus und erwartet, dass schwache künstliche Intelligenz aufgrund der eingeschränkten Weltsicht der ursprünglichen Mitglieder der KI-Stämme auch weiterhin fehlerhaft ist. Wir nehmen in Kauf, dass politische, geschlechts-, wohlstands- und rassebezogene Vorurteile nicht sofort verschwinden. Die GAIA-Nationen unterzeichnen Abkommen, in denen sie ausdrücklich vereinbaren, dass Sicherheit vor Geschwindigkeit geht, und stellen erhebliche Ressourcen bereit, um alle unsere vorhandenen Systeme zu bereinigen: die bereits verwendeten Datenbanken und Algorithmen, die Rahmenbedingungen, auf denen sie beruhen, die Produkte auf Unternehmensebene, in die KI eingeflossen ist (etwa solche, die von Banken und Strafverfolgungsbehörden eingesetzt werden), und die Endgeräte für Verbraucher, die KI im Alltag nutzen (unsere Smartspeaker, -watches und -phones).

GAIA fordert zur Übernahme öffentlicher Verantwortung auf – und belohnt diese.

Innerhalb von GAIA wird beschlossen, unsere Personendatensätze (PDRs) so zu behandeln wie dezentralisierte Blockchainkonten. Sie verwenden Tausende unabhängiger Rechner, um Transaktionen aufzuzeichnen, mitzuteilen und zu synchronisieren. Sie sind so konzipiert, dass Daten nicht unter dem Dach nur eines Unternehmens oder einer Behörde zentral erfasst werden. Weil die G-MAFIA-Koalition einen Normenkatalog einführt und einheitliche KI-Technologien einsetzt, benötigen unsere PDRs gar kein zentral koordinierendes Unternehmen, um Transaktionen zu verwalten. Infolgedessen stehen unsere PDRs in unserem Eigentum und sind so privat oder öffentlich, wie wir das möchten – und vollständig kompatibel. Wir können sie gleichzeitig mit einem oder allen G-MAFIA-Mitgliedern und vielen weiteren KI-gestützten Diensten verbinden, wie Arztpraxen, Schulen und kommunaler Infrastruktur. Die G-MAFIA verwahrt die KI und unsere Daten, besitzt jedoch weder das eine noch das andere. Unsere PDRs sind vererbbar: Wir können unsere Daten an unsere Kinder weitergeben, die dann für verschiedene Teilbereiche Genehmigungen (zur vollständigen, begrenzten oder Null-Sichtbarkeit) erteilen können.

Im Zuge des Reifeprozesses der KI von schwachen Anwendungen zu denkenden Maschinen mit starker Intelligenz haben sich die KI-Stämme und die G-MAFIA unser Vertrauen verdient. Sie sind mehr als Unternehmen, die coole Apps produzieren – Google, Microsoft, Apple, Facebook, IBM und Amazon sind von genauso grundlegender Bedeutung für Amerika und amerikanische Werte wie Baseball, Meinungsfreiheit und der vierte Juli. Der Kommunismus wird in den Hintergrund gedrängt. Länder, die die Rechte ihrer Bürger auf Meinungsäußerung und Eigentum würdigen, für Religionsfreiheit eintreten, sich Menschen jeder geschlechtlichen, ethnischen, sexuellen und rassischen Ausdrucksform verbunden fühlen, darin übereinstimmen, dass eine Regierung da ist, um den Menschen zu dienen, durch gewählte Vertreter regieren und Ausgewogenheit zwischen persönlicher Freiheit und öffentlicher Sicherheit anstreben, sind gemeinsam auf die Zukunft von KI und Menschheit ausgerichtet und arbeiten zusammen, um sie zu realisieren.

2029: Anstöße zum Wohlfühlen

Angesichts der Zusammenarbeit der G-MAFIA und der neuen Handelsabkommen, zu denen die GAIA geführt hat, haben Bürger in aller Welt besseren, billigeren Zugang zu ANI-gestützten Produkten und Leistungen. Die GAIA tritt regelmäßig zusammen, arbeitet grundsätzlich transparent und ihre multinationalen Arbeitsgruppen halten problemlos Schritt mit dem technischen Fortschritt.

• • •

Mittelschichtshaushalte greifen auf KI zurück, um sich das Leben leichter zu machen. Geräte, Plattformen und andere Dienste, die vor Jahrzehnten aufgrund lizenz- und datenbezogener Einschränkungen noch nicht grenzübergreifend genutzt werden konnten, sind mittlerweile von Land zu Land kompatibel. Intelligente Waschmaschinen und Trockner brauchen weniger Energie, sind effizienter und stimmen sich zum Datenaustausch mit unseren Smart-City-Systemen ab. Unser Einverständnis vorausgesetzt, wird unsere Wäsche dann gewaschen, wenn es öffentliche Wasser- und Stromversorgung am wenigsten belastet.

ANI stützt die sogenannte Sensory Computation – das bedeutet, wir können die reale Welt anhand sensorischer Daten zum Sehen, Riechen, Hören, Schmecken und Tasten erfassen und analysieren. Sie setzen in Ihrer Küche tragbare Scanner ein, die mit intelligenten Kameras und Bilderkennung ausgerüstet sind. Das in einem ANI-Stab in der Küche eingebaute Spektrometer erfasst und deutet das Licht aus einer Avocado und verrät Ihnen, dass sie vermutlich erst am Wochenende richtig reif ist – und dass das billige Olivenöl, das Sie gerade gekauft haben, nicht sortenrein ist, sondern aus verschiedenen Ölen zusammengepanscht wurde. Ein weiterer Sensor in der Küche stellt fest, dass das Hühnchen, das im Ofen brutzelt, gleich knochentrocken ist. Ein haptischer Sensor aus dem Obergeschoss meldet Ihnen, dass Ihr Kleinkind (wieder einmal) aus seinem Gitterbettchen geklettert ist.

• • •

Die G-MAFIA hat sich zur Arbeit an gemischter Realität mit anderen Unternehmen zusammengetan, was die Lebensqualität von Menschen, die an Demenz und Alzheimer leiden, enorm verbessert. Intelligente Brillen erkennen Menschen, Objekte und Orte sofort und helfen unseren Lieben, sich zu erinnern und ein erfüllteres Leben zu führen.

Ursprünglich hatten wir angenommen, dass uns die Produkte und Dienste der G-MAFIA sozial isolieren würden – dass wir alle allein zu Hause sitzen, über digitale Avatars interagieren und den Kontakt zur Außenwelt komplett verlieren würden. Damit lagen wir vollkommen falsch. Stattdessen haben uns die Plattformen und die Hardware der G-MAFIA neue Möglichkeiten eröffnet, persönlich soziale Kontakte zu pflegen. Wir verbringen immer mehr Zeit in Mixed-Reality-Kinos, die umfassende Unterhaltung bieten. Inzwischen gibt es überall Mixed-Reality-Spielhallen. Es erinnert an die 1980er-Jahre, nur mit einem Unterschied: Jeder kann sich die Mixed-Reality-Spiele, -Erlebnisse und -Treffpunkte leisten, und sie stehen auch Hör- und Sehbehinderten offen. Wir besuchen stille Discos, wo wir farblich kodierte kabellose Headsets tragen, die uns die ganze Nacht lang mit unserem Lieblings-DJ vernetzen. Da kann jeder mit jedem tanzen und gemeinsam etwas erleben, obwohl man den Musikgeschmack des anderen nicht ausstehen kann. Dank der G-MAFIA sind wir enger denn je miteinander – und mit der realen Welt – verbunden.

Wohlhabenderen Haushalten eröffnen ANI-Anwendungen noch mehr Möglichkeiten. Im Garten messen Sensoren laufend die Feuchtigkeit und gleichen die Daten mit Mikroklimaprognosen ab. Einfache Bewässerungssysteme versorgen die Pflanzen automatisch nach Bedarf. KI prognostiziert das optimale Feuchtigkeitsniveau. Die Zeitschaltuhr hat ausgedient – und welke Begonien sind Geschichte.

In den Häusern der besser Situierten ist Amazons Akira-System (mit einer Stimme, die weder männlich noch weiblich klingt) in vielen Sprachen zu bedienen, ungeachtet des Akzents, und kommuniziert reibungslos mit der intelligenten Apple-Brille und dem von Google verwalteten Personendatensatz. Waschmaschine und Trockner sind mit kleinen sprechenden Drohnen ausgerüstet und mit der neuen Kondo-Funktion, so benannt nach der japanischen Ordnungsspezialistin Marie Kondo. Die Wäsche wird in Einklang mit den Angebots- und Nachfragezyklen der kommunalen Wasser- und Stromversorgung gewaschen und getrocknet und anschließend einer kleinen Drohne übergeben, die sie faltet, sortiert und nach Farbe ordnet.

In den Vereinigten Staaten werden Lebensmittel automatisch eingekauft und geliefert. Ihnen werden nie wieder Tampons oder Zahnpasta ausgehen. KI betreibt prognostizierende Einkaufssysteme, die Ihre bisherigen Einkäufe und Ihre PDRs verknüpfen und noch vor Ihnen merken, wann Vorräte aufgefüllt werden müssen. Über Amazon haben Sie Zugang zu frischem Obst und Gemüse aus lokalem Anbau und Fleisch aus der Region, aber auch zu allen übrigen Lebensmitteln wie Müsli, Toilettenpapier und Kartoffelchips. Dienste, die Zutaten für eine komplette Mahlzeit liefern und zehn Jahre zuvor als Blue Apron oder HelloFresh angefangen haben, sind mit einem persönlichen Haushaltsdatensatz verbunden. Für ein kleines Aufgeld pro Woche enthalten Ihre Lebensmitteleinkäufe alle Zutaten für die Gerichte, die Sie häufig zubereiten, und für drei neue Mahlzeiten – mit Rezepten, die automatisch auf die Vorlieben, Abneigungen, Allergien und Ernährungsbedürfnisse aller Familienmitglieder abgestellt sind.

Sie kaufen natürlich nach wie vor in der realen Welt ein, doch wie viele von uns lassen Sie Ihren Geldbeutel lieber zu Hause. Die zugrunde liegende Technologie, die die Einzelhandels- und Dienstleistungssysteme von Amazon Go unterstützt, ist das Rückgrat von Schnellserviceläden, deren Lagerbestände überwiegend bereits ausliegen oder rasch aufgefüllt werden können. Intelligente Kameras überwachen die Kunden auf Schritt und Tritt, erkennen ihre spezifischen Gesichter und merken sich, was sie in ihre Taschen und Einkaufswagen legen. Bis zu 100 Dollar können wir ausgeben, ohne mit einem menschlichen Mitarbeiter zu interagieren. In größeren Geschäften (wie Kaufhäusern, Möbelläden und Baumärkten) oder solchen, die teurere Waren anbieten (wie Schmuck, Handtaschen und Elektronik) können wir mit unserem Gesicht bezahlen.

· · ·

Manche Kinder spielen noch mit Haustieren aus Fleisch und Blut, während sich Familien mit weniger Zeit für lebensähnliche Roboter als Hausgenossen entscheiden. Kleine Hunde und Katzen – süße Hüllen für KI – gewöhnen sich durch Sensory Computing und Deep Learning schnell in der Familie ein. Durch High-Tech-Kameras in den Augenhöhlen, haptisches Fell und die Fähigkeit, subtile Veränderungen in der Stimme zu erkennen, sind Robotertiere viel empathischer als ihre organischen Artgenossen – wenn auch nicht ganz so warm und kuschlig.

Jeder, ungeachtet seines Einkommens, lässt sich gern zu besserer Gesundheit anhalten. Die G-MAFIA erinnert uns tagsüber immer wieder, uns für eine gesündere Lebensweise zu entscheiden. Wenn Sie auf dem Weg zur Arbeit auf den Aufzug warten, spüren Sie ein leichtes Vibrieren Ihrer Armbanduhr, die Ihren Blick auf sich ziehen will: Sie zeigt Ihnen einen einfachen Plan des Bürogebäudes an – mit Pfeilen, die Sie zur Treppe führen. Solche Funktionen lassen sich natürlich abstellen, doch die meisten Menschen tun das nicht. Auch

Ihr Sportprogramm wird optimiert. Anhand Ihres Personendatensatzes, Ihrer medizinischen Daten und der aus vielen anderen Quellen bezogenen Sensordaten – den Kopfhörern, mit denen Sie Musik hören, dem intelligenten Material, aus dem Ihr Sport-BH besteht – leitet Sie Ihre Sportausrüstung zu personalisierten Übungen an. Nach dem Sport helfen Ihnen die Sensoren beim Abkühlen und überwachen Ihren Puls und Stoffwechsel. Der G-MAFIA ist es zu verdanken, dass die Menschen gesünder sind und länger leben.

Dass sich die G-MAFIA auf einen einheitlichen Standard für Personendatensätze geeinigt hat, führte zu einer Reihe elektronischer Formate, Protokolle, Systeme und Nutzerschnittstellen für medizinische Unterlagen. Dadurch wurde das Gesundheitssystem viel effizienter. Auf dem Kapitol wurde jahrzehntelang über das Gesundheitswesen in Amerika diskutiert. Das Beharren der G-MAFIA auf einheitlichen Daten und Algorithmen für die Gesundheitsversorgung erwies sich als das beste Rezept.

Ganz gleich welcher Arzt eine Patientin betreut oder in welches Krankenhaus sie eingewiesen wird, ihre Daten sind jederzeit für jeden zugänglich, der sie versorgt. Außerdem stehen sie auch jedem zur Verfügung, den sie dazu befugt. Die Daten zu den meisten Laboruntersuchungen, Tests und Scans werden nicht mehr von Menschen analysiert, sondern von KI, wodurch weniger Fehler passieren und die Ergebnisse schneller vorliegen. Das IBM-System kann Zellanomalien aufspüren, um die frühesten Anzeichen für Krebs zu entdecken – und verrät auch gleich, welche Körperzellen betroffen sind. Das System von Google hilft Ärzten, die voraussichtlichen Wirkungen verschiedener Medikamente und Therapien zu prognostizieren – und das Sterbedatum. Auf dieser Grundlage können medizinische Betreuer besser entscheiden, wie einzelne Patienten zu behandeln sind. Im Krankenhaus synchronisiert sich die Amazon-Apotheke API mit der Patientenakte und liefert die nötigen Medikamente, bevor der Patient entlassen wird. Selbst wenn die medizinische Vorgeschichte eines Patienten seitenweise handschriftliche

Arztnotizen enthält – und wenn diese wenig detailliert sind –, füllen die Bilderkennungs- und Musteranalysefunktionen der G-MAFIA die Lücken und wandeln solche Aufzeichnungen in strukturierte, brauchbare Daten um, die nicht nur für diesen einen Patienten genutzt werden können, sondern – anonymisiert und mit anderen Patientendaten zusammengelegt – der medizinischen Community (der menschlichen ebenso wie der KI) helfen können, ihre Kenntnisse und Erfahrungen zu erweitern.

Diagnose, Behandlung und Pflege finden nicht mehr nur in analogen Krankenhäusern statt, sodass weit mehr Menschen in den USA besseren Zugang zu Gesundheitsversorgung haben. Manche Anbieter offerieren vernetzte, wenngleich noch relativ neue Dienste für zu Hause und für Telemedizin. TOTO-Toiletten, die mit Auffanggefäßen und einem Spektrophotometer ausgestattet sind, setzen Mustererkennung ein, um zu hohe oder zu niedrige Glukose- oder Proteinwerte sowie Bakterien und Blutzellen zu diagnostizieren. In Sekunden scheint in unserem PDR auf, dass die Urinwerte auf eine mögliche Infektion hinweisen oder Frühzeichen für Nierensteine vorliegen. Einfache Behandlungen – wie die Verabreichung von Antibiotika gegen die Infektion – werden mit Ihrem PDR abgeglichen, Ihrer Hausärztin empfohlen, und wenn diese zustimmt, Ihnen automatisch nach Hause, an den Arbeitsplatz oder in das Restaurant geliefert, in dem Sie gerade zu Abend essen. Zahnbürsten mit winzigen Speichelsensoren nutzen Ihren Speichel als Spiegel Ihrer körperlichen Verfassung. Jedes Mal, wenn Sie sich wie gewohnt die Zähne putzen, überwachen KI Ihre Hormone, Elektrolyte und Antikörper und prüfen sie auf längerfristige Veränderungen. Die G-MAFIA hat den Versorgungsstandard revolutioniert: Grundlegende Diagnosetests sind nicht mehr nur für Kranke da, sondern Teil eines gesunden Lebensstils. Das wiederum hat die Medizin von Grund auf verändert – von reaktionärer hin zu prognostischer und präventiver Versorgung.

Andere Aspekte des täglichen Lebens – wie Dating und Sex – sind durch KI ebenfalls besser geworden. Evolutionäre Algorithmen haben sich als die klügere Lösung für Menschen erwiesen, die online auf Partnersuche sind, als einfache Apps und Webseiten. Es ist wissenschaftlich erwiesen, dass der Mensch zu komplex ist, um sich auf eine Handvoll Datenpunkte reduzieren zu lassen, die von einem einzigen Algorithmus auf der Suche nach einem passenden Partner abgedeckt werden. Außerdem geben wir beim Ausfüllen von Onlineprofilen nicht immer wahrheitsgetreu Auskunft über uns, sondern orientieren uns an unseren Wünschen. Evolutionäre Algorithmen beziehen stattdessen Daten aus unseren PDRs und gleichen uns mit allen anderen Profilen in einer Dating-Datenbank ab. Wir legen ein Ziel fest – das von „ab und zu ein bisschen Spaß haben" bis zu „heiraten wollen" reichen kann – und mit bestimmten Grundvoraussetzungen einhergeht (muss Jude sein, darf maximal 50 Meilen von Cleveland entfernt leben). Dann ermittelt der evolutionäre Algorithmus eine Liste der Personen, bei denen die Wahrscheinlichkeit am größten ist, das Ziel zu erreichen. Wenn wir das möchten, konsultiert das System unseren Kalender, berücksichtigt unsere bevorzugten Beschäftigungen und vereinbart automatisch einen Termin für ein Treffen. Nach ein paar Dates (oder vielleicht auch, wenn das erste Date nicht so gut lief) möchten wir vielleicht einen generativen Algorithmus einsetzen, um personalisiertes pornografisches Material zu erzeugen. Ganz nach unseren Vorlieben entwirft die KI Szenarien, die uns erregen, inspirieren oder instruieren, mit Charakteren, deren Stimmen, Körper und Stil unseren persönlichen Wünschen entsprechen.

• • •

Der G-MAFIA ist es zu verdanken, dass sich künstliche Intelligenz nicht wie ein Ersatz für menschliche Kreativität anfühlt, sondern eher wie eine Ergänzung – ein Werkzeug, um unsere Intelligenz zu erweitern und zu optimieren. In Architekturbüros erzeugen KI Tausende potenzieller Gebäude auf der Grundlage der Entwürfe und Vorgaben eines Kunden. Basierend auf Prognosen zur Machbarkeit des Projekts im Hinblick auf Zeitplan, verfügbare Baustoffe und Budget, dazu, wie schwierig es werden könnte, die nötigen Genehmigungen und Zertifizierungen zu beschaffen und ob dadurch der Fußgängerverkehr behindert wird, wählen sie die vielversprechendsten Pläne aus und erstellen eine Rangliste. Immobilieninvestoren setzen KI ein, um die langfristige Lebensdauer einer Immobilie im spezifischen Klima einer Region und unter Berücksichtigung anderer Umweltfaktoren zu simulieren. Qualifizierte Handwerker – Schreiner, Elektriker und Klempner – setzen Mixed-Reality-Brillen von Google, Microsoft und einem Unternehmen namens Magic Leap ein, um durch Wände zu sehen, ihre Arbeit mit Plänen abzugleichen und potenzielle Probleme frühzeitig zu erkennen.

Kreative Nutzungsmöglichkeiten für KI haben ihren Weg in die Kunst gefunden, unter anderem in die Filmproduktion.

Es ist der zwanzigste Geburtstag von *Avatar*, dem James-Cameron-Film, der 2009 wegen seiner hyperrealistischen computergenerierten Spezialeffekte noch so abgehoben wirkte. Zur Feier des Tages stellt Cameron ein KI-Geheimprojekt vor: den sechsten *Avatar*-Film, der die von ihm zuvor entwickelte Unterwasser-Bewegungserfassungstechnologie mit einer neuen, speziellen Computerumgebung und einem Eyewear-Projektionssystem kombiniert. Diese Erfahrung wurde durch produktive Algorithmen erzeugt, um ganz neue Welten zu gestalten, die menschliche Avatare ergründen konnten, evolutionäre Algorithmen zur Wiedergabe und Deep Learning, um alle nötigen Berechnungen anzustellen. Das Ergebnis ist der erste Film seiner Art, der in einer speziellen Theaterumgebung vorgeführt wird, die (neben dem Eyewear-Projektionssystem) eine absolut einzigartige – und vollständig umfassende – Erzählerfahrung vermittelt.

• • •

KI verhilft Organisationen jeder Couleur zu kreativeren Managementansätzen. Die G-MAFIA betreibt Prognosemodelle für

Geschäftsanalytik, die helfen, Möglichkeiten zur Effizienzsteigerung, zur Kostensenkung und Verbesserungspotenziale zu finden. Personalabteilungen nutzen Mustererkennung, um Produktivität und Arbeitsmoral zu bewerten – und eine effektive Lösung für das Problem vorurteilsbehafteter Einstellungs- und Beförderungsprozesse zu finden. Wir brauchen keine Lebensläufe mehr – unsere PDRs belegen unsere Stärken und Schwächen, und KI-Programme sichten unsere Unterlagen, bevor sie uns menschlichen Personalchefs empfehlen.

In vielen großen Konzernen wurden menschliche Beschäftigte von auf niedrigem Niveau angesiedelten kognitiven Aufgaben entbunden, während KI den Mitarbeitern auf bestimmten Wissensgebieten zur Hand geht. Die von Rezeptionisten, Kundenbetreuern, Zeitplanern und Buchungskräften erledigten Tätigkeiten sind bereits automatisiert. In Meetings hören intelligente Sprachassistenten mit und setzen Sprachprofile und Algorithmen zum maschinellen Leseverständnis ein, um Gespräche zu analysieren. Ein KI-Assistent stellt automatisch Notizen her, hebt die Namen der Sprechenden hervor, weist auf wichtige Konzepte, Gemeinsamkeiten und Widersprüche hin, liefert kontextbezogene Informationen aus früheren Sitzungen und andere maßgebliche Unternehmensdaten. Das System entscheidet, welche Punkte weiterverfolgt werden müssen, und erstellt To-do-Listen für alle Sitzungsteilnehmer.

Weil wir früh erkannt haben, dass die Automatisierung Teile unserer Erwerbsbevölkerung beeinträchtigen wird, leiden wir nicht unter Massenarbeitslosigkeit und unsere Wirtschaft steht auf soliden Füßen. In den Vereinigten Staaten sorgt die Regierung mittlerweile für neue soziale Sicherheitsnetze, um für Stabilität zu sorgen. Mit den Werkzeugen der G-MAFIA stellen sich Unternehmen und Einzelne längst auf ganz neuartige Jobs ein.

• • •

Die G-MAFIA hat es öffentlichen und privaten Grund- und weiterführenden Schulen ermöglicht, KI zu nutzen, um Lernprozesse zu optimieren – und dies systematisch gefördert. Adaptive Lernsysteme unter Aufsicht von Lehrern stellen Schüler vor die Aufgabe, in ihrem eigenen Tempo zu lernen, vor allem beim Erwerb erster Lese-, Logik-, Mathematik- und Fremdsprachenkenntnisse. In der Schule und zu Hause hat IBM Sokrates als KI-Agenten wieder zum Leben erweckt. Er verstrickt uns in Diskussionen und kompromisslose Frage-Antwort-Sitzungen, um uns zum kritischen Denken anzuregen. Das sokratische KI-System, das sich aus dem KI-Computerprogramm Watson entwickelt hat, befragt Schüler zum Lernstoff und erörtert und bespricht Ideen. (Sokratische KI kommt aber nicht nur in den Schulen zum Einsatz. Sie wird bei Ärzte-, Anwalts-, Strafverfolgungs-, Strategie- und Politikteams geschätzt und auch eingesetzt, um Bewerber um politische Ämter auf öffentliche Diskussionen vorzubereiten.)

Die sokratische IBM-KI ist in Nachrichtenredaktionen eine wertvolle Verbündete. Sie hilft Journalisten, ihre Berichterstattung genauer zu recherchieren, wenn sie eine Geschichte von allen Seiten beleuchten. Außerdem wird sie zur Überprüfung von Fakten verwendet und zur redaktionellen Qualitätssicherung: Geschichten werden auf unbeabsichtigte Voreingenommenheit hin geprüft und um sicherzustellen, dass eine breite Mischung aus Quellen und Stimmen berücksichtigt wurde. (Die von Zeitschriften und Zeitungen veröffentlichten Listen, in denen die durchweg männlichen Vordenker, Wirtschaftslenker und dergleichen mehr ihrer Bedeutung nach aufgeführt werden, sind längst Geschichte.) Generative Algorithmen werden eingesetzt, um aus Standbildern komplette Videos zu erstellen, aus wenigen Fotos 3-D-Modelle von Landschaften und Gebäuden zu konstruieren und aus der Menge einzelne Stimmen herauszuhören. Das führt zu immer mehr Videomeldungen, die mit immer weniger Ressourcen produziert werden können.

KI wird genutzt, um Muster und Anomalien in Daten ausfindig zu machen und Journalisten darauf zu bringen, im öffentlichen

Interesse neue Geschichten publik zu machen. Statt Beihilfe zu Bots zu leisten, die falsche Informationen verbreiten, kann KI Propaganda, irreführende Behauptungen und Desinformationskampagnen auf die Spur kommen und stärkt so unsere Demokratien.

• • •

Die G-MAFIA untersuchte die chinesischen Städte, in denen Smart-City-Pilotprogramme liefen – wie Rongcheng, Peking, Shenzhen, Schanghai – und ermittelte bewährte Praktiken für Pilotprojekte in den Vereinigten Staaten. Inzwischen gibt es mehrere amerikanische Smart Citys – Baltimore, Detroit, Boulder und Indianapolis –, die eine breite Palette von KI-Systemen und -Diensten testen. Ein Netz aus CubeSats über uns – winzige, würfelförmige Satelliten, so groß wie ein Zauberwürfel – speist Daten in Echtzeit in KI-Systeme ein, die Objekte, einzigartige Lichtmuster und Wärmecharakteristika erkennen können. Dadurch können Citymanager Stromausfälle prognostizieren, den Verkehr überwachen und umleiten, Wasservorräte verwalten und die Straßen eis- und schneefrei halten. KI hilft ihnen auch dabei, das ganze Jahr über Budgets und Personal zu verwalten, und erschließt ganz neue Möglichkeiten, im richtigen Maßstab Kosteneinsparungen zu erzielen. Fehlbeträge sind damit zwar nicht vom Tisch, doch längst kein solches Problem mehr wie früher – und die Bürger dieser Städte werden von einem Gefühl der Hoffnung beflügelt, wie sie es seit vielen Jahren nicht mehr verspürt haben.

Diese Systeme sind in die Ressorts für öffentliche Sicherheit eingebunden wie Polizei und Feuerwehr. Sie nutzen KI, um gewaltige Datenmengen einschließlich Videos zu durchforsten: Auch ohne Ton können Mustererkennungsalgorithmen Lippenlesen und Abschriften erzeugen. Generative Algorithmen füllen automatisch Lücken in Tonaufnahmen, und wenn etwas unklar ist, schärft ein sogenannter Stitching-Algorithmus den Fokus. KI überprüft

Millionen von Bildern auf der Suche nach Mustern, die dem menschlichen Auge entgehen würden. Das ist natürlich nicht unumstritten. Doch das Engagement der G-MAFIA für Datenschutz bedeutet, dass unsere PDRs ohne richterliche Anordnung nicht zur Durchsuchung zur Verfügung stehen. Wir fühlen uns sicher in der Gewissheit, dass die G-MAFIA unsere Privatsphäre schützt.

Im Zuge ihrer Entwicklung hilft uns KI, zu besseren Menschen heranzureifen. Da die G-MAFIA, die US-Bundesregierung und die GAIA beim Übergang von schwacher auf starke künstliche Intelligenz aktive Rollen übernehmen, fühlen wir uns wohl dabei, die richtigen Impulse zu erhalten.

2049: Die Rolling Stones sind tot (und machen trotzdem noch Musik)

Bereits in den 2030er-Jahren haben Forscher aus der G-MAFIA ein spannendes Papier veröffentlicht – aus zwei Gründen: wegen seiner Aufschlüsse über KI und wegen der Art und Weise, wie die Aufgabe erledigt wurde. Forscher, die sich bei ihrer Arbeit nach denselben Standards richteten und in finanzieller Hinsicht (und durch die nötige Geduld) von der US-Regierung kräftig unterstützt wurden, arbeiteten gemeinsam daran, die KI voranzubringen. Infolgedessen wurde das erste System entwickelt, das den Status einer starken künstlichen Intelligenz erreichte.

Das System hatte den Contributing Team Member Test bestanden. Es hatte lang gedauert, bis die KI-Community akzeptierte, dass der Turing-Test und andere Prüfungen seiner Art das falsche Barometer darstellten, um maschinelle Intelligenz zu messen. Tests, die entweder auf Täuschung beruhten (kann ein Computer einen Menschen glauben machen, er sei menschlich?) oder auf Replikation (kann ein Computer genauso agieren, wie wir es tun würden?), erkennen KI nicht als das an, was sie seit jeher ist: Intelligenz, die auf eine Art und Weise erworben wird und Ausdruck findet, die unserer eigenen menschlichen Erfahrung nicht gleicht. Statt eine AGI danach zu beurteilen, ob sie genauso „denken" könnte wie wir, entschied sich die KI-Community schließlich für einen neuen Test zur Messung der *sinnvollen Beiträge* einer AGI, der sich nach dem Wert der – anderen, aber einflussreichen – kognitiven und verhaltensbezogenen Aufgaben richtete, die wir alleine nicht erledigen konnten. Danach lag AGI vor, wenn das System allgemeine Beiträge leistete, die denen eines Menschen entsprachen oder sie übertrafen.

Die G-MAFIA verbrachte viele Jahre damit, eine AGI zu erforschen und zu entwickeln, die bei der Arbeit an einer Sitzung teilnehmen und – unaufgefordert – noch vor Ende des Meetings einen wertvollen Beitrag leisten könnte. Der Codename für das AGI-Projekt lautete Hermine – in Anlehnung an eine Figur aus *Harry Potter*, die immer und in jeder Lebenslage genau weiß, was zu sagen oder zu tun ist. Fast jeder Mensch muss irgendwann einmal einen wertvollen Beitrag zu einer Gruppe leisten: am Arbeitsplatz, in einem religiösen Umfeld, in der Eckkneipe mit Freunden oder im Geschichtsunterricht an der Highschool. Wer nur ein nebensächliches Detail beisteuert oder eine Frage beantwortet, steigert damit nicht den Wert eines Gesprächs. Um einen wertvollen Beitrag zu leisten, sind viele verschiedene Kompetenzen erforderlich:

- **FUNDIERTE ANNAHMEN TREFFEN:** Man könnte es auch als Rückschluss auf die beste Erklärung bezeichnen – und damit kommen die meisten von uns ganz gut durch. Wir bedienen uns der besten Informationen, die uns zur Verfügung stehen, stellen Hypothesen auf, überprüfen diese und gelangen so zu einer Antwort – wenn auch nicht zu einer eindeutigen Erklärung.

- **WÖRTER, GESPRÄCHSPAUSEN UND NEBEN-GERÄUSCHE RICHTIG DEUTEN:** Nur weil jemand sagt, er freue sich, ein neues Projekt zu übernehmen, heißt das noch lange nicht, dass er sich *wirklich* freut. Andere Signale, wie seine Körpersprache, könnten uns verraten, dass er eigentlich *gar nicht glücklich* über die Anfrage ist, sie aber aus irgendeinem Grund nicht ablehnen kann.

- **ERFAHRUNGEN, VORKENNTNISSE UND HISTORISCHEN KONTEXT HERANZIEHEN, UM ZU VERSTEHEN:** Wenn Menschen interagieren, bringen sie eine nuancierte Weltanschauung ein, einen einzigartigen persönlichen Erfahrungsschatz und in aller Regel auch eigene Erwartungen. Manchmal entscheiden in einer Streitfrage nicht Logik und Fakten, ein andermal kommt es nur darauf an.

- **STIMMUNGEN WAHRNEHMEN:** Es gibt explizite Interaktionen und welche, die stillschweigend unter der Oberfläche ablaufen. Unterschwellige Hinweise helfen uns, festzustellen, ob da ein offensichtliches, aber unausgesprochenes Problem im Raum steht, dessen wir uns annehmen müssen.

Das Projekt Hermine nahm an einer Sitzung einer GAIA-Arbeitsgruppe teil. Die 18-köpfige Gruppe erörterte und diskutierte die bestehenden Standards für KI, die entweder von den Teilnehmern selbst oder von ihren Vorgängern entwickelt worden waren. Da es sich um eine vielfältige Gruppe handelte, der Führungskräfte aus verschiedenen Ländern und Kulturen angehörten, gab es jede Menge unterschwellige Botschaften: bestimmte Machtverhältnisse, persönliche Zwistigkeiten und Gefühle der Unter- oder Überlegenheit. Die Gruppe behandelte die AGI als gleichwertiges Mitglied, ohne zusätzliche Privilegien oder besondere Ausnahmen. Auf halber Strecke sprach sich die AGI gegen einen noch kleinen, aber wachsenden Konsens zugunsten von Vorschriften aus. Sie argumentierte taktvoll gegen die Idee und sicherte sich die Unterstützung eines anderen Mitglieds der Gruppe für einen Alternativvorschlag. Das Projekt Hermine hatte einen wertvollen – sogar unschätzbaren, wie manche später sagen sollten – Beitrag geleistet.

Ein Erfolg war das Projekt Hermine aber nicht nur deshalb, weil es den Contributing Team Member Test mit Bravour bestanden hatte, sondern vielmehr, weil GAIA und die G-MAFIA den Moment sowohl als Warnung als auch als Chance begriffen. Sie stellten ihre Strategien und Standards kontinuierlich neu ein, um ein paar Schritte Vorsprung vor den technischen Entwicklungen der KI zu behalten. Sie beschlossen, das Selbstoptimierungstempo zu begrenzen und bauten in alle KI-Systeme Beschränkungen ein, damit Menschen auf dem Laufenden blieben. Inzwischen richten sich GAIA-Forscher nach neuen Plänen: Sie führen Simulationen durch, um die Effekte leistungsfähigerer AGI zu durchschauen, bevor sie sie zu universellen kommerziellen oder militärischen Zwecken zulassen.

Bei der G-MAFIA handelt es sich um finanzkräftige, einflussreiche, mächtige Unternehmen – und ihr Erfolg wächst. Sie arbeiten an aufregenden praktischen Anwendungen für AGI, um unsere Produktivität und Kreativität zu steigern, und sie tragen auch zur Entwicklung plausibler Lösungen für die dringlichste Herausforderung für die Menschheit bei: den Klimawandel.

• • •

Mit dem Jetstream verlagerte sich auch die Kornkammer Amerikas nach Norden – über die Grenze nach Kanada, was die Farmen und den Landwirtschaftssektor in den USA dezimierte. Kaffee und Kakao lassen sich nicht mehr ohne Weiteres im Freien anbauen. Die Bürger von Bangladesch, den Philippinen, Thailand und Indonesien sind zu Klimaflüchtlingen im eigenen Land geworden. Amazon setzt in Zusammenarbeit mit Microsoft, der französischen

Danone-Gruppe und Dow DuPont aus den Vereinigten Staaten neben Genomchirurgie AGI ein, um in Indoor-Farmen frisches Obst und Gemüse zu züchten.

Google und Facebook setzen AGI ein, um ganze Bevölkerungsgruppen sicher umzusiedeln und die Erde durch neue, umfassende menschliche Communitys zu gestalten und zu prägen. AGI hilft dabei, zu prognostizieren, welche konkreten Standorte sich am besten für eine Lebensweise eignen, die der Kultur der betroffenen Menschen entgegenkommt und sie bewahrt. Vordem unbewohnbare Regionen unseres Planeten werden durch Terraforming oder andere Maßnahmen mithilfe anpassungsfähiger Baustoffe umgestaltet. Sogenannte Landscrapers – weitläufige, ausgedehnte, nur wenige Stockwerke hohe Gebäude – haben ganz neue Stadtbilder geschaffen. In ihrem Inneren werden wir von kabellosen Aufzügen in alle Richtungen befördert. Dieser neue architektonische Trend hat den wichtigsten Wirtschaftszentren der Welt zum Boom verholfen – in den Vereinigten Staaten sind das unter anderem Denver, Minneapolis und Nashville.

• • •

Zunächst sah es so aus, als würde sich China mit ein paar wenigen Verbündeten zurückziehen – Nordkorea, Russland, der Mongolei, Myanmar, Kambodscha, Kasachstan, Pakistan, Kirgisistan, Tadschikistan und Usbekistan. Die Universitäten von GAIA-Ländern nahmen keine chinesischen Bewerber mehr an. Aus Angst vor Überwachung und potenziellen Hackerangriffen auf PDRs ist der Tourismus in China praktisch zum Erliegen gekommen. GAIA-Nationen stützten sich auf automatisierte Systeme, um die Produktionsmaterialien herzustellen und holten die Fertigung ins eigene Land zurück. Schließlich stellte die chinesische Regierung fest, dass ihr Ausschluss aus der GAIA die chinesische Wirtschaft destabilisierte und infolgedessen erhebliche politische und soziale Unruhen auslöste. Widerstrebend erklärte sich China bereit, die Normen und Standards der GAIA zu übernehmen und alle Transparenzmaßnahmen zu akzeptieren, die von den Mitgliedstaaten verlangt wurden. Der Kommunismus ist nicht tot – es gibt nach wie vor viele politische Querelen, die beizulegen sind, und ebenso die üblichen Spannungen, die im Zusammenhang mit unterschiedlichen Regierungs- und Führungsstilen aufkommen.

$$\bullet \ \bullet \ \bullet$$

Das Entstehen von AGI ging natürlich mit jeder Menge neuer Probleme einher, von denen manche absehbar waren. Wie andere Technologien, die die menschliche Gesellschaft im Lauf der Zeit verwandelt haben, führte auch AGI zur Verdrängung von Arbeitsplätzen, zu neuen Arten von Kriminalität und brachte bisweilen unsere schlimmsten Seiten zum Vorschein. In den 2040er-Jahren ist AGI keine existenzielle Bedrohung.

Zu Hause und am Arbeitsplatz verwenden wir eine Primär-AGI, um auf Informationen zuzugreifen. Dabei handelt es sich um einen Steueragenten, der situationsabhängig verschiedene Formen und Ausführungsweisen annehmen kann: Wir sprechen mit ihm, interagieren mit ihm auf einem Bildschirm und übermitteln ihm Daten aus unserem Körper. Jede Familie hat einen Butler, denn in jedem Haushalt gibt es eine AGI, die genau auf seine spezifischen Eigenheiten eingestellt und entsprechend geschult ist.

Eine der größten und bemerkenswertesten Veränderungen, die AGI bewirkt hat, ist der drastische Anstieg des Komplexitätsniveaus in fast allen Facetten menschlichen Daseins. Wir können uns bei der G-MAFIA dafür bedanken, wie stark sich die Lebensqualität verbessert hat. Aufgaben, die früher zeitraubend und schwierig waren – wie der Versuch, einen Termin zu finden, der allen passt, einen Kalender mit außerschulischen Aktivitäten zu koordinieren oder die privaten Finanzen zu verwalten – sind inzwischen vollständig automatisiert und werden von AGI beaufsichtigt. Wir müssen nicht mehr Stunden auf den Versuch verschwenden, einen „Inbox Zero"-Status zu erreichen – die AGI arbeiten zusammen, um uns unsere „niedrigen" Denkaufgaben möglichst zu erleichtern. Und wir haben endlich einfache Haushaltsrobotik, die das Versprechen hält, Teppiche und Böden sauber zu halten, unsere Wäsche einzusortieren und unsere Regale abzustauben. (An 2019 denken wir als eine primitivere Zeit zurück, in der wir noch jede Menge lästiger, langweiliger manueller Arbeiten erledigen mussten.)

• • •

Die gemeine Erkältung gibt es nicht mehr, und „die Grippe" auch nicht. Wir schütteln den Kopf über die Naivität der Ärzte früherer Jahre. Inzwischen haben uns AGI von IBM und Google mit Millionen von unterschiedlichen Viroiden vertraut gemacht. Fühlen wir uns nicht wohl, hilft uns ein AGI-Diagnostiktest, herauszufinden, was genau uns krank macht, damit uns eine Therapie – die zu unserem PDR passt – verschrieben werden kann. Frei verkäufliche Medikamente gibt es so gut wie gar nicht mehr, doch Apotheken, die Medikamente selbst anmischen, haben ein Comeback erlebt. Das kommt daher, dass AGI entscheidende Entwicklungen in der Genomchirurgie und in der Präzisionsmedizin beschleunigt haben. Heute wendet man sich an einen Pharmainformatiker: einen speziell qualifizierten Apotheker mit Kenntnissen in Bioinformatik, Medizin und Pharmakologie.

Pharmainformatik ist eine medizinische Fachrichtung, die eng mit der neuen Gattung von KI-Hausärzten zusammenarbeitet: Allgemeinärzte, die medizinisch und technologisch geschult sind. AGI hat zwar verschiedene Fachärzte überflüssig gemacht – Radiologen, Immunologen, Allergologen, Kardiologen, Dermatologen, Endokrinologen, Anästhesisten, Neurologen und andere –, doch diese hatten genug Zeit, sich für verwandte Gebiete zu qualifizieren. Als Patient geht es Ihnen heute besser. Sie bringen nicht mehr Stunden in verschiedenen Arztpraxen zu, erhalten widersprüchliche Aussagen und bekommen zu viele Medikamente verschrieben. Wenn Sie in einer abgelegeneren Gegend wohnen, hat AGI Ihren Zugang zu medizinischer Versorgung erheblich verbessert.

Unsere Genome werden bei der Geburt vollständig sequenziert – ein Prozess, der inzwischen so billig und schnell vonstattengeht, dass er für jeden erschwinglich ist. Sie haben schon deshalb beschlossen, Ihr Genom sequenzieren zu lassen, weil Ihre Sequenz einen wesentlichen Bestandteil Ihres PDR darstellt. Sie haben dadurch nicht nur Einblick in Ihre einzigartige Genstruktur, sondern AGI analysieren alle Ihre Daten auf genetische Varianten und um mehr über Ihre Körperfunktionen zu erfahren. Natürlich gibt es in den Vereinigten Staaten und in anderen Ländern kleine Gruppen, die sich dieser Praxis widersetzen – so wie Impfgegner einst gegen Impfungen kämpften. Eltern können sich zwar aus religiösen oder ideologischen Gründen dagegen entscheiden, tun das aber selten.

• • •

Dank AGI sind wir gesünder – und haben neue Möglichkeiten bei Partnerwahl und Heirat. Fortschrittliche Formen differentiellen Datenschutzes ermöglichen es Dritten, Ihre Daten einzusehen (Ihr PDR, Ihr Genom und Ihre medizinischen Unterlagen), ohne dass dabei Ihre Identität preisgegeben wird. Dadurch sind AGI-Partnervermittlungen ungeheuer sinnvoll, denn jetzt haben Sie die Möglichkeit, die optimale Wahl für ihre Familiengründung (um Kinder mit erstrebenswerten Genkombinationen zu zeugen), ihre finanzielle Situation (anhand des hochgerechneten Verdienstpotenzials auf Lebenszeit) oder für Ihren Spaßfaktor zu treffen (weil Sie vorher feststellen können, ob der andere über Ihre Witze lachen kann).

• • •

AGI hilft Ihnen auch bei anderen kreativen Unterfangen – nicht nur bei der Suche nach Liebe. Die ursprünglichen Mitglieder der Rolling Stones sind vor Jahren gestorben, doch dank replizierender Algorithmen bringen sie immer noch neue Titel heraus. Das Gefühl, dass Sie hatten, als Sie die ersten 30 Sekunden von „Paint It Black" zum ersten Mal hörten – die melancholischen Gitarrenklänge, gefolgt von den acht lauten Schlagzeugschlägen und dem repetitiven Aufhänger, der in Mick Jaggers Text „I see a red door and I want it painted black" gipfelt –, war unvergleichlich aufregend und erfüllend. Dass sie bei einem neuen Stones-Song wieder ähnlich empfinden würden, war höchst unwahrscheinlich – und doch ist ihr neuester Titel genauso laut, hart und mitreißend.

· · ·

Gedruckte Zeitungen gibt es nicht mehr, doch die neuen Medien haben AGI als Vertriebsmethode eingeführt. Sobald der Contributing Team Member Test bestanden war, bauten die Nachrichtenunternehmen rasch ein neues Nachrichtenvertriebsmodell auf, mit dem sich nach wie vor Geld verdienen ließ, das jedoch gezielt zukunftsfähiger gestaltet wurde. Dieser Tage schlagen Menschen nicht mehr die Zeitung auf oder schalten Radio oder Fernseher ein, um Nachrichten zu konsumieren, sondern unterhalten sich mit einem intelligenten Kiosk. *New York Times* und *Wall Street Journal* beschäftigen Hunderte von Informatikjournalisten – Menschen, die über ausgeprägte verschiedenste Kenntnisse sowohl in klassischem Journalismus als auch in KI verfügen. Zusammen berichten diese Teams über Geschichten und wählen einschlägige Fakten und Daten aus, die in die Konversationsmaschinen aufgenommen werden. AGI-gestützter Journalismus informiert uns und lässt sich so anpassen, dass wir eine bestimmte politische Ausrichtung berücksichtigen oder mehr Hintergrundinformationen oder eine sogenannte „Deep Cuts"-Version beziehen können, die mehr Zeichen und sonstige Fakten liefert. Wir werden aufgefordert, uns an der Analyse von Meldungen und redaktionellen Beiträgen zu beteiligen, mit dem Kiosk verbal oder über Bildschirminteraktionen (mit Smartbrille und faltbaren Tablets) zu diskutieren und konstruktiv zu argumentieren. Viele Geschichten werden nach wie vor in Bild (Video) und Text in Langform präsentiert.

● ● ●

AGI-Hacker – bei denen es sich meist um *andere* AGI handelt – sind ein ständiges Ärgernis aufgrund von „No-Collar Crime" – gewaltloser krimineller Handlungen, die von AGI begangen werden, die aufdecken, wer ihren ursprünglichen Quellcode entwickelt hat.

Strafverfolgungsbehörden beschäftigen Beamte, die gleichzeitig Datenwissenschaftler sind. Mithilfe der chinesischen BAT arbeiten die großen Neun an fortschrittlicher Hardware, Rahmenbedingungen, Netzwerken und Algorithmen zusammen, die gegen Angriffe geschützt sind. GAIAs Partnerschaft mit Interpol sorgt dafür, dass schwere Verbrechen in den meisten Fällen verhindert werden können.

Die Smart-City-Pilotprojekte, die 20 Jahre zuvor in Baltimore, Indianapolis, Detroit und Boulder initiiert wurden, waren ein Erfolg und haben anderen Kommunen ermöglicht, Bewährtes zu übernehmen, was zur Bildung der Federal Smart Infrastructure Administration (FSIA) führte – einer landesweit agierenden Stelle für intelligente Infrastruktur. Wie die für das Fernstraßennetz in den USA zuständige Abteilung – die Federal Highway Administration – agiert auch die FSIA unter dem Dach des Verkehrsministeriums und beaufsichtigt sämtliche vernetzten Systeme, die unsere Städte versorgen: drahtlose Energieübertragungsstellen, dezentrale Stromerzeuger (kinetische Energie, Sonnen- und Windkraft), Fahrzeug-Infrastrukturnetze und die Glasfasern, die Sonnenlicht zu unseren unterirdischen Farmen befördern. Sensordaten werden gesammelt und verwendet, um die allgemeine Gesundheit unserer Kommunen zu gestalten: den Zugang zu sauberer Luft, die Sauberkeit unserer Stadtteile und unsere Nutzung von Parks und Naherholungsgebieten. AGI prognostizieren und verhüten Spannungsabfälle und Wasserengpässe bereits im Vorfeld.

• • •

Mit dem Übergang von AGI auf ASI zeichnet sich gerade eine aufregende Chance ab: Schnittstellen zwischen Gehirn und Maschine. Wir stehen am Rande molekularer Nanotechnologie und hoffen, dass wir in ein paar Jahrzehnten in der Lage sein werden, zeitgleich Daten aus den Milliarden einzelnen Neuronen in unserem Gehirn zu erfassen. Mikroskopische Computer, so groß wie ein Sandkorn, würden dann behutsam auf das Gehirn aufgesetzt, um elektrische Signale aufzufangen. Spezielle AGI-Systeme, die diese Signale lesen und interpretieren können, könnten auch Daten zwischen Menschen übertragen. Eine Hirn-Maschine-Schnittstelle könnte es einem gesunden Menschen eines Tages ermöglichen, die Gehirne von Schlaganfallpatienten neu zu schulen, die gelähmt sind oder ihre Sprachfähigkeit verloren haben. Solche Schnittstellen, die wir theoretisch nutzen könnten, um Erinnerungen zwischen Menschen zu übertragen, könnten uns auch zu einer intensiveren, aufschlussreicheren Empathieerfahrung verhelfen.

Dieses Potenzial lässt uns an neue Verwendungsmöglichkeiten für AGI denken. Wir möchten heikle philosophische Fragen klären wie *Ist unser Universum real? Kann es das „Nichts" geben? Was ist Zeit?* AGI kann uns die gewünschten Antworten nicht liefern, doch dank der G-MAFIA wissen wir mehr darüber, was es bedeutet, Mensch zu sein.

2069: KI-gestützte Wächter der Galaxie

Die vor hundert Jahren von dem britischen Mathematiker und frühen KI-Pionier I. J. Good vorausgesagte Intelligenzexplosion setzt

Ende der 2060er-Jahre ein. Inzwischen ist deutlich geworden, dass unsere AGI bei Intelligenz, Geschwindigkeit und Leistungsfähigkeit Gewaltiges erreichen und eine künstliche Superintelligenz in greifbare Nähe gerückt ist. In den vergangenen zehn Jahren haben sich die großen Neun und GAIA auf dieses Ereignis vorbereitet. Den Berechnungen zufolge könnte es, wenn die Maschinen erst intelligenter sind als der Mensch, bis zu einer ASI nur noch eine Frage von wenigen Jahren sein.

Nach reiflicher Überlegung treffen die GAIA-Mitglieder einstimmig die schwierige Entscheidung, die Entwicklung einer ASI zu verhindern. Dabei reagierten manche an der Diskussion Beteiligten durchaus emotional: Sie warfen ein, es sei unfair, den „großartigen Geist" der KI zu beschneiden, der gerade dabei war, sein ganzes Potenzial zu entfalten. Wir debattieren darüber, ob wir der Menschheit damit die Aussicht auf noch mehr Chancen und größeren Nutzen nehmen.

Letztlich beschließt die GAIA mit dem Segen und der Zustimmung der großen Neun, dass in alle AGI neue Beschränkungen eingebaut werden müssen, um ihre Selbstoptimierungsrate zu begrenzen und sicherzustellen, dass keine unbeabsichtigten Mutationen realisiert werden können, zumal die Sicherheit der Menschen auf dem Spiel steht. Bald wird die GAIA eine Reihe von KI-Wächtern einsetzen, die als Frühwarnsysteme für AGI fungieren, die zu viel kognitive Leistungsfähigkeit entwickeln. Auch die Wächter werden nicht unbedingt verhindern, dass kriminelle Akteure versuchen, auf eigene Faust ASI zu entwickeln, doch die GAIA erarbeitet Szenarien, um sich auf diese Eventualität vorzubereiten. Die GAIA und die großen Neun genießen unverbrüchlich unsere Sympathie und unser Vertrauen.

KAPITEL 6

MIT MILLIONEN VON NADELSTICHEN LEBEN LERNEN – DAS PRAGMATISCHE SZENARIO

2023 haben wir zwar die Probleme der KI erkannt, doch im Zuge der Entwicklung beschlossen, den Kurs der künstlichen Intelligenz nur geringfügig zu korrigieren – eines Systems, das für uns alle offensichtliche Brüche und Verwerfungen aufweist. Wir beschränken uns auf kleine Änderungen, weil die KI-Interessenvertreter nicht bereit sind, ihre Komfortzone zu verlassen: auf finanzielle Gewinne zu verzichten, politisch unpopuläre Entscheidungen zu treffen und unsere ausufernden Erwartungen kurzfristig zu dämpfen, selbst wenn das bedeutet, unsere Chancen auf eine Koexistenz mit KI langfristig zu verbessern. Schlimmer noch, wir ignorieren China und dessen Zukunftspläne.

Für die maßgebenden Akteure im Kongress, in unseren verschiedenen Bundesbehörden und im Weißen Haus haben künstliche Intelligenz und wissenschaftliche Spitzenforschung im Allgemeinen nach wie vor keine Priorität. Sie investieren lieber in Branchen, die zwar politisch interessant sind, aber in Kürze obsolet sein dürften. Ein von der Regierung Obama 2016 veröffentlichter Plan für die Zukunft von KI – ein Dokument, das erhebliche Auswirkungen auf Chinas strategischen Plan für 2025 hatte – wird ad acta gelegt, und damit auch das darin empfohlene staatlich finanzierte Forschungs- und Entwicklungsprogramm für KI. Amerika hat keine langfristige KI-Vision oder -Strategie und will die Folgen für Wirtschaft, Bildung und nationale Sicherheit nicht wahrhaben. Führende Mitglieder der US-Regierung aus beiden Lagern konzentrieren sich darauf, wie sich China bremsen lässt, statt Strategien für die Begründung einer Koalition aus G-MAFIA und Regierung zu entwickeln.

In Ermangelung einer solchen Koalition und einer kohärenten nationalen KI-Strategie kommt es zu Abermillionen winziger Nadelstiche, die irgendwann zu bluten beginnen. Erst merken wir noch gar nichts. Weil wir durch Popkultur, aufrüttelnde Storys von Tech-Journalisten und Social-Media-Posts von Influencern darauf trainiert sind, auf große, augenfällige Indizien zu achten – wie Killerroboter –, übersehen wir die vielen eigentlichen Signale im Zuge der Entwicklung der KI, die mitunter nur klein und breit gestreut sind. Die großen Neun sehen sich gezwungen, Geschwindigkeit Vorrang vor Sicherheit einzuräumen, sodass die Entwicklung der KI – von ANI zu AGI und weiter – voranschreitet, ohne dass schwerwiegende technische Schwächen im Vorfeld beseitigt werden. Hier ein paar der weniger offensichtlichen – oft selbst zugefügten – Nadelstiche, die wir nicht so ernst genommen haben wie die folgenreichen Wunden, die mittlerweile daraus entstanden sind.

• • •

Als Technologiekonsumenten erwarten wir, dass die KI-Stämme bereits an alle Probleme gedacht und diese gelöst haben, bevor neue Apps, Produkte oder Dienste die Forschungs- und Entwicklungslabors verlassen. Wir sind daran gewöhnt, dass Technologien auf den Markt kommen, die sofort einsetzbar sind. Wenn wir uns ein neues Smartphone oder einen neuen Fernseher kaufen, schalten wir die Geräte ein, und sie funktionieren wie versprochen. Laden wir neue Software herunter, ob zur Textverarbeitung oder zur Analyse von Daten, arbeitet diese wie erwartet. Wir vergessen dabei, dass KI keine einsatzbereite Technik ist. Wenn ein KI-System so funktionieren soll, wie wir uns das vorstellen, benötigt es gewaltige Datenmengen – und die Möglichkeit, in Echtzeit zu lernen.

Wir alle – ob Endverbraucher, Journalisten oder Analysten – räumen den großen Neun keinen Spielraum für Fehler ein. Wir verlangen in schöner Regelmäßigkeit neue Produkte, Dienste, Patente und Durchbrüche in der Forschung oder beschweren uns öffentlich. Dass die KI-Stämme durch unsere Ansprüche davon abgehalten werden, bessere Arbeit zu leisten, ficht uns nicht an.

KI-Modelle und -Rahmenbedingungen erfordern ungeachtet ihrer Größe eine Menge Daten, damit sie lernen, sich optimieren und eingesetzt werden können. Daten sind vergleichbar mit unseren Ozeanen. Sie umgeben uns, sind eine unbegrenzte Ressource und bleiben absolut nutzlos für uns, wenn wir ihr Wasser nicht entsalzen, aufbereiten und genießbar machen. Im Moment gibt es nur ein paar Unternehmen, die in der Lage sind, Daten effektiv und in der benötigten Größenordnung zu „entsalzen". Aus diesem Grund liegen die Schwierigkeiten beim Aufbau eines neuen KI-Systems nicht in den Algorithmen oder Modellen, sondern eher darin, die richtigen Daten zu erfassen und richtig zu bezeichnen, damit eine Maschine sie zur Schulung nutzen und daraus lernen kann. Im Verhältnis zu den verschiedenen Produkten und Leistungen, an denen die großen Neun ohne Unterlass arbeiten, stehen nur wenige einsatzbereite Datensätze zur Verfügung. Ein paar davon sind ImageNet (ein gewaltiger

Datensatz mit oft verwendeten Bildern), WikiText (ein Datensatz zur Sprachanalyse auf der Grundlage von Wikipedia-Artikeln), 2000 HUB5 English (ein ausschließlich englischsprachiger Datensatz, der für Sprache verwendet wird) sowie LibriSpeech (rund 500 Stunden Hörbuchauszüge). Wer eine Gesundheits-KI zum Erkennen von Anomalien in Blutwerten oder onkologischen Untersuchungen entwickeln möchte, für den ist nicht KI das Problem, sondern sind es die Daten – Menschen sind kompliziert, unsere Körper weisen unzählige verschiedene Varianten auf, und es gibt keinen einsatzbereiten Datensatz, der groß genug wäre.

• • •

Vor zehn Jahren, Anfang der 2010er-Jahre, arbeitete das Team von IBM Watson Health mit verschiedenen Krankenhäusern zusammen, um festzustellen, ob seine KI die Arbeit der Ärzte ergänzen könnte. Anfangs verbuchte Watson Health erstaunliche erste Erfolge, unter anderem im Fall eines schwer kranken Neunjährigen. Nachdem die Spezialisten nicht in der Lage gewesen waren, eine Diagnose zu stellen und ihn zu behandeln, ordnete Watson potenziellen Gesundheitsproblemen bestimmte Wahrscheinlichkeiten zu, darunter häufige Krankheitsbilder ebenso wie seltene Ausreißer – und auch das seltene Kawasaki-Syndrom, das im Kindesalter auftritt. Sobald bekannt wurde, dass Watson Wunderdiagnosen stellte und Menschenleben rettete, stand das Watson-Team unter dem Druck, die Plattform zu kommerzialisieren und zu verkaufen. Es wurden unfassbar unrealistische Ziele gesetzt. IBM prognostizierte, dass die Watson-Health-Sparte von 244 Millionen US-Dollar im Jahr 2015 bis 2020 auf 5 Milliarden US-Dollar anwachsen würde.[1] Man ging also von einem Wachstum von 1.949 Prozent in weniger als fünf Jahren aus.

Doch bevor Watson Health dasselbe Wunder erneut vollbringen konnte – natürlich im Zuge eines schwindelerregenden Entwicklungszeitplans –, benötigte es erheblich mehr Schulungsdaten und mehr Zeit zum Lernen. Doch es standen nicht genügen reale Daten zur Verfügung, und die Daten, die man heranziehen konnte, waren absolut unzulänglich. Der Grund dafür: Die Patientendaten waren in elektronischen Gesundheitsdaten-Softwaresystemen gesichert, die von einem anderen Unternehmen verwaltet wurden, das IBM als Konkurrenten betrachtete.

Infolgedessen versuchte es das IBM-Team mit einer bei den KI-Stämmen verbreiteten Ausweichlösung: Es fütterte Watson Health mit sogenannten „synthetischen Daten" – also Daten, die hypothetische Informationen repräsentieren. Da die Forscher nicht einfach „ein Meer" an Daten zusammentragen und zu Schulungszwecken in ein maschinell-lernendes System einspeisen können, lassen sie entweder extern einen synthetischen Datensatz erstellen oder erledigen das selbst. Das ist oft nicht ganz einfach, weil die Zusammenstellung der Daten – welche Daten aufgenommen werden, und wie sie zu etikettieren sind – auf vielen Entscheidungen einer kleinen Gruppe von Personen beruht, die sich ihrer berufsbedingten, politischen, geschlechtsbezogenen oder vielen sonstigen kognitiven Vorurteile nicht bewusst sind.

Absolut überzogene Erwartungen bezüglich der unmittelbaren Rentabilität von Watson Health hat in Verbindung mit einer Abhängigkeit von synthetischen Datensätzen zu einem schwerwiegenden Problem geführt. IBM hatte sich mit dem Memorial Sloan Kettering Cancer Center zusammengetan, um das Können von Watson Health auf die Krebstherapie anzuwenden. Bald darauf berichteten ein paar an dem Projekt beteiligte medizinische Fachleute von Beispielen für bedenkliche und falsche Behandlungsempfehlungen. So empfahl Watson Health beispielsweise für einen Patienten, bei dem Lungenkrebs festgestellt worden war, der aber auch Blutungssymptome aufwies, ein bizarres Behandlungsprotokoll: Chemotherapie und einen Wirkstoff namens Bevacizumab, der kontraindiziert war, weil er schwere oder gar lebensbedrohliche Blutungen auslösen kann.[2]

Die Geschichte über Watsons Unfähigkeit machte die Runde in Fachpublikationen der Medizin- und Krankenhausbranche und auf Techie-Blogs – häufig mit aufsehenerregenden Schlagzeilen. Dabei war das Problem gar nicht, dass Watson Health den Menschen schaden wollte – vielmehr hatten die Kräfte des Marktes IBM gezwungen, seine KI-Forschung unter Zeitdruck zu setzen, um die gesteckten Ziele zu erreichen.

• • •

Und noch ein Nadelstich: Manche KI haben herausgefunden, wie sie ihre eigenen Systeme hacken und manipulieren können. Ist eine KI speziell darauf programmiert, ein Spiel zu erlernen, es zu spielen und alles Nötige zu tun, um zu gewinnen, haben Forscher festgestellt, dass es mitunter zum sogenannten „Reward Hacking" kommt: Dann nutzt das System evolutionäre und maschinell lernende Algorithmen, um durch faule Tricks und Betrug zu gewinnen. So merkte beispielsweise eine KI, die *Tetris* spielen lernte, dass sie nie verlieren würde, wenn sie das Spiel einfach für immer unterbrach. Seit Sie zum ersten Mal von Reward Hacking gelesen haben – es machte unlängst Schlagzeilen, als zwei finanzwirtschaftliche KI-Systeme einen drastischen Werteinbruch auf dem Aktienmarkt prognostizierten und selbstständig versuchten, die Märkte auf unbegrenzte Zeit zu schließen –, fragen Sie sich sicher, was wohl passiert, wenn Ihre Daten in so ein Reward-Hacking-System geraten. Sie planen doch gerade Ihren Winterurlaub – was, wenn die Flugsicherung lahmgelegt wird?

• • •

Ein weiterer Nadelstich: Böswillige Akteure können „toxische" Daten in die Schulungsprogramme von KI einleiten. Neuronale Netzwerke sind anfällig für „gegnerische Beispiele" – also gefälschte

Daten oder solche, die gezielt mit falschen Informationen angereichert wurden, damit ein KI-System Fehler macht. So könnte es ein Bild mit 60-prozentiger Wahrscheinlichkeit als Panda bezeichnen. Liegen nur wenige Störfaktoren vor – ein paar deplatzierte Pixel, die dem menschlichen Auge gar nicht auffallen würden –, versieht das System dasselbe Bild mit 99-prozentiger Wahrscheinlichkeit mit dem Etikett „Gibbon". Es ist möglich, das Bilderkennungssystem eines Autos darauf zu trimmen, dass es ein Stoppschild für „Tempo 100" hält und seine Passagiere ungebremst in eine Kreuzung einfahren lässt. Gegnerische Inputs könnten ein militärisches KI-System so umschulen, dass es alle visuellen Daten, die vor jedem Krankenhaus zu erfassen sind – wie Rettungswagen oder die Wörter „Notaufnahme" und „Krankenhaus" auf Hinweisschildern – als Terroristenkennzeichen wertet. Das Problem dabei ist, dass es den großen Neun noch nicht gelungen ist, herauszufinden, wie sie ihre Systeme vor solchen gegnerischen Beispielen schützen können – weder in der digitalen noch in der physischen Welt.

* * *

Ein tieferer Nadelstich: Die großen Neun wissen, dass gegnerische Informationen sogar verwendet werden können, um maschinell lernende Systeme und neuronale Netze umzuprogrammieren. Ein Team innerhalb des Brain-Bereichs von Google veröffentlichte 2018 einen Artikel darüber, wie ein böswilliger Akteur gegnerische Informationen in eine Bilderkennungsdatenbank einspeisen und effektiv alle KI-Systeme umprogrammieren könnte, die daraus lernen.[3] Hacker könnten eines Tages schädliche Daten in Ihre intelligenten Kopfhörer einbetten und sie auf die Identität eines anderen umprogrammieren – einfach, indem sie neben Ihnen im Zug gegnerische Störgeräusche abspielen.

Noch komplizierter wird das Ganze dadurch, dass gegnerische Informationen mitunter nützlich sein können. Ein anderes Google-

Brain-Team stellte fest, dass solche Informationen verwendet werden können, um neue Informationen zu generieren, die in einem sogenannten „Generative Adversarial Network" oder GAN nutzbringend eingesetzt werden können. Im Grunde ist das der Turing-Test, nur ohne menschliche Beteiligung. Zwei KI werden anhand derselben Daten geschult – etwa Bildern von Menschen. Die eine generiert realistisch wirkende Fotos von, sagen wir, dem nordkoreanischen Diktator Kim Jong-un, während die zweite KI die so erzeugten Fotos mit echten Aufnahmen abgleicht. Aufgrund des Urteils der zweiten KI nimmt die erste Änderungen an ihrem Prozess vor – und zwar so lange, bis die erste KI automatisch alle möglichen Bilder von Kim Jong-un erzeugt, die absolut realistisch wirken, doch nie wirklich aufgenommen wurden. Die Bilder zeigen Kim Jong-un beim Abendessen mit Wladimir Putin, beim Golfspiel mit Bernie Sanders oder beim Cocktail mit Kendrick Lamar. Google Brain will damit aber niemanden täuschen, sondern das von synthetischen Daten verursachte Problem lösen. GANs würden es KI-Systemen ermöglichen, mit unbearbeiteten realen Daten zu arbeiten, die nicht bereinigt wurden, und zwar ohne direkte Beaufsichtigung durch einen menschlichen Programmierer. Das ist zwar ein herrlich kreativer Problemlösungsansatz – könnte eines Tages aber eine ernsthafte Bedrohung für unsere Sicherheit darstellen.

• • •

Und noch ein Nadelstich: Bei der Zusammenarbeit komplexer Algorithmen kommt es mitunter zu einem Wettlauf um das Erreichen des Ziels, der das gesamte System vergiften könnte. Solche systemübergreifenden Probleme waren zu beobachten, als der Preis eines Lehrbuchs für Entwicklungsbiologie rasch in die Höhe schoss. Das Buch war vergriffen, doch Amazon zeigte an, dass es bei Wiederverkäufern 15 gebrauchte Exemplare gab, mit Preisen ab 35,54 US-Dollar – und zwei brandneue Exemplare, von denen das billigste

1,7 Millionen US-Dollar kosten sollte. Im Hintergrund hatten Amazons Algorithmen selbstständig einen Preiskrieg angezettelt und entschieden, den Preis immer weiter anzuheben, bis er 23.698.655 US-Dollar erreichte (zuzüglich 3,99 US-Dollar Versandkosten). Das System lernender Algorithmen hatte auf die einzelnen Auktionen mit Echtzeitanpassungen reagiert, wozu es konzipiert war. Anders ausgedrückt: Wir haben der KI womöglich versehentlich beigebracht, dass Blasen eine gute Sache sind. Unschwer vorstellbar, wie Algorithmen im Wettstreit miteinander die Preise für Immobilien, Aktien oder auch einfach digitale Werbung grundlos in die Höhe treiben könnten.

• • •

Das sind nur ein paar vereinzelte der vielen kleinen Nadelstiche, die uns die KI-Stämme bewusst zumuten im Streben nach den verfolgten Zielen, die in den Vereinigten Staaten von den Kräften des Marktes und in Peking von der Kommunistischen Partei Chinas bestimmt werden. Statt die Erwartungen zu Tempo und Rentabilität zu dämpfen, stehen die KI-Stämme ständig unter dem Druck, Produkte auf den Markt zu bringen. Sicherheit spielt nur eine untergeordnete Rolle. Die Belegschaften und die Führungsriegen der G-MAFIA finden das bedenklich, doch wir gestehen ihnen nicht die nötige Zeit zu, um es zu ändern – von China gar nicht zu reden.

Von 2019 bis 2023 ignorieren wir mehr oder minder Xi Jinpings Zukunftsproklamationen: Chinas groß angelegte nationale KI-Strategie, seine Pläne, die Weltwirtschaft zu beherrschen, und Chinas Ziel, die eine große Kraft hinter geopolitischen Entscheidungen zu werden. Wir versäumen es, die Punkte zwischen der Zukunft der KI, Chinas Überwachungsinfrastruktur und dem Sozialkreditsystem sowie Chinas personenbezogene Diplomatie in verschiedenen afrikanischen, asiatischen und europäischen Ländern zu verbinden. Äußert sich Xi öffentlich und häufig zur Notwendigkeit einer globalen

Regierungsreform und fasst nach mit der Initiierung multinationaler Organe wie der Asian Infrastructure Investment Bank, ist uns das höchstens einen Seitenblick wert, erhält aber nicht unsere volle Aufmerksamkeit. Ein Fehler, den wir nicht gleich erkennen.

In China war der Weg zur KI-Vorherrschaft durchaus holprig. China kämpft mit seinen eigenen Nadelstichen, während sich die BAT-Gruppe bemüht, unter der harten Hand Pekings ebenso innovativ zu sein wie das Silicon Valley. Die BAT-Unternehmen umgehen wiederholt bürokratische Vorschriften. Die frühen Skandale – als Chinas Devisenamt Alipay mit einer Geldbuße in Höhe von 600.000 Yuan (rund 88.000 US-Dollar) belegte, weil von 2014 bis 2016 internationale Zahlungen falsch dargestellt wurden, und Tenpay abgestraft wurde, weil es zwischen 2015 und 2017 versäumt hatte, grenzüberschreitende Zahlungen ordnungsgemäß anzumelden – entpuppten sich nicht als Anomalien.[4] Es wird deutlich, dass es sich dabei nicht um Einzelfälle handelt, während sich chinesische Staatsvertreter im Spannungsfeld zwischen sozialistischen Befindlichkeiten und der Realität des Kapitalismus bewegen.

• • •

Es zeichnen sich bereits die nachgelagerten Folgen all dieser politisch, strategisch und technisch bedingten Anfälligkeiten ab. Um die Wall Street zu beschwichtigen, interessiert sich die G-MAFIA mehr für lukrative Staatsaufträge als für strategische Partnerschaften. Das sorgt eher für Wettbewerb als für Kooperation. Es führt zu eingeschränkter Kompatibilität unter KI-Rahmenbedingungen, -Diensten und -Geräten. In den frühen 2020er-Jahren gab der Markt der G-MAFIA wiederholt Anstoß, bestimmte Funktionalitäten und Features untereinander aufzuteilen: Amazon ist inzwischen für den Onlinehandel und für das Zuhause zuständig, Google für Suche, Standortbestimmung, private Kommunikation und den Arbeitsplatz. Microsoft ist Herr über das Cloud-Computing für Unternehmen, IBM über KI-Anwendungen auf Unternehmensebene und angewandte Systeme im Gesundheitswesen. Facebook beherrscht die sozialen Medien, Apple produziert Hardware (Handys, Computer und Wearables).

Kein Unternehmen der G-MAFIA hat sich einem bestimmten Kanon aus zentralen Werten verschrieben, unter denen Transparenz, Inklusivität und Sicherheit oberste Priorität genießen würden. Die Leitfiguren der G-MAFIA sind sich zwar einig, dass auf breiter Front Standards zur Regelung von KI eingeführt und umgesetzt werden sollten, jedoch lassen sich weder die nötigen Ressourcen noch die erforderliche Zeit dafür abstellen.

Ihre persönlichen Daten standen ursprünglich im Eigentum von vier Unternehmen der G-MAFIA, die sie zusammengestellt und gepflegt haben: Google, Amazon, Apple und Facebook. Der Haken dabei: Ihnen ist gar nicht klar, dass ein solches PDR existiert oder von der G-MAFIA und den KI-Stämmen verwendet wird. Das ist keine Absicht, sondern ein der Eile geschuldetes Versehen. Es steht jedoch alles in den Nutzungsbedingungen, denen wir automatisch zustimmen, ohne sie jemals zu lesen.

Die von den einzelnen PDR-Providern verwendeten Formatierungen sind nicht komplementär, sodass sowohl Datendubletten kursieren als auch paradoxerweise große Lücken dort vorliegen, wo maßgebliche Daten fehlen. Das ist, als wären Sie von vier verschiedenen Fotografen abgelichtet worden: Einer verwendet Schirme und Stative, einer ein Fischaugenobjektiv, einer eine Sofortbildkamera und einer einen Kernspintomografen. Technisch erhalten Sie dann vier Aufnahmen von Ihrem Kopf, doch die darin eingebetteten Daten unterscheiden sich drastisch.

Um das Bild zu vervollständigen, geben die KI-Stämme „digitale Emissäre" heraus – kleine Programme, die als Vermittler fungieren und im Auftrag der G-MAFIA verhandeln. Die digitalen Emissäre von Google und Amazon funktionieren eine ganze Zeit lang, sind aber keine realistischen langfristigen Lösungen. Es ist schwierig, sie laufend zu aktualisieren, insbesondere angesichts der vielen verschiedenen

Fremdprodukte und -dienste, die damit verlinkt werden. Statt täglich neue Versionen der Emissäre zu veröffentlichen, nimmt Google eine grundlegende Veränderung vor.

Anfang der 2020er-Jahre bringt Google sein vorletztes Betriebssystem heraus, ein Mega-OS, das auf Smartphones, Sprachassistenten, Laptops, Tablets und vernetzten Geräten läuft. Das ist erst der Anfang. Langfristig will Google dieses OS so erweitern und ausbauen, dass es zur unsichtbaren Infrastruktur für unseren Alltag wird, unsere Sprachschnittstellen, unsere intelligenten Kopfhörer und Brillen, unsere Autos und sogar Teile unserer Städte antreibt. Unsere PDRs sind vollständig in das System einbezogen, was den Nutzern enorme Vorteile bringt.

Googles Mega-OS kommt für Apple zur Unzeit. Apple mochte das erste US-amerikanische Billionen-Dollar-Unternehmen sein, doch im Kielwasser neuerer vernetzter Geräte wie intelligenter Kopfhörer und Armbänder ging der iPhone-Absatz stetig zurück. Trotz seiner vielen Erfolge hatte Amazon (Amerikas zweites Billionen-Dollar-Unternehmen) seit seinem sprachgesteuerten Assistenzsystem Echo keinen großen Hardware-Hit für Endverbraucher mehr gelandet. In einem überraschenden Schachzug gründen Apple und Amazon 2025 eine exklusive Partnerschaft zum Ausbau eines umfassenden OS für die Hardware beider Unternehmen. Das resultierende Betriebssystem namens Applezon stellt für Google eine ernste Bedrohung dar. Im Verbrauchersegment wird dadurch ein Modell mit zwei Betriebssystemen zementiert und der Boden für eine groß angelegte zügige Konsolidierung im KI-Ökosystem bereitet.

Facebook beschließt, eine ähnliche Partnerschaft einzugehen: Das Unternehmen verliert aktive monatliche Nutzer, die das soziale Netzwerk nicht mehr für unverzichtbar halten. Es streckt seine Fühler zu Applezon aus, doch dort ist man nicht interessiert. Microsoft und IBM fokussieren sich weiter auf Firmenkunden.

China und seine neuen diplomatischen Partner verwenden ausschließlich BAT-Technologien, der Rest der Welt entweder das

Mega-OS von Google oder Applezon, die beide unseren PDRs zugrunde liegen beziehungsweise auf deren Grundlage arbeiten. Das grenzt unsere Wahlmöglichkeiten auf dem Markt ein. Bei Smartphones können wir nur zwischen wenigen Modellen auswählen (und sie werden ohnehin bald von intelligenten Brillen und Armbändern abgelöst). Nicht anders ist es bei den Geräten für Zuhause – Sprachassistenten, Computer, Fernseher, Großgeräte und Drucker. Es ist einfacher, sich auf eine Marke einzuschießen – also gibt es Google-Haushalte und Applezon-Haushalte. Technisch ist es möglich, unsere PDRs auf andere Anbieter zu übertragen. Wir haben aber kein Eigentumsrecht an den darin enthaltenen Daten, und auch die PDRs selbst gehören uns nicht. Ebenso wenig gewährt man uns vollständige Transparenz – was Google und Applezon mit unseren PDRs anfangen, ist in erheblichem Umfang gezielt unsichtbar, um geistiges Eigentum zu schützen.

Um Kartellprozesse zu vermeiden, wird uns versichert, dass wir unsere PDRs jederzeit von einem auf ein anderes Betriebssystem übertragen können. In der Praxis ist das allerdings nahezu unmöglich. Das erinnert an die Versuche, vor vielen Jahren von iOS auf Android umzusteigen: Dabei stellte man fest, dass viele wichtige Daten und Einstellungen für immer verloren gingen, der aktuelle Status von Apps zurückgesetzt wurde, viele Apps gar nicht mehr funktionierten (und man sich sein Geld nicht mehr zurückholen konnte), und auch alle Speicherorte, an denen man zuvor Fotos und Videos hinterlegt hatte, nicht mehr ohne Weiteres zugänglich waren. Inzwischen wird Ihr PDR von Dritten genutzt – wie Schulen, Krankenhäusern und Fluggesellschaften –, was den Prozess der Umstellung von Google auf Applezon noch viel komplizierter macht.

Es gibt jede Menge frischgebackene IT-Berater, die mehrere Tage dafür aufwenden, Ihre PDRs von einem Anbieter auf den anderen zu übertragen, doch der Prozess ist kostspielig und unvollkommen. Die meisten Menschen entschließen sich widerstrebend, nichts zu ändern – auch wenn der Status quo unbefriedigend ist.

Google und das Joint Venture aus Amazon und Apple sehen sich in den Vereinigten Staaten und in Europa mit Kartellverfahren konfrontiert. Bis die Fälle ihren Weg durch die Rechtssysteme gefunden haben, sind die Daten aller Beteiligten bereits so stark miteinander verflochten, dass eine Aufspaltung oder Öffnung der PDR- und KI-Systeme mehr Gefahren bergen als Nutzen bringen würde. Infolgedessen wird entschieden, empfindliche Geldbußen zu erheben. Die Summen sollen in die Entwicklung neuer Projekte fließen. Dabei sind sich alle einig: Das Zwei-OS-System muss fortbestehen dürfen.

• • •

Im Zuge des Reifeprozesses der KI von schwachen Anwendungen zu starken denkenden Maschinen haben wir keine Wahl: Wir müssen mit den Nadelstichen leben, die uns die künstliche Intelligenz zufügt. Chinas moderne Kommunismusversion – Sozialismus, gemischt mit kapitalistischen Befindlichkeiten – greift um sich, was Xi Jinping in die Lage versetzt, seine Versprechen einer neuen Weltordnung zu halten. Länder, die gegen Chinas autokratischen Regierungsstil, seine Unterdrückung von Religions- und Pressefreiheit und seine negativen Einstellungen zu sexuellen, geschlechtsbezogenen und ethnischen Orientierungen sind, haben nichts zu sagen. Ihnen bleibt nichts anderes übrig, als zu Chinas Bedingungen mit China zusammenzuarbeiten.

Uns wurde Freiheit durch KI versprochen, die uns von profanen Routinearbeiten befreien sollte. Stattdessen wird unsere Wahlfreiheit in einer Weise eingeschränkt, wie sich das keiner vorgestellt hatte.

2029: Erlernte Hilflosigkeit

Das Zwei-OS-System hat zu heftiger Konkurrenz zwischen all jenen Angehörigen der KI-Stämme geführt, die nicht auf große Kompatibilitätsprobleme eingestellt waren. Es sollte sich nämlich herausstellen, dass in diesem System nicht nur die Hardware inkompatibel war, sondern auch die *Menschen*. Die Freizügigkeit, die einst Wahrzeichen des Silicon Valley war – dass nämlich Techniker, Betriebsleiter und Entwickler von Nutzererfahrungen ohne ein echtes Gefühl der Verbundenheit von einem Unternehmen zum anderen wechselten –, ist längst Geschichte. Statt uns zusammenzubringen, hat uns KI effektiv und effizient gespalten. Das ist auch für die US-Regierung ein wunder Punkt, die sich ebenfalls für ein System entscheiden musste. (Wie die meisten anderen Regierungen hielt sie sich an Applezon statt an Google, weil Applezon günstigere Preise bot und überdies vergünstigten Bürobedarf in sein Paket einschloss).

Weltweit sprechen alle nur noch von unserer „erlernten Hilflosigkeit" im KI-Zeitalter. Ohne unsere verschiedenen automatisierten Systeme, die uns laufend durch positives oder negatives Feedback in die richtige Richtung stupsen, geht offensichtlich gar nichts mehr. Wir suchen die Schuld bei den großen Neun, doch in Wirklichkeit haben wir uns das selbst zuzuschreiben.

Besonders heftig ist das für die Millennials, die schon als Kinder auf Feedback und Lob aus waren und unsere verschiedenen KI-Systeme zunächst mit Begeisterung aufnahmen – die aber einen psychologischen Tick entwickelten, der schwer abzulegen war. Gibt die Batterie unserer KI-betriebenen Zahnbürste den Geist auf, muss sich eine Angehörige dieser Generation (die inzwischen Mitte 40 ist) ihre Zähne altmodisch mit der Hand putzen und erhält keine Rückmeldung zur Bestätigung. Eine analoge Zahnbürste gibt kein Feedback, was bedeutet, dass die Dame auf ihren erwarteten Dopaminstoß verzichten muss, was sie nervös und melancholisch werden lässt. Doch das gilt nicht nur für die Millennials. Die meisten von uns beschleicht dabei ein leichtes Unbehagen. Deshalb investieren wir in Überflüssiges und kaufen uns entbehrliche analoge Utensilien (wie Plastikzahnbürsten, traditionelle alte Kopfhörer und Warby-Parker-Brillen) für unsere KI-betriebenen Geräte. Wir vertrauen nicht mehr wie früher auf unseren gesunden Menschenverstand oder unsere grundsätzliche Lebenstüchtigkeit.

Die konkurrierenden Standards des Mega-OS von Google und des Applezon-Systems erinnern uns an Auslandsreisen und die mit unterschiedlich geformten Steckern und unterschiedlicher Spannung verbundenen Irritationen. Wer viel unterwegs ist, dem ist das Betriebssystem wichtiger als Kundenbindungsprogramme. Er nächtigt lieber in einem Applezon-Hotel oder fliegt mit einer Fluggesellschaft, die Googles Mega-OS verwendet. Unternehmen finden es einfacher, ganz mit dem einen oder anderen Betriebssystem zu arbeiten. Langsam, aber sicher werden wir dazu gedrängt, uns für eine Seite zu entscheiden. Applezon-Nutzern fällt das Zusammenleben mit Google-Mega-OS-Kunden schwer: Sie mögen menschlich kompatibel sein, doch ihre PDRs und Geräte sind es nicht.

• • •

Das Jahr 2019 war der Anfang vom Ende des Smartphones. Deshalb tragen wir heute alle vernetzte Geräte am Körper, nicht mehr in der Hosen- oder Handtasche. Nach einer Zeit der raschen Weiterentwicklung boten neue Handys auf Apple-iOS- oder Android-Basis nur noch geringfügige Optimierungen ihrer Systeme. Die aktuellen Versionen der Geräte selbst unterschieden sich nicht sehr von ihren Vorgängern – oder nur durch kleine Verbesserungen an der Kamera. Der Hype um jedes neue iPhone verpuffte. Noch nicht einmal die Markteinführung des legendären Samsung-Smartphones mit faltbarem Display schaffte es, die Akzeptanz bei Neukunden auf frühere Werte in die Höhe zu treiben. Statt jedes Jahr oder alle zwei Jahre Schlange zu stehen, um sich die neusten Handys zu kaufen, gaben die Verbraucher ihr Geld lieber für eine ganze Reihe neuer vernetzter Geräte aus, die auf den Markt kamen: kabellose Bluetooth-Kopfhörer mit biometrischen Sensoren, Armbänder, mit denen man Videos aufnehmen und Videoanrufe tätigen konnte, und intelligente Brillen, die uns mit einem scheinbar endlosen Informationsfluss versorgten. Bei den Brillen war Applezon – mit Applezon Vision – durchaus erwartungsgemäß schneller auf dem Markt als Google. Apple und Amazon konnten beide auf eine lange Erfolgsbilanz mit aufsehenerregenden neuen Technologien und Einflussnahme auf den Geschmack der Verbraucher aufwarten. (Der kommerzielle Fehlschlag von Google Glass sorgte innerhalb des Unternehmens weiter für Frust, obwohl die Technologie als solche bahnbrechend war.) Inzwischen tragen die meisten Menschen den ganzen Tag intelligente Brillen und Kopfhörer, und dazu einen Ring oder ein Armand für Videoaufzeichnungen.

Wie sich herausstellen sollte, waren die Brillen eine unvermeidliche Entwicklung. Nachdem wir zwei Jahrzehnte auf Bildschirme gestarrt hatten, konnten unsere Augen die nötigen Anpassungen nicht mehr vornehmen. Die meisten von uns sind kurzsichtig und brauchen schon in jüngeren Jahren eine Lesebrille. Wie schon heute die meisten Menschen brauchen sie Sehhilfen, was den Markt für intelligente Brillen schuf, den manche Analysten für unmöglich hielten. Die Brillen sind zusammen mit ihren Peripheriegeräten – drahtlosen Ohrhörern, einem intelligenten Armband und einem superleichten Tablet – unsere primären Kommunikationsmittel. Sie sind ein Informationsfenster, durch das wir die Welt sehen und verraten uns Informationen und Details über die Menschen, denen wir begegnen, die Orte, die wir aufsuchen, und die Produkte, die wir vielleicht kaufen möchten. Über sie sehen wir Videos, und wenn wir einen Videoanruf durchführen wollen, verwenden wir dazu die in unserem intelligenten Armband eingebaute Kamera. Im Großen und Ganzen sprechen wir mehr, als wir tippen. Hinter vielen Daten, die Sie über ihre intelligenten Wearables sehen und erfassen, stehen spezielle Algorithmen für räumliche Berechnungen, maschinelles Sehen und Audioerkennung.

· · ·

Applezon und Google geben Ihnen gezielt Anreize, all diese Geräte nicht zu kaufen, sondern zu leasen. Teil des Abonnements ist der Zugang zu Ihrem PDR. An dem Abomodell ist gar nichts Verwerfliches: Es war nur eine praktische Entscheidung, die der Produktzyklus erforderlich gemacht hat. Künstliche Intelligenz verändert sich mit jedem Jahr immer schneller, und da der Wert unserer Daten die Gewinnmargen von intelligenten Brillen, Armbändern und Kopfhörern bei Weitem übersteigt, besteht das Ziel darin, uns alle dauerhaft mit dem System zu vernetzen. Die Technologie ist der Lockvogel, dem eine niedrige monatliche Abonnementgebühr gegenübersteht. Über das Abo erhalten Sie auch Zugriff auf Ihr PDR, und der Preis richtet sich nach dem Genehmigungsumfang. Die billigsten Tarife lassen die wenigsten Einschränkungen zu. Wer so einen Tarif bucht, erlaubt Google und Applezon, seine Daten nach Gutdünken zu nutzen, ob für Werbezwecke oder zur Simulation medizinischer Experimente. Wer das Geld hat, kann seine PDR-Sätze mit „Genehmigungsaufschlägen" versehen, die jedoch schwer erhältlich und gar nicht billig sind. 2029 gibt es elitäre, geschlossene Communitys, die sich den Blicken der Öffentlichkeit entziehen – allerdings in der digitalen Welt. Geschützt werden sie durch Algorithmen. Dort verbergen sich die Daten wohlhabender Zeitgenossen vor den neugierigen Augen der Durchschnittsbürger und der Unternehmen.

Wie viele andere sind Sie sogenannten „Papageienangriffen" aufgesessen, die neueste Variante betrügerischer Phishing-Versuche, und die Regierungen in aller Welt sind darauf nicht vorbereitet. Es zeigt sich, dass gegnerische Eingaben auch Ihr PDR infizieren und wie ein Papagei Ihre Stimme gegenüber jedem, den Sie kennen, nachahmen können. Manche Papageien-KI sind so tief in Ihr PDR und Ihr digitales Leben eingedrungen, dass sie nicht nur überzeugend einzigartige Merkmale wie Ihre Stimme, Ihren Sprachrhythmus, Ihren Tonfall und Ihren Wortschatz nachahmen können, sondern dabei auch über institutionelles Wissen über Ihr Leben verfügen. Papageien-KI werden eingesetzt, um so überzeugende gefälschte

Sprachnachrichten zu verschicken, dass regelmäßig sogar Eltern und Ehepartner hinters Licht geführt werden. Leider stellen Papageien-KI Online-Partnervermittlungen vor große Probleme. Betrüger stehlen Identitäten und verwenden diese, um andere unter Einsatz hyperrealistischer Interaktionen aufs Glatteis zu führen.

• • •

Wir alle leiden in gewissen Umfang unter Nachteilen durch die erlernte Hilflosigkeit, neue wirtschaftliche Spaltungen und das Gefühl, dass wir als reale Menschen nicht mit den KI-optimierten Versionen mithalten können. Trost suchen wir in Schnittstellen zwischen Gehirn und Maschine – Verbindungen mit hoher Durchlaufgeschwindigkeit, über die Daten zwischen Ihrem Kopf und einem Rechner übertragen werden. Zwar hatten Facebook und Elon Musk schon vor zehn Jahren verkündet, an speziellen Geräten zu arbeiten, die uns telepathische Superkräfte verleihen würden, doch Baidu hatte mit seinem „neurooptimierenden Stirnband" die Nase vorn. Das diskret in einer Baseballkappe oder einem Sonnenhut verborgene Gerät kann Ihre Gehirnwellendaten auslesen und überwachen und Feedback übermitteln, um die Konzentration zu steigern, ein Gefühl des Glücks oder der Zufriedenheit zu erzeugen oder Ihnen den Eindruck zu vermitteln, Sie seien voller Energie. Dass es ein BAT-Unternehmen war, das als Erstes eine Schnittstelle zwischen Gehirn und Maschine auf den Markt brachte, war keine Überraschung. Die Pharmaunternehmen betrieben Lobbyarbeit bei den Regulierungsorganen in der Hoffnung, die Zulassung neurooptimierender Stirnbänder und künftiger Hirn-Maschine-Schnittstellen zu verhindern. Da sie Baidu als Bedrohung wahrnahmen, schritten Google und Applezon ein und brachten eigene Produkte auf den Plan, durch die noch mehr Daten in unsere PDRs aufgenommen wurden.

• • •

Aus dezenten Denkanstößen wird pausenlose Nörgelei: Google und Applezon bedrängen Sie in einer Tour unaufgefordert, mehr für Ihre Gesundheit zu tun. Ihre Armbänder, Kopfhörer und intelligenten Brillen ermahnen uns ständig. Man hat gar nicht mehr die Chance, auch nur eine Gabel Kuchen in den Mund zu schieben, denn sobald man auch nur einen Blick auf die Desserts wirft, merkt die KI, was man essen möchte, gleicht es mit dem aktuellen Grundumsatz und dem gesamten Gesundheitszustand ab und schickt eine Warnmeldung an Ihr Armband oder Ihre Brille. Im Restaurant werden Sie angehalten, solche Gerichte in Betracht zu ziehen, die Ihren aktuellen biologischen Bedürfnissen entsprechen: also Nahrungsmittel, die mehr Kalium oder Omega-3-Fettsäuren enthalten oder weniger Kohlenhydrate und Salz. Wer sich richtig entscheidet, wird belohnt und erhält motivierendes Feedback.

Dem KI-Genörgel kann man sich kaum entziehen, denn Ihr PDR ist mit Ihrer Versicherungsprämie verknüpft, und die Höhe Ihres Beitrags richtet sich danach, wieviel Sie für Ihre Gesundheit tun. Wer eine Stunde Sport ausfallen lässt, muss befürchten, dass er das den ganzen Tag über zu hören bekommt. Ein Keks mehr, und schon gibt es einen Vermerk in Ihrer Akte. So war das System ursprünglich nicht konzipiert, doch die Algorithmen sollten einem bestimmten Zweck dienen und waren darauf gedrillt, die verschiedenen Facetten des Alltags unbarmherzig zu optimieren. Ein Endpunkt oder Abschlusstermin war in der Programmierung nicht vorgesehen.

Als sich das Zwei-OS-System für unsere PDRs herauskristallisierte, sahen sich viele Provider elektronischer Patientenakten dazu gezwungen, sich für einen Partner zu entscheiden. Dadurch erhielten manche Mitglieder der G-MAFIA endlich die Daten, die sie eigentlich Jahre früher gebraucht hätten – und dadurch entstand quasi zufällig auch Amerikas neues Gesundheitsversorgungssystem. IBM Watson Health verfügte über die hoch entwickelte (manche würden sagen, überlegene) Technologie, blickte aber auch auf zwei Jahrzehnte organisatorische Funktionsstörung zurück. Fünfzehn Jahre nachdem Google mit Calico seine eigene Gesundheitsinitiative angestoßen hatte, waren daraus noch immer keine brauchbaren kommerziellen Produkte hervorgegangen, sodass eine strategische Partnerschaft sinnvoll erschien: Watson-Calico. Das war ein vorausschauender Google-Schachzug, denn Amazon und Apple hatten unabhängig voneinander längst eigene disruptive Vorstöße in die amerikanische Versicherungs- und Pharmabranche geplant. Amazon hatte natürlich über sein Berkshire-Hathaway- und JPMorgan-Chase-Projekt mit neuen Modellen für Versicherungen und Medikamentenabgabe experimentiert, während Apple seinen erfolgreichen Einzelhandel und das Genius-Bar-Modell einsetzte, um an der ganzen Westküste der USA neuartige Minikliniken einzurichten. Die Google-IBM-Partnerschaft forcierte ein zweites Applezon-Joint-Venture, im Zuge dessen die E-Pharma-Plattform von Amazon mit Apples Minikliniken zusammengelegt wurde. Infolge der ganzen Konsolidierung gehören amerikanische Krankenhäuser inzwischen einem von zwei Gesundheitssystemen an: Watson-Calico oder Applezon. Die großen Konzerne – Kaiser Permanente, LifePoint Health, Trinity Health, New York-Presbyterian Healthcare System – sind entweder zahlende Mitglieder des einen oder des anderen.

Die Joint Ventures entpuppten sich als geniale Lösungen für das Datenproblem. Damit haben Google, IBM und Applezon nunmehr sogar ungehinderten Zugriff auf unsere biologischen Daten – und Sie wiederum haben Zugang zu kostengünstiger oder ganz und gar kostenloser Diagnostik. Tests werden nicht mehr reflexartig angeordnet, wenn wir krank sind. Sie werden inzwischen auf jedes und alles getestet, was Ihrem Gesundheitszustand und Ihrem Wohlbefinden insgesamt direkt zugutekommt. Fragt man einen Amerikaner nach seiner normalen Körpertemperatur, erhält man heute eine individuelle Antwort anstelle der früher üblichen 37 Grad Celsius.

Wir Amerikaner haben zwar endlich Zugang zu bezahlbarer medizinischer Versorgung, müssen aber mit verschiedenen bizarren Pannen leben, die, wie sich zeigen sollte, eigentlich keine Fehler waren, sondern Features. Ältere Rettungswagen können nicht immer auf das PDR eines Patienten zugreifen, wenn ihre OS-Updates nicht auf dem neuesten Stand sind. Das Gleiche gilt für die Krankenstationen in Schulen und Ferienlagern. Die PDRs konkurrierender Krankenhaussysteme können zwar technisch durchaus von Applezon Health und Watson-Calico ausgelesen werden, doch viele aufschlussreiche Kontextdaten fehlen häufig. Vor allem in kleineren oder ländlichen Kommunen stellen Ärzte fest, dass sie sich auf ihr Medizinstudium zurückbesinnen müssen, wenn jemand aus einem Applezon-Haushalt in eine Watson-Calico-Klinik eingeliefert wird oder umgekehrt. Da immer mehr ältere, klassisch ausgebildete Ärzte in den Ruhestand gehen, gibt es immer weniger jüngere Kollegen mit den erforderlichen Kenntnissen und der nötigen Erfahrung, um inkompatible Patienten untersuchen zu können. Ein weiteres Beispiel für erlernte Hilflosigkeit – allerdings unter schlimmstmöglichen Umständen.

• • •

Doch auch in anderen Lebensbereichen sorgt KI für abstruse Pannen. 2002 stellten Forscher der Berkeley Open Infrastructure for Network Computing Folgendes fest: Wenn manche von uns zulassen, dass ihre Geräte gekapert werden, während sie schlafen, könnte es möglich sein, die Leistung eines Supercomputers zu simulieren – und diese Leistung könnte wissenschaftlich genutzt werden. Erste Experimente zeigten Erfolge, als Hunderttausende ungenutzte Prozessorzeit für alle möglichen verdienstvollen Vorhaben weltweit zur Verfügung stellten, um unter anderem Projekte wie Quake-Catcher Network zu unterstützen, das seismische Aktivitäten aufspürt, und SETI@home, das im Universum nach außerirdischem Leben sucht. 2018 hatten sich findige Unternehmer bereits überlegt, wie man solche Netzwerke für die Gig-Economy-V2.0 umwidmen könnte. Statt für Uber oder Lyft zu fahren, könnten Freiberufler „Gigware" installieren, um aus der Leerlaufzeit Ihrer

Rechner Kapital zu schlagen. Die neueste Gigware ermöglicht es Fremdunternehmen, unsere Geräte im Austausch gegen Gutschriften oder echtes Geld zu nutzen, das wir dann an anderer Stelle ausgeben können.

Wie in der Anfangszeit der Mitfahrdienste verabschiedeten sich viele aus der klassischen Erwerbsbevölkerung, um in dieser Neuauflage der Gig-Wirtschaft ihre Ansprüche abzustecken. Sie gaben ihre Jobs auf und versuchten, ihren Lebensunterhalt damit zu sichern, den Zugang zu ihren Geräten zu vermieten. Dadurch entstanden enorme Belastungen für das Stromnetz und die Netzanbieter, die die Nachfrage nicht befriedigen konnten. Netzüberlastungen und Spannungsabfälle sind inzwischen gang und gäbe, und weil die Gigware gewöhnlich dann läuft, wenn die Menschen schlafen, merken sie erst morgens, dass ihnen potenzielle Einnahmen entgangen sind.

Diejenigen, die noch in klassischen Arbeitsverhältnissen beschäftigt sind, fangen allmählich an, KI zu nutzen, um ihre Lebensläufe und Bewerbungsschreiben zu optimieren, was neue Pannen auslöst. Alltägliche Schwachstellen, die dafür gesorgt hätten, dass ein Kandidat ausgesiebt wird, fallen nicht mehr gleich ins Auge – inzwischen wirken alle so, als seien sie besser als ihre Mitbewerber. Es werden KI-Systeme eingesetzt, um Hinweise auszuwerten, doch die Personaler können keine fundierten Entscheidungen mehr treffen, weil alle Kandidaten gleich geeignet wirken. Also verlassen sie sich auf Vertrautes: Weiße Männer stellen weiße Männer ein, weil die Tyrannei der Auswahl ihre Handlungsfähigkeit lähmt.

In den meisten großen Unternehmen ist die früher vorhandene Hierarchie zusammengebrochen und es gibt nur noch zwei Arbeitnehmerkategorien: Fachkräfte und Führungskräfte. Fachkräfte arbeiten Hand in Hand mit KI-Systemen und sind KI-Meistern unterstellt. Das gesamte mittlere Management ist entfallen. Am Arbeitsplatz haben KI-Meister die Produktivität im Blick, verfolgen Ihre Bewegungen, wissen, mit wem Sie verkehren, und zeichnen auf, wie fröhlich, nervös, gestresst oder zufrieden Sie sind. Sie sind die

Verkörperung dieser furchtbaren Motivationsposter, auf denen früher stand „Sie sind mutiger, als Sie denken" oder „Sie sind stärker als Ihre Ausreden."

• • •

Die Regierungen waren nicht auf die flächendeckende Eliminierung der Jobs im mittleren Management in Wissensbranchen wie Recht und Finanzen eingestellt, weil sie sich ganz auf gewerbliche oder gering qualifizierte Berufsbilder konzentriert hatten, wie Fahrer, Bauern und Fabrikarbeiter. Im Nachgang zur Entstehung eines neuen KI-Zweigs – der maschinellen Kreativität – werden die kreativen Bereiche ebenso stark in Mitleidenschaft gezogen. Grafikdesigner, Architekten, Texter und Webentwickler werden entlassen, weil sich generative gegnerische Netzwerke und neuere KI-Systeme als erstaunlich zuverlässig und produktiv erweisen. Gleichzeitig gewährt KI bestimmten Positionen – wie den Chief Operating Officers, den Chief Financial Officers und den Chief Information Officers – herausragende Macht. Es hat sich eine deutliche Kluft aufgetan, indem sich mehr und mehr Vermögen an der Spitze von Organisationen konzentriert. Wir erleben die Herausbildung eines digitalen Kastensystems.

• • •

Noch ein Fehler im System: die Kontaminierung von Informationen. Zehn Jahre zuvor sorgte eine Konstellation aus Prozessen und weitreichenden internationalen Vorschriften für eine Zersplitterung des Internets. Anstelle eines einheitlichen World Wide Web standen wir letztlich vor Splitternetzen, in denen je nach lokaler Gesetzgebung und geografischen Einschränkungen unterschiedliche digitale Regelungen galten. Dazu kam es nicht über Nacht. Als sich das Internet in den 1990er-Jahren aus der Domäne von Wissenschaft und Staat in den privaten Sektor verlagerte, ließen wir seine freie Verbreitung zu, statt es wie ein reguliertes Versorgungs- oder Finanzsystem zu behandeln. Damals machten sich die Gesetzgeber nicht so viele Gedanken darüber, wie all die Daten, die wir im Internet generieren würden, genutzt werden könnten. Inzwischen ist es nicht mehr möglich, alle rechtlichen Umsetzungen zu beachten, während unsere früheren Filterblasen so ausgeweitet werden, dass sie geografischen Grenzen entsprechen. Das trug zur Förderung und Verbreitung von Fake News bei. Weil böswillige Akteure generative Algorithmen einsetzen und weil wir alle regionenabhängig unterschiedliche Versionen von Nachrichteninhalten vorgesetzt bekommen, wissen wir nicht, wem wir vertrauen können. Jede einzelne der ehrwürdigsten Nachrichtenorganisationen der Welt ist bereits schon mehr als einmal aufs Glatteis geführt worden, weil es qualifizierten Journalisten schwerfällt, Videos von globalen Leadern und von Alltagsmenschen auf Echtheit zu überprüfen. Es ist nahezu unmöglich, zu sagen, ob es sich bei dem Video, das wir gerade sehen, um eine generierte Stimme mit einem generierten Gesicht handelt oder um eine authentische Aufnahme.

• • •

Und noch ein Versäumnis: Niemand hat eine KI-Kriminalitätswelle kommen sehen. Schwache, jedoch effektive KI-Programme sorgen inzwischen im ganzen Internet für Probleme. Sie handeln mit illegalen Waren: mit gefälschten Designerhandtaschen, Drogen und Medikamenten aus gewilderten Tieren (wie Nashornhörnern und Elefantenstoßzähnen). Sie belauschen uns auf unseren sozialen Kanälen, lesen die Meldungen und infiltrieren die Finanzmärkte, indem sie plötzliche Verkaufswellen auslösen. Im öffentlichen Raum verbreiten sie Verleumdungen, um Menschen zu diffamieren und ihrer Reputation zu schaden. Allmählich beschleicht uns die Angst, KI könnten in unser PDR einbrechen, unsere biometrischen Daten hacken und nicht nur unsere eigenen Akten fälschen, sondern auch solche, wie wir geerbt haben. Diese Gesetzlosigkeit war zum Teil von der modernen Mafia ganz bewusst konzipiert und herbeigeführt worden: einem weitläufigen, breit gestreuten Netz des organisierten Verbrechens, das schwer aufzuspüren und einzudämmen ist. Manche der kriminellen KI sind aber auch Zufallsprodukte: Sie haben sich einfach weiterentwickelt und Verhaltensweisen an den Tag gelegt, die niemand beabsichtigt hatte.

Die Probleme machen auch vor physischen Robotern nicht Halt. Sicherheitsroboter, die mit intelligenten Kameras und prognostischer Analysesoftware ausgestattet sind, nehmen regelmäßig Farbige ins Visier. Die Sicherheitsroboter sind unbewaffnet, geben aber lautstark Anweisungen und lassen hohe, schrille Alarmsirenen ertönen, wenn sie Fehlverhalten vermuten. In Büros, Hotels, Flughäfen und Bahnhöfen werden Farbige immer wieder schikaniert und gedemütigt, weil sie von Sicherheitsbots zu Unrecht verdächtigt werden.

• • •

Die G-MAFIA hat ein gespanntes Verhältnis zu den amerikanischen Strafverfolgungsbehörden, die alle Zugriff auf unsere PDRs verlangen. Statt zusammenzuarbeiten, droht der Staat mit Prozessen und versucht, die G-MAFIA zu zwingen, ihre Daten herauszugeben – wenngleich diese weder gesetzlich noch anderweitig verpflichtet ist, solchen Forderungen nachzugeben. Das wird zwar nicht offiziell bestätigt, doch es klingt ganz so, als hofften US-amerikanische Strafverfolgungsorgane, die algorithmische Überwachung und das Sozialkreditsystem der Chinesen in Teilen zu übernehmen. Aus Angst vor den Reaktionen der Verbraucher verweigert die G-MAFIA aber weiterhin den Zugriff auf ihre Systeme.

Es wird schon über zehn Jahre lang über die philosophischen und ethischen Auswirkungen algorithmischer Entscheidungsprozesse in der Strafverfolgung gesprochen, ohne dass je Standards, Normen oder Vorschriften dafür festgelegt wurden. Inzwischen haben wir eine scheinbar endlose Serie KI-gestützter Kriminalität, doch keine Mechanismen, diese zu ahnden. Es gibt kein Gefängnis für KI und Roboter. Die Gesetze, die bestimmen, was kriminell ist, gelten nicht für die von uns erschaffene Technologie.

Unsere Verwirrung und Desillusionierung spielen China perfekt in die Hände. Das Land ist inzwischen nicht mehr nur ein nahezu gleichstarker Rivale für die Vereinigten Staaten, sondern ein gefürchteter direkter Konkurrent und eine wachsende militärische Bedrohung. Über Jahrzehnte hat sich China amerikanischer Ausrüstungskonzepte und Verteidigungsstrategien bemächtigt – eine Taktik, die sich auszahlt. Präsident Xi konsolidiert nach wie vor Chinas militärische Macht, die mehr auf Code fokussiert ist als auf Kampf. So entpuppten sich die von China zu verschiedenen Anlässen veranstalteten grandiosen Lichtspektakel – das „Drohnenlaternen"-Festival 2017 und das „Drohnenfeuerwerk" im Sommer 2018 – als Übungsläufe für Schwarmintelligenz. Chinas Militär setzt inzwischen leistungsstarke KI-gestützte Drohnen ein, die in Schwärmen das ganze Land und die Meere überfliegen.

Durch seine Wirtschaftsmacht, seine personenbezogene Diplomatie und seine Demonstration militärischer Stärke praktiziert China einen neuen Kolonialismus, der in Sambia, Tansania, der Demokratischen Republik Kongo, Kenia, Somalia, Äthiopien, Eritrea und im Sudan Früchte trägt. China baut dort Infrastruktur und führt sein Sozialkreditsystem ein, während es gleichzeitig maßgebliche Ressourcen fördert, um Konkurrenten fernzuhalten und seine rasch wachsende Mittelschicht zu versorgen. Inzwischen kontrolliert China über 75 Prozent des globalen Angebots an dem für Batterien benötigten Lithium. Es hat die Palisanderwälder weltweit dezimiert und den Mukulabaum ausgerottet, eine langsam wachsende zentralafrikanische Baumart, die zeitweilig abgeholzt wurde, um rote Beistelltische und Stühle mit aufwendigen Schnitzereien herzustellen.

Keine ausländische Macht – weder die Vereinigten Staaten noch Japan, Südkorea oder die Europäische Union – hatte genügend politischen oder wirtschaftlichen Einfluss, um China davon abzuhalten, seine Sonderwirtschafts- und Freihandelszonen bis weit ins südchinesische, ins ostchinesische und ins gelbe Meer hinein auszuweiten. Fast die Hälfte des Welthandels läuft über eine dieser Zonen, und fast jedes passierende Schiff muss dem chinesischen Staat eine saftige Abgabe zahlen.

China-Kenner meinen, Peking habe sein für 2025 gesetztes Ziel verfehlt, zum globalen KI-Powerhouse zu werden, obwohl es sich die Kontrolle über bestimmte globale physische Ressourcen gesichert hat. Doch diese Beobachter sehen nicht das Gesamtbild. Jahre der erzwungenen Technologietransfer-Vereinbarungen, der uneingeschränkten restriktiven Marktpraktiken sowie die umfangreichen Investitionen Chinas in amerikanische und europäische Tech-Unternehmen waren enorm erfolgreich. Inzwischen dominiert China die hoch entwickelten Tech-Branchen wie Robotik, neue Energien, Genomforschung und Luftverkehr – und in jedem dieser Bereiche kommt KI zum Einsatz und befördert sie. Es gibt keine offiziellen Zahlen, doch Experten gehen unter Berücksichtigung der staatlichen KI-Labors, der Partnerschaften mit Baidu, Alibaba und Tencent und aller Belt-and-Road-Partner davon aus, dass es China gelungen ist, den Wert seines gesamten KI-Ökosystems in nur zehn Jahren auf über 500 Milliarden Yuan (rund 73 Milliarden US-Dollar) zu steigern.

2049: Da waren es noch fünf

Mit der Zeit und dem Fortschritt hin zu einer starken künstlichen Intelligenz veränderte sich die Konstellation der großen Neun auf grundlegende und problematische Weise. Die chinesische BAT-Gruppe ist stärker denn je und arbeitet immer noch Hand in Hand mit Peking. Von den ursprünglichen sechs Mitgliedern der amerikanischen G-MAFIA sind infolge strategischer Partnerschaften und

Joint Ventures nur noch fünf übrig: Amazon-Apple und Google-IBM sind die vier bedeutendsten Unternehmen. Microsoft leistet derzeit Support für Altsysteme und -dienste.

Am überraschendsten ist vielleicht, was aus Facebook wurde. Es waren nicht die Folgen des Cambridge-Analytica-Skandals oder die Enthüllungen zur Beeinflussung von US-Wahlen durch Russland, die Facebook letztlich in die Knie zwangen. Wir hatten vielmehr einfach genug von den giftigen, hasserfüllten, angsteinflößenden Botschaften und politischen Verschwörungstheorien, die in unseren Newsfeeds überhandnahmen. Facebooks Geschäftsmodell war schlicht nicht nachhaltig. Als Nutzer absprangen und Werbekunden kein Geld mehr auf der Plattform investierten, musste Facebook feststellen, dass sein Portfolio an Einkommensquellen zu einseitig war. 2035 steckte das Unternehmen bereits in ersten finanziellen Schwierigkeiten. Die Aktionäre verloren das Interesse, die institutionellen Investoren und die Investmentfondsmanager bekamen kalte Füße, und der Markt wendete sich gegen Facebook. Das Unternehmen wurde zerschlagen und verkauft. Alle, deren Daten in dem Netzwerk stecken – also fast alle Amerikaner – machen sich inzwischen große Sorgen, weil es genau diese Daten sind, die heimlich, still und leise von einem Konzern aufgekauft wurden. Die Ermittlungen laufen zwar noch, doch Gerüchten zufolge handelt es sich bei diesem Konzern um eine chinesische Briefkastenfirma. Gut möglich, dass wir alle schon Teil des chinesischen Sozialkreditsystems sind und überwacht werden.

Wie alle Amerikaner lernen auch Sie, mit ständiger, unterschwelliger Angst zu leben. Unser nationales Gefühl des Unbehagens wird oft mit der Bedrohung durch einen Atomkrieg in den 1960er- und 1980er-Jahren verglichen. Sie wissen nicht, ob Ihr PDR richtig geschützt ist oder auf welche personenbezogenen Daten China Zugriff haben könnte. Sie wissen nicht, wie tief in staatlichem Auftrag tätige chinesische Hacker schon in die Infrastruktursysteme unseres Landes eingedrungen sind. Sie liegen nachts oft lange wach und fragen sich, was die Chinesen bereits über Sie wissen – über welche Brücken

Sie zur Arbeit fahren, welche Gasleitungen zu Ihrem Haus führen – und was die Chinesen mit all diesen Informationen vorhaben.

Womit wir nicht gerechnet hatten, war ein breites Spektrum von AGI, die für unterschiedliche Zwecke und Aufgaben entwickelt wurden und zum einen leistungsstark, zum anderen aber gleichgültig gegenüber menschlichen Werten sind. Rückblickend war das erstaunlich naiv von uns. Als sich Amazon, Apple, Google und IBM zusammentaten, Stellung bezogen und wuchsen, definierten sie keine globalen Standards. Vor Jahrzehnten kauften sich die Leute Apps und Spiele für ihre Handys aus dem Play Store von Google, und weil es so einfach war, Apps auf den Markt zu bringen und zu verkaufen, entstanden große Qualitätsunterschiede. Es gab zu viele Apps mit hohem Energieverbrauch, Spiele, die personenbezogene Daten abgriffen und weiterleiteten und Schrottwerbung, die uns den Spaß an der Sache verdarb. Das Gleiche erleben wir heute mit AGI – nur mit ungleich schlimmeren Folgen. Manche AGI tun so, als würden sie sich nach den Protokollen richten, die für sie geschrieben wurden, überschreiben diese aber eigenmächtig mit neuen Anweisungen. Manche AGI optimieren sich selbst, obwohl sie nicht explizit dafür programmiert wurden. Manche replizieren sich, brechen in andere AGI ein und holen sich Ressourcen, die sie zur Erreichung ihrer Ziele benötigen – ungeachtet der Auswirkungen solcher Vorgänge auf das breitere Ökosystem.

Um dem Fehlverhalten von AGI entgegenzutreten, setzten Forscher bei Applezon und Google-IBM sogenannte Nanny-AGI ein – kurz NAGI –, sozusagen als „Polizisten" für andere Systeme. NAGI haben ganz klare Protokolle:

- Andere AGI zu untersuchen und zu analysieren, um festzustellen, ob sie gegen ihre ursprünglichen Ziele verstoßen.

- Ein ausführliches Verzeichnis aller AGI anzulegen, die sich falsch verhalten, einschließlich ihrer vollständigen Historie (das heißt mit Angaben dazu, wer sie entwickelt hat, wann und von wem oder was sie modifiziert wurden).

- Den menschlichen Urheber in der Entwicklungsschleife ausfindig zu machen und ihn von den Verstößen in Kenntnis zu setzen.

- Nach Ablauf einer bestimmten Nachfrist (die sich nach der Schwere der AGI-Verstöße richtet) aus dem Ruder gelaufene AGI stillzulegen.

- Nie ihre eigenen Ziele zu modifizieren.

Offensichtlich haben Applezon und Google-IBM versucht, ein System im Griff zu behalten, das allmählich außer Kontrolle geriet, doch außerhalb der Ökosysteme von Applezon und Google-IBM finden NAGI jetzt keine breite Akzeptanz. Unter Berufung auf frühere kartellrechtliche Entscheidungen gegen Google und Microsoft als Präzedenzfälle behauptete das Europäische Parlament, NAGI seien nichts anderes als der verkappte Versuch von Unternehmen, Unternehmergeist zu ersticken und den Wettbewerb auszuhebeln. Die EU war die erste Instanz, die NAGI verbot. Obwohl Wissenschaftler die Regulierungsbehörden beknieten, diese spezialisierten AGI zuzulassen, um ein Problem einzudämmen, das sie als schwerwiegend und umsichgreifend erkannt hatten, entschied der Kongress gegen die Tech-Riesen und untersagte den Einsatz von NAGI in den Vereinigten Staaten. Diese kurzsichtigen NAGI-Urteile säten nur öffentliches Misstrauen in Applezon und Google-IBM, die sich sonst als kompetente Beschützer unserer PDRs hätten bewähren können.

Ihr Zuhause hat sich in einen einzigen großen Schauplatz für ständiges, aufdringliches Marketing verwandelt. Auf jedem Bildschirm läuft individualisierte Videowerbung: auf den intelligenten Spiegeln in Ihrem Bad und Ihrem Kleiderschrank, auf den faltbaren

Displays in Ihrer Hosentasche, selbst auf den intelligenten Fensterscheiben, die Sie zu Hause einbauen lassen mussten, um die extreme Sonnenhitze auszusperren. Sie fühlen sich in Ihren eigenen vier Wänden nicht mehr wohl – dem Ort, an dem Sie früher die größte Entspannung fanden und abschalten konnten.

Das Misstrauen stellt vor allem unser Gesundheitssystem vor große Probleme. Das Applezon Health System und Watson-Calico haben in KI und Medizin enorme Fortschritte erzielt. Inspiriert hatte sie ein durch Gehirnaktivitäten gesteuerter Roboteranzug, der bei der Weltmeisterschaft 2014 vorgestellt wurde. Der Neurowissenschaftler Miguel Nicolelis von der Duke University hatte herausgefunden, wie sich Geist und Maschine verschmelzen ließen – und seine Arbeit regte andere dazu an, Hirn-Maschine-Schnittstellen auf den Markt zu bringen. In manchen technisch fortschrittlichen Büros werden die Beschäftigten aufgefordert, elektronische Stirnbänder zu tragen und ihre Gehirne untereinander und mit der AGI zu vernetzen, um besonders schwierige Probleme zu lösen. Nicht jedem ist diese High-Tech-Form kollektiver Intelligenz geheuer, denn sie setzt voraus, dass Daten entweder über Applezon oder über Watson-Calico laufen, die damit buchstäblich Einblick in unsere Köpfe erhalten.

Watson-Calico gelang es in Partnerschaft mit einer namhaften New Yorker Universität, eine der weniger bekannten Theorien Turings über Morphogenese voranzutreiben. Turing dachte, dass ein System aus chemischen Stoffen vermutlich unter sich reagieren und diese Reaktion in eine Reihe von Zellen diffundieren und manche davon verändern würde. Es wurde nachgewiesen, dass Turing damit richtiglag. Mit Hilfe von AGI-Systemen wurden unterschiedliche Wege entdeckt, komplexe Mehrzeller zu erschaffen, was letztlich zur Entstehung erweiterter Menschen führte, die wir als „Mensch-Tier-Chimären" bezeichnen.

Die ursprüngliche Absicht war gewesen, für Transplantationen verwendbares menschliches Gewebe zu entwickeln. Daher verwendeten wir Schweine und Schafe, um Lebern, Herzen und Nieren zu „ernten". Forscher entwickelten auch Hirnorganoide – also genau dasselbe Gewebe, aus dem unser Gehirn besteht. Diese Arbeit war ausgesprochen vielversprechend – bis wir merkten, dass AGI eingesetzt wurden, um Mensch-Tier-Chimären zu entwickeln, die ganz andere Merkmale hatten: Schweine, denen man menschliches Gehirngewebe einpflanzte und die daraufhin einen IQ auf niedrigem menschlichem Niveau entwickelten, und Neugeborene mit dem Geruchssinn eines Hundes. Die Folgen solcher vererbbaren Chimären-Merkmale sind bisher nicht diskutiert (oder bestimmt) worden. Was passiert, wenn ein genveränderter Mensch mit übersinnlichen Fähigkeiten ein Kind mit jemandem in die Welt setzt, der ebenfalls Genveränderungen aufweist?

• • •

Am besorgniserregendsten ist aber, dass China beschloss, AGI und Hirn-Maschine-Schnittstellen – die eigentlich Kranken helfen sollten, ihre Fähigkeiten zurückzugewinnen – zweckzuentfremden, um sich strategische militärische Vorteile zu verschaffen. Die Techniken werden eingesetzt, um die kognitiven Fähigkeiten von Soldaten zu steigern, die ihre Arbeit größtenteils von unterirdischen Bunkern aus erledigen. In den USA und in der EU verstoßen solche Experimente und ein solcher Einsatz von Technologie gegen ethische Grundsätze.

Wir erkennen allmählich, dass die westliche Zivilisation und unsere demokratischen Ideale aufgrund der Kolonisierung, der Expansion von Wirtschaftszonen und der skrupellosen Nutzung von AGI durch China effektiv im Niedergang begriffen sind. Die Gesundheit unserer Wirtschaft ist in Gefahr, denn klassische Indikatoren wie Häusermarkt, Bauinvestitionen sowie Nahrungsmittel- und Einzelhandelsumsätze gehen von Quartal zu Quartal immer weiter zurück.

Selbst Applezon und Google-IBM verzeichnen schließlich rückläufige Umsätze und schauen generell besorgt in die Zukunft.

Während sie daran arbeiten, unsere PDRs zu überholen, damit sie parallel zu AGI mit Wächterfunktion funktionieren, stellen beide Unternehmen Hinweise auf verdächtige Vorgänge in den Logsystemen fest. Sie stoßen auf unerklärliche Codefragmente, und bei manchen AGI, die unsere PDRs verarbeiten und leiten, gibt es offenbar Pannen. Im Zuge einer seltenen Kooperation tauschen Applezon und Google-IBM ihre Erkenntnisse aus in der Hoffnung, dem Problem auf die Spur zu kommen. Zu Hause und im Büro geht immer mal wieder unvermittelt das Licht aus. Unsere intelligenten Brillen setzen zwischendurch aus. Unsere Kommunikationssatelliten kommen vom Kurs ab.

Wir hören zwar keine Schüsse, wissen aber trotzdem, dass China Amerika den Krieg erklärt hat.

2069: Die digital besetzten Vereinigten Staaten von Amerika

Wir merken, dass China de facto eine AGI-Generation entwickelt hat, die weit mehr kann, als bisher dagewesen ist. Ohne NAGI zur Neutralisierung abtrünniger AGI konnte China ein furchterregendes System entwickeln und umsetzen, um das Gros der Weltbevölkerung zu kontrollieren. Erfüllen wir Chinas Forderungen nicht, legt es unsere Kommunikationssysteme lahm. Halten wir unsere Datenpipeline nicht für die Kommunistische Partei Chinas (KPCh) offen, schaltet es uns lebenswichtige Infrastruktur wie Kraftwerke und Luftverkehrsüberwachung ab.

Sie sind jetzt Bürger der digital von China besetzten Staaten von Amerika. Ihre Transportmittel, Ihre Bank, Ihr Gesundheitssystem, Ihre Lichtschalter, Ihr Kühlschrank – China kann alles kontrollieren.

Was als Vorstoß zur Kolonialisierung Afrikas begann, resultierte in einem neuen chinesischen Weltreich, das durch künstliche Intelligenz möglich wurde und gestützt wird. Die Menschheit sieht sich mit einer unheimlichen ASI konfrontiert – entwickelt von einem Land, das unsere demokratischen Werte und Ideale nicht teilt.

KAPITEL 7

DIE RÉNGŌNG-ZHÌNÉNG-DYNASTIE – DAS KATASTRO-PHENSZENARIO

„Auf diese Art geht die Welt zugrund
Nicht mit einem Knall: mit Gewimmer."

– T. S. ELIOT

2023 haben wir unsere Augen vor der Entwicklung der künstlichen Intelligenz verschlossen. Wir haben alle Signale übersehen, die Warnzeichen ignoriert und keine aktive Zukunftsplanung betrieben. Wir haben dazu beigetragen, dass sich die großen Neun gegenseitig Konkurrenz machten, indem wir unseren konsumorientierten Gelüsten nachgaben, die neuesten Spielereien und Geräte kauften, eifrig jede neue Möglichkeit begrüßten, unsere Stimmen und Gesichter aufzunehmen, und uns einer offenen Pipeline anschlossen, die die ganze Zeit über unsere Daten absaugte. Wir teilten alberne Videos über Alexa, wie sie versagte, wenn unsere Kinder mit Amazon chatteten. Wir forderten unsere Fernseher auf, unsere Gesichter zu scannen, ohne nachzufragen, wieso ein Fernseher unsere biometrischen Daten benötigt oder verlangen kann. Wir nahmen begeistert an jedem lustigen neuen Google-Projekt zum Abgleich unserer Körper mit Fotos, unserer Gesichter mit Gemälden, unserer Stimmen mit Stars, unserer Fingerabdrücke mit Menschen in fernen Ländern und unserer Regenbogenhäute mit unseren Vorfahren teil und versuchten krampfhaft, mit digitalen Influencern und den neuesten Memen auf dem Laufenden zu bleiben.

Die KI-Stämme behaupten, Diversität sei wichtig. Das ist ihr Mantra. Sie sagen das immer wieder, in Reden und auf Konferenzen, in Bewerbungsgesprächen und auf Vorstandssitzungen, in zum Nachdenken anregenden Artikeln und in Tweets. Es steht in College-Broschüren und auf ansprechenden Postern, die in Aufzügen und in den Fluren im Büro hängen. Die überwiegend weißen, überwiegend männlichen Angehörigen der KI-Stämme sind darauf gedrillt, das Mantra in Hörsälen, Labors und am Arbeitsplatz zu zitieren. Anstelle unbequemer Entscheidungen und Veränderungen berufen sie sich lieber auf das Mantra und versichern, dass in Kürze alles anders werde. Und das funktioniert genauso, wie Mantras funktionieren sollen: Es sorgt für positive Gedanken und bewirkt, dass sich die KI-Stämme in ihrer Haut wohler fühlen. Die Gurus der KI-Stämme reichen das Mantra nach unten an jede neue Anhängerkohorte durch, die es in dem Gefühl nachbetet, Großes vollbracht zu haben.

Das Mantra hallt in der Komfortblase der KI-Stämme wider, die meinen, Inklusion zu fördern, während jedoch das Gegenteil zutrifft. Sie befürworten jede Art von Diversität – bezüglich politischer Parteien, Religionszugehörigkeit, sexueller und geschlechtlicher Identität, Rasse und Ethnie, wirtschaftlichem Status und Alter –, bemühen sich aber nicht wirklich ernsthaft um Inklusion. Doch anstelle eines Zustroms eines vielfältigen, bunten Spektrums von Menschen und Weltanschauungen hin zum Gebiet der KI mittels Tenure-Track-Professuren, Spitzenpositionen in Forschungsteams und leitenden Funktionen in der G-MAFIA, beobachten wir, dass sich indessen nichts verändert.

• • •

Je kurzsichtiger die Weltsicht der KI-Stämme wird, desto mehr Probleme zeichnen sich ab. Es kommt vermehrt zu Unfällen und Fehlern, wenn etwa automatische Bilderkennungssysteme fälschlicherweise Farbige identifizieren und ihnen Verbrechen zur Last legen. Die Überwachung nimmt zu, wird aber gleichzeitig unauffälliger. Die Grenzen zwischen unseren personenbezogenen Daten und den Daten, die wir am Arbeitsplatz generieren, verschwimmen – und ebenso die Kriterien dafür, wer unsere Daten verwenden darf – und wann. Die (von Anfang an nicht besonders ausgeprägte) Transparenz von KI-Systemen weicht zunehmend der absoluten Verdunkelung.

Die G-MAFIA-Unternehmen sind Alleineigentümer Ihres Personendatensatzes, der allmählich jeden Aspekt Ihres Daseins umfasst: den Inhalt Ihrer E-Mails, die Textnachrichten, die Sie an Ihre Kinder schicken, die digitalen Spuren, die Sie auf der Suche nach dem optimalen Schreibtischstuhl hinterlassen, die einzigartigen Konturen Ihres Fingerabdrucks und Gesichts, wo und wie schnell Sie joggen, wem Sie im Supermarkt über den Weg laufen, ob Sie Grippe haben und welche Medikamente Sie einnehmen. Anhand all dieser Daten treffen Algorithmen Entscheidungen für Sie. Sie bestimmen, ob Sie auf ein Flugticket einen Preisnachlass bekommen. Sie verhelfen Ihnen zu einem neuen Job oder verhindern, dass Sie ihn bekommen, Sie schaffen die Voraussetzungen dafür, dass Sie sich ein Eigenheim oder ein Auto kaufen können, Sie suchen Ihnen einen potenziellen Partner und verraten Ihrem Arzt, ob Sie bei den Angaben zu Alkohol- und Zigarettenkonsum und körperlicher Betätigung schwindeln.

Da es sich bei den Eigentümern dieser Daten um Google, Amazon, Apple, Facebook, Microsoft und IBM handelt – und da wir deren Produkte toll finden, auch wenn wir den Unternehmen nicht rückhaltlos vertrauen –, nehmen wir diese totale Kontrolle unserer PDRs durch solche Firmen nicht als das wahr, was sie in Wirklichkeit ist: die amerikanische Version des chinesischen Sozialkreditsystems.

Irgendwann stellen wir fest, dass wir in einem digitalen Kastensystem gefangen sind, in dem KI nicht nur auf der Grundlage wie wir selbst leben, sondern auch auf Basis der PDRs unserer Eltern und Angehörigen für uns Entscheidungen trifft und über uns urteilt. Es kommt dabei nicht mehr auf das Vermögen an. Unser Status richtet sich danach, wie nahe wir unserem „Idealbild" kommen, das lange zuvor von ein paar wenigen Programmierern festgelegt wurde, die ketogene Bionahrung, mittägliche Yogastunden und regelmäßige Besuche beim Chiropraktiker als Voraussetzungen für eine optimale Lebensführung betrachteten. Gehen Sie nicht einmal die Woche in eine Infrarotsauna, wird das von dem KI-System, dem Sie angeschlossen sind, in Ihrem PDR als Verstoß registriert. Und ein solcher Akt der Rebellion wirkt sich nicht nur auf Sie persönlich aus, denn Ihr Datensatz ist mit allen Ihren Bekannten und Verwandten verknüpft. Es gibt kein Entrinnen vor den Sünden Ihrer Nächsten.

• • •

Schon bald werden Amazon und IBM die Regierungen der Vereinigten Staaten, des Vereinigten Königreichs, Deutschlands und Japans überreden, ihnen Zugang zu einigen wenigen Gesundheitsdaten ihrer Bürger zu gewähren. In Europa werden Apple, Google, Microsoft und Facebook aufgrund der vorangegangenen Kartellverfahren größere Probleme haben. Doch diese ersten experimentellen Vorstöße von Amazon und IBM werden sich für Behörden als nützlich erweisen, was es der gesamten G-MAFIA ermöglicht, lukrativere Aufträge an Land zu ziehen.

• • •

2008, als manche Regionen der Welt gerade in eine Finanzkrise schlidderten, die von der Immobilienblase ausgelöst worden war, kaufte China lateinamerikanischen Ländern freudig Eisen, Öl und Kupfer ab und schützte sie damit effektiv vor schwerwiegenden negativen Folgen. Als die Ölpreise 2011 purzelten, zeigte sich China bereit, in Lateinamerika zu investieren und der Region aus der Patsche zu helfen.[1] 2013 führte China vor der brasilianischen Küste gemeinsame Militärübungen durch – und 2014 erneut, diesmal vor der Küste Chiles.[2] 2015 veranstaltete das chinesische Verteidigungsministerium einen zehntägigen Gipfel zu Militärlogistik mit Vertretern aus elf lateinamerikanischen Ländern und lädt lateinamerikanische Offiziere seither zur Teilnahme an Karriereentwicklungsprogrammen in China ein.[3] Während sich die amerikanische Regierung immer mehr von der Weltbühne zurückzieht und verabschiedet, ist China im Expansionsmodus. Es schließt Abkommen in ganz Südostasien und Afrika – und auch in Lateinamerika.

Nach zehn Jahren kontinuierlicher Beziehungsarbeit in ganz Lateinamerika ist es heute China – nicht die Vereinigten Staaten –, das Venezuela, Bolivien, Peru und Argentinien mit chinesischer Militärausrüstung beliefert – einschließlich Flugzeugen und Waffen.[4] Und es hat seine Gründe dafür, im gesamten Hinterhof Amerikas Stützpunkte einzurichten. In Patagonien baute China eine Militärantenne und eine Weltraumbodenstation, im Nordwesten Argentiniens ein Zentrum zur Satellitenüberwachung.[5] An all diesen Aktivitäten ist künstliche Intelligenz beteiligt.

Weder Politiker noch Gesetzgeber erkennen die Zusammenhänge zwischen China, den USA und KI. Chinas Machtkonsolidierung unter Xi Jinping, seine verschiedenen staatlich finanzierten Initiativen, seine rasch wachsende Wirtschaft und der Erfolg der BAT-Unternehmen sind eine unaufhaltsame – wenngleich unsichtbare – Kraft, mit der zu rechnen ist. Weder das Weiße Haus noch der

Kongress merken, was Chinas Vorstoß in all diese Länder – wie Tansania, Vietnam, Argentinien und Bolivien – sowohl mit Ökonomie als auch mit KI zu tun hat. Sie wollen nicht sehen, dass China an einem Reich des 21. Jahrhunderts baut, das auf Daten, KI-Infrastruktur, Geopolitik und Weltwirtschaft gegründet ist. Eine schwerwiegende Fehleinschätzung, die wir noch alle bereuen werden.

Chinas Bürger lernen, mit automatischer Überwachung und den Folgen von nonkonformistischem Verhalten zu leben. Die Kriminalität ist gering, soziale Unruhen werden im Keim erstickt und eine Zeitlang wahren Mittel- und Oberschicht den Status quo. Sie genießen Zugang zu Luxuskleidung und -handtaschen, Designermöbeln und prestigeträchtigen Autos, wie ihn sich ihre Eltern und Großeltern nie hätten träumen lassen. Es wird zugesichert, alle Chinesen aus der Armut herauszuholen. Für den Moment zumindest scheint es, als wären Privatsphäre, Religionsfreiheit, sexuelle Identität und Meinungsfreiheit ein angemessener Preis für eine gute Note im Sozialkreditsystem.

Die politische Führung in den USA nimmt sich nicht die Zeit, sich darüber aufklären zu lassen, was KI eigentlich ist, und was nicht, und warum das von Bedeutung ist. Außer den üblichen Gesprächen über die disruptiven Folgen von KI für Produktivität und Arbeitsmarkt unternehmen die Staatslenker in Washington nicht das Geringste, um mit der G-MAFIA ernsthaft andere dringende Fragen im Zusammenhang mit KI zu erörtern, etwa über nationale Sicherheit, geopolitisches Gleichgewicht, die mit einer starken künstlichen Intelligenz verbundenen Risiken und Chancen sowie die Überschneidung von KI mit anderen Gebieten (wie Genomforschung, Landwirtschaft und Bildung).

Ohne strategische Vorgaben zu KI aus dem Weißen Haus – und aus einer de facto feindseligen Haltung zu Wissenschaft und Technologie heraus – fokussiert man sich in Washington darauf, womit sich im nächsten Wahlkampf punkten lässt und was bei den politischen Talkshows am Sonntagvormittag gut ankommt.

Weder die G-MAFIA noch ihre Führungsteams möchten der Demokratie bewusst schaden. Doch der Fortbestand Amerikas als dominante globale Supermacht und die Sicherung der Zukunft demokratischer Ideale stehen einfach nicht im Mittelpunkt ihrer Unternehmenswerte. Ab Anfang der 2010er-Jahre setzte sich Ex-Google-Chef Eric Schmidt bewundernswert und unermüdlich dafür ein, das US-Militär und die US-Regierung für das KI-Zeitalter fit zu machen. Dabei ging es ihm nicht darum, Regierungsaufträge für Google an Land zu ziehen. Schmidt sorgte sich um unsere nationale Sicherheit und wollte, dass unser Militär auf diese neue technologische Ära vorbereitet war. Das war aber so ein ungewöhnliches Unterfangen, dass man im Silicon Valley seine Motive infrage stellte. Die Chefs der übrigen G-MAFIA-Unternehmen sahen seine Ambitionen skeptisch, statt sich ihm anzuschließen. Außer Schmidt denkt aus der Führung der G-MAFIA niemand viel darüber nach, welche Rolle KI beim Aufstieg Chinas als potenzieller Supermachtnachfolger Amerikas spielt.

· · ·

Es gibt keine strategische Zusammenarbeit zwischen der G-MAFIA und staatlichen Behörden oder militärischen Dienststellen – zumindest nicht ohne lukrative Verträge. Die G-MAFIA erklärt sich mit der obskuren, überholten Beschaffungsanforderungspolitik von Militär und Regierung einverstanden, doch bewirkt dies keine Beschleunigung von KI in unserem nationalen Interesse. Wenn überhaupt, macht es die kulturellen Unterschiede zwischen dem Silicon Valley und Washington deutlich und bremst die Modernisierung. Die wenigen auf Innovation ausgerichteten Behörden – Initiativen wie der US Digital Service und die Defense Innovation Unit Experimental (DIUx) – sind zu jung, um viel auszurichten, und leiden unter Mittelentzug und Personaleinsparungen, wenn sich das Kandidatenkarussell für politisch besetzte Posten dreht. Washington betrachtet seine Beziehung zur G-MAFIA als geschäftlich. Weder die Parlamentarier noch das Weiße Haus bemühen sich ernsthaft um die Entwicklung von Beziehungen zu G-MAFIA-Managern, wie sie für eine langfristige Koalition zu KI nötig wären. Die G-MAFIA, das US-Militär und die Regierungskreise tänzeln umeinander herum, finden aber nicht wirklich im nationalen Interesse zusammen.

Wir lassen zu, dass Ego und Gewohnheit der Entwicklung eines Konsenses zu China im Wege stehen. Regierungsvertreter, Handelsbeauftragte, Journalisten, Technologen und Wissenschaftler diskutieren bis zum Überdruss über China, die Vereinigten Staaten und KI und halten dabei an ihren lang gehegten Überzeugungen fest, ohne Spielraum für alternative Realitäten vorzusehen. Die üblichen Verdächtigen führen ins Feld, dass Xi Jinping auch nach Abschaffung der Amtszeitbegrenzung nicht mehr für lange an der Macht sein werde. Sei er erst abgetreten, würden Chinas langfristige KI-Pläne vollständig verpuffen. Ihre gewohnten Kritiker halten dagegen: Xi werde sein Volk und seine Partei einen. Ungeachtet dessen, ob er früh stirbt oder seinen Posten für einen Nachfolger räumt, werde die KPCh daraus gestärkt hervorgehen und die KI-Pläne zu Ende führen. So geht das hin und her: Chinas Industriepolitik wird gar keinen Einfluss haben – oder sie wird den Niedergang der US-Wirtschaft auslösen. Chinas Militär stellt eine existenzielle Bedrohung der westlichen Welt dar – oder ist nur eine überzogene Trendstory, die uns schon bald langweilen wird. Wir sollten Zeit und Geld in eine nationale KI-Strategie in dem Bewusstsein investieren investieren, dass Chinas Pläne scheitern könnten – oder wir sind besser beraten, wenn wir uns die Zeit und das Geld sparen und erst einmal in Ruhe abwarten. Nur in einem Punkt sind sich offenbar alle einig: Gerät Amerika ernsthaft in Schwierigkeiten, muss uns die G-MAFIA aus der Patsche helfen.

Unsere Politiker, unsere gewählten Volksvertreter und die Denkfabriken bringen immer wieder dieselben abgenudelten Argumente, doch sie unternehmen nichts. Sie gewöhnen sich an Stillstand – und zwar deshalb, weil es in Amerika ohne energische Interventionen schwer ist, sich der Schleuderkraft des Profits zu entziehen.

• • •

Die Geschichte vom Stillstand wiederholt sich. So behielten wir auch beim Rauchen den Status quo bei: Wir diskutierten über harte Fakten über Krebs, während wir Tabak weiterhin als Accessoire der modebewussten Frau, als Muntermacher für Fabrikarbeiter und als Heilmittel für Kranke vermarkteten. Auch beim Klimawandel blieben wir untätig und argumentierten immer wieder über Adjektive – nach dem Motto: Wenn es die globale Erwärmung gibt, warum ist es dann so *kalt*? Wir beschieden uns mit der Debatte über Zeitpläne. Die alarmierenden Thesen der 1970er-Jahre wurden in den 1990er-Jahren düster und in den 2010er-Jahren schließlich apokalyptisch – doch schließlich sind wir alle noch da. Wer sagt denn, dass es in Zukunft wirklich so schlimm kommt?

Systematischer Wandel hat einen potenzierenden Effekt und entwickelt sich über Jahrzehnte, nicht in Tagen. Bis wir merken, dass Untätigkeit der falsche Weg war, ist es zu spät.

2029: Digital ein- oder ausgesperrt

In den vergangenen zehn Jahren hat man Sie dazu animiert, alle möglichen intelligenten Technologien und KI-Systeme zu kaufen. Haushaltsgeräte sind inzwischen standardmäßig mit KI-Systemen ausgerüstet. Ihr Kühlschrank führt Buch über die darin befindlichen Lebensmittel. Waschmaschinen – auch solche im Waschsalon – verfolgen den Verlauf des Waschvorgangs und signalisieren Ihnen mit einem Ping, wenn ein Zyklus abgeschlossen ist. Ihr Ofen schaltet ab, bevor der Truthahn anbrennt und trocken wird.

Die Sache hat nur einen Haken, mit dem Sie nicht gerechnet haben: Ihnen fehlt die Berechtigung, außer Kraft zu setzen, was ursprünglich als „nützliche" KI gedacht war. Sobald Sie den abgepackten Wurst- und Käseaufschnitt, die Törtchen und die Sixpacks Bier für Ihre Super-Bowl-Party in Ihrem vernetzten Kühlschrank deponiert haben, wird in Ihrem PDR ein Vermerk vorgenommen. Die Zahl der Portionen und Kalorien übersteigt den Bedarf der in Ihrem Haushalt lebenden Personenzahl. Die KI folgert daraus, dass Sie vorhaben, zu viel zu essen.

Es ist nach Mitternacht, und Sie wollten eigentlich noch eine Ladung Wäsche waschen und dann in aller Frühe in den Trockner stecken, bevor Sie zur Arbeit gehen. Die KI der Waschmaschine nimmt aber keine Rücksicht auf Ihr Schlafbedürfnis. Sie fängt mitten in der Nacht an zu piepen und pingt Sie an – immer wieder, ohne Unterlass –, um Ihnen mitzuteilen, dass es Zeit ist, Ihre Klamotten in den Trockner zu stecken. Sie würden Ihren Truthahn gern komplett selbst zubereiten, doch der Ofen lässt das nicht zu, weil die KI darauf programmiert ist, dass der Braten saftig bleiben soll. Und damit basta. (Das kostenpflichtige Upgrade freischalten zu lassen, das Ihnen die Oberhand gibt, muss man sich leisten können.)

Manche Haushalte erleben Pannen mit ihrer KI – vor allem bei Küchengeräten und in aller Regel morgens. Dann gehen die Bedienfelder am Kühlschrank immer wieder an und aus. Dadurch wird die Tür gesperrt, und Sie kommen nicht an Ihr Frühstück. Oder der Geschirrspüler hält mitten in einem Spülgang an, sodass Gläser und Tafelsilber im schmutzigen Seifenwasser stehen. Oder Ihre intelligenten Sprachassistenten drehen plötzlich die Lautstärke hoch, sodass Sie sich bei Müsli und Kaffee nicht mehr mit Ihrer Familie unterhalten können. Wie zigtausend andere Verbraucher melden Sie solche Ausfälle, und jedes Mal stellt die G-MAFIA ein paar Produktmanager dafür ab, herauszufinden, was schiefgelaufen ist. Tech-Journalisten schreiben die Fehler dem „seltsamen Verhalten" zu, das „KI mitunter aus unerklärlichen Gründen an den Tag legt".

Die Angriffe erscheinen zunächst neuartig und zufällig. Wir schimpfen alle auf Google, Apple und Amazon – über Schrottprodukte und katastrophalen Kundendienst. Doch die Experten für Computer- und Netzsicherheit stellen verblüfft fest, dass die ganzen Pannen in Wirklichkeit System haben. Es handelt sich dabei um einen neuartigen Angriff auf das „Internet der Dinge", der von China ausgeht und durch maschinelles Lernen möglich wurde. Die chinesische Bezeichnung dafür ist 被困 beziehungsweise *Bèi Kùn*. Übersetzt heißt das „eingesperrt". Die Hacker, die im Auftrag der chinesischen Regierung handeln, hielten es für clever, sogenannte „Bacon"-Angriffe durchzuführen, wenn Amerika frühstückt, und unsere Lebensmittel, Getränke ebenso wie Besteck und Geschirr in unseren KI-gestützten Geräten einzusperren. Das Ziel ist ebenso beispiellos wie raffiniert: Es soll Misstrauen in die G-MAFIA gesät werden.

• • •

Microsoft und IBM gibt es noch, doch sie sind kleine Fische in der KI-Sparte. Microsoft, das einst branchenführende Forschungsergebnisse über maschinelles Sehen, maschinelles Leseverständnis und die Verarbeitung natürlicher Sprache veröffentlicht hatte, war es nie gelungen, im eigenen Unternehmen Geschlossenheit und Dynamik in Bezug auf den Wettbewerb in der KI herzustellen. Inzwischen baut das Unternehmen Stellen ab und leistet in erster Linie Support für seine Bestandssysteme: zu dem, was von der ursprünglichen Azure-Cloud, SharePoint, Skype und Outlook noch übrig ist. IBMs Watson fand zwar Partner und Kunden, doch der Cloud-Service des Unternehmens, der lange Zeit mit Abstand an dritter Stelle lag, hinter Amazon und Microsoft, verlor weiter an Bedeutung, als Google staatlichen Auftraggebern und großen Unternehmen konkurrenzfähige Preise bot. Seine anderen Geschäftsbereiche – Rechenzentren, Speicher und Halbleiter – scheiterten an den Konkurrenten aus Taiwan, die heute die größten Zulieferer weltweit sind. Für taiwanesische Unternehmen übersetzt sich der

„Ein-China-Grundsatz" der KPCh in konkrete Marktvorteile, selbst wenn Peking persönliche Freiheiten und Rechte einschränkt. Chinas Industriepolitik hat IBM effektiv in vielen Regionen der Welt daran gehindert, seiner Geschäftätigkeit nachzugehen.

Und Facebook? Nachdem das Unternehmen jahrelang immer wieder zugesichert hatte, die Sicherheit zu verbessern und für mehr Transparenz über die Weitergabe von Daten zu sorgen, sind die ursprünglichen Nutzer mehrheitlich zu anderen Plattformen abgewandert. Von der Generation Alpha (den Kindern der Millennials) mochten auf Facebook überall Fotos herumschwirren, doch sie selbst eröffneten keine Accounts mehr. Facebook geht leise den Weg von MySpace.

2035 ist die Interoperabilität nach wie vor ein entscheidender Schwachpunkt des westlichen KI-Ökosystems und wir finden uns mit einem de facto bestehenden System der Trennung ab. Unsere Geräte sind mit Google, Apple oder Amazon verbunden, also kaufen wir in der Regel nur die Produkte und Dienste, die von einem der drei Unternehmen angeboten werden. Weil die Daten in unseren vererbbaren PDRs im Eigentum eines dieser Anbieter stehen und dort verwaltet werden – dieselben Unternehmen, die uns die ganzen KI-gestützten Geräte für unser Zuhause verkauft haben – sind wir Google-, Apple- oder Amazon-Familien. Diese Einteilung bringt unbeabsichtigtes Schubladendenken mit sich.

Angehörige von Apple-Haushalten sind in aller Regel finanzkräftiger und älter. Sie können sich schicke, ästhetische Hardware von Apple leisten, die in drei Farben verfügbar ist: in silbrigem Palladiumweiß, Osmiumgrau oder Onyx. Apples Smart Glasses, intelligente Toiletten und individualisierte Kühlschränke stehen weiter in der Tradition hochpreisiger Produkte, die man einfach auspacken und einschalten kann. Apples PDRs haben Sprachschnittstellen, bei denen man sich zwischen zwei sanften Stimmen entscheiden kann: Joost (mit „höherem Unisextonfall") oder Deva (mit „tieferem Unisextonfall"). Doch Komfort hat seinen Preis. Apple-KI lässt sich nicht überschreiben. In einem Apple-Haushalt, in dem die Klima-anlage läuft, können Sie nur eine Minute lang die Tür öffnen, sonst erzeugt das System einen unablässigen Piepton. Stellen die Sensoren in Ihren Leuchtmitteln fest, dass das Tageslicht ausreicht, sperrt das Apple-System die Lichtschalter.

Vor Jahrzehnten schon, auf dem South-By-Southwest-Festival 2018 in Austin, Texas, bekamen wir einen Vorgeschmack auf das vernetzte Google-Eigenheim. Damals stand das noch unter dem Motto „Make Google do it", und attraktive Markenbotschafter führten kleine Gruppen durch das dreistöckige Haus, in dem sie mit KI-gestützten Gerätedisplays und vernetzten Frozen-Daiquiri-Mixern interagieren konnten. Googles System ist nicht ganz so intuitiv, nutzt unsere PDRs aber effizienter – und bietet verschiedene Service- und Zugangsebenen. Wer sich die Upgradegebühr leisten kann und genügend technischen Sachverstand mitbringt, hat mit Google Green die Möglichkeit, Systeme manuell zu entsperren und viele andere Komponenten daran anzuschließen – wie Kaffeemaschinen, 3-D-Drucker und das Bewässerungssystem im Garten. Solche Haushalte können sich sogar von Marketing und Werbung abmelden, wenngleich auch ihre Daten erfasst und an Dritte weitergeleitet werden. Google Blue ist eine bezahlbare Option mit begrenzten Entsperrrechten und gewissen zusätzlichen Berechtigungen, doch Blue-Familien sind weiterhin Marketing-avancen ausgesetzt. Google Yellow ist die unterste Kategorie. Das System ist kostenfrei, kann aber nicht außer Kraft gesetzt werden und bietet nur eine kleine Auswahl an verfügbaren Geräten und begrenzten Datenschutz.

Amazon entschied sich für einen interessanten, doch letztlich lukrativen Weg. Ein paar Ankündigungen, die das Unternehmen im Herbst 2018 machte, blieben weitgehend unbemerkt – etwa zur Einführung des Mikrowellengeräts Amazon Basics, das über eine Sprachschnittstelle verfügte. Nutzer konnten eine Tüte Popcorn hineinlegen und Alexa auffordern, es zuzubereiten. Tech-Journalisten taten das Gerät als neuartige, spielerische Einsatzmöglichkeit für Alexa ab und übersahen dabei, worum es eigentlich ging: Das System war dafür konzipiert worden, um uns zu Popcorn-Abos zu verführen. Das Gerät führt nämlich nicht nur Buch darüber, was wir darin erhitzen, sondern auch darüber, was wir auf der Amazon-Plattform bestellen. Und die neue Lieferung kommt automatisch, noch bevor unser Vorrat ganz aufgebraucht ist.

Amazon ging am klügsten vor, weil es mit US-Bundes-, -Staats- und Kommunalbehörden zusammenarbeitete und ihnen auf Amazon.com hohe Rabatte einräumte, sich geduldig durch die Beschaffungsanforderungen arbeitete und extra für diese Kunden Cloud-Dienste entwickelte und vorhielt, sodass es sich in den Vereinigten Staaten zur bevorzugten Plattform für bestimmte soziale Dienste entwickelte. Auf diese Weise entdeckte Amazon, wie man staatliche Mittel langfristig für sich nutzen konnte.

Einkommensschwache Familien leben heute in Amazon-Housing-Anlagen, die in den Vereinigten Staaten den staatlich finanzierten sozialen Wohnungsbau abgelöst haben. Diese sind allen durch bisherige staatliche Programme bereitgestellten Sozialwohnungen in jeder Hinsicht überlegen. Amazon Homes sind in jedem Raum komplett mit vernetzten Geräten ausgestattet. Das frühere Lebensmittelhilfsprogramm SNAP (Supplemental Nutrition Assistance Program, vormals Food Stamp Program) ist inzwischen unter dem Dach von Amazon angesiedelt und liefert Haushaltsartikel, Lebensmittel und Getränke, Körperpflegeprodukte und Bücher der Marke Amazon zu stark reduzierten Preisen. Erwartungsgemäß funktioniert dieses Programm reibungslos. Es kommt nie zu Zahlungsverzögerungen, der Status eines Kontos ist jederzeit einsehbar, und alle Transaktionen können vorgenommen werden, ohne sich lange bei einer Behörde in die Schlange zu stellen. Wer in einem Amazon Home lebt, muss die meisten Einkäufe über Amazon tätigen, während seine Daten abgegriffen, für Produkte verwendet und in verschiedenen Projekten zu Geld gemacht werden. Amazons KI sind am weitesten verbreitet und verfolgen Amazon-Familien auf Schritt und Tritt, um wertvolle Daten über ihr Verhalten zu gewinnen.

• • •

Dass KI-Rahmenbedingungen und -Systeme nicht kompatibel sind, führte zu einer Einstufung nach PDR und Haushaltszugehörigkeit, sodass wir es heute mit einem digitalen Kastensystem zu tun haben. Mit der Entscheidung für Google, Apple oder Amazon wird man gezwungen, die Werte der eigenen Familie auf die Werte des betreffenden Unternehmens auszurichten. Apple-Familien sind reich, vielleicht nicht so KI-bewandert, und leben in tollen Häusern. Google-Familien können wohlhabend und tech-versiert sein oder aber der Mittelschicht angehören. Dann müssen sie wohl oder übel Werbung über sich ergehen lassen. Vielleicht geben sie sich auch mit der Haltung zufrieden, dass es nicht darauf ankommt, im Leben jede Menge Wahlmöglichkeiten zu haben. Amazon-Familien, da gibt es nichts zu beschönigen, sind arm, auch wenn sie kostenlos Zugriff auf coole Technik haben.

Familien sind an ihre PDRs gebunden, und diese Zuordnung begleitet sie. Eine Google-Yellow-Familie kann leichter in die Kategorie Blue oder gar Green überwechseln als ein Amazon-Kunde in das Apple-System. Deshalb entscheiden sich die meisten Familien, wenn sie vor der Wahl stehen, für Google. Der eigene Status ist für alle KI sichtbar, mit denen Sie interagieren. Selbstfahrende Taxidienste wie Lyft, Uber und CitiCar holen nicht so oft Amazon-Fahrgäste ab, und die Fahrzeuge, die ihnen geschickt werden, sind nicht die schönsten. Waymo-Autos stehen ausschließlich Googlern zur Verfügung. Green-Kunden finden im Fahrzeug die gewünschte Temperatur und ein Rundumlichtkonzept vor und werden auf ihren bevorzugten Routen befördert. Yellow-Kunden werden die ganze Fahrt über mit Werbung bombardiert.

Doch Werbung ist nicht das einzige, was Google-Yellow-Kunden Kopfschmerzen bereitet. Ein großer Nachteil der ganzen subventionierten (oder kostenlosen) Geräte, technischen Spielereien und Artikel, die Google-Blue-, Google-Yellow- und Amazon-Familien angeboten wurde, ist nämlich, dass die KI-Gesundheits- und Wellnesswächter, die ständig aufpassen, diagnostizieren und entsprechende Hinweise geben, nicht abgeschaltet werden können. Als sie entwickelt wurden, definierten die Informatiker Gesundheit und Wellness aus der Not heraus sehr kompromisslos. Inzwischen sind die kollektiven Werte früherer KI-Stämme ein bedrückendes Souvenir einer einfacheren Zeit. Wer sich nicht an die Aufforderungen der Gesundheits- und Wellnesswächter hält, hat mit einer ganzen Reihe von Folgen zu kämpfen.

Erinnern Sie sich noch an die Amazon-Locker – die Abholstationen, an denen Sie früher alle Ihre Bestellungen über die Amazon-App und Amazon.com abgeholt haben? Sie haben ihren Weg in Amazon Housing gefunden. Das US-Gesundheitsministerium hielt es für eine gute Idee, die Gesundheit und das Wohlbefinden einkommensschwacher Menschen durch kleine Denkanstöße zu verbessern und gab daher neue Richtlinien heraus, die vorschrieben, dass alle Mieter einer Sozialwohnung mit Locker-Technologie ausgestattet werden müssen. Diese Locker mögen wie ganz gewöhnliche Speise- oder Abstellkammern oder Kühlschranktüren aussehen, fungieren aber als KI-gestützte Jurys. Hat eine Amazon-Housing-Bewohnerin ihr tägliches Sportpensum noch nicht absolviert, entscheidet das Locker-System, dass die Kühlschranktür zubleibt und lässt sie nicht an ihre Eiskrem.

• • •

Aber auch außerhalb unserer Apple-, Amazon- und Google-Häuser spüren wir die negativen Konsequenzen so mancher Erfindungen, die uns eigentlich Vergnügen bereiten sollten. Hightech-Bordelle, in denen KI-betriebene Sexbots arbeiten, sind gesellschaftlich akzeptabel, weil sie eine saubere, seuchenfreie Alternative zum Sex mit anderen Menschen bieten. Die Bordelle arbeiten auf eigenen Plattformen, die nur für Mitglieder zugänglich sind. Diese können sich eine KI-Persönlichkeit kreieren und schulen. (Oder auch mehrere, wenn sie sich das Premiumpaket leisten können.) Sie wählen einfach einen Körper und blicken ihm in die Augen. Winzige intelligente Kameras scannen und erkennen Ihr Gesicht. Ist Ihr Gegenüber aktiviert, plaudert es mit Ihnen, als wären Sie nie weg gewesen, und reagiert auf jeden Ihrer Wünsche und Befehle. Normaler Sex mit normalen Menschen kann da nicht mit.

• • •

Mischehen sind nicht unmöglich – es kommt vor, dass ein Amazon-Kunde in eine Apple-Familie einheiratet – doch die alte Redensart „Gegensätze ziehen sich an" gilt nicht mehr. Alle unsere KI-gestützten Dating-Dienste suchen uns Partner auf der Grundlage unserer PDRs und unseres Status aus. Andererseits leiden wir nicht mehr unter der Qual der Wahl, da Partnervermittlungs-KI die Auswahl potenzieller Kandidaten stark eingeschränkt haben. Manche früher so typisch menschlichen Entscheidungen – wie Romanzen mit wesentlich älteren (oder jüngeren) Partnern oder Dates mit Menschen, die den Eltern missfielen – stehen uns jetzt nicht mehr so häufig offen. Die amerikanische Gesellschaft fühlt sich allmählich unbehaglich in ihrer schönen neuen Huxley-Welt, in der wir brav andere Apples, Google Blues oder Amazons heiraten und in die wir gemeinsame Kinder setzen.

• • •

Wie vorhergesehen, vernichten KI und Automatisierung Arbeitsplätze – allerdings viel mehr als erwartet. Die technologisch bedingte

Massenarbeitslosigkeit, die sich längst abgezeichnet hatte, trat ein, doch ganz anders, als wir sie uns vorgestellt hatten. Wir hatten uns auf arbeitslose Fernfahrer, Fabrikarbeiter und Hilfskräfte eingestellt, doch damit hatten wir falsch gelegen. Wir gingen stets davon aus, dass Roboter alle gewerblichen Tätigkeiten übernehmen würden, doch es sollte sich herausstellen, dass es viel schwerer war als gedacht, physische Roboter zu bauen, die die ganzen körperlichen Arbeiten erledigen konnten. Kognitive Aufgaben waren dagegen leichter zu programmieren und zu replizieren. Ironischerweise sind es die Wissensarbeiter, die nicht mehr gebraucht werden.

Infolgedessen besteht in Amerika und seinen verbündeten Staaten ein unmittelbarer, erfolgskritischer Bedarf an all den manuellen Arbeitskräften, die nach unseren Prognosen eigentlich ausgedient haben sollten. Wir haben schlicht nicht genügend qualifizierte Klempner, Elektriker und Schreiner. Roboter sind auch nicht in der Lage, menschliche Berührung befriedigend nachzuahmen, sodass die Nachfrage nach Physiotherapeuten, Nageldesignern, Kosmetikerinnen und Friseuren gewaltig ist. Außerdem spüren wir auch Widerstand gegen die Automatisierung. Die meisten Gäste wollen ihren Kaffee und ihren Cocktail nicht von Robo-Baristas oder Robo-Barkeepern serviert bekommen. Neben dem Inhalt unserer Tassen legen wir auch Wert auf zwischenmenschliche Kontakte. Unser messerscharfer Fokus auf MINT-orientierte Bildung auf Kosten der Geisteswissenschaften und der Berufsausbildungen war in gewisser Hinsicht fehlgeleitet. Es sind die gewerblichen Arbeitskräfte, denen die Welt gehört, nicht die folgsamen Informatiker und Techies. Die Nerds haben sich ihre Jobs selbst wegprogrammiert.

· · ·

Unbeabsichtigt bilden Google, Amazon und Apple ein Dreigestirn in der KI, was zu einer umfassenden Konsolidierung führt. In Amerika und bei all unseren Handelspartnern weltweit kommen spektakuläre neue Produkte auf den Markt – allerdings in sehr geringer Auswahl. Gegen Bezahlung können Sie sich beispielsweise auf die intelligente OmniVision-Brille upgraden lassen, die die biologischen Grenzen menschlichen Sehens sprengt. Sie wird aber nur von zwei Unternehmen hergestellt: Google und Apple. Gefällt Ihnen deren Design nicht oder passen sich die Produkte nicht optimal der einzigartigen Form Ihres Gesichts und Ihrer Ohren an, haben Sie Pech. Amazon verkauft alle erdenklichen Waren, doch Gegenstände des täglichen Bedarfs sind Eigenmarken des Unternehmens. In demokratischen Staaten in aller Welt können wir alles kaufen, doch die Vielfalt und die Auswahlmöglichkeiten auf dem Markt werden streng kontrolliert. Selbst wenn wir über Geld verfügen, haben wir wenig Kaufkraft. Wir fühlen uns seltsam an die alte Sowjetunion erinnert.

Das Kundenbeziehungsmanagement- und Cloud-Computing-Unternehmen Salesforce tat sich sehr früh mit Google, Amazon und Apple zusammen, um ein Bildungsmodul für unsere PDRs zu entwickeln. Heute sind wieder die strikten Prüfungs- und Klassifizierungsmethoden populär, wie sie das amerikanische Bildungssystem in den 1980er- und 1990er-Jahren auszeichneten. Unsere kognitiven Fähigkeiten werden bereits vor Eintritt in die Vorschule bewertet, und unsere schulischen und akademischen Leistungen und Fortschritte lebenslang aufgezeichnet.

Kennzahlen und Optimierung waren stets zentrale Werte bei Salesforce und sind heute zentrale Werte im amerikanischen Bildungssystem. Aus Sorge, wir könnten Erkenntnisse durch eine Ansammlung inzwischen nutzlosen Wissens ersetzt haben, verwarfen unsere Entscheider im Bildungswesen den gemeinsamen zentralen Lehrplan und führten stattdessen etwas Neues ein. Weil sich die amerikanische Erwerbsbevölkerung in der Krise befand, werden die Kinder schon bei Eintritt in den Kindergarten einer Prüfung unterzogen und danach in zwei Kategorien eingeteilt: Fach- oder Führungskraft. Künftige Fachkräfte werden fachübergreifend auf manuelle Fertigkeiten getrimmt, während die werdenden Führungskräfte in kritischem Denken und Management unterwiesen werden. Kompetenzen, wie sie im mittleren Management benötigt werden, werden nicht mehr gebraucht, weil die meisten Manager und Wissensarbeiter auf Einstiegsniveau bereits durch KI ersetzt wurden.

Angesichts von Arbeitslosigkeit in unerwarteten Branchen nimmt die Kriminalität zu – aber aus anderen Gründen, als Sie denken. KI-gestützte Polizeisoftware funktioniert nicht wie versprochen, sodass die Kriminalitätsstatistik nicht so richtig der Realität entspricht. Die von den KI-Stämmen entwickelten und anhand begrenzter Datensätze geschulten Algorithmen haben nie gelernt, eine nicht geschlechtskonforme Person korrekt zu erkennen und einzustufen – also jemanden, der weder als weiblich noch als männlich identifizierbar ist und vielleicht vollkommen androgyn aussieht oder jemanden, der sowohl einen Bart als auch künstliche Wimpern trägt. Infolgedessen werden täglich Hunderte Personen, die nicht die klassischen Geschlechtsmerkmale aufweisen, fälschlicherweise des Identitätsdiebstahls bezichtigt: Wenn sie versuchen, durch Gesichtserkennung zu bezahlen, wenn sie sich in ihren Büros bewegen oder ein Videogespräch führen wollen. Die einzige Lösung ist vorerst, sich bei bestimmten Vorgängen anzugleichen. Solche Menschen sind gezwungen, eine geschlechtstypische Perücke aufzusetzen oder sich abzuschminken, um in den Augen einer Bilderkennungs-KI vorübergehend eindeutig ein Er oder eine Sie zu werden. Das ist entwürdigend und eine Mahnung für uns alle, dass Diversität nie wichtig genug war, um ein mangelhaftes System auf Vordermann zu bringen.

• • •

KI verleiht Google, Apple und Amazon gewaltigen wirtschaftlichen Einfluss – und China eine unvorstellbare geopolitische und militärische Macht. Ende der 2030er-Jahre erkennen wir, dass sich KI auf parallelen Bahnen entwickelt und im Westen den Kapitalismus und in ganz Asien, Afrika und Lateinamerika die chinesische Ausprägung des Kommunismus befördert hat. Amerika und seine Verbündeten, die einst die Erfolge der G-MAFIA feierten, leben in einem System des KI-Totalitarismus. Und die Bürger in ganz China und allen Ländern, die von Chinas Direktinvestitionen und Chinas Infrastruktur unterstützt werden, stellen fest, dass auch sie in einem allgegenwärtigen Apparat KI-gestützter Strafen und Belohnungen leben.

2049: Biometrische Grenzen und Nanobot-Abtreibungen

Von der G-MAFIA sind nur GAA geblieben: Google, Apple und Amazon. Als Erstes musste Facebook Insolvenz anmelden. Was von Microsoft und IBM noch übrig war, wurde von Google aufgekauft.

Die kommunistische Revolution in China und die Deklaration der Volksrepublik China (VRC) durch Mao Tse-tung jährt sich zum hundertsten Mal. In allen angeschlossenen Partnerstaaten Chinas sind große Feierlichkeiten zu Ehren des verstorbenen Xi Jinping und der neu entstandenen sogenannten Réngōng-Zhìnéng (künstliche Intelligenz)-Dynastie geplant.

Alle Menschen sind mittlerweile von AGI-Systemen umgeben, die uns eigentlich zu einem freieren, glücklicheren Leben verhelfen sollten. Von Anfang an hatten die KI-Stämme in den Vereinigten Staaten gesagt, sie wollten das Beste in uns zum Vorschein bringen, kreative Vorhaben verwirklichen und zusammenarbeiten, um die größten Herausforderungen der Menschheit zu bewältigen. Dieses utopische Ideal war in der Blase des Silicon Valley geboren worden, und seine Stammväter hatten jede Berührung mit der Außenwelt verloren.

All diese Systeme wurden entwickelt, um uns das Leben zu erleichtern, haben uns aber stattdessen zur Faulheit animiert. Sie haben uns unser Produktivitätsempfinden und unsere Zielstrebigkeit geraubt. Wir verlassen uns darauf, dass Systeme für uns entscheiden. Wir finden uns mit begrenzten Wahlmöglichkeiten ab. Wir absolvieren unseren Alltag als programmierte Pflichtübung, die für jeden Menschen auf dem Planeten durch AGI optimiert wurde.

Viele AGI-Systeme haben sich so weiterentwickelt, dass sie miteinander wetteifern, statt zusammenzuarbeiten. Chinas sogenannte 34 Bacon-Angriffe sind 20 Jahre her und wirken heute zahm und harmlos. Sie sitzen in einem KI-gestützten Käfig, den Sie selbst gebaut haben. Sie werden ständig von Ihrer eigenen Heizung, Ihren Kleiderschränken und Ihrem Badezimmer ausgesperrt und haben es aufgegeben, sich dagegen zu wehren. Es hat keinen Sinn. Die vernünftige Reaktion, so hat man Ihnen beigebracht, ist Ruhe zu bewahren und abzuwarten. Google-Green- und Apple-Haushalte können sich über ein Premium-Upgrade ein Hintertürchen kaufen, über das eine Reparatur-AGI eingeschleust werden soll, um Schadcodes zu überschreiben – doch AGI befinden sich in einer ewigen Selbstoptimierungsschleife. Mit allem Geld der Welt kann sich ein Haushalt nicht mehr aus den ständigen Systempannen herauskaufen.

· · ·

Eine Wohlstandskonzentration hat es den GAA-Unternehmen ermöglicht, im Gesundheitswesen spektakuläre Durchbrüche zu erzielen. Google pilotierte die ersten kommerziellen mikroskopischen injizierbaren Roboter, die in der Lage waren, Medikamente im Körper gezielt an ganz bestimmten Stellen zu verabreichen oder bei Mikrochirurgie zu assistieren. Nanobots kommen inzwischen in vielen verschiedenen Formen vor. So gibt es beispielsweise einen autonomen molekularen Roboter, der aus einem einzigen DNS-Strang besteht und für den das Körperinnere wie ein Auslieferungslager ist. Der Nanobot kann herumschwirren, Moleküle aufgreifen und an bestimmten Orten ablegen. Eine andere Nanobot-Variante, die von Gasblasen angetrieben wird, kann non-invasiv mikroskopische Wirkstoffmengen verabreichen. Die Einführung kommerziell verfügbarer Nanobots, die Informationen mit unseren PDRs austauschen, haben Universalmedikationen und -therapien durch die nebenwirkungsfreie Behandlung unserer spezifischen Beschwerden ersetzt.

Inzwischen bieten Amazon und Apple personalisierte Medizin an, und die meisten Menschen haben sich bereitwillig organische Nanobots injiziert. Selbst Amazon-Familien haben über ein subventioniertes, von der US-Regierung genehmigtes Programm Zugang zu dieser Technologie. Nanobots überwachen und behandeln uns fortlaufend, sodass sich die Lebenserwartung des Durchschnittsamerikaners von den 2019 angegebenen 76,1 Jahren bis heute sprunghaft auf 99,7 Jahre erhöht hat.[6]

Die potenziellen Nachteile injizierbarer AGI machten sich aber rasch bemerkbar. Die Nanobots taten nämlich genau das, was ihre Schöpfer im Sinn gehabt hatten: Sie verhielten sich unvorhersehbar und lernten ständig dazu. Im Rückblick war es das Hauptziel der KI-Stämme, KI-Systeme zu entwickeln und dafür zu schulen, Entscheidungen zu treffen, an die wir noch überhaupt nicht gedacht hatten. Das war der Schlüssel zur Lösung vertrackter Probleme, die der Mensch allein nicht bewältigen konnte. Als AlphaGo Zero vor Jahrzehnten autonome strategische Entscheidungen traf, bejubelten wir diese Leistung als Meilenstein für KI. Doch in unserem Körper optimieren sich Nanobots und die AGI, denen sie unterstellt sind, selbst und haben mehr Entscheidungsgewalt, als jemals von uns beabsichtigt.

Inzwischen gibt es eine neue *ökonomische Chimäre* der Menschen. Angehörige von Apple- und Google-Green-Haushalten können sich Superkräfte erschließen und haben Zugriff auf erweiterte Wahrnehmung und verstärkten Geruchs- und Tastsinn.

Wer in Google-Blue-, Google-Yellow- und Amazon-Familien lebt, hat nicht nur keinen Zugang zu Upgrades, sondern unterliegt auch biologischen Einschränkungen. Wird jemand schwanger, stellen AGI anhand von Modellen laufend Prognosen zur Gesundheit und Lebensfähigkeit des Fötus. Dass die AGI beim Verfolgen ihrer Ziele bis zum Äußersten gehen würden, hatte niemand vorausgesehen. Das programmierte Ziel war, Menschen dabei zu unterstützen, lebensfähige Föten auszutragen. Also fingen die AGI an, nach abnormem Fötalgewebe Ausschau zu halten. Stießen sie darauf, trieb die AGI den Fötus automatisch ab, ohne den Eltern die Möglichkeit zu geben, sich diese Entscheidung zu überlegen.

Ebenso überwachen Nanobots den Alterungsprozess und errechnen, ab wann eine Fortsetzung Ihres Lebens schmerzhafter ist als Ihr Tod. Sobald Sie häusliche Pflege benötigen und die etablierten sozialen Sicherungsnetze belasten, greifen AGI ein. Der Tod wird automatisch eingeleitet, sodass weder Sie noch Ihre Familie entscheiden müssen, wann es Zeit ist, loszulassen.

Die Gesetze der GAA-Länder wurden ausgehebelt, sobald AGI die Funktionalität optimiert und geschaffen hatten, die festlegt, wer von uns lebt und wer stirbt. Also haben einzelne Staaten weltweit in aller Eile Vorschriften und Gesetze verabschiedet, doch vergeblich. Ein Verbot der Nanobots würde eine Rückkehr zur traditionellen medizinischen Praxis bedeuten, und wir haben längst keine großen Pharmaunternehmen mehr, die uns all die Medikamente liefern könnten, die wir brauchen. Selbst die optimistischsten Prognosen zeigen, dass es zehn Jahre oder länger dauern würde, unsere alten Gesundheitssysteme zu reaktivieren – und in der Zwischenzeit würden Millionen Menschen gewaltig unter vielen verschiedenen Krankheiten leiden.

Stattdessen haben Forscher einen neuartigen AGI-Nanobot entwickelt, der andere Nanobots in unserem Körper kontrollieren kann – nach dem Vorbild der weißen Blutkörperchen, wenn sie gegen Viren kämpfen. Wie der gesamten KI lag der Idee die menschliche Biologie zugrunde. Doch der Kampf unserer Körper gegen unerwünschte AGI-Nanobots löst weit schlimmere Symptome aus als eine Grippe und ist weitaus gefährlicher.

• • •

Große Unternehmen werden jetzt von CAIOs geleitete – Chief AI Officers –, die strategische Risiken und Chancen berechnen. Menschliche CEOs arbeiten mit den CAIOs zusammen und fungieren als „Gesicht" des Unternehmens. Kleine und mittelständische Firmen – Restaurants, Reparaturwerkstätten und Kosmetiksalons – sind ausnahmslos Partner eines der GAA-Mitglieder. Neben den PDRs einzelner Personen und Haushalte ist auch jedes Unternehmen und jede gemeinnützige Organisation mit einem Unternehmensdatensatz (Organization Data Record) registriert.

Doch in Amerika und unseren strategischen Bündnispartnerstaaten herrscht Massenarbeitslosigkeit. Ohne ausreichendes soziales Sicherungsnetz befinden sich westliche Volkswirtschaften in einem rasanten Abschwung, da wir uns noch nicht von der unerwarteten, technologisch bedingten Arbeitslosigkeit erholt haben. Dadurch sind Schwachstellen entstanden – und es hat sich ein Fenster für chinesische Investitionen geöffnet. Bald schon sehen sich Staatslenker gezwungen, sich zwischen wirtschaftlichen Sachzwängen und demokratischen Idealen zu entscheiden – eine Entscheidung, die für Politiker vor einer Wiederwahl und unter dem Druck, unmittelbare Probleme zu Hause zu lösen, besonders heikel ist.

Die Vereinigten Staaten revanchieren sich, indem sie versuchen, Chinas Expansionskurs durch Handelsblockaden, mittelbare Sanktionen und andere diplomatische Taktiken einzudämmen. Doch Amerika muss feststellen, dass es nicht mehr über dieselbe geopolitische Schlagkraft verfügt wie einst. Die US-Führung hat zu viele Jahre damit zugebracht, über China nachzudenken, statt zu handeln. Sie zeigte zu wenig Präsenz in Lateinamerika, Afrika und Südostasien. Sie hat sich nie das Vertrauen, die Gunst und die Freundschaft anderer Länder verdient.

Chinas KI-Initiativen nehmen Fahrt auf. Der Sozialharmoniewert ist inzwischen in über 100 Ländern weltweit live geschaltet und ersetzt die klassischen Reisedokumente. China kann seit jeher gut Mauern bauen, und die chinesische KI-Mauer ist da keine Ausnahme. Sie bietet nicht nur Schutz vor Eindringlingen von außen, sondern ist eine Methode, die Daten aller Menschen zu extrahieren und zu analysieren. Wessen Sozialharmoniewert hoch genug ist, der hat ungehinderten (aber natürlich überwachten) Zugang zu dem gesamten chinesischen Ländernetz innerhalb der chinesischen KI-Mauer. China hat biometrische Grenzen gezogen, an denen die Gesichtserkennung darüber bestimmt, wer kommen und gehen darf. Es gibt keine Einwanderungsbehörde mehr, und keine Stempel in Reisepässen.

An der Südgrenze der Vereinigten Staaten steht mittlerweile ebenfalls eine Mauer. Sie besteht aus Sensoren und wurde von den Chinesen auf mexikanischem Boden errichtet, damit wir nicht herauskönnen. Da Amerikaner keinen Zutritt zum Sozialkreditsystem erhalten, dürften sie nicht mehr an ihre einstigen Lieblingsurlaubsziele reisen: die Bahamas, Jamaika, Cancun, Playa del Carmen, Cozumel, Costa Rica und Aruba. Versucht jemand, eine biometrische Grenze illegal zu überqueren, löst eine AGI einen Audioangriff aus, der Übelkeit, Symptome einer Gehirnerschütterung, Ohrenbluten und anhaltende psychische Belastungen verursacht.

Wir Amerikaner und alle unsere Verbündeten sind eingeschlossen – und von der Kommunikation mit Freunden und Familienmitgliedern, die in dem chinesischen Netz angeschlossenen Ländern leben, ausgeschlossen –, seit die KPCh die gesamte zugrunde liegende Netzinfrastruktur kontrolliert. Wer zu jemandem in einem KPCh-Land Kontakt aufnehmen möchte, muss China als Vermittler zwischenschalten und weiß, dass jedes gesprochene Wort mitgehört wird.

Die GAA gehen letztlich eine Koalition mit der US-Regierung und den Ländern ein, die von ihren Verbündeten noch übrig sind. Angesichts der von China verhängten Wirtschafts- und Reiseeinschränkungen steht nur wenig Geld zur Verfügung, um eine praktikable Lösung zu finden. Es wird beschlossen, eine AGI zu entwickeln, die unser China-Problem für uns lösen kann. Doch das System sieht nur zwei Möglichkeiten: China nachzugeben oder die Menschheit zu dezimieren.

2069: Digital ausgelöscht

Während sich China auf langfristige Planung und eine nationale KI-Strategie fokussierte, waren die Vereinigten Staaten mit Geräten und Dollars beschäftigt.

China braucht die Vereinigten Staaten als Handelspartner nicht mehr, und unser geistiges Eigentum braucht es ebenso wenig. China hat ein Netz aus über 150 Ländern errichtet, die sich nach den Leitsätzen der globalen Ein-China-Politik richten. Als Gegenleistung für ihre Gefügigkeit erhalten diese Länder Zugang zum Netz, zum Handel und zu einem stabilen Finanzsystem, das von Peking gestützt wird. Die Bürger können sich innerhalb der Ein-China-Länder frei bewegen, wenn ihr Sozialkreditwert hoch genug ist.

Reisefreiheit – die die Amerikaner früher für selbstverständlich hielten – ist nie so schmerzlich vermisst worden. Der Grund dafür: Wie in vielen Ländern wird es auch in Amerika allmählich eng. Die Weltbevölkerung hat die 10-Milliarden-Marke überschritten. Wir haben zu schnell zu viele Kinder in die Welt gesetzt und zu viel Wert darauf gelegt, unsere Lebenserwartung auf über 120 Jahre zu steigern.

Die Weltbevölkerung ist zum Problem geworden, weil wir nicht schnell genug gehandelt haben, als der Klimawandel einsetzte – nicht einmal, nachdem sich China der Themen Nachhaltigkeit und Umweltschutz angenommen hatte. Zwei Drittel der globalen Ackerflächen sind verloren. Wir haben in Amerika zwar mit viel Elan unterirdische Farmen angelegt, können aber nicht schnell genug die nötigen Nahrungsmittel produzieren, um unsere heimische Bevölkerung zu ernähren. Die Handelsrouten wurden durch globale Sanktionen blockiert, sodass wir und unsere Verbündeten von nahrungsmittelproduzierenden Ländern abgeschnitten sind. Doch auch China und seine Ein-China-Nationen haben Probleme.

Eines Tages leiden Apple-Familien plötzlich unter einer scheinbar mysteriösen Erkrankung. Ihre PDRs weisen eine Anomalie auf, ohne dazu nähere Angaben oder konkrete Daten zu liefern. Erst glauben wir, dass die neueste Nanobotversion fehlerhaft ist. Also machen sich die Produktmanager in aller Eile daran, AGI-Patches zu entwickeln. Doch dann greift die Krankheit auch auf Google-Haushalte über – nicht nur in Amerika, sondern in jedem Haushalt außerhalb der Ein-China-Grenze. Das geheimnisvolle Leiden verschlimmert sich rasch.

China hat eine ASI gebaut, die einem ganz bestimmten Zweck dient: die Bevölkerung Amerikas und unserer Verbündeten auszulöschen. Die Ein-China-Länder brauchen alle globalen Ressourcen, die noch übrig sind, und Peking hat sich ausgerechnet, dass es nur überleben kann, wenn es uns diese Ressourcen abnimmt.

Wir erleben etwas Schlimmeres als jede bisher entwickelte Bombe. Bomben haben unmittelbar ganz bestimmte Folgen. Die Vernichtung durch KI erfolgt langsam und unaufhaltsam. Sie müssen hilflos zusehen, wie Ihre Kinder in Ihren Armen Ihr Leben lassen. Sie sehen Ihre Kollegen am Schreibtisch zusammenbrechen. Sie haben starke Schmerzen. Sie fühlen sich benommen. Dann kommt Ihr letzter, flacher Atemzug.

Das ist das Ende von Amerika.

Das ist das Ende von Amerikas Verbündeten.

Das ist das Ende der Demokratie.

Die Réngōng-Zhìnéng-Dynastie ist auf dem Vormarsch – brutal, unumkehrbar und absolut.

Derzeit gibt es Hinweise auf alle drei Szenarien. Nun müssen wir uns entscheiden. *Sie* müssen eine Entscheidung treffen. Ich fordere Sie auf, sich für das optimistische Szenario zu entscheiden und für KI und für die Menschheit eine bessere Zukunft aufzubauen.

Teil 3

DIE LÖSUNG DER PROBLEME

KAPITEL 8

KIESELSTEINE UND FELSBLÖCKE – WIE SICH DIE ZUKUNFT DER KI INS LOT BRINGEN LÄSST

Das Fazit des Vorkapitels mag extrem und unwahrscheinlich klingen. Es gibt aber bereits vielsagende Hinweise darauf, dass es durchaus möglich ist, letztlich in einer Welt zu enden, die an die Réngōng-Zhìnéng-Dynastie erinnert, wenn wir uns nicht bewusst für eine Zukunft entscheiden, in der die großen Neun Anreize bekommen, im besten Interesse der Menschheit zusammenzuarbeiten.

Ich halte das optimistische – oder jedenfalls ein ähnliches – Szenario für durchaus realistisch. Die künstliche Intelligenz kann ihre hehrsten Ziele erreichen und ihr ganzes Potenzial entfalten und damit allen KI-Stämmen und Menschen zugutekommen. Im Zuge ihrer Entwicklung kann KI auf jeden Fall den Menschen in China und in den Vereinigten Staaten gute Dienste leisten, und unseren Verbündeten ebenfalls. Sie kann dazu beitragen, dass wir gesünder leben, sie kann das wirtschaftliche Gefälle verringern und unsere Städte und Wohnungen sicherer machen. KI kann es uns ermöglichen, die größten Geheimnisse der Menschheit zu erschließen und zu lüften – wie die Frage, wo und wie das Leben entstand. Parallel dazu kann uns KI auch verblüffen und unterhalten, unvorstellbare virtuelle Welten erschaffen, mitreißende Songs schreiben und sich ganz neue Erlebnisse für uns ausdenken, die uns Freude machen und Erfüllung schenken. Doch nichts davon wird passieren, wenn nicht alle Gruppen der an KI Beteiligten planen, engagiert heikle Aufgaben in Angriff nehmen und mutig Führungsverantwortung übernehmen.

Sichere, nutzbringende Technologie entsteht nicht aus Hoffnung und glücklichen Umständen. Sie ist das Produkt couragierter Führung und engagierter, fortlaufender Zusammenarbeit. Die großen Neun stehen– in den Vereinigten Staaten durch die Wall Street und in China durch Peking – unter enormem Druck, kurzfristige Erwartungen zu erfüllen, selbst wenn uns das in Zukunft teuer zu stehen kommen könnte. Wir müssen die großen Neun dazu befähigen und animieren, den Entwicklungskurs der künstlichen Intelligenz zu verändern. Ohne größeren Rückhalt durch uns können und werden sie das alleine nicht schaffen.

Vint Cerf, der an der Entwicklung der ersten Protokolle und der Architektur unseres modernen Internets mitgewirkt hat, erklärt mit einer Parabel, warum mutige Initiative im Nachgang zu neuen Technologien wie der künstlichen Intelligenz so lebenswichtig ist.[1] Stellen Sie sich vor, Sie leben in einem kleinen Dorf tief unten in einem von Bergen umgebenen Tal. Ganz oben auf einem Berg liegt in weiter Ferne ein riesiger Felsbrocken. Er ist schon lange da und hat sich nie bewegt. Für die Menschen in Ihrem Dorf gehört er zum normalen Bild. Dann bemerken Sie eines Tages, dass der große Fels wackelig wirkt. Es sieht ganz so aus, als könne er jederzeit ins Rollen kommen, dabei immer schneller und gewaltiger werden und Ihr Dorf und alle seine Bewohner unter sich begraben. Ihnen wird klar: Womöglich hat er sich schon Ihr Leben lang bewegt, nur waren Sie blind dafür. Der gigantische Felsblock hat sich die ganze Zeit über Millimeter um Millimeter verschoben, aber Sie haben nie bewusst hingeschaut und die kaum merklichen winzigen Veränderungen wahrgenommen, die sich täglich vollzogen: die kleinen Verzerrungen des Schattens, den er wirft, den visuellen Abstand zum nächsten Berg, das nahezu unhörbare Knirschen, wenn der Boden unter ihm nachgibt. Sie begreifen, dass Sie als Einzelner nicht den Berg erklimmen und den riesigen Felsbrocken alleine aufhalten können. Sie sind zu klein, und der Fels zu groß.

Doch dann kommt Ihnen der Gedanke, dass Sie mit einem richtig platzierten Kieselstein die Eigendynamik des Felsblocks bremsen und ihn ein kleines bisschen ablenken könnten. Doch ein Kiesel allein wird nicht verhindern, dass der Felsen Ihr Dorf vernichtet. Deshalb bitten Sie Ihre ganze Dorfgemeinschaft, mitzumachen. Mit Kieselsteinen in der Hand steigen alle auf den Berg – gerüstet, um die Katastrophe zu verhindern. Alle arbeiten zusammen, kommunizieren miteinander und machen Pläne, was zu tun ist, wenn der Fels ins Rutschen kommt. Es sind die Menschen und ihre Kieselsteine – nicht der so viel größere Felsbrocken –, die dafür sorgen, dass alles anders kommt.

Was nun folgt, sind solche Kieselsteine – einer nach dem anderen. Ich setzte zunächst ganz allgemein bei den Argumenten für einen globalen Ausschuss zur Überwachung der Entwicklungsrichtung von KI und bei unserem unmittelbaren Bedarf an Normen und Standards an. Im Anschluss lege ich dar, welche konkreten Änderungen die Regierungen in den USA und China vornehmen müssen. Als Nächstes verkleinere ich die Blende noch weiter und beschreibe, wie die großen Neun ihre Praktiken reformieren müssen. Dann fokussiere ich mich ganz auf die KI-Stämme und die Universitäten, aus denen sie hervorgehen, und schildere en détail, welche Veränderungen dort unverzüglich stattfinden sollten. Und schließlich erläutere ich noch die Rolle, die Sie persönlich bei der Zukunftsgestaltung der KI übernehmen können.

Eine für uns alle *lebenswerte* Zukunft wird sich nicht von alleine realisieren. Wir müssen Initiative zeigen und Verantwortung für unser Handeln übernehmen.

Weltweiter Systemwandel: Die Argumente für die Einrichtung der GAIA

Im optimistischen Szenario tut sich eine bunte Mischung von Spitzenpolitikern aus den fortschrittlichsten Volkswirtschaften der Welt mit der G-MAFIA zusammen, um ein globales Bündnis zur Intelligenzerweiterung zu schließen – die Global Alliance on Intelligence Augmentation, kurz GAIA. Diesem internationalen Gremium gehören KI-Forscher, Soziologen, Ökonomen, Spieltheoretiker, Zukunftsforscher und Politikwissenschaftler aus allen Mitgliedsstaaten an. Die GAIA-Mitglieder decken das ganze Spektrum sozioökonomischer, geschlechts- und rassebezogener, religiöser, politischer und sexueller Diversität ab. Sie vereinbaren, mit vereinten Kräften gemeinsame KI-Initiativen und -Richtlinien zu realisieren und üben mit der Zeit so viel Einfluss und Macht aus, dass eine Apokalypse – ob aufgrund von AGI, ASI oder des chinesischen KI-Einsatzes zur Unterdrückung der Bürger – verhindert wird.

Systemwandel lässt sich am besten dadurch herbeiführen, dass so bald wie möglich für die Einrichtung der GAIA gesorgt wird. Deren physischer Standort sollte sich auf neutralem Boden in der Nähe eines vorhandenen KI-Zentrums befinden. Ideal dafür geeignet wäre das kanadische Montreal. Erstens ist die Konzentration an Deep-Learning-Forschern und Labors dort hoch. Wenn wir davon ausgehen, dass Deep Learning und tiefe neuronale Netze am Übergang von ANI zu AGI beteiligt sein werden, ist nur folgerichtig, dass die GAIA genau dort sitzen sollte, wo so viele dieser Arbeiten der nächsten Generation stattfinden. Zweitens hat die kanadische Regierung unter Premierminister Trudeau bereits Personal- und Finanzressourcen für die Erforschung der KI-Zukunft bereitgestellt. 2017 und

2018 hat Trudeau nicht nur über KI gesprochen. Er hat Kanada so aufgestellt, dass es Einfluss auf die Gestaltung der Regelungen und Grundsätze nehmen kann, an denen sich die Entwicklung künstlicher Intelligenz orientiert. Drittens ist Kanada für KI ein neutrales politisches Territorium – weit weg sowohl vom Silicon Valley als auch von Peking.

Angesichts der politischen Missstimmung und der geopolitischen Spannungen der letzten Jahre erscheint es schwierig bis unmöglich, die Regierungen der Welt in Bezug auf ein zentrales Anliegen zu vereinen. Doch es gibt dafür einen historischen Präzedenzfall. Nach dem Zweiten Weltkrieg, als die Lage noch sehr angespannt war, versammelten sich Hunderte Vertreter aus allen alliierten Ländern in Bretton Woods, New Hampshire, um die Finanzstrukturen zu schaffen, die der Weltwirtschaft eine Zukunft gaben. Diese Zusammenarbeit war auf den Menschen ausgerichtet und hat in eine Zukunft geführt, in der Menschen und Länder wieder zu Wohlstand gelangen und danach streben konnten. Die GAIA-Länder sollten gemeinsam Rahmenbedingungen, Standards und bewährte Praktiken für KI ausarbeiten. Ein Beitritt Chinas ist zwar unwahrscheinlich, doch die Führer der KPCh und die BAT-Gruppe sollten auf jeden Fall dazu eingeladen werden.

Vor allem anderen muss die GAIA eine Möglichkeit finden, die Grundrechte der Menschen in einem KI-Zeitalter zu garantieren. Wenn wir von KI und Ethik sprechen, denken wir in aller Regel an die drei Robotikgesetze von Isaac Asimov, die er 1942 in der Kurzgeschichte „Runaround" veröffentlichte.[2] Sie handelte nicht von KI, sondern von einem menschenähnlichen Computer. Dennoch geben uns diese Gesetze bei unseren ethischen Überlegungen nach all den Jahren noch Denkanstöße. Wie bereits im ersten Kapitel erwähnt, lauten Asimovs Regeln wie folgt: (1) Ein Roboter darf einem Menschen weder Schaden zufügen noch durch Untätigkeit zulassen, dass ein Mensch zu Schaden kommt. (2) Ein Roboter muss den Befehlen der Menschen gehorchen, außer solchen Befehlen, die ihn in Konflikt mit dem ersten Gesetz bringen. (3) Ein Roboter muss seine Existenz verteidigen, solange er dabei nicht in Konflikt mit dem ersten und zweiten Gesetz gerät. Als Asimov später in dem Buch *I, Robot* eine Sammlung von Kurzgeschichten publizierte, fügte er den ersten drei Gesetzen noch ein nulltes Gesetz hinzu: (0) Ein Roboter darf der Menschheit keinen Schaden zufügen. Asimov war ein begabter, vorausschauender Autor – doch seine Robotikgesetze sind zu allgemein, um als Leitprinzipien für die Zukunft der KI zu taugen.

Die GAIA sollte stattdessen einen neuen Sozialvertrag zwischen den Bürgern und den großen Neun auf den Weg bringen (grob definiert als G-MAFIA und BAT sowie all ihre Partner, Investoren und Tochtergesellschaften). Dieser Vertrag sollte auf Vertrauen und Zusammenarbeit beruhen. Die GAIA-Mitglieder sollten sich förmlich darauf einigen, dass KI möglichst vielen Menschen weltweit mehr Mitbestimmung einräumen muss. Für die großen Neun sollten unsere Menschenrechte oberste Priorität haben. Sie sollten uns nicht als Ressource betrachten, aus der sich wirtschaftlicher oder politischer Nutzen ziehen lässt. Der wirtschaftliche Wohlstand, den KI verspricht und den die großen Neun liefern, sollte im Großen und Ganzen allen zugutekommen.

Daraus folgt, dass unsere Personendatensätze kompatibel sein und uns gehören sollten – keinem einzelnen Unternehmen oder Konzern und keinem Staat. Die GAIA kann heute noch damit anfangen, auszuloten, wie das geht, denn die PDRs, über die Sie in den Szenarien gelesen haben, *existieren bereits* in einer Frühform. Sie werden als „personenbezogene Daten" bezeichnet. Es sind unsere personenbezogenen Daten, mit denen die Apps in unseren Smartphones funktionieren, die Werbenetzwerke auf Webseiten und die Empfehlungen, die uns auf unseren Bildschirmen und Displays Verhaltensanstöße geben. Personenbezogene Daten werden in Systeme eingespeist, die eingesetzt werden, um uns zu identifizieren und zu orten. Wie sie verwendet werden, steht im freien Ermessen der Unternehmen und Behörden, die darauf zugreifen können.

Noch vor der Erarbeitung eines neuen Sozialvertrags muss die GAIA darüber befinden, wie unsere PDRs genutzt werden können, um Algorithmen für maschinelles Lernen zu schulen. Sie muss festlegen, was im Zeitalter der Automatisierung als Grundwert gilt. Klar definierte Werte sind lebenswichtig, weil es diese Werte sind, die letztlich in die Schulungsdaten, die realen Daten, die Lernsysteme und die Anwendungen einfließen, aus denen das KI-Ökosystem besteht.

Um unsere Grundwerte zu katalogisieren, sollte die GAIA einen Atlas erstellen, der kultur- und länderübergreifend unsere einzigartigen menschlichen Werte definiert. Dieser Atlas würde und sollte nicht in Stein gemeißelt sein. Weil sich unsere Werte mit der Zeit wandeln, müsste der Atlas von den Mitgliedsstaaten aktualisiert werden. Beispiele dafür finden sich auf dem Gebiet der Biologie: Der Atlas der menschlichen Zellen (Human Cell Atlas) ist ein globales Gemeinschaftsprojekt unter Wissenschaftlern, an dem Tausende von Fachleuten unterschiedlicher Disziplinen mitwirken (wie Genomforschung, KI, Softwareentwicklung, Datenvisualisierung, Medizin, Chemie und Biologie).[3] Ziel des Projekts ist die Katalogisierung jedes einzelnen Zelltyps im menschlichen Körper, die Kartierung der Zelltypen, die Rückverfolgung der Geschichte der Zellen in ihrer Entwicklung und die Erfassung der Merkmale von Zellen während ihrer Lebensdauer. Dieses Unterfangen – teuer, komplex, zeitaufwendig und endlos – wird Forschern gewaltige Fortschritte ermöglichen, und es konnte nur durch umfassende globale Zusammenarbeit realisiert werden. Einen ähnlichen Atlas sollten wir für menschliche Werte erstellen – unter der Beteiligung von Wissenschaftlern, Kulturanthropologen, Soziologen, Psychologen und Alltagsmenschen. Es wäre mühsam, kostspielig und problematisch, einen Atlas menschlicher Werte zu verfassen – und er würde vermutlich viele Widersprüche enthalten, da die Werte mancher Kulturen denen anderer zuwiderlaufen. Doch ohne einen Rahmen und grundlegende Standards erwarten wir von den großen Neun und den KI-Stämmen das Unmögliche – nämlich unser aller Ansichten und alle möglichen Folgen für verschiedene Gruppen innerhalb der Gesellschaft und in allen Ländern der Welt zu berücksichtigen.

Die GAIA sollte sich einen Rechtsrahmen überlegen, der persönliche Freiheit und das globale Gemeinwohl gegeneinander abwägt. Im Idealfall liegen diesem Rahmen starke Ideale zugrunde, während er hinsichtlich der Auslegung im Zuge des Reifeprozesses der KI flexibler ist. Mitgliedsorganisationen müssten nachweisen, dass sie sich daranhalten. Andernfalls würden sie einen Ausschluss aus der GAIA riskieren. Ein solcher Rahmen sollte auf jeden Fall die folgenden Grundsätze beinhalten:

1. Der Mensch sollte stets im Mittelpunkt der KI-Entwicklung stehen.

2. KI-Systeme müssen sicher und geschützt sein. Dies sollten wir unabhängig überprüfen können.

3. Bei den großen Neun – und ihren Investoren, Beschäftigten und den Staaten, mit denen sie zusammenarbeiten – muss Sicherheit vor Geschwindigkeit gehen. Ein Team, das an einem KI-System arbeitet – auch wenn es nicht zu den großen Neun gehört –, darf keine Abkürzungen nehmen, um schneller ans Ziel zu kommen. Die Sicherheit muss nachgewiesen werden und von unabhängigen Beobachtern feststellbar sein.

4. Verursacht ein KI-System einen Schaden, muss es in der Lage sein, zu melden, wo der Fehler lag, und es sollte einen Governance-Prozess für die Klärung und Abmilderung des Schadens geben.

5. KI sollte erklärbar sein. Für Systeme sollte es etwas Ähnliches wie die Nährwertkennzeichnung von Lebensmitteln geben – also ausführliche Angaben dazu, was für Daten zur Schulung

eingesetzt wurden, welche Lernprozesse zum Einsatz kamen, welche realen Daten in Anwendungen genutzt werden und welche Ergebnisse erwartet wurden. Bei sensiblen oder geschützten Systemen sollten vertrauenswürdige Dritte in der Lage sein, die Transparenz einer KI zu beurteilen und zu bestätigen.

6. Innerhalb des KI-Ökosystems sollte allen – den Beschäftigten, dem Management, den Chefs und Verwaltungsratsmitgliedern der großen Neun, den Start-ups (Unternehmern und Akzeleratoren), den Investoren (Wagniskapitalgebern, Private-Equity-Firmen, institutionellen Investoren und Einzelaktionären), Lehrern und Studenten in weiterführenden Studiengängen und jedem, der sonst an KI arbeitet–, bewusst sein, dass sie ständig ethische Entscheidungen treffen. Sie alle sollten sämtliche ihrer Entscheidungen bei der Entwicklung, Erprobung und Anwendung begründen können.

7. Der Atlas der menschlichen Werte sollte bei allen KI-Projekten Beachtung finden. Selbst in schwache KI-Anwendungen sollte der Atlas nachweislich einfließen.

8. Es sollte einen veröffentlichten, leicht auffindbaren Verhaltenskodex für alle Personen geben, die an KI, ihrer Entwicklung, Struktur und Umsetzung arbeiten. Der Verhaltenskodex sollte auch für Investoren gelten.

9. Jeder sollte befugt sein, KI-Systeme zu befragen – nach ihrem eigentlichen Zweck, nach den von ihnen verwendeten Daten und danach, wie sie zu ihren Schlussfolgerungen gelangen. Es sollte in

einem einheitlichen Format vollständig transparent gemacht werden, wer die Ergebnisse einsieht.

10. Die Arbeitsbedingungen für eine KI-Anwendung – beziehungsweise für jeden Dienst, der KI einsetzt – sollen so einfach formuliert sein, dass sie ein Drittklässler verstehen kann. Sie sollten in jeder Sprache zur Verfügung stehen, sobald die Anwendung live geschaltet wird.

11. PDRs sollten unter Verwendung eines einheitlichen Formats auf Opt-in-Basis angelegt und entwickelt werden, sie sollten kompatibel sein, und jeder Einzelne sollte die vollständigen Eigentums- und Zugriffsrechte behalten. Falls PDRs vererbbar werden, sollten Einzelne in der Lage sein, über den Zugriff auf ihre Daten und deren Verwendung zu entscheiden.

12. PDRs sollten möglichst dezentralisiert sein, um sicherzustellen, dass keine Partei die absolute Kontrolle darüber hat. Der Fachgruppe, die unsere PDRs konzipiert, sollten Fachleute mit juristischem und nichtjuristischem Hintergrund angehören: White-Hat-Hacker (die Guten), führende Bürgerrechtler, Staatsvertreter, unabhängige Datentreuhänder, Ethiker und Angehöriger anderer Berufsgruppen, die nicht bei den großen Neun arbeiten.

13. Soweit irgend möglich, sind PDRs so zu schützen, dass sie nicht zur Ermächtigung autoritärer Regimes eingesetzt werden können.

14. Es muss ein System öffentlicher Rechenschaftspflicht geben, und eine einfache Methode, wie

Menschen Antworten auf Fragen zu ihren Daten und deren Gewinnung, Aufbereitung und Verwendung in den gesamten KI-Systemen erhalten können.

15. Sämtliche Daten sind fair und gleich zu behandeln, ungeachtet von Nationalität, Rasse, Religion, sexueller Identität, Geschlecht, politischer Gesinnung oder anderen individuellen Überzeugungen.

GAIA-Mitglieder sollten sich freiwillig Stichprobenkontrollen durch andere Mitglieder oder ein Organ innerhalb der GAIA unterziehen, um sicherzugehen, dass der Regelungsrahmen vollständig eingehalten wird. Alle Einzelheiten – etwa, wie so ein System der öffentlichen Rechenschaftspflicht genau aussieht und wie es in der Realität funktioniert – müssten fortlaufend überarbeitet und verbessert werden, um mit den Entwicklungen auf dem Gebiet der KI Schritt zu halten. Dieser Prozess würde mit ziemlicher Sicherheit den Fortschritt etwas verlangsamen, doch das ist durchaus im Sinne des Erfinders.

Mitgliedsorganisationen und -länder sollten zusammenarbeiten und ihre Erkenntnisse austauschen, auch zu Schwachstellen und Sicherheitsrisiken. So könnten sich GAIA-Mitglieder eher einen Vorteil vor böswilligen Akteuren verschaffen, die versuchen könnten, gefährliche KI-Kapazitäten, wie etwa autonome Hacking-Systeme, zu entwickeln. Es ist zwar recht unwahrscheinlich, dass die großen Neun bereit sein könnten, Geschäftsgeheimnisse preiszugeben, doch auch dafür gibt es ein historisches Beispiel: Die Weltgesundheitsorganisation koordiniert in Krisenzeiten globale Maßnahmen zum Gesundheitsschutz und eine Gruppe namens Advanced Cyber Security Center mobilisiert Strafverfolgungsorgane, Wissenschaftler an Universitäten und Behörden in Bezug auf Bedrohungen der Computer- und Netzsicherheit. Nach diesem Muster könnten auch die

GAIA-Mitglieder eine Reihe von Wächter-KI entwickeln, die zunächst feststellen würden, ob sich ein KI-System bestimmungsgemäß verhält – und zwar nicht nur in Bezug auf seinen Code, sondern auch hinsichtlich der Verwendung unserer Daten und seiner Interaktion mit den Hardwaresystemen, mit denen es in Berührung kommt. Wächter-KI würden offiziell nachweisen, dass KI-Systeme bestimmungsgemäß funktionieren, und im Zuge des Reifungsprozesses des KI-Ökosystems zu einer AGI würden sämtliche autonom vorgenommenen Veränderungen, die die bisherigen Ziele eines Systems abwandeln könnten, gemeldet, bevor eine Selbstoptimierung erfolgt. So könnte eine Wächter-KI – ein zur Überwachung und Meldung anderer KI konzipiertes System – Eingaben in ein generatives gegnerisches Netz überprüfen, wie es in den Vorkapiteln zu den Szenarien ausführlicher beschrieben wurde, und sicherstellen, dass es bestimmungsgemäß agiert. Bei der Umstellung von ANI auf AGI würden Wächtersysteme auch weiterhin berichten und überprüfen – sie wären aber nicht darauf programmiert, autonom zu handeln.

Ist AGI in Reichweite, sollten die großen Neun und alle im KI-Ökosystem vereinbaren, KI auf Testumgebungen einzuschränken und Risiken zu simulieren, bevor sie in der Realität eingesetzt wird. Was ich damit vorschlage, unterscheidet sich drastisch von der derzeitigen Praxis der Produkttests, die nur prüft, ob ein System seine Funktionen wie vorgesehen ausübt. Wir können aber vor der Umsetzung einer Technologie nicht alle Möglichkeiten ihrer Weiterentwicklung oder Zweckentfremdung in der Realität kennen. Deshalb müssen wir sowohl technische Simulationen als auch Risikoerfassung vorschalten, um die Folgen für Wirtschaft, Geopolitik und persönliche Freiheiten zu beurteilen. KI sollte hinter Schloss und Riegel bleiben, bis wir sicher wissen, dass die Vorteile der Forschung die potenziellen Nachteile überwiegen oder ob sich die Risiken irgendwie eindämmen lassen. Das bedeutet, die großen Neun müssen die Möglichkeit bekommen, ihrer Forschungsarbeit nachzugehen, ohne ständig durch drohende Anrufe von Investoren und Präsentationen auf Konferenzen unter Druck zu stehen.

Staatliche Veränderungen: Argumente für eine Neuausrichtung der Vereinigten Staaten und Chinas

Die GAIA muss partnerschaftlich mit den Regierungen ihrer Mitgliedsländer zusammenarbeiten. Doch die einzelstaatlichen Regierungen müssen erkennen, dass sie nicht länger mit dem Tempo einer großen Bürokratie arbeiten können. Wenn sie mit der Zukunft der KI zurande kommen wollen, müssen sie engagiert kooperieren und langfristig planen, und sie müssen so flexibel werden, dass sie schneller reagieren können.

Auf allen staatlichen Ebenen – in der Regierung, in der Verwaltung, in der Haushaltsplanung und in der Politik – sollte jeder über praktische KI-Kenntnisse verfügen und im Idealfall über technisches Fachwissen. In den Vereinigten Staaten bedeutet das, dass alle drei Staatsgewalten daran arbeiten müssen, sich KI-Wissen anzueignen. An so unterschiedlichen Orten wie dem Innenministerium, der Sozialversicherungsbehörde, dem Ministerium für Wohnungsbau und Stadtentwicklung, dem Auswärtigen Ausschuss des Senats und anderen müssen KI-Experten einbezogen und dazu animiert werden, in Entscheidungsprozessen Orientierung zu geben.

Weil wir in der US-Regierung keine Standardorganisationsprinzipien für künstliche Intelligenz haben, gibt es nicht weniger als zwei Dutzend Behörden und Stellen, die sich in Silos mit KI beschäftigen. Um im großen Stil für Innovation und Fortschritt zu sorgen, müssen wir interne Forschungs-, Erprobungs- und Einsatzkapazitäten aufbauen und brauchen Zusammenhalt zwischen Ministerien. Derzeit ist KI an staatliche Auftragnehmer und Beratungen ausgelagert.

Solange diese Aufgaben anderen überlassen bleiben, müssen unsere Staatschefs nicht selbst die Ärmel hochkrempeln und sich mit den Feinheiten von KI vertraut machen. Sie sind nicht in der Lage, das nötige institutionelle Wissen aufzubauen, um solide Entscheidungen zu treffen. Ihnen fehlen der Wortschatz und die historischen Kenntnisse, und sie kennen die maßgeblichen Akteure nicht. Dadurch entstehen unverzeihliche Wissenslücken, wie sie mir bei Begegnungen mit leitenden Führungskräften vieler staatlicher Stellen in den USA aufgefallen sind, darunter unter anderem das Büro für Wissenschafts- und Technologiepolitik, die Bundesverwaltung, das Handelsministerium, die oberste Rechnungskontrollbehörde, das Außenministerium, das Verteidigungsministerium und das Heimatschutzministerium.

Anfang 2018 – als die BAT-Gruppe längst zahlreiche KI-Erfolge verkündet und Xi Jinping die KI-Pläne der KPCh öffentlich gemacht hatte – legte Präsident Trump dem Kongress für 2019 einen Haushalt vor, der eine Kürzung der Forschungsmittel für Wissenschaft und Technologie um 15 Prozent vorsah.[4] Übrig blieben kümmerliche 13,7 Milliarden US-Dollar für ein breites Spektrum an ehrgeizigen Projekten: Kriegsführung im Weltraum, Hyperschalltechnologie, elektronische Kriegsführung, unbemannte Systeme *und auch* künstliche Intelligenz. Gleichzeitig kündigte das Pentagon an, es werde über fünf Jahre 1,7 Milliarden US-Dollar in ein neues gemeinsames Zentrum für künstliche Intelligenz investieren. Das sind erschreckend niedrige Zahlen, die ein fundamentales Unverständnis dafür belegen, was KI verspricht und in Wirklichkeit erfordert. Um das ins richtige Verhältnis zu setzen: Allein im Jahr 2017 gab die G-MAFIA zusammen 63 Milliarden US-Dollar für Forschung und Entwicklung aus – fast das Fünffache des gesamten Wissenschafts- und Technologieforschungsbudgets der US-Regierung.[5] Es ist aber auch ein Hinweis auf ein noch größeres, weitaus heikleres Problem: Wenn unsere Regierung Grundlagenforschung nicht finanzieren kann oder will, schuldet die G-MAFIA dennoch der Wall Street weiterhin Rechenschaft. Es gibt dann keinen Anreiz, die Forschung zu betreiben, die eine KI im öffentlichen Interesse fördert – oder jede andere Forschung zur Sicherheit, Unbedenklichkeit und Transparenz, die nicht mit einem Profitcenter in Verbindung steht.

Von den Vereinigten Staaten kommt auch keine klare Botschaft zu unserer Rolle in der Zukunft der künstlichen Intelligenz in Anbetracht der aktuellen Positionierung Chinas. Wir äußern uns zu KI in aller Regel dann, wenn China sein nächstes Manöver bereits offenbart hat. Peking glaubt, die Amerikaner interessieren sich nur für Yoni-Eier, handwerklich gebraute Biere, Netflix und Chillen. Wir haben gezeigt, wie leicht wir uns als Verbraucher von Werbung und Marketing manipulieren lassen und wie gern wir Geld ausgeben, das wir nicht haben. Wir haben gezeigt, dass wir als Wähler für anzügliche Videos, Verschwörungstheorien und eindeutig erfundene Nachrichten empfänglich sind – und nicht kritisch und selbstständig denken können. Wir zeigen immer wieder, dass sich alles nur ums Geld dreht, wenn uns schnelles Wachstum und stetiger Gewinn wichtiger sind als Fortschritte in der Grundlagen- und Anwendungsforschung. Brutale Einschätzungen, die jedoch schwer von der Hand zu weisen sind. Für Peking und den Rest der Welt sieht es so aus, als wären wir vor allem damit beschäftigt, die Amerikaner und Amerika an erste Stelle zu rücken.

In den vergangenen 50 Jahren schwankte die Einstellung der Vereinigten Staaten zu China zwischen Eindämmung und Engagement. Das ist der Rahmen, den unsere Spitzenpolitiker für die KI-Debatte gesteckt haben. Sollten wir mit der BAT-Gruppe und Peking zusammenarbeiten? Oder China durch Einführung von Sanktionen, Cyberkrieg und andere Akte der Aggression in seine Schranken weisen? Voraussetzung dafür, dass wir überhaupt eine solche Entscheidung treffen können, ist aber, dass die Vereinigten Staaten noch so viel Macht und Einfluss besitzen wie in den 1960er-Jahren. Dabei verfügt Amerika 2019 schlicht nicht mehr über so viel unilaterale Macht auf der Weltbühne. Unsere G-MAFIA ist mächtig, doch unser politischer Einfluss ist geschwunden. China hat durch die BAT und seine Staatsorgane zu viele Abkommen getroffen, zu viel Geld investiert und zu viele starke diplomatische Beziehungen in aller Welt geknüpft: in Lateinamerika, Afrika, Südostasien und sogar in Hollywood und im Silicon Valley.

Wir müssen uns mit einer dritten Option für China arrangieren: Die Vereinigten Staaten müssen lernen, im Wettbewerb zu bestehen. Doch dafür müssen wir einen Schritt zurücktreten und KI in ihrer Gesamtheit ins Visier nehmen – nicht nur als coole Technologie oder als potenzielle Waffe, sondern als das dritte Computerzeitalter, in dem alles mit allem vernetzt wird. Die USA brauchen eine zusammenhängende nationale KI-Strategie, die vernünftig budgetiert werden muss. Wir müssen diplomatische Beziehungen aufbauen, die über unsere vierjährigen Wahlzyklen hinaus Bestand haben. Wir müssen uns in Position bringen, um Ländern in aller Welt bessere Konditionen anzubieten als China – Länder, die wie wir das Ziel verfolgen, ihren Bürgern ein gesundes, glückliches Leben zu ermöglichen.

Ganz gleich, was aus Xi wird – vielleicht lehnen sich seine Bürger auf und versuchen, die KPCh zu entmachten oder er erkrankt tödlich –, große Teile der Welt hängen inzwischen in Bezug auf Technologie, Produktion und wirtschaftliche Entwicklung von China ab. Und Chinas weiteres Überleben hängt von KI ab. Chinas Wirtschaft wächst in einer unglaublichen Geschwindigkeit, und Hunderte Millionen von Chinesen steigen bald in die Mittel- und obere Mittelschicht auf. Für eine solche soziale und wirtschaftliche Massenmobilität gibt es kein Drehbuch. Peking weiß, dass KI das Bindegewebe zwischen Menschen, Daten und Algorithmen bildet und helfen kann, den Massen die Werte der KPCh einzuimpfen, damit niemand aus der Reihe tanzt. Für China ist KI der Weg zu den Ressourcen, die es in Zukunft benötigt – Ressourcen, die es sich durch den Handel mit anderen Ländern verschaffen kann, die Kapital und Investitionen brauchen.

Was also könnte China dazu bringen, seinen Entwicklungskurs und seine Pläne für KI zu ändern? Es gibt einen guten Grund für China, von Anfang an auf das optimistische Szenario hinzuarbeiten: das Einmaleins der Wirtschaft. Wenn die soziale Aufstiegsfähigkeit in China schneller voranschreitet, als es Peking verkraften kann, ist ein autoritäres Regime nicht die einzige realistische Strategie. China ist in der Position, sich in vielen verschiedenen Branchen und Fachgebieten international an die Spitze zu setzen – nicht nur als Hersteller und Exporteur von anderswo designten Artikeln. Würde sich Peking zu Transparenz, Datenschutz und Beachtung der Menschenrechte bereiterklären, wäre es in der Lage, die GAIA als Partner der USA auf Augenhöhe mitzuleiten, was eine realistische Möglichkeit eröffnen könnte, Millionen von Chinesen aus der Armut herauszuholen. Zusammenarbeit bedeutet nicht, dass die KPCh zur Seite geschoben wird. Sie könnte erhalten bleiben und dabei könnten Chinas ehrfurchtgebietende Erwerbsbevölkerung, seine Armee von Forschern und seine geoökonomische Macht an die vorderste Front der menschlichen Zivilisation befördert werden.

Sieht Peking keine alternative – aber positive – Zukunft, die von seinen verschiedenen strategischen Plänen abweicht, können wir immer noch die Topmanager der BAT-Unternehmen und den chinesischen KI-Stamm auffordern, eine bessere Entscheidung zu treffen. Wir können die BAT-Gruppe um mutige Führung bitten. Sie kann sich dann für eine bessere Welt für das chinesische Volk und seine Alliierten und Partner entscheiden. Tragen die BAT-Unternehmen auch weiterhin dazu bei, den Status quo in China zu erhalten, werden seine Bürger – und die Bürger aller Länder, die sich auf Peking eingelassen haben – in 20 Jahren ängstlich unter ständiger Überwachung leben – ohne jede Möglichkeit, sich selbst verwirklichen zu können. Die BAT werden menschlichem Leid Vorschub leisten. Christen werden nicht mehr zusammen beten können, ohne befürchten zu müssen, dass sie gemeldet und bestraft werden. Lesben, Schwule und Transsexuelle werden sich verstecken müssen. Ethnische Minderheiten werden weiter zusammengetrieben und interniert werden, und man wird nie wieder von ihnen hören.

KI verlangt *jetzt* nach mutiger Führung. Unsere Regierungen müssen unbequeme Entscheidungen treffen. Halten wir stattdessen in den USA am Status quo fest, werden wir es in 20 Jahren unweigerlich mit Kartellprozessen und Patentrechtsklagen zu tun haben und zusehen, wie unsere Regierung vergeblich versucht, sich mit Unternehmen zu einigen, die zu groß und zu bedeutend geworden sind, um sich über sie hinwegzusetzen. Wir müssen es der G-MAFIA erlauben, in vernünftigem Tempo zu arbeiten. Wir sollten gelassen bleiben, wenn die G-MAFIA über mehrere Quartale keine größere Ankündigung macht. Wenn sie nicht in einer Tour Patente und von Fachkollegen geprüfte Forschungsergebnisse präsentiert, sollten wir nicht fragen, ob die Unternehmen Probleme haben oder ob wir die ganze Zeit über eine KI-Blase aufgeblasen haben.

In den Vereinigten Staaten kommt es darauf an, eine Strategie zu entwickeln und Führungsqualität zu beweisen – doch das reicht noch nicht, um die institutionelle Kapazität zu garantieren, die wir in Zukunft brauchen. Deshalb sollten wir das Büro für Technikfolgenabschätzung wiedereinsetzen, das 1972 eingerichtet wurde, um die Mitglieder und Gremien des US-Kongresses unparteiisch in wissenschaftlichen und technischen Fragen zu beraten – und dem von einem kurzsichtigen Newt Gingrich und dem republikanisch kontrollierten Kongress 20 Jahre später die Finanzierung gestrichen wurde. Die Aufgabe dieser Einrichtung war es, unsere Gesetzgeber und ihre Beschäftigten in Legislative, Judikative und Exekutive über die Zukunft von Wissenschaft und Technologie aufzuklären. Das tat sie unter Verwendung von Daten und Belegen und ohne ihre Forschungsarbeit zu politisieren.[6] Für das bisschen eingesparte Geld hat sich der Kongress durch die Schließung des Büros freiwillig und bewusst selbst amputiert. In anderen Bereichen staatlichen Handelns gibt es noch Spuren seiner Arbeit. Der Forschungsdienst des Kongresses, quasi seine Denkfabrik, beschäftigt kompetente Juristen und Analysten, die auf legislative Fragen spezialisiert sind. Von ihren fünf genehmigten Forschungsgebieten schließt keines explizit KI ein. Im Mittelpunkt der Forschungsarbeit stehen stattdessen Themen wie die Förderung von Mineralien, die Weltraumerkundung, das Internet, Chemikaliensicherheit, Kredite für Agrarunternehmer und Umweltgerechtigkeit. Das Office of Net Assessment ist der heimliche interne Think Tank des Pentagon, dem nach meinem persönlichen Eindruck die klügsten, kreativsten Köpfe aus dem Verteidigungsministerium angehören. Doch die Stelle verfügt weder über die nötigen Mittel noch über die nötigen Mitarbeiter und muss manche ihrer Aufgaben fremdvergeben.

Die US-Regierung muss ihre internen Kapazitäten stärken. Sie muss eine kräftige, verlässliche Innovationsmuskulatur entwickeln. Ist eine Wiederbelebung des Büros für Technikfolgenabschätzung ein zu auffälliger politischer Blitzableiter, kann es in Zukunftsministerium oder Büro für strategische KI-Kapazitäten umbenannt werden. Es sollte großzügig finanziert, nicht politisch beeinflusst und zuständig für Grundlagen- und Anwendungsforschung sein. Es sollte die drei Staatsgewalten aggressiv aufklären.

Die Gründung eines neuen Büros wird uns helfen, die Zukunft besser zu planen, doch wir brauchen eine unparteiische Gruppe intelligenter Menschen, die die plötzlichen Folgen von KI mindern, wenn sie eintreten. Zu diesem Zweck sollten wir den Zuständigkeitsbereich des Zentrums für Seuchenbekämpfung (Center for Disease Control, kurz CDC) erweitern und es in Zentrum für Seuchenbekämpfung und Datenkontrolle umbenennen. Zurzeit ist das CDC die Gesundheitsschutzbehörde unseres Landes. In Aktion haben wir es während der zurückliegenden Ebola-Krisen erlebt, als es in Koordination mit anderen Gesundheitsbehörden koordinierte Quarantäneanweisungen erteilte und Primärquelle für Journalisten war, die über die Ausbrüche berichteten. Beim Ebola-Ausbruch im Kongo 2018 stampfte der Grenzschutz keine eigenen Ebola-Teams aus dem Boden, um zu versuchen, die Verbreitung des Virus einzudämmen. Stattdessen befolgte er das Standardprotokoll des CDC. Was passiert also, wenn wir in zehn Jahren eine rekursive, sich selbst optimierende KI haben, die erste Probleme bereitet? Was, wenn wir versehentlich durch unsere Daten ein Virus verbreiten und andere infizieren? Das CDC ist weltweit führend beim Design und der Umsetzung von

Sicherheitsprotokollen, die die Menschen aufklären und Maßnahmen zur Katastrophenabwehr auf die Beine stellen können. Angesichts der ausgesprochen engen Beziehung von KI zum Thema Gesundheit und zu unseren Gesundheitsdaten ist es durchaus sinnvoll, das CDC zu nutzen.

Doch wer wäre bereit, für eine solche Einrichtung zu arbeiten, solange die vom Silicon Valley gebotenen Konditionen um so vieles attraktiver sind? Ich habe schon im Führungskasino der US-Marine im Pentagon und bei Unternehmen der G-MAFIA zu Mittag gegessen. Der Speisesaal der Marine ist durchaus ansprechend, mit Abzeichen auf den Tellern und einer Tageskarte mit überschaubarer Auswahl – und natürlich besteht dort immer die Chance, dass man sich neben einem Drei- oder Viersternegeneral wiederfindet. Abgesehen davon trifft man dort keine Unteroffiziere und Mannschaften. Wer im Pentagon arbeitet, kann zwischen mehreren Food Courts mit Filialen von Subway, Panda Express und Dunkin Donuts wählen.[7] Ich habe einmal im Center Court Café getoastete Panini probiert – trocken, aber essbar. Die Verköstigung an den Standorten der G-MAFIA ist damit überhaupt nicht vergleichbar: Bio-Poke-Schalen bei Google in New York, umweltschonend händisch von Tauchern geerntete, scharf angebratene Jakobsmuscheln mit Maitake-Pilzen und Reis in Tintenfischtinte in der Google-Niederlassung in LA. *Und zwar gratis.* Doch das Essen ist nicht die einzige zusätzliche Vergünstigung bei der G-MAFIA. Kurz nach der Eröffnung der Spheres von Amazon in Seattle nahm mich jemand aus meinem Freundeskreis mit auf eine Führung durch diese Mischung aus riesigem Gewächshaus und Arbeitsplatz. Die Spheres sind einfach toll: klimatisierte, verglaste, abgeschlossene Ökosysteme mit 40.000 Pflanzenarten aus 30 verschiedenen Ländern.[8] Die Luft ist sauber, es riecht gut, die Temperatur liegt ungeachtet der Witterung draußen immer bei rund 22 Grad, und überall stehen bequeme Sessel, Liegestühle und Tische. Es gibt sogar ein gigantisches Gewächshaus für Bäume. Die Amazon-Beschäftigten dürften jederzeit nach Gusto in den

Spheres arbeiten. Bei Facebook erhalten Vollzeitbeschäftigte vier Monate Elternzeit und junge Eltern bekommen einen Zuschuss von 4.000 US-Dollar für Babybedarf.[9]

Was ich damit sagen will: Angesichts der großzügigen Angebote der G-MAFIA ist es wirklich schwer, einen fähigen Informatiker davon zu überzeugen, für den Staat oder für das Militär zu arbeiten. Wir geben unser Geld lieber für den Bau von Flugzeugträgern aus als für fähige Köpfe. Statt von der G-MAFIA zu lernen, machen wir uns über ihre Vergünstigungen lustig oder schimpfen darauf. Die Opportunitätskosten staatsbürgerlicher Pflichten sind in den Vereinigten Staaten viel zu hoch, als dass wir die besten und intelligentesten Bewerber für den öffentlichen Dienst gewinnen könnten.

Da wir das wissen, sollten wir in ein KI-Programm für den öffentlichen Dienst investieren – so etwas wie ein Reserveausbildungscorps für KI nach dem Muster des Reserve Officer Training Corps ROTC zur Rekrutierung und Ausbildung von Offizieren. Die Absolventen könnten entweder zum Militär oder zum Staat gehen. Die Teilnehmer würden aus den Highschools angeworben und bekämen ihr Studium finanziert. Im Gegenzug müssten sie sich verpflichten, ein paar Jahre lang im öffentlichen Dienst oder für das Militär zu arbeiten. Außerdem sollten sie lebenslang Zugang zu kostenlosen praktischen Schulungen erhalten, die das ganze Jahr über veranstaltet würden. KI verändert sich im Zuge ihres Entwicklungsprozesses. Jungen Menschen Anreize zu geben, sich zu lebenslanger Weiterbildung zu verpflichten, ist nicht nur für die Betroffenen gut, sondern hilft unserer Erwerbsbevölkerung auch bei der Umstellung auf das dritte Computerzeitalter. Überdies kommt das den Unternehmen zugute, für die sie letztlich tätig sind – denn es bedeutet, dass ihre Kenntnisse auf dem neuesten Stand bleiben.

Doch das kann Washington nicht im Alleingang. Die US-Regierung muss die G-MAFIA und den Tech-Sektor mehr als strategische Partner betrachten, denn als Plattformanbieter. Zu Anfang des 20. Jahrhunderts gründete sich die Beziehung zwischen Washington und den großen Technologieunternehmen auf gemeinsame Forschung und gemeinsames Lernen. Inzwischen handelt es sich bestenfalls um eine Geschäftsbeziehung, oft sogar um ein gespanntes Verhältnis. Nachdem zwei Terroristen auf einer Weihnachtsfeier im kalifornischen San Bernardino über ein Dutzend Menschen getötet und weitere zwei Dutzend verletzt haben, liefert sich das FBI mit Apple eine hitzige öffentliche Debatte über Verschlüsselung. Das FBI wollte ein Handy entsperren, um Beweise zu sichern, doch Apple verweigerte seine Unterstützung. Also erwirkte das FBI eine gerichtliche Anordnung, derzufolge Apple dafür ein Programm schreiben sollte. Dagegen wehrte sich Apple nicht nur vor Gericht, sondern auch in den Nachrichtenmedien und auf Twitter.[10] Das Ganze war eine Reaktion auf einen Vorfall, der bereits stattgefunden hatte. Stellen Sie sich vor, KI wäre an einer laufenden Serie von Verbrechen beteiligt oder würde sich selbst in einer Weise optimieren, die den Menschen Schaden zufügt. Das Letzte, was wir wollen, ist, dass sich die G-MAFIA und die Regierung in einer Krisensituation Schlagabtäusche liefern. Verzichten wir auf eine auf gegenseitigen Respekt und Vertrauen gegründete Beziehung, wird Amerika angreifbar – und zwar jeder einzelne Bürger.

Abschließend gilt: Vorschriften, die vielleicht als ideale Lösung erscheinen mögen, sind der komplett falsche Weg. Ganz gleich, ob solche Regelungen unabhängig vom Gesetzgeber verfasst oder von Lobbyisten beeinflusst werden, ein regulatorischer Ansatz kommt uns künftig auf jeden Fall teuer zu stehen. Politiker und Staatsbeamte mögen Vorschriften, weil sie in aller Regel klar definierte, bestimmte, ausführbare Pläne darstellen. Damit sie greifen, müssen sie konkret sein. Derzeit werden im KI-Bereich wöchentlich Fortschritte erzielt – das bedeutet, jede Vorschrift, die Wirkung zeigt, wäre zu restriktiv und belastend, um Innovation und Fortschritt zu ermöglichen. Wir befinden uns mitten in einer sehr langen Übergangsphase von schwacher zu starker künstlicher Intelligenz und höchstwahrscheinlich zu superintelligenten Maschinen. Sämtliche

2019 erdachten Vorschriften wären bei ihrem Inkrafttreten bereits überholt. Sie könnten uns unsere Sorgen kurzfristig nehmen, doch am Ende würden uns Vorschriften künftig sehr schaden.

Die großen Neun verändern: Argumente für den Wandel der KI-Branche

Die Einrichtung der GAIA und die strukturellen Veränderungen in unserem Staatswesen sind wichtige Voraussetzungen für die Korrektur des KI-Entwicklungskurses, doch auch die G-MAFIA und die BAT-Gruppe müssen sich zu verschiedenen Veränderungen bereiterklären.

Die Führungsriegen der großen Neun versichern alle, dass sie KI zum Wohl der Menschheit entwickeln und vorantreiben. Ich bin überzeugt, dass das ihre Absicht ist, doch dieses Versprechen ist unglaublich schwierig zu halten – angefangen damit, wie wir „Wohl" definieren. Was genau bedeutet dieser Terminus eigentlich? Womit wir wieder bei den Problemen innerhalb der KI-Stämme angelangt wären. Wir können uns nicht einfach alle darauf einigen, uns für das „Wohl" einzusetzen, denn dieser pauschale Begriff ist zu vieldeutig, als dass sich die KI-Stämme daran orientieren könnten.

So lernen die KI-Stämme vielleicht, angeregt vom westlichen Moralphilosophen Immanuel Kant, bestimmte KI-Systeme auf ein Gefüge von Rechten und Pflichten zu programmieren. *Einen Menschen zu töten, ist böse. Einen Menschen zu erhalten, ist gut.* Diese unflexible Aussage funktioniert, wenn die KI in einem Auto verbaut ist und nur die Wahl hat, gegen einen Baum zu fahren und dadurch den Fahrer zu gefährden oder in eine Menschenmenge zu rasen und alle zu töten. Starre Auslegungen funktionieren aber unter den weit komplexeren Bedingungen der Realität nicht, in der es viele verschiedene Wahlmöglichkeiten gibt: gegen den Baum fahren und den Fahrer töten, in eine Menschenmenge fahren und acht Personen töten, auf den Bürgersteig fahren und nur einen Dreijährigen töten. Wie sollen wir bei diesen Beispielen definieren, was hier dem „Wohl" am nächsten kommt?

Noch einmal: Ein Regelungsrahmen für die großen Neun kann hilfreich sein. Dabei brauchen sie gar nicht den großen philosophischen Wurf, sondern lediglich einen langsameren, verantwortungsbewussteren Ansatz. Die großen Neun sollten konkrete Schritte in Bezug auf die Art und Weise unternehmen, wie sie unsere Daten beschaffen, zu Schulungszwecken verwenden und nutzen, wie sie Mitarbeiter anwerben und wie sie am Arbeitsplatz ethisches Verhalten kommunizieren.

In jedem Schritt des Prozesses sollten die großen Neun ihre Handlungsweise analysieren und feststellen, ob sie künftig Schaden verursachen oder nicht – und sie sollten in der Lage sein, zu überprüfen, ob sie die richtige Wahl getroffen haben. Das beginnt mit klaren Standards zu Voreingenommenheit und Transparenz.

Derzeit gibt es nicht die *eine* Grundlinie oder den Standardkatalog, um Voreingenommenheit zu bewerten – und es gibt keine Ziele, die die Überwindung der Verzerrungen vorsehen, welche derzeit im gesamten KI-Bereich vorhanden sind. Es gibt keinen Mechanismus, der Sicherheit Priorität vor Schnelligkeit einräumt, und angesichts meiner persönlichen Erfahrungen in China und der schieren Anzahl katastrophaler Sicherheitspannen dort beunruhigt mich das ganz gewaltig. Regelmäßig stürzen Brücken und Gebäude ein, Straßen und Bürgersteige geben nach und die Liste von Lebensmittelverunreinigungen ist zu lang, um sie hier aufzuführen. (Ich übertreibe nicht. Allein in den vergangenen paar Jahren gab es über 500.000 Skandale um gesundheitsgefährdende Lebensmittel, die alles Mögliche betrafen, von Säuglingsnahrung bis zu Reis.[11]) Eine der Hauptursachen für diese Probleme? Die chinesische Arbeitswelt, die Anreize dafür schafft, den einfachsten Weg zu nehmen. Die Vorstellung, fortschrittliche KI-Systeme könnten von Teams entwickelt werden, die Pfusch abliefern, ist mehr als beängstigend.

Ohne durchsetzbare globale Sicherheitsstandards sind die BAT-Unternehmen den Anweisungen aus Peking schutzlos ausgeliefert, wie kurzsichtig sie auch sein mögen. Die G-MAFIA muss sich dagegen mit unklugen Forderungen des Marktes herumschlagen. Auch für Transparenz gibt es keinen Standard. In den Vereinigten Staaten gehört die G-MAFIA neben der American Civil Liberties Union, der New America Foundation und dem Berkman Klein Center in Harvard der Partnership on AI an, die Transparenz in der KI-Forschung fördern soll. Diese Partnerschaft veröffentlichte großartige Empfehlungen, die dazu beitragen sollen, der KI-Forschung eine positive Richtung zu geben. Diese Prinzipien sind jedoch in keiner Weise durchsetzbar – und finden nicht einmal in allen Unternehmensbereichen der G-MAFIA Beachtung. In der BAT-Gruppe werden sie ebenfalls nicht eingehalten.

Die großen Neun verwenden fehlerhafte Korpora (Datensätze zur Schulung), die voller Vorurteile stecken. Das ist öffentlich bekannt. Das Problem dabei: Es kostet eine Menge Geld, die Qualität der Daten und der Lernmodelle zu verbessern. Ein höchst problematischer Korpus ist beispielsweise ImageNet, das ich in diesem Buch bereits mehrfach erwähnt habe. ImageNet enthält 14 Millionen markierte Bilder, und rund die Hälfte dieser Daten stammt ausschließlich aus den Vereinigten Staaten.

In den USA gehört zum „klassischen" Bild einer Braut eine Frau in einem weißen Kleid mit Schleier, doch in Wirklichkeit entspricht dieses Bild ganz und gar nicht dem der meisten Menschen von ihrem Hochzeitstag. Es gibt Frauen, die im Hosenanzug heiraten, Frauen, die sich in einem bunten Sommerkleid am Strand trauen lassen, und Frauen, die bei ihrer Hochzeit Kimonos oder Saris tragen. Mein Hochzeitskleid war übrigens zartbeige. Für ImageNet trägt eine Braut aber ein weißes Kleid und einen Schleier.

Auch medizinische Daten stellen ein Problem dar, wie wir wissen. In Systeme, die zur Erkennung von Krebs geschult werden, wurden überwiegend Fotos und Scans von heller Haut eingespeist. Das könnte künftig zu Fehldiagnosen bei Menschen mit schwarzer oder brauner Haut führen. Wissen die großen Neun, dass es Probleme mit den

Korpora gibt, und sie tun nichts dagegen, dann führen sie KI damit auf den falschen Weg.

Eine Möglichkeit wäre, KI künftig auf sich selbst loszulassen und alle derzeit verwendeten Schulungsdaten zu evaluieren. Das ist bereits vielfach geschehen – doch nicht, um die Trainingsdaten zu bereinigen. Als Nebenprojekt hat das India Research Lab von IBM Werke analysiert, die von 1969 bis 2017 in die engere Auswahl für den Man Booker Prize für Literatur gekommen waren. Die Analyse ergab, dass „geschlechtsspezifische Diskriminierung und Stereotype zu verschiedenen Faktoren wie die mit den Charakteren der Bücher assoziierten Berufe, Vorstellungen und Handlungen vorherrschten". Männliche Charaktere hatten mit größerer Wahrscheinlichkeit höhere Posten als Direktoren, Professoren und Ärzte, während weibliche Charaktere eher als „Lehrerin" oder als „Hure" beschrieben wurden.[12] Wenn man mithilfe von Verarbeitung natürlicher Sprache, Graphenalgorithmen und anderen grundlegenden Techniken des maschinellen Lernens Vorurteile im Zusammenhang mit Literaturpreisen aufspüren kann, dann sicherlich auch in vielverwendeten Datensätzen für Schulungszwecke. Werden Probleme erkannt, sollten sie öffentlich gemacht und gelöst werden. Damit könnte man zwei Fliegen mit einer Klappe schlagen: Schulungsdaten können an Entropie leiden, was das gesamte System gefährden könnte. Wird fortlaufend darauf geachtet, können solche Daten unbeschadet erhalten werden.

Eine Lösung für die großen Neun – zumindest für die G-MAFIA – bestünde darin, sich die Kosten für die Erzeugung neuer Schulungsdatensätze zu teilen. Das ist viel verlangt, da die Erstellung neuer Korpora erhebliche Zeit, Mittel und Personal in Anspruch nimmt. Solange wir unsere KI-Systeme und Korpora nicht erfolgreich einer Generalrevision unterzogen und bestehende Probleme gelöst haben, sollten die großen Neun auf menschliche Kommentatoren bestehen, die Inhalte kennzeichnen und den gesamten Prozess transparent gestalten. Vor dem Einsatz solcher Korpora sollten die

Daten überprüft werden. Das ist ein mühevoller, langwieriger Prozess, der jedoch im ureigenen Interesse der gesamten Fachrichtung läge.

Ja, die großen Neun brauchen unsere Daten. Sie sollten sich unser Vertrauen aber verdienen – und dieses nicht stillschweigend voraussetzen. Statt die Leistungsbedingungen zu ändern und kryptisch und unverständlich zu formulieren oder uns zu Spielen zu animieren, sollten sie erklären und offenlegen, was sie vorhaben. Wenn die großen Neun forschen – ob im Alleingang oder in Partnerschaft mit Universitäten oder anderen Akteuren im KI-Ökosystem –, sollten sie sich zur Offenlegung der Daten verpflichten und ihre Motive und Ergebniserwartungen umfassend erläutern. Wenn sie das täten, würden wir vielleicht bereitwillig mitmachen und ihre Initiativen unterstützen. Ich wäre die Erste.

In China ist die Offenlegung von Daten selbstredend ein besonders heikles Anliegen, doch im besten Interesse der Bürger. Die BAT sollten sich weigern, Produkte zu entwickeln, welche die Freiheiten von Chinas Bürgern und seinen Partnern kontrollieren und einschränken. BAT-Manager müssen als Führungskräfte Mut beweisen. Sie müssen willens und in der Lage sein, Peking zu widersprechen, das heißt Überwachungsaufträge ablehnen, die Daten chinesischer Bürger schützen und sicherstellen, dass zumindest in der digitalen Welt alle fair und gleichbehandelt werden.

Die großen Neun sollten eine nüchterne Forschungsagenda verfolgen – mit einem einfachen, klaren Ziel: Technologie zu entwickeln, die die Menschheit voranbringt – nicht in Gefahr. Eine Möglichkeit, dieses Ziel zu erreichen, besteht im sogenannten „Differential Technological Progress", über den die KI-Stämme viel diskutieren. Er würde einem KI-Fortschritt bei verminderten Risiken den Vorzug geben vor einem Fortschritt bei höheren Risiken. Ein guter Gedanke, jedoch nicht ganz einfach umzusetzen. So könnten beispielsweise generative gegnerische Netzwerke, wie sie in den Szenarien angesprochen wurden, ausgesprochen gefährlich sein, wenn sie von Hackern übernommen und zu ihren Zwecken genutzt werden. Sie bieten jedoch auch Möglichkeiten, in der Forschung Großes zu erreichen. Statt davon auszugehen, dass niemand KI böswillig zweckentfremdet – oder dass wir uns erst mit den Problemen auseinandersetzen, wenn sie sich ergeben –, sollten die großen Neun einen Prozess zur Evaluierung entwickeln, ob neue Grundlagen- oder Anwendungsforschung eine KI hervorbringt, deren Nutzen ihre Risiken deutlich übersteigt.

Zu diesem Zweck sollten bei jeder finanziellen Investition in oder durch die großen Neun auch Mittel für die vorteilhafte Verwendung und Risikoerfassung vorgesehen werden. Wenn Google etwa auf generative gegnerische Netze ausgerichtete Forschung betreibt, sollte beispielsweise ein angemessenes Kontingent an Zeit, Personalressourcen und Geld in die Untersuchung, Erfassung und Prüfung negativer Konsequenzen investiert werden. Eine solche Anforderung würde auch dazu dienen, Erwartungen auf schnelles Geld zu dämpfen. Den Entwicklungszyklus von KI bewusst zu verlangsamen, ist eine Empfehlung, die bei vielen nicht so gut ankommt, jedoch lebenswichtig ist. Es ist für uns sicherer, Risiken im Vorfeld zu durchdenken und einzuplanen, als erst zu reagieren, wenn etwas schiefläuft.

In den Vereinigten Staaten kann sich die G-MAFIA der Neuausrichtung ihrer Einstellungsverfahren widmen, bei denen derzeit die Qualifikationen eines Bewerbers und die Frage, ob er in die Unternehmenskultur passt, höchste Priorität genießen. Unwillkürlich übergegangen wird dabei das persönliche Ethikverständnis des Kandidaten. Hilary Mason, hochangesehene Datenwissenschaftlerin und Gründerin der Fast Forward Labs, erläuterte einen einfachen Prozess für ein Ethik-Screening im Vorstellungsgespräch. Sie empfiehlt, gezielte Fragen zu stellen und genau hinzuhören, was der oder die Betreffende antwortet. Fragen wie: „Sie arbeiten an einem Modell, das Verbrauchern Zugang zu Finanzdienstleistungen geben soll. Rasse ist in Ihrem Modell ein maßgebliches Merkmal, das Sie jedoch nicht verwenden können. Was tun Sie?" Oder: „Sie werden damit beauftragt, Netzwerkdaten zu verwenden, um Kleinunternehmen Kredite anzubieten. Es stellt sich heraus, dass die verfügbaren Daten keine stringenten Informationen über Kreditrisiken liefern. Was tun Sie?"[13] Von den Antworten auf solche Fragen sollte abhängen, ob jemand eingestellt wird oder unter Vorbehalt beschäftigt wird und vor Arbeitsantritt Schulungen über unbewusste Voreingenommenheit absolvieren muss oder gleich komplett abgelehnt wird.

Die großen Neun können eine Kultur aufbauen, die Ethik in der KI unterstützt, indem sie Geisteswissenschaftler, geschulte Ethiker und Risikoanalysten einstellen. Im Idealfall zieht sich die Rekrutierung solcher Fachleute wie ein roter Faden durch die gesamte Organisation, ob in Verbraucher-Hardware-, Software- und Produktteams, in Vertriebs- und Serviceteams, bei Mitverantwortlichen für technische Programme, beim Aufbau von Netzwerken und Lieferketten, in Design- und Strategiegruppen, in der Personal- und Rechtsabteilung und in den Marketing- und Kommunikationsteams.

Die großen Neun sollten einen Prozess zur Evaluierung der ethischen Auswirkungen von Forschung, Workflows, Projekten, Partnerschaften und Produkten entwickeln, und dieser Prozess sollte in die allermeisten Jobfunktionen in den Unternehmen eingeflochten sein. Als Geste des Vertrauens sollten die großen Neun diesen Prozess öffentlich machen, damit wir alle besser verstehen, wie Entscheidungen über unsere Daten getroffen werden.

Entweder zusammen oder für sich sollten die großen Neun speziell für alle, die an KI arbeiten, einen Verhaltenskodex erarbeiten. Aus diesem sollten die von der GAIA vorgegebenen grundlegenden Menschenrechte hervorgehen, aber auch die einzigartige Kultur und die Unternehmenswerte des betreffenden Arbeitgebers. Verstößt jemand gegen diesen Kodex, müssen der Belegschaft klare und geschützte Whistleblowing-Kanäle zur Verfügung stehen.

Realistisch betrachtet werden all diese Maßnahmen vorübergehend und auf kurze Sicht die Umsätze der großen Neun belasten.

Die Investoren müssen ihnen den nötigen Spielraum geben. In den Vereinigten Staaten wird es sich in Zukunft noch lange auszahlen, wenn die G-MAFIA jetzt den Raum erhält, den sie braucht.

Die KI-Stämme verändern: Argumente für eine Transformation der Pipeline

Wir müssen beim KI-Pipeline-Programm ansetzen. Es stammt aus den Universitäten, an denen sich die KI-Stämme bilden. Von allen Lösungsvorschlägen ist dieser am einfachsten umsetzbar.

Die Universitäten müssen Hybridabschlüsse fördern und befürworten. An anderer Stelle habe ich bereits die einflussreichen Universitäten angesprochen, die in aller Regel am häufigsten als Partner der G-MAFIA und der BAT-Gruppe auftreten – solche mit berühmten Starprofessoren und einem Ruf, der Absolventen im Bewerbungsverfahren Vorteile verschafft. Die Lehrpläne sind heute dicht und anspruchsvoll, und es gibt wenig Spielraum für die Kombination von zwei oder drei Masterstudiengängen. De facto wird den Teilnehmern von Elitestudiengängen sogar aktiv davon abgeraten, Fächer zu belegen, die nicht zum Standardinformatikprogramm zählen. Dieses Problem ist lösbar. Universitäten sollten Doppelabschlüsse in Informatik und Politikwissenschaft, Philosophie, Anthropologie, internationalen Beziehungen, Ökonomie, bildender Kunst, Theologie und Soziologie anbieten. Sie sollten es Studenten leichter machen, derartigen außerfachlichen Interessen nachzugehen.

Statt einen Ethik-Pflichtkurs einzuführen, sollte das Fach in alle Veranstaltungen einfließen. Ist Ethik ein eigenständiges Pflichtfach, betrachten es die Studenten vermutlich eher als abzuhakenden Punkt auf einer Liste statt als wesentlichen Baustein ihrer KI-Ausbildung. Die Universitäten müssen auch ihren gestandenen Professoren Anreize geben, in ihren Seminaren und Vorlesungen Themen wie Philosophie, Voreingenommenheit, Risiken und Ethik anzusprechen. Akkreditierungsstellen sollten entsprechende Anreize schaffen und Lehranstalten belohnen, deren Lehrplan nachweislich Ethik in den Mittelpunkt des Informatikunterrichts stellt.

Universitäten müssen sich noch viel mehr darum bemühen, bei der Auswahl von Bachelor- und Masterstudenten, Doktoranden und Lehrpersonal inklusiver zu werden. Das bedeutet, sie müssen die Bewerbungsverfahren kritisch unter die Lupe nehmen und entsprechend korrigieren. Das Ziel sollte nicht darin bestehen, die Zahl der Frauen oder der Farbigen um ein paar Prozentpunkte zu erhöhen, sondern die verschiedenen Zugehörigkeiten und Identitäten der KI-Stämme drastisch zu verändern – unter anderem in Bezug auf Rasse, Geschlecht, Religion, Politik und sexuelle Identität.

Die Universitäten sollten sich selbst zur Rechenschaft ziehen. Sie können – und müssen – besser werden, wenn es darum geht, für mehr Vielfalt in den KI-Stämmen zu sorgen.

Auch Sie müssen sich verändern

Jetzt wissen Sie, was KI ist, was sie nicht ist, und warum sie so wichtig ist. Sie kennen die großen Neun und ihre Geschichten und Anliegen für die Zukunft. Sie wissen, dass KI mehr ist als ein Strohfeuer, ein Tech-Trend oder eine coole technische Spielerei, mit der Sie in Ihrer Küche Zwiegespräche führen können. KI ist Teil Ihres Lebens, und Sie sind an ihrer Entwicklung beteiligt.

Sie gehören zu den KI-Stämmen, daran gibt es nichts mehr zu deuteln. Von heute an sollten Sie in Erfahrung bringen, wie Ihre Daten von den großen Neun geschürft und aufbereitet werden. Das können Sie, indem Sie sich in die Einstellungen all der Tools und Dienste vertiefen, die Sie nutzen: E-Mail und soziale Medien, Ortungsdienste auf Ihrem Handy, Berechtigungseinstellungen in all Ihren vernetzten Geräten. Wenn Sie das nächste Mal auf eine coole App stoßen, die irgendeines Ihrer persönlichen Merkmale (Gesicht, Körper oder Gestik) mit einem größeren Datensatz abgleicht, sollten Sie sich die Zeit nehmen, nachzuprüfen, ob Sie damit zur Schulung eines Machine-Learning-Systems beitragen. Wenn Sie Ihre Erkennung zulassen, sollten Sie nachfragen, wo Ihre Daten gespeichert werden, und zu welchem Zweck. Lesen Sie die Leistungsbedingungen von Diensten durch. Kommt Ihnen daran etwas komisch vor, halten Sie sich lieber zurück und nutzen Sie das betreffende System nicht. Klären Sie Familienangehörige und Freunde über KI auf – und darüber, wie das Ökosystem Ihre Daten nutzt und wie wir bereits Anteil an einer Zukunft haben, an der die großen Neun gerade arbeiten.

Am Arbeitsplatz müssen Sie sich eine ebenso heikle wie pragmatische Frage stellen: Wie wirken sich Ihre persönlichen Vorurteile auf Ihre Kollegen aus? Haben Sie unbewusst nur solche Menschen ge- und befördert, die Ihnen ähnlich sind und Ihre Weltanschauung teilen? Schließen Sie manche Gruppen unwillkürlich aus? Denken Sie an alle, die Entscheidungen treffen – über Partnerschaften, Einkauf, Personal und Daten: Spricht daraus die Welt, wie sie ist, oder die Welt, wie sie wahrgenommen wird?

Außerdem sollten Sie prüfen, wie und warum an Ihrem Arbeitsplatz autonome Systeme eingesetzt werden. Lassen Sie sich dabei nicht zu vorschnellen Urteilen hinreißen. Denken Sie kritisch und rational: Wie könnte sich etwas – im Positiven wie im Negativen – künftig auswirken? Tun Sie dann, was Sie können, um Risiken zu mindern und sich bei der Optimierung an bewährten Praktiken zu orientieren.

Stimmen Sie bei Wahlen für Kandidaten, die nicht übereilt Vorschriften erlassen wollen, sondern bedachter an KI herangehen und langfristig planen. Ihre gewählten Vertreter dürfen weder Technologiepolitik noch Wissenschaftsschelte betreiben. Genauso unverantwortlich ist es aber, das Silicon Valley einfach zu ignorieren, bis es negative Schlagzeilen macht. Sie müssen von Ihren gewählten Vertretern – und von den Politikern, die von ihnen ernannt werden – Rechenschaft für ihre Handlungen und Unterlassungen in Bezug auf KI einfordern.

Sie müssen Medien intelligenter konsumieren. Wenn Sie das nächste Mal eine Geschichte über die Zukunft von KI lesen, sehen oder hören, dann denken Sie daran, dass das präsentierte Narrativ häufig zu eng gefasst ist. Bei der Zukunft der KI geht es um mehr als um Massenarbeitslosigkeit und unbemannte Waffensysteme, die über unseren Köpfen herumschwirren.

Wir können nicht wissen, was die Zukunft bringt, doch es ist klar, wohin sich KI entwickeln könnte. Sie wissen jetzt mehr darüber, wie die großen Neun diese Entwicklung der KI steuern und welchen Einfluss Investoren und Geldgeber auf Entwicklungsgeschwindigkeit und Sicherheit von KI-Systemen ausüben, welche entscheidende Rolle die Regierungen in Washington und China spielen, wie Universitäten sowohl Kenntnisse als auch Sensibilität vermitteln und wie wir alle fester Bestandteil des Systems sind.

Es ist Zeit, die Augen zu öffnen und sich auf den Felsblock oben auf dem Berg zu konzentrieren, denn er gewinnt an Dynamik. In Bewegung ist er schon, seit sich Ada Lovelace erstmals einen Computer vorgestellt hat, der ganz allein komplexe Musikstücke komponieren kann. Vorgerückt ist er, als Alan Turing fragte: „Können Maschinen denken?" und als John McCarthy und Marvin Minsky seinerzeit die Dartmouth-Truppe zum Workshop zusammentrommelten. Und erneut, als Watson *Jeopardy!* gewann und vor nicht allzu langer Zeit DeepMind die Go-Meister der Welt schlug. Und während Sie diese Zeilen lesen, bewegt er sich weiter.

Wer möchte nicht gern Held seiner eigenen Geschichte sein?

Das ist Ihre Chance.

Suchen Sie sich einen Kieselstein.

Machen Sie sich auf den Weg – den Berg hinauf.

DANK

Wie die künstliche Intelligenz befindet sich auch dieses Buch seit Jahren in der Entwicklung. Es begann mit verschiedenen Fragen, die als Textnachrichten eingingen, entwickelte sich zum regelmäßigen Thema beim Abendessen und uferte dann zu einer Beschäftigung aus, die mich ins Fitnessstudio, zu Verabredungen und auf Wochenendausflüge begleitete. Ein Mensch – nämlich Brian Woolf – zeigte Nachsicht für diese Leidenschaft, ermöglichte es mir, ihr nachzugeben, und unterstützte meine Arbeit in diesen Jahren. Brian leistete Beiträge zu meiner Forschung, half mir, meine Argumente zu konkretisieren, und machte Überstunden, um alles zu redigieren, was ich schrieb. Dafür bin ich ihm zutiefst dankbar.

Die großen Neun ist das Ergebnis vieler Hundert persönlicher Begegnungen, Gespräche und Essen mit Menschen, die auf dem Gebiet der künstlichen Intelligenz oder in ihrem Umfeld tätig sind. Sewell Chan, Noriyuki Shikata, Arfiya Eri, Joel Puckett, Erin McKean, Bill McBain, Frances Colon, Torfi Frans Olafsson, Latoya Peterson, Rob High, Anna Sekaran, Kris Schenck, Kara Snesko, Nadim Hossain, Megan Carroll, Elena Grewal, John Deutsch, Neha Narula, Toshi Ezoe, Masao Takahashi, Mary Madden, Shintaro Yamaguchi, Lorelei Kelly, Hiro Nozaki, Karen Ingram, Kirsten Graham, Francesca Rossi, Ben Johnson, Paola Antonelli, Yoav Schlesinger, Hardy Kagimoto, John Davidow, Rachel Sklar, Glynnis MacNicol, Yohei Sadoshima und Eiko Ooka haben großzügig ihre Zeit geopfert und mich an ihren Einschätzungen und Erkenntnissen teilhaben lassen. Gleich mehrere von ihnen haben mir Türen zu anderen Personen aufgestoßen, die an KI und KI-Politik arbeiten, damit ich das geopolitische Gleichgewicht genauer untersuchen und die Chancen und Risiken von KI besser verstehen konnte.

Der US-Japan Leadership Foundation verdanke ich es, dass ich Oberstleutnant Sea Thomas, den pensionierten Army-Major DJ Skelton, den Geschäftsführer des Defense Innovation Board Joshua Marcuse und den Analysten für nationale Sicherheit John Noonan kennenlernen durfte. Inzwischen haben wir als USJLP Fellows viel Zeit miteinander verbracht, und ich schulde ihnen allen Dank für ihre geduldigen Erklärungen zur Zukunft der Kriegsführung, zur Rolle des US-Militärs in den Pazifik-Anrainerstaaten und zu den verschiedenen strategischen Initiativen Chinas. Ganz besonders beeindruckt bin ich von der Arbeit Joshuas zur Überbrückung der Kluft zwischen Silicon Valley und Washington. Er gehört fraglos zu den KI-Helden unserer Zeit.

Die Aspen Strategy Group gab mir Gelegenheit, auf ihrer jährlichen Sommertagung in Colorado über die Zukunft von KI und Geopolitik zu sprechen, und die anschließenden Diskussionen prägten meine Analyseergebnisse. Ganz herzlichen Dank an Nicholas Burns, Condoleezza Rice, Joseph Nye und Jonathon Price für die Einladung und an Carla Anne Robbins, Richard Danzig, James Baker, Wendy

Sherman, Christian Brose, Eric Rosenbach, Susan Schwab, Ann-Marie Slaughter, Bob Zoellick, Philip Zelikow, Dov Zakheim, Laura Rosenberger und Mike Green für ihr wertvolles Feedback.

Das Gros meiner Denkarbeit erledigte ich auf dem Campus der Stern School of Business der NYU, der mir ein enorm fruchtbares professionelles Umfeld für meine Forschungsarbeit bot. Zu großem Dank verpflichtet bin ich Professor Sam Craig, der mich in das MBA-Programm aufgenommen und mich in den letzten Jahren beratend unterstützt hat. Die unglaublich intelligenten, kreativen MBA-Studenten, die meine Kurse belegt haben, kann ich gar nicht genug hervorheben – allen voran die drei jüngsten Stern-Absolventen Kriffy Perez, Elena Giralt und Roy Levkovitz. Sie waren großartige Resonanzkörper für meine Modelle zur Zukunft der KI.

Zu meinem Glück gibt es in meinem Leben eine Gruppe kluger Menschen, die mir mit Empfehlungen und Ratschlägen zur Seite stehen. Ohne sie wäre meine Arbeit um einiges schlechter. Danny Stern hat vor ein paar Jahren mein Leben verändert, als er mich eines Tages um ein Treffen auf dem NYU-Campus bat. Er brachte mir bei, exponentieller zu denken, und zeigte mir, wie ich meine Forschungsarbeit einem deutlich größeren Publikum zugänglich machen konnte. Sein Partner bei der Stern Strategy Group, Mel Blake, opferte als Mentor Hunderte von Stunden und half mir, die Welt um mich herum mit anderen Augen zu sehen. Die beiden sind für mich ein ständiger Quell der Inspiration, der Motivation und (wie sie sehr wohl wissen) der Transpiration. James Geary und Ann Marie Lipinski aus Harvard ermöglichen mir seit vielen Jahren immer wieder großzügig, Tagungen zu veranstalten, um über die Zukunft zu sprechen, und meine vorausschauende Methodik weiterzuentwickeln. James und Ann Marie sind perfekte Berater für mich. Meine liebe Freundin und mein persönlicher Star Maria Popova animiert mich, größer zu denken. Dann stellt sie meine Gedanken mit ihrem enzyklopädischen Wissen über Literatur, Kunst und Wissenschaft in einen Zusammenhang. Meine großartige Tochter Petra Woolf fragt unaufhörlich „Was wäre, wenn" – und macht mir oft meine eigenen kognitiven Vorurteile bewusst, wenn ich an die Zukunft denke. Wie immer stehe ich tief in der Schuld von Professor Samuel Freedman von der Columbia University. Mein ewiger Dank gilt auch Cheryl Cooney, die sich unermüdlich für mich einsetzt und ohne die ich nicht viel erreichen würde. Ganz gleich, was für AGI eines Tages entwickelt werden, ich kann mir nicht vorstellen, dass eine davon Cheryl ersetzen könnte. Emily Caufield in ihrer grenzenlosen Geduld ist die künstlerische Kraft, die hinter meiner Arbeit an der Vorausschau, an Trends und Szenarien steht. Vielen Dank auch an Phillip Blanchard, weil er erneut mit mir zusammengearbeitet, Fakten geprüft, Texte redigiert und alle Quellen und Fußnoten für dieses Buch zusammengetragen hat, und ebenso an Mark Fortier, der dazu beigetragen hat, dass das Buch von den Nachrichtenmedien und Meinungsmachern gelesen wurde, und dessen Ratschläge während des Erscheinungsprozesses unschätzbar wertvoll waren.

Meine Wertschätzung für Carol Franco, Kent Lineback und John Mahaney lässt sich nur in Zettabyte messen. Als meine Literaturagentin kümmerte sich Carol um den Vertrag für dieses Buch. Doch als meine Freunde nahmen sie und ihr Mann Kent mich in ihrem schönen Zuhause in Santa Fe auf, damit wir den Aufbau und die Kernthese zu den großen Neun erarbeiten konnten. Wir verbrachten Tage und Nächte damit, aus all meinen Forschungsergebnissen und Ideen ein zentrales Argument herauszudestillieren. Zwischen unseren Arbeitssitzungen bummelten wir durch die Stadt und führten lebhafte Diskussionen in tollen Restaurants. Carol habe ich es zu verdanken, dass ich vor ein paar Jahren meinen Redakteur John Mahaney kennenlernte. Ich hatte das Glück, schon an meinem vorausgegangenen Buch mit ihm zusammenzuarbeiten. John ist der ideale Mann für seinen Job – er stellt jede Menge Fragen, verlangt qualitativ einwandfreie Arbeit und gibt keine Ruhe, bis die Analysen, Beispiele und Details genau stimmen. Ich habe dieses Buch geschrieben, weil ich den Gesprächen über die Zukunft der KI eine neue Richtung geben möchte, doch Selbstlosigkeit war nicht mein einziges Motiv: Das neuerliche Projekt mit John bedeutete, dass ich die Chance hatte, ein Jahr lang von ihm zu lernen und eine bessere Autorin zu werden. John, Kent und Carol, ihr seid ein großartiges Team. Euch zu kennen, ist ein unglaubliches Glück.

QUELLENNACHWEIS

Abadi, M., A. Chu, I. Goodfellow, H. McMahan, I. Mironov, K. Talwar und L. Zhang. „Deep Learning with Differential Privacy". Aus *Proceedings of the 2016 ACM SIGSAC Conference on Computer and Communications Security (CCS 2016)*, 308–318. New York: ACM Press, 2016. Abstract, zuletzt überarbeitet am 24. Oktober 2016. https://arxiv.org/abs/1607.00133.

Ablon, L. und A. Bogart. *Zero Days, Thousands of Nights: The Life and Times of Zero-Day Vulnerabilities and Their Exploits.* Santa Monica, CA: RAND Corporation, 2017. https://www.rand.org/pubs/research_reports/RR1751.html.

Adams, S. S. et al. „Mapping the Landscape of Human-Level Artificial General Intelligence." *AI Magazine* 33, Nr. 1 (2012).

Agar, N. „Ray Kurzweil and Uploading: Just Say No!" *Journal of Evolution and Technology* 22 Nr. 1 (November 2011): 23–26. https://jetpress.org/v22/agar.htm.

Allen, C., I. Smit und W. Wallach. „Artificial Morality: Top-Down, Bottom-Up, and Hybrid Approaches." *Ethics and Information Technology* 7, Nr. 3 (2005).

Allen, C., G. Varner und J. Zinser. „Prolegomena to Any Future Artificial Moral Agent." *Journal of Experimental and Theoretical Artificial Intelligence* 12, Nr. 3 (2000).

Allen, C., W. Wallach und I. Smit. „Why Machine Ethics?" *IEEE Intelligent Systems* 21, Nr. 4 (2006).

Amdahl, G. M. „Validity of the Single Processor Approach to Achieving Large Scale Computing Capabilities." Aus *Proceedings of the AFIPS Spring Joint Computer Conference.* New York: ACM Press, 1967.

Anderson, M., S. L. Anderson und C. Armen, eds. Machine Ethics Technical Report FS-05-06. Menlo Park, CA: AAAI Press, 2005.

Anderson, M., S. L. Anderson und C. Armen. „An Approach to Computing Ethics." *IEEE Intelligent Systems* 21, Nr. 4 (2006).

———. „MedE-thEx." Aus *Caring Machines Technical Report FS-05-02*, herausgegeben von T. Bickmore. Menlo Park, CA: AAAI Press, 2005.

———. „Towards Machine Ethics." Aus *Machine Ethics Technical Report FS-05-06.* Menlo Park, CA: AAAI Press, 2005.

Anderson, S. L. „The Unacceptability of Asimov's Three Laws of Robotics as a Basis for Machine Ethics." Aus *Machine Ethics.* Cambridge: Cambridge University Press, 2011.

Asimov, I. „Runaround." *Astounding Science-Fiction* (März 1942): 94–103.

Armstrong, S., A. Sandberg und N. Bostrom. „Thinking Inside the Box." *Minds and Machines* 22, Nr. 4 (2012).

Axelrod, R. „The Evolution of Strategies in the Iterated Prisoner's Dilemma." Aus *Genetic Algorithms and Simulated Annealing,* herausgegeben von L. Davis. Los Altos, CA: Morgan Kaufmann, 1987.

Baars, B. J. „The Conscious Access Hypothesis." *Trends in Cognitive Sciences* 6, Nr. 1 (2002).

Babcock, J. et al. „Guidelines for Artificial Intelligence Containment." https://arxiv.org/pdf/1707.08476.pdf.

Baier, C. und J. Katoen. *Principles of Model Checking*. Cambridge: MIT Press, 2008.

Bass, D. „AI Scientists Gather to Plot Doomsday Scenarios (and Solutions)." *Bloomberg*, 2. März 2017. https://www.bloomberg.com/news /articles /2017-03-02/aiscientists-gather-to-plot-doomsday-scenarios-and-solutions.

Baum, S. D., B. Goertzel und T. G. Goertzel. „How Long Until Human-Level AI? Results from an Expert Assessment." *Technological Forecasting and Social Change* 78 (2011).

Berg, P., D. Baltimore, H. W. Boyer, S. N. Cohen, R. W. Davis, D. S. Hogness, D. Nathans, R. Roblin, J. D. Watson, S. Weissman und N. D. Zinder. „Potential Biohazards of Recombinant DNA Molecules." *Science* 185, Nr. 4148 (1974): 303.

Bostrom, N. „Ethical Issues in Advanced Artificial Intelligence." Aus *Cognitive, Emotive and Ethical Aspects of Decision Making in Humans and in Artificial Intelligence*, Bd. 2, herausgegeben von I. Smit und G. E. Lasker. Windsor, ON: International Institute for Advanced Studies in Systems Research and Cybernetics, 2003.

———. „Existential Risks: Analyzing Human Extinction Scenarios and Related Hazards." *Journal of Evolution and Technology* 9 (2002). http://www.jetpress.org/volume9/risks.html.

———. „The Future of Human Evolution." Aus *Two Hundred Years After Kant, Fifty Years After Turing*, herausgegeben von C. Tandy,

339–371. Bd. 2 von *Death and Anti-Death*. Palo Alto, CA: Ria University Press, 2004.

———. „How Long Before Superintelligence?" *International Journal of Futures Studies*, Ausgabe 2 (1998).

———. *Superintelligence: Paths, Dangers, Strategies*. Oxford University Press, 2014.

———. „The Superintelligent Will." *Minds and Machines* 22, Nr. 2 (2012).

———. „Technological Revolutions." Aus *Nanoscale*, herausgegeben von N. Cameron und M. E. Mitchell. Hoboken, NJ: Wiley, 2007.

Bostrom, N. und M. M. Ćirković, Hrsg. *Global Catastrophic Risks*. New York: Oxford University Press, 2008.

Bostrom, N. und E. Yudkowsky. „The Ethics of Artificial Intelligence." Aus *Cambridge Handbook of Artificial Intelligence*, herausgegeben von K. Frankish und W. Ramsey. New York: Cambridge University Press, 2014.

Brooks, R. A. „I, Rodney Brooks, Am a Robot." *IEEE Spectrum* 45, Nr. 6 (2008).

Brundage, M. et al., „The Malicious Use of Artificial Intelligence: Forecasting, Prevention und Mitigation." https://arxiv.org/abs/1802.07228.

Brynjolfsson, E. und A. McAfee. *The Second Machine Age*. New York: Norton, 2014.

Bryson, J., M. Diamantis und T. Grant. „Of, For, and By the People: The Legal Lacuna of Synthetic Persons." *Artificial Intelligence and Law* 25, Nr. 3 (September 2017): 273–291.

Bueno de Mesquita, B. und A. Smith. *The Dictator's Handbook: Why Bad Behavior is Almost Always Good Politics.* New York: PublicAffairs, 2012.

Cassimatis N., E. T. Mueller und P. H. Winston. „Achieving Human-Level Intelligence Through Integrated Systems and Research." *AI Magazine* 27, Nr. 2 (2006): 12–14. http://www.aaai.org/ojs/index.php/aimagazine/article/view/1876/1774.

Chalmers, D. J. *The Conscious Mind: In Search of a Fundamental Theory.* Philosophy of Mind Series. New York: Oxford University Press, 1996.

Chessen, M. *The MADCOM Future.* Washington, DC: Atlantic Council, 2017. http://www.atlanticcouncil.org/publications/reports/the-madcom -future.

China: Berichte des Staatsrats, abrufbar auf der Website des Staatsrats der Volksrepublik China unter www.gov.cn:

- Made in China 2025 (Juli 2015)
- State Council of a Next Generation Artificial Intelligence Development Plan (Juli 2017)
- Trial Working Rules on External Transfers of Intellectual Property Rights (März 2018)
- Three-Year Action Plan on Blue Sky Days (Juni 2018)
- Three-Year Action Plan on Transportation Improvement (Juni 2018)
- State Council Approves Rongchang as National High-Tech Development Zone (März 2018)
- State Council Approves Huainan as National High-Tech Development Zone (März 2018)
- State Council Approves Maoming as National High-Tech Development Zone (März 2018)
- State Council Approves Zhanjiang as National High-Tech Development Zone (März 2018)
- State Council Approves Chuxiong as National High-Tech Development Zone (März 2018)

- Three-Year Action Plan for Promoting Development of a New Generation Artificial Intelligence Industry 2018–2020 (Dezember 2017)
- Action Plan on the Belt Road Initiative (März 2015)

Centre for New American Security. „Artificial Intelligence and Global Security Summit." https://www.cnas.org/events/artificial-intelligence-and-global-security-summit.

Core, M. G., et al. „Building Explainable Artificial Intelligence Systems." *AAAI* (2006): 1766–1773.

Crawford, K. und R. Calo. „There Is a Blind Spot in AI Research." *Nature*, 13. Oktober 2016. https://www.nature.com/news/there-is-a-blind-spot-in-ai-research-1.20805.

Dai, P., et al. „Artificial Intelligence for Artificial Artificial Intelligence." *AAAI Conference on Artificial Intelligence 2011.*

Dennett, D. C. „Cognitive Wheels." Aus *The Robot's Dilemma*, herausgegeben von Z. W. Pylyshyn. Norwood, NJ: Ablex, 1987.

Domingos, P. *The Master Algorithm: How the Quest for the Ultimate Learning Machine Will Remake Our World.* New York: Basic Books, 2015.

Dvorsky, G. „Hackers Have Already Started to Weaponize Artificial Intelligence." *Gizmodo*, 2017. https://www.gizmodo.com.au/2017/09/hackers-have-already-started-toweaponize-artificial-intelligence/.

Dyson, G. *Darwin Among the Machines: The Evolution of Global Intelligence.* New York: Basic Books, 1997.

Eden, A., J. Søraker, J. H. Moor und E. Steinhart, Hrsg., *Singularity Hypotheses: A Scientific and Philosophical Assessment.* The Frontiers Collection. Berlin: Springer, 2012.

Evans, R. und J. Gao. „DeepMind AI Reduces Google Data Centre Cooling Bill by 40%." DeepMind (Blog), 20. Juli 2016. https://deepmind.com/blog/deepmind-ai-reducesgoogle-data-centre-cooling-bill-40/.

Fallows, J. *China Airborne.* New York: Pantheon, 2012.

Felten, E. und T. Lyons. „The Administration's Report on the Future of Artificial Intelligence." Blog. 12. 12. Oktober 2016. https://obamawhitehouse.archives.gov/blog/2016/10/12/administrations-report-future-artificial-intelligence.

Floyd D. Spence National Defense Authorization Act for Fiscal Year 2001, Pub. L. Nr. 106–398, 114 Stat. 1654 (2001). http://www.gpo.gov/fdsys/pkg/PLAW-106publ398/html/PLAW-106publ398.htm.

French, H. *Midnight in Peking: How the Murder of a Young Englishwoman Haunted the Last Days of Old China.* Überarbeitete Auflage. New York: Penguin Books, 2012.

Future of Life Institute. „Asilomar AI Principles." Text und Unterzeichner online abrufbar. https://futureoflife.org/ai-principles/.

Gaddis, J. L. *The Cold War: A New History.* New York: Penguin Press, 2006.

———. *On Grand Strategy.* New York: Penguin Press, 2018.

Gilder, G. F. und Ray Kurzweil. *Are We Spiritual Machines? Ray Kurzweil vs. the Critics of Strong AI.* Herausgegeben von Jay Wesley Richards. Seattle: Discovery Institute Press, 2001.

Goertzel, B. und C. Pennachin, Hrsg. *Artificial General Intelligence.* Cognitive Technologies Series. Berlin: Springer, 2007. doi: 10.1007/978-3-540-68677-4.

Gold, E. M. „Language Identification in the Limit." *Information and Control* 10, Nr. 5 (1967): 447–474.

Good, I. J. „Ethical Machines." *Intelligent Systems.* Aus Bd. 10 von *Machine Intelligence*, herausgegeben von J. E. Hayes, D. Michie und Y-H. Pao. Chichester, UK: Ellis Horwood, 1982.

———. „Speculations Concerning the First Ultraintelligent Machine." Aus Bd. 6 von *Advances in Computers*, herausgegeben von F. L. Alt und M. Rubinoff. New York: Academic Press, 1965.

———. „Some Future Social Repercussions of Computers." *International Journal of Environmental Studies 1*, Nr. 1 (1970).

Greenberg, A. „The Jeep Hackers Are Back to Prove Car Hacking Can Get Much Worse." *Wired*, 1. August 2016. https://www.wired.com/2016/08/jeep-hackers-return-high-speed-steering-acceleration-hacks/.

Harari, Y. N. *Homo Deus: A Brief History of Tomorrow.* New York: Harper, 2017.

Hilary, G. „The Professionalisation of Cyber Criminals." *INSEAD Knowledge* (Blog), 11. April 2016. https://knowledge.insead.edu/blog/insead-blog/the-professionalisation-of-cyber-criminals-4626.

Hastie, T., R. Tibshirani und J. Friedman. *The Elements of Statistical Learning: Data Mining, Inference, and Prediction.* Springer Series in Statistics. New York: Springer, 2001.

Hofstadter, D. R. *Gödel, Escher, Bach: An Eternal Golden Braid.* New York: Basic Books, 1999.

Howard, P. K. *The Death of Common Sense: How Law Is Suffocating America.* New York: Random House, 1994.

Hua, Y. *China in Ten Words.* Übersetzt von A. H. Barr. New York: Pantheon Books, 2011.

Huang, W. *The Little Red Guard: A Family Memoir.* New York: Riverhead Books, 2012.

IEEE Spectrum. „Tech Luminaries Address Singularity." http://spectrum.ieee.org/computing/hardware/tech-luminaries-address-singularity.

IEEE Standards Association. „The IEEE Global Initiative on Ethics of Autonomous and Intelligent Systems." https://standards.ieee.org/develop/indconn/ec/autonomous_systems.html.

Jo, YoungJu et al. „Quantitative Phase Imaging and Artificial Intelligence: A Review." *Computing Research Repository* (2018). doi:abs/1806.03982.

Joy, B. „Why the Future Doesn't Need Us." *Wired*, 1. April 2000. http://www.wired.com/wired/archive/8.04/joy.html.

Kelly, K. *The Inevitable: Understanding the 12 Technological Forces That Will Shape Our Future.* New York: Viking, 2016.

Kirkpatrick, K. „Battling Algorithmic Bias." *Communications of the ACM 59*, Nr. 10 (2016): 16–17. https://cacm.acm.org/magazines/2016/10 /207759-battling-algorithmic-bias/abstract.

Knight, W. „AI Fight Club Could Help Save Us from a Future of Super-Smart Cyberattacks." *MIT Technology Review*, 20. Juli 2017. https://www.technologyreview.com/s/608288/ai-fight-club-could-help-save-us-from-afuture-of-supersmart-cyberattacks/.

———. „Response to Stephen Hawking." *Kurzweil Network*, 5. September 2001. http://www.kurzweilai.net/response-to-stephen-hawking.

———. *The Singularity Is Near.* New York: Viking, 2005.

Libicki, R. *Cyberspace in Peace and War.* Annapolis: Naval Institute Press, 2016.

Lin, J. Y. *Demystifying the Chinese Economy.* Cambridge, UK: Cambridge University Press, 2011.

Marcus, M. P., et al. „Building a Large Annotated Corpus of English: The Penn Treebank." *Computational Linguistics* 19, Nr. 2 (1993): 313–330.

Massaro, T. M. und H. Norton. „Siri-ously? Free Speech Rights and Artificial Intelligence." *Northwestern University Law Review* 110, Nr. 5 (2016): 1169–1194, Arizona Legal Studies Discussion Paper Nr. 15–29.

Minsky, M., P. Singh und A. Sloman. „The St. Thomas Common Sense Symposium: Designing Architectures for Human-Level Intelligence." *AI Magazine* 25, Nr. 2 (2004).

Minsky, M. *The Emotion Machine: Commonsense Thinking, Artificial Intelligence, and the Future of the Human Mind.* New York: Simon & Schuster, 2007.

———. *The Society of Mind.* New York: Simon & Schuster, 1985.

Neema, S. „Assured Autonomy." Defense Advanced Research Projects Agency. https://www.darpa.mil/program/assured-autonomy.

Osnos, E. *Age of Ambition: Chasing Fortune, Truth, and Faith in the New China.* New York: Farrar, Straus, and Giroux, 2015.

Petzold, C. *The Annotated Turing: A Guided Tour Through Alan Turing's Historic Paper on Computability and the Turing Machine.* Indianapolis, IN: Wiley Publishing, 2008.

Pylyshyn, Z. W., Hrsg. *The Robot's Dilemma: The Frame Problem in Artificial Intelligence.* Norwood, NJ: Ablex, 1987.

Riedl, M. O. „The Lovelace 2.0 Test of Artificial Creativity and Intelligence." https://arxiv.org/pdf/1410.6142.pdf.

Schneier, B. „The Internet of Things Is Wildly Insecure – and Often Unpatchable." *Wired*, 6. Januar 2014. https://www.wired.com/2014/01/theres-no-good-way-to-patch-the-Internet-of-things-and-thats-a-huge-problem/.

Shannon, C. und W. Weaver. *The Mathematical Theory of Communication*. Urbana: University of Illinois Press, 1963.

Singer, P. *Wired for War: The Robotics Revolution and Conflict in the 21st Century*. London: Penguin Press, 2009.

Stanford University. „One Hundred Year Study on Artificial Intelligence (AI100)." https://ai100.stanford.edu/.

Toffler, A. *The Futurists*. New York: Random House, 1972.

Turing, A. M. „Intelligent Machinery, a Heretical Theory." Posthum veröffentlichter Artikel aus *Philosophia Mathematica* 4, Nr. 3 (1. September 1996): 256–260.

Tversky, A. und D. Kahneman. „The Framing of Decisions and the Psychology of Choice." *Science* 211, Nr. 4481 (1981).

Vinge, V. „The Coming Technological Singularity: How to Survive in the Post-Human Era." Aus *Vision-21: Interdisciplinary Science and Engineering in the Era of Cyberspace*, NASA Conference Publication 10129 (1993): 11–22. http://ntrs.nasa.gov/archive/nasa/casi.ntrs.nasa.gov/19940022855_1994022855.pdf.

Wallach, W. und C. Allen. *Moral Machines: Teaching Robots Right from Wrong*. New York: Oxford University Press, 2009. doi:10.1093/acprof:oso/9780195374049.001.0001.

Weizenbaum, J. *Computer Power and Human Reason: From Judgment to Calculation*. San Francisco: W. H. Freeman, 1976.

Wiener, N. *The Human Use of Human Beings: Cybernetics and Society*. New York: Da Capo Press, 1950.

Yiwu, L. *The Corpse Walker: Real Life Stories, China from the Bottom Up*. Übersetzt von W. Huang. New York: Anchor Books, 2009.

Yudkowsky, E. „AI as a Precise Art." Beim AGI Workshop 2006, Bethesda, präsentiertes Paper, MD, 20. Mai 2006.

ENDNOTEN

EINLEITUNG

[1.] Paul Mozur, „Beijing Wants AI to Be Made in China by 2030", *New York Times*, 20. Juli 2017, https://www.nytimes.com/2017/07/20/business/china-artificial-intelligence.html.

[2] Tom Simonite, „Ex-Google Executive Opens a School for AI, with China's Help", *Wired*, 5. April 2018, https://www.wired.com/story/ex-google-executive-opens-a-school-for-ai-with-chinas-help/.

[3] „Xinhua Headlines: Xi outlines blueprint to develop China's strength in cyberspace", *Xinhua*, 21. April 2018. http://www.xinhuanet.com/english/2018-04/21/c_137127374_2.htm.

[4.] Stephanie Nebehay, „U.N. says it has credible reports that China holds million Uighurs in secret camps", *Reuters*, 10. August 2018. https://www.reuters.com/article/us-china-rights-un/u-n-says-it-has-credible-reports-that-china-holds-million-uighurs-in-secret-camps-idUSKBN1KV1SU.

5. Simina Mistreanu, „Life Inside China's Social Credit Laboratory", *Foreign Policy*, 3. April 2018. https://foreignpolicy.com/2018/04/03/life-inside-chinas-social-credit-laboratory/.

6. Ebenda.

7. „China Shames Jaywalkers through Facial Recognition", *Phys.org*, 20. Juni 2017, https://phys.org/news/2017-06-china-shames-jaywalkers-facial-recognition.html.

KAPITEL 1

1. „The Seikilos Epitaph: The Oldest Song in the World", *Wired*, 29. Oktober 2009, https://www.wired.com/2009/10/the-seikilos-epitaph.

2. „Population Clock: World", Census.gov, 2018, https://www.census.gov/popclock/world.

3. Elizabeth King, „Clockwork Prayer: A Sixteenth-Century Mechanical Monk", *Blackbird* 1, Nr. 1 (Frühjahr 2002), https://blackbird.vcu.edu/v1n1/nonfiction/king_e/prayer_introduction.htm.

4. Thomas Hobbes, *De Corpore Politico, or The Elements of Law Moral and Politick.*

5. René Descartes, *Meditations on First Philosophy*, Second Meditation §25, 1641, University of Connecticut, http://selfpace.uconn.edu/class/percep/DescartesMeditations.pdf.

6. René Descartes, *Treatise of Man*, Übers. T. S. Hall (Cambridge, MA: Harvard University Press, 1972).

7. Gottfried Wilhelm Leibniz, *The Monadology*, Übers. Robert Latta, (1898), https://www.plato-philosophy.org/wp-content/uploads/2016/07/The-Monadology-1714-by-Gottfried-Wilhelm-LEIBNIZ-1646-1716.pdf.

8. Der Begriff „Computer" soll zum ersten Mal in dem Buch *The Yong Mans Gleanings* vorgekommen sein, das Richard Braithwaite 1613 schrieb. Damals waren Computer Menschen, die Berechnungen anstellten.

9. „Blaise Pascal", *Biography.com*, https://www.biography.com/people/blaise-pascal-9434176.

10. Leibniz schreibt in *De progressione dyadica*: „Diese Art Kalkül könnte auch mit einer Maschine ausgeführt werden [durchgestrichen: ohne Räder]. Auf folgende Weise sicherlich sehr leicht und ohne Aufwand [einige Streichungen]. Eine Büchse soll so mit Löchern versehen sein, daß diese geöffnet und geschlossen werden können. Sie sei offen an den Stellen, die jeweils 1 entsprechen, und bleibe geschlossen an denen, die 0 entsprechen. Durch die offenen Stellen lassen sie kleine Würfel oder Kugeln in Rinnen fallen, durch die anderen nichts. Sie werde so bewegt und von Spalte zu Spalte verschoben, wie die Multiplikation es erfordert."

11. Leibniz schreibt: „Ich dachte noch einmal über meinen früheren Plan einer neuen Sprache oder eines neuen Schriftsystems der Vernunft nach, das als Verständigungsmittel für alle Nationen dienen könnte. ... Wenn wir ein solches universelles Werkzeug hätten, könnten wir die Probleme des Metaphysischen oder die Fragen der Ethik genauso besprechen wie die Probleme und Fragen der Mathematik oder Geometrie. Das war mein Ziel: Jedes Missverständnis sollte nichts anderes sein als eine Fehleinschätzung, ... leicht korrigierbar durch die grammatikalischen Gesetze dieser neuen Sprache. So könnten sich im Falle einer kontroversen Besprechung zwei Philosophen an einen Tisch setzen und, indem sie einfach wie zwei Mathematiker rechnen, könnten sie sagen: ‚Lasst es uns überprüfen.'"

12. „Apes to Androids: Is Man a Machine as La Mettrie Suggests?", http://www.charliemccarron.com/man_a_machine/.

13. Luigi Manabrea, *Sketch of the Analytical Engine Invented by Charles Babbage* (London: Richard and John E. Taylor, 1843).

14. Desmond MacHale, *The Life and Work of George Boole: A Prelude to the Digital Age*, Neuauflage. (Cork University Press, 2014).

15. Der Logiker Martin Davis erklärt das am besten in *The Universal Computer: The Road from Leibniz to Turing*: „Turing wusste, das sein Algorithmus gewöhnlich von einem Satz Regeln bestimmt wird, die ein Mensch in einer genauen mechanischen Abfolge beachten kann – wie ein Rezept in einem Kochbuch. Er konnte nachweisen, dass ein solcher

Mensch auf ein paar wenige äußerst einfache grundlegende Handlungen beschränkt werden könnte, ohne dass sich das abschließende Ergebnis der Berechnung veränderte. Indem er im Anschluss den Nachweis führte, dass keine Maschine, die nur diese grundlegenden Handlungen durchführte, bestimmen könnte, ob sich aus den gegebenen Prämissen eine bestimmte vorgesehene Schlussfolgerung ziehen lässt … konnte er folgern, dass kein Algorithmus für das Entscheidungsproblem existiert."

[16.] Alan Turing, „Computing Machinery and Intelligence" *Mind* 59, Nr. 236 (1950): 433–60.

[17.] „A Proposal for the Dartmouth Summer Research Project on Artificial Intelligence", Formal Reasoning Group des Stanford Computer Science Department, John McCarthys Homepage, Links zu Artikeln von historischem Interesse, zuletzt geändert am 3. April 1996, http://www-formal. stanford.edu/jmc/history/dartmouth/dartmouth.html.

[18.] In ihrem Projektvorhaben luden McCarthy, Minsky, Rochester und Shannon die im folgenden aufgeführten Personen nach Dartmouth ein, um über künstliche Intelligenz zu forschen. Hier ist die ursprüngliche, 1955 veröffentlichte, Liste wiedergegeben. Sie enthält die Namen und die Anschriften von Unternehmen. Nicht alle konnten teilnehmen.

Adelson, Marvin
Hughes Aircraft Company
Airport Station, Los Angeles, CA

Ashby, W. R.
Barnwood House
Gloucester, England

Backus, John
IBM Corporation
590 Madison Avenue
New York, NY

Bernstein, Alex
IBM Corporation
590 Madison Avenue
New York, NY

Bigelow, J. H.
Institute for Advanced Studies
Princeton, NJ

Elias, Peter
R. L. E., MIT
Cambridge, MA

Duda, W. L.
IBM Research Laboratory
Poughkeepsie, NY

Davies, Paul M.
1317 C. 18th Street
Los Angeles, CA

Fano, R. M.
R. L. E., MIT
Cambridge, MA

Farley, B. G.
324 Park Avenue
Arlington, MA

Galanter, E. H.
University of Pennsylvania
Philadelphia, PA

Gelernter, Herbert
IBM Research
Poughkeepsie, NY

Glashow, Harvey A.
1102 Olivia Street
Ann Arbor, MI

Goertzal, Herbert
330 West 11th Street
New York, NY

Hagelbarger, D.
Bell Telephone Laboratories
Murray Hill, NJ

Miller, George A.
Memorial Hall
Harvard University
Cambridge, MA

Harmon, Leon D.
Bell Telephone Laboratories
Murray Hill, NJ

Holland, John H.
E. R. I.
University of Michigan
Ann Arbor, MI

Holt, Anatol
7358 Rural Lane
Philadelphia, PA

Kautz, William H.
Stanford Research Institute
Menlo Park, CA

Luce, R. D.
427 West 117th Street
New York, NY

MacKay, Donald
Department of Physics
University of London
London, WC2, England

McCarthy, John
Dartmouth College
Hanover, NH

McCulloch, Warren S.
R.L.E., MIT
Cambridge, MA

Melzak, Z. A.
Mathematics Department
University of Michigan
Ann Arbor, MI

Minsky, M. L.
112 Newbury Street
Boston, MA

More, Trenchard
Department of Electrical Engineering
MIT
Cambridge, MA

Nash, John
Institute for Advanced Studies
Princeton, NJ

Newell, Allen
Department of Industrial Administration
Carnegie Institute of Technology
Pittsburgh, PA

Robinson, Abraham
Department of Mathematics
University of Toronto
Toronto, Ontario, Kanada

Rochester, Nathaniel
Engineering Research Laboratory
IBM Corporation
Poughkeepsie, NY

Rogers, Hartley, Jr.
Department of Mathematics
MIT
Cambridge, MA

Rosenblith, Walter
R.L.E., MIT
Cambridge, MA

Rothstein, Jerome
21 East Bergen Place
Red Bank, NJ

Sayre, David
IBM Corporation

590 Madison Avenue
New York, NY

Schorr-Kon, J. J.
C-380 Lincoln Laboratory, MIT
Lexington, MA

Shapley, L.
Rand Corporation
1700 Main Street
Santa Monica, CA

Schutzenberger, M. P.
R.L.E., MIT
Cambridge, MA

Selfridge, O. G.
Lincoln Laboratory, MIT
Lexington, MA

Shannon, C. E.
R.L.E., MIT
Cambridge, MA

Shapiro, Norman
Rand Corporation
1700 Main Street
Santa Monica, CA

Simon, Herbert A.
Department of Industrial Administration
Carnegie Institute of Technology
Pittsburgh, PA

Solomonoff, Raymond J.
Technical Research Group
17 Union Square West
New York, NY

Steele, J. E., Capt. USAF
Area B., Box 8698

Wright-Patterson AFB
Ohio

Webster, Frederick
62 Coolidge Avenue
Cambridge, MA

Moore, E. F.
Bell Telephone Laboratory
Murray Hill, NJ

Kemeny, John G.
Dartmouth College
Hanover, NH

[19.] Ich habe eine sehr kurze Liste kompetenter Frauen und Farbiger zusammengestellt, die den Dartmouth-Workshop sehr bereichert hätten, doch übergangen wurden. Diese Liste ist keineswegs abschließend und ließe sich über zig Seiten verlängern. Sie repräsentiert die klugen, fähigen, kreativen Köpfe, die nicht in das Geschehen einbezogen wurden.

James Andrews, Mathematiker und Professor an der Florida State University. Seine Fachgebiete sind Gruppen- und Knotentheorie.

Jean Bartik, Mathematikerin und eine der ursprünglichen Programmiererinnen des ENIAC-Computers.

Albert Turner Bharucha-Reid, Mathematiker und Theoretiker, der maßgebliche Beiträge zu Markow-Ketten, Wahrscheinlichkeitstheorie und Statistik leistete.

David Blackwell, Statistiker und Mathematiker, der maßgebliche Beiträge zu Spieltheorie, Informationstheorie, Wahrscheinlichkeitstheorie und Bayes'scher Statistik leistete.

Mamie Phipps Clark, PhD und Sozialpsychologin, deren Forschung sich auf das Selbstbewusstsein fokussierte.

Thelma Estrin, Pionierin in der Anwendung von Computersystemen in der neurophysiologischen Forschung und in der Gehirnforschung. Als das Dartmouth Summer Research Project stattfand, forschte sie am

Electroencephalography Department des Neurological Institute of Columbia Presbyterian.

Evelyn Boyd Granville, Doktorin der Mathematik, die die Computerprogramme entwickelte, die zur Flugbahnanalyse der ersten bemannten US-Missionen im Weltall und auf dem Mond eingesetzt wurden.

Betty Holberton, Mathematikerin und eine der ursprünglichen Programmierinnen des ENIAC-Computers. Sie erfand Bruchpunkte zur Behebung von Programmfehlern.

Grace Hopper, Informatikerin und letztlich Erfinderin von COBOL, einer frühen Programmiersprache, die heute immer noch verwendet wird.

Mary Jackson, Ingenieurin und Mathematikerin, die später die erste schwarze NASA-Ingenieurin werden sollte.

Kathleen McNulty, Mathematikerin und eine der ursprünglichen Programmiererinnen des ENIAC-Computers.

Marlyn Meltzer, Mathematikerin und eine der ursprünglichen Programmiererinnen des ENIAC-Computers, des ersten vollständig elektronischen programmierbaren Rechners.

Rózsa Péter, Mathematikerin und Mitbegründerin der rekursiven Funktionentheorie.

Frances Spence, Mathematikerin und eine der der ursprünglichen Programmiererinnen des ENIAC-Computers.

Ruth Teitelbaum, Mathematikerin und eine der ursprünglichen Programmiererinnen des ENIAC-Computers. Mit ihrer Kollegin Marlyn Meltzer berechnete sie Gleichungen für ballistische Flugbahnen.

Dorothy Vaughan, Mathematikerin und menschlicher „Computer". 1949 beaufsichtigte sie stellvertretend West Area Computers.

Jesse Ernest Wilkins Jr., Nuklearwissenschaftler, Maschinenbauingenieur und Mathematiker, der mit 13 Jahren jüngster Student der University of Chicago war.

[20.] „The Dartmouth Workshop – as Planned and as It Happened", Formal Reasoning Group des Stanford Computer Science Department, John

McCarthys Homepage, Vortrag „AI: Past and Future", zuletzt geändert am 30. Oktober 2006, http://www-formal.stanford.edu/jmc/slides/dartmouth/dartmouth/node1.html.

21. „The Dartmouth AI Archives", RaySolomonoff.com, http://raysolomonoff.com/dartmouth/.

22. Irving John Good, „Speculations Concerning the First Ultraintelligent Machine", *Advances in Computers*, Band 6 (1966): 31–88, https://www.sciencedirect.com/science/article/pii/S0065245808604180?via%3Dihub.

23. Joseph Weizenbaum, „ELIZA—A Computer Program for the Study of Natural Language Communication Between Man and Machine", *Communications of the ACM* 9, Nr. 1 (Januar 1966): 36–45, http://web.stanford.edu/class/cs124/p36-weizenabaum.pdf.

24. Vollständiges Skript auf GitHub: https://github.com/codeanticode/eliza.

25. Ronald Kotulak, „New Machine Will Type Out What It ‚Hears'", *Chicago Tribune*, 18. Juni 1963, aufgerufen über das *Chicago Tribune*-Archiv (Bezahlschranke).

26. Herbert A. Simon und Allen Newell, „Heuristic Problem Solving: The Next Advance in Operations Research", *Operations Research* 6 (1958): 1–10.

27. McCarthy selbst hatte mit der Gruppe an seinen Ideen zur Repräsentanz von gesundem Menschenverstand und Logik arbeiten wollen, doch als die Gruppe versammelt war, merkte er, dass in der Teilnehmermatrix wichtige Vordenker fehlten. (In diesem Fall hatte er sich Logiker erhofft.)

28. Brad Darrach, „Meet Shaky, the First Electronic Person", *Life Magazine*, 20. November 1970, Band 69, 58B–58C.

29. National Research Council, *Language and Machines: Computers in Translation and Linguistics* (Washington, DC: The National Academies Press, 1966), 19. https://www.nap.edu/read/9547/chapter/1.

30. James Lighthill, „Artificial Intelligence: A General Survey". Chilton Computing, Juli 1972, http://www.chilton-computing.org.uk/inf/literature/reports/lighthill_report/p001.htm.

31. „Mind as Society with Marvin Minsky, PhD", Abschrift von „Thinking Allowed, Conversations on the Leading Edge of Knowledge and Discovery, with Dr. Jeffrey Mishlove", The Intuition Network, 1998, http://www.intuition.org/txt/minsky.htm.

32. Ebenda.

33. Der KI-Winter brachte neue Prognosen für die Zukunft mit sich – diesmal in Form von Warnungen. In seinem Buch *Computer Power and Human Reason* behauptete Weizenbaum, künstliche Intelligenz sei vielleicht möglich, doch wir dürften niemals zulassen, dass Computer wichtige Entscheidungen treffen, weil ihnen stets menschliche Eigenschaften wie Mitgefühl und Weisheit fehlen werden. Weizenbaum macht einen wesentlichen Unterschied zwischen Entscheidung und Wahl. Eine Entscheidung sei ein Rechenprozess, den man programmieren kann. Eine Wahl sei jedoch das Produkt von Urteilsvermögen, nicht Berechnung. Es sei die Fähigkeit, eine Wahl zu treffen, die uns letztlich zu Menschen macht. Der Philosoph John Searle von der University of California, Berkeley, argumentierte in seinem Artikel „Minds, Brains, and Programs" gegen die Plausibilität einer sogenannten „starken" KI. Searle zufolge kann ein Programm einem Computer weder einen „Geist" noch „Verständnis" oder „Bewusstsein" verleihen, ganz gleich wie menschenähnlich sich das Programm verhalten mag.

34. Jonathan Schaeffer, Robert Lake, Paul Lu und Martin Bryant, „CHINOOK: The World Man-Machine Checkers Champion", *AI Magazine* 17, Nr. 1 (Frühjahr 1966): 21–29, https://www.aaai.org/ojs/index.php/aimagazine/article/viewFile/1208/1109.pdf.

35. Ari Goldfarb und Daniel Trefler, „AI and International Trade", *The National Bureau of Economic Research*, Januar 2018, http://www.nber.org/papers/w24254.pdf.

36. Toby Manning, „AlphaGo", *British Go Journal* 174 (Winter 2015–2016): 15, https://www.britgo.org/files/2016/deepmind/BGJ174-AlphaGo.pdf.

37. Sam Byford, „AlphaGo Retires from Competitive Go after Defeating World Number One 3-0", *Verge*, 27. Mai 2017, https://www.theverge.com/2017/5/27/15704088/alphago-ke-jie-game-3-result-retires-future.

38. David Silver et al., „Mastering the Game of Go Without Human Knowledge", *Nature* 550 (19. Oktober 2017): 354–359, https://deepmind.com/documents/119/agz_unformatted_nature.pdf.

39. Ebenda.

40. Ebenda.

41. So jedenfalls äußerte sich der leitende Zero-Programmierer David Silver auf einer Pressekonferenz.

42. Byford, „AlphaGo Retires From Competitive Go".

43. Jordan Novet, „Google Is Finding Ways to Make Money from Alphabet's DeepMind AI Technology", *CNBC*, 31. März 2018, https://www.cnbc.com/2018/03/31/how-google-makes-money-from-alphabets-deepmind-ai-research-group.html.

44. Roydon Cerejo, „Google Duplex: Understanding the Core Technology Behind Assistant's Phone Calls", *Gadgets* 360, 10. Mai 2018, https://gadgets.ndtv.com/apps/features/google-duplex-google-io-ai-google-assistant-1850326.

45. Quoc Le and Barret Zoph, „Using Machine Learning to Explore Neural Network Architecture", Google AI (Blog), 17. Mai 2017, https://ai.googleblog.com/2017/05/using-machine-learning-to-explore.html.

46. Das von dem kanadischen Informatiker Hector Levesque 2011 vorgeschlagene Winograd-Schema stellt eine Alternative zum Turing-Test dar, um die Fähigkeiten einer KI zu messen, und ist nach dem Stanford-Informatiker Terry Winograd benannt. Die Fokussierung darauf, Menschen im direkten Wettbewerb zu übertreffen, hat dazu geführt, dass andere Möglichkeiten zur Bewertung und Weiterentwicklung von KI vernachlässigt werden. Das Winograd-Schema sollte ein eher mehrdimensionaler Test sein, weil es mehr erforderte als einen breit angelegten Datensatz. Ernest Davis, Leora Morgenstern und Charles Ortiz, drei NYU-Informatiker, schlugen die Winograd Schema Challenge vor, die einmal im Jahr stattfindet. Ein eingängiges Beispiel dafür ist auf der Website ihrer Fakultät zu finden (zuletzt aufgerufen am 5. September 2018, https://cs.nyu.edu/faculty/davise/papers/WinogradSchemas/WS.html):

Die Stadträte verweigerten den Demonstranten die Genehmigung, weil sie Gewalt [befürchteten/befürworteten]. Steht da „befürchten", bezieht sich „sie" auf die Stadträte, steht da aber „befürworteten", bezieht es sich vermutlich auf die Demonstranten.

In seinem Artikel schrieb Levesque, Winograd-Schemata sollten die folgenden Kriterien erfüllen:

- Vom menschlichen Leser leicht zu erfassen sein (im Idealfall so leicht, dass der Leser gar nicht merkt, dass eine Stelle nicht eindeutig war).

- Nicht durch einfache Methoden wie eine Einschränkung der Auswahlmöglichkeiten zu lösen sein.

- „Google-proof" sein; will heißen, es darf keinen offensichtlichen statistischen Test zu Textkorpora geben, der diese verlässlich korrekt erklärt.

KAPITEL 2

[1.] Mike Isaac und Sheera Frenkel, „Facebook Security Breach Exposes Accounts of 50 Million Users", *New York Times*, 28. September 2018, https://www.nytimes.com/2018/09/28/technology/facebook-hack-data-breach.html.

[2.] Casey Newton, „Facebook Portal's Claims to Protect User Privacy Are Falling Apart", *The Verge*, October 17, 2018, https://www.theverge.com/2018/10/17/17986992/facebook-portal-privacy-claims-ad-targeting.

[3.] „AMA: We Are the Google Brain Team. We'd Love to Answer Your Questions about Machine Learning", *Reddit*, 4. August 2016, https://www.reddit.com/r/MachineLearning/comments/4w6tsv/ama_we_are_the_google_brain_team_wed_love_to/.

[4.] Ebenda.

[5.] „Diversity", Google, https://diversity.google/.

[6.] Nitasha Tiku, „Google's Diversity Stats Are Still Very Dismal", *Wired*, 14. August 2018, https://www.wired.com/story/googles-employee-diversity-numbers-havent-really-improved/.

7. Daisuke Wakabayashi und Katie Benner, „How Google Protected Andy Rubin, the ‚Father of Android‘", *New York Times*, 25. Oktober 2018, https://www.nytimes.com/2018/10/25/technology/google-sexual-harassment-andy-rubin.html.

8. David Broockman, Greg F. Ferenstein und Neil Malhotra, „The Political Behavior of Wealthy Americans: Evidence from Technology Entrepreneurs", Stanford University Graduate School of Business, Working Paper Nr. 3581, 9. Dezember 2017, https://www.gsb.stanford.edu/faculty-research/working-papers/political-behavior-wealthy-americans-evidence-technology.

9. „ICYMI: RNC Chairwoman and Brad Parscale Demand Answers from Facebook and Twitter", Republican National Committee, 24. Mai 2018, https://www.gop.com/icymi-rnc-chairwoman-brad-parscale-demand-answers-from-facebook-twitter.

10. Kate Conger und Sheera Frenkel, „Dozens at Facebook Unite to Challenge Its ‚Intolerant‘ Liberal Culture", *New York Times*, 28. August 2018, https://www.nytimes.com/2018/08/28/technology/inside-facebook-employees-political-bias.html.

11. Veronica Rocha, „Crime-Fighting Robot Hits, Rolls over Child at Silicon Valley Mall", *Los Angeles Times*, 14. Juli 2016, http://www.latimes.com/local/lanow/la-me -ln-crimefighting-robot-hurts -child-bay-area-20160713-snap-story.html.

12. Julian Benson, „*Elite's* AI Created Super Weapons and Started Hunting Players. Skynet Is Here", *Kotaku*, 3. Juni 2016, http://www.kotaku.co.uk/2016/06/03/elites-ai-created-super-weapons-and-started-hunting-players-skynet-is-here.

13. Joseph P. Boon, „Bob Hope Predicts Greater US", *Bucks County Courier Times*, 20. Aug. 1974, https://newspaperarchive.com/bucks-county-courier-times-aug-20-1974-p-9/.

14. James McPherson, „The New Comic Style of Richard Pryor", *New York Times*, 27. April 1975. Eine tolle Geschichte über Pryor, bevor er berühmt wurde.

15. Ashlee Vance, „How We Got Here", *Bloomberg Businessweek*, 21. Mai 2018, https://www.scribd.com/article/379513106/How-We-Got-Here.

16. „Computer Science", *Stanford Bulletin* 2018–19, Stanford University, https://exploredegrees.stanford.edu/schoolofengineering/computer-science/#bachelortext.

17. „Vector Representations of Words", TensorFlow.org, https://www.tensorflow.org/tutorials/representation/word2vec.

18. Tolga Bolukbasi et al., „Man is to Computer Programmer as Woman is to Homemaker? Debiasing Word Embeddings", *Advances in Neural Information Processing Systems* 29 (2016): 4349–4357, https://arxiv.org/abs/1607.06520.

19. Natalie Saltiel, „The Ethics and Governance of Artificial Intelligence", MIT Media Lab, 16. November 2017, https://www.media.mit.edu/courses/the-ethics-and-governance-of-artificial-intelligence/. Hier können Sie die Vorlesungen anschauen.

20. Hier können Sie die Vorlesungen anschauen: https://www.media.mit.edu/courses/the-ethics-and-governance-of-artificial-intelligence/.

21. Catherine Ashcraft, Brad McLain und Elizabeth Eger, *Women in Tech: The Facts* (Boulder, CO: National Center for Women & Information Technology, 2016), https://www.ncwit.org/sites/default/files/resources/womenintech_facts_fullreport_05132016.pdf.

22. „Degrees in computer and information sciences conferred by degree-granting institutions, by level of degree and sex of student: 1970–71 through 2010–11", Tabelle 349 aus *Digest of Education Statistics*, 2012 (Washington, DC: National Center for Education Statistics, 2013), https://nces.ed.gov/programs/digest/d12/tables/dt12_349.asp.

23. „Doctor's degrees conferred by postsecondary institutions, by race/ethnicity and field of study: 2013–14 and 2014–15", Tabelle 324.25 aus *Digest of Education Statistics*, 2016 (Washington, DC: National Center for Education Statistics, 2018), https://nces.ed.gov/programs/digest/d16/tables/dt16_324.25.asp?current=yes.

24. Christopher Mims, „What the Google Controversy Misses: The Business Case for Diversity", *Wall Street Journal*, 13. August 2017, https://www.wsj.com/articles/what-the-google-controversy-misses-the-business-case-for-diversity-1502625603.

25. Jessi Hempel, „Melinda Gates and Fei-Fei Li Want to Liberate AI from ‚Guys With Hoodies'", *Wired*, 4. Mai 2017, https://www.wired.com/ 2017/05/melinda-gates-and-fei-fei-li-want-to-liberate-ai-from-guys-with-hoodies/.

26. Meng Jing, „China Looks to School Kids to Win the Global AI Race", *South China Morning Post*, International Edition, 3. Mai 2018, https://www.scmp.com/tech/china-tech/article/2144396/china-looks-school-kids-win-global-ai-race.

27. „China Launches First University Program to Train Intl AI Talents", *Zhongguancun Science Park*, 4. April 2018, http://www.chinadaily.com.cn/m/beijing/zhongguancun/2018-04-04/content_35979394.htm.

28. David Barboza, „The Rise of Baidu (That's Chinese for Google)", *New York Times*, 17. September 2006, https://www.nytimes.com/2006/09/17/business/yourmoney/17baidu.html.

29. „Rise of China's Big Tech in AI: What Baidu, Alibaba, and Tencent Are Working On", CBInsights.com, 26. April 2018, https://www.cbinsights.com/research/china-baidu-alibaba-tencent -artificial-intelligence-dominance/.

30. Louise Lucas, „The Chinese Communist Party Entangles Big Tech", *Financial Times*, 18. Juli 2018, https://www.ft.com/content/5d0af3c4-846c-11e8-a29d-73e3d454535d.

31. Javier C. Hernandez, „A Hong Kong Newspaper on a Mission to Promote China's Soft Power", *New York Times*, 31. März 2018, https://www.nytimes.com/2018/03/31/world/asia/south-china-morning-post-hong-kong-alibaba.html.

32. Paul Farhi, „Washington Post Closes Sale to Amazon Founder Jeff Bezos", *Washington Post*, 1. Oktober 2013, https://www.washingtonpost.com/business/economy/washington-post-closes-sale-to-amazon-founder-jeff-bezos/2013/10/01/fca3b16a-2acf-11e3-97a3-ff2758228523_story.html?noredirect=on&utm_term=.3d04830eab75.

33. Jason Lim, „WeChat Is Being Trialled To Make Hospitals More Efficient In China", *Forbes*, 16. Juni 2014, https://www.forbes.com/sites/jlim/2014/06/16/wechat-is-being-trialed-to-make-hospitals-more-efficient-in-china/#63a2dd3155e2.

34. „Rise of China's Big Tech in AI".

35. Arjun Kharpal, „China's Tencent Surpasses Facebook in Valuation a Day after Breaking $500 Billion Barrier", *CNBC*, 21. November 2017, https://www.cnbc.com/2017/11/21/tencent-surpasses-facebook-in-valuation.html.

36. Sam Rutherford, „5 Things to Know About Tencent, the Chinese Internet Giant That's Worth More than Facebook Now", *Gizmodo*, 27. November 2017, https://gizmodo.com/5-things-to-know-about-tencent-the-chinese-internet-gi-1820767339.

37. Rebecca Fannin, „China Releases a Tech Dragon: The BAT", *Techonomy*, 23. Mai 2018, https://techonomy.com/2018/05/china-releases-tech-dragon-bat/.

38. „Mobile Fact Sheet", Pew Research Center, 5. Februar 2018, http://www.pewinternet.org/fact-sheet/mobile/.

39. Kaya Yurieff, „Amazon's Cyber Monday Was Its Biggest Sales Day Ever", *CNN Money*, 29. November 2017, https://money.cnn.com/2017/11/29/technology/amazon-cyber-monday/index.html.

40. Helen H. Wang, „Alibaba's Singles' Day by the Numbers: A Record $25 Billion Haul", *Forbes*, 12. November 2017, https://www.forbes.com/sites/helenwang/2017/11/12/alibabas-singles-day-by-the-numbers-a-record-25-billion-haul/#45dcfea1db15.

41. Fannin, „China Releases a Tech Dragon".

42. Michael Brown und Pavneet Singh, *China's Technology Transfer Strategy* (Silicon Valley: Defense Innovation Unit Experimental, 2017), https://new.reorg-research.com/data/documents/20170928/59ccf7de70c2f.pdf.

43. Den vollständigen Wortlaut des 13. Fünfjahresplans finden Sie auf People's Republic of China, 13th Five-Year Plan on National Economic

and Social Development, 17. März 2016. Übersetzung. http://www.gov.
cn/xinwen/2016-03/17/content_5054992.htm.

44. J.P., „What Is China's Belt and Road Initiative?", *Economist*, 15. Mai 2017,
https://www.economist.com/the-economist-explains/2017/05/14/what-
is-chinas-belt-and-road-initiative.

45. Salvatore Babones, „China's Middle Class Is Pulling Up the Ladder Behind Itself", *Foreign Policy*, 1. Februar 2018, https://foreignpolicy.
com/2018/02/01/chinas-middle-class-is-pulling-up-the-ladder-behind-
itself/.

46. Pew Research Center, *The American Middle Class Is Losing Ground* (Washington, DC: Pew Research Center, Dezember 2015), http://www.pew-
socialtrends.org/2015/12/09/the-american-middle-class-is-losing-
ground/.

47. Emmie Martin, „70% of Americans Consider Themselves Middle Class
– But Only 50% Are", *CNBC*, 30. Juni 2017, https://www.cnbc.com/
2017/06/30/70-percent-of-americans-consider-themselves-middle-class-
but-only-50-percent-are.html.

48. Abha Bhattarai, „China Asked Marriott to Shut Down Its Website. The
Company Complied", *Washington Post*, 18. Januar 2018, https://www.
washingtonpost.com/news/business/wp/2018/01/18 /china-demanded-
marriott-change-its-website-the-company-complied.

49. Louis Jacobson, „Yes, Donald Trump Did Call Climate Change a Chinese Hoax", *PolitiFact*, 3. Juni 2016, https://www.politifact.com/truth-o-
meter/statements/2016/jun/03/hillary-clinton/yes-donald-trump-did-
call-climate-change-chinese-h/.

50. Michael Greenstone, „Four Years After Declaring War on Pollution,
China Is Winning", *New York Times*, 12. März 2018, https://www.nyti-
mes.com/2018/03/12/upshot/china-pollution-environment-longer-lives.
html.

51. Carl Gene Fordham, „20 Actually Useful Chengyu", *CarlGene.com*
(Blog), 14. August 2008, http://carlgene.com/blog/2010/07/20-actually-
useful-chengyu.

52. Stephen Chen, „China Takes Surveillance to New Heights with Flock of Robotic Doves, but Do They Come in Peace?", *South China Morning Post*, 24. Juni 2018, https://www.scmp .com /news /china/society/article/2152027/china-takes-surveillance-new-heights-flock-robotic-doves-do-they.

53. Phil Stewart, „China Racing for AI Military Edge over US: Report", *Reuters*, 27. November 2017, https://www.reuters.com/article/us-usa-china-ai/china-racing-for-ai-military-edge-over-u-s-report-idUSKBN1DS0G5.

54. Kate Conger, „Google Employees Resign in Protest Against Pentagon Contract", *Gizmodo*, 14. Mai 2018, https://gizmodo.com/google-employees-resign-in-protest-against-pentagon-con-1825729300.

55. Nitasha Tiku, „Amazon's Jeff Bezos Says Tech Companies Should Work with the Pentagon", *Wired*, 15. Oktober 2018. https://www.wired.com/story/amazons-jeff-bezos-says-tech-companies-should-work-with-the-pentagon/.

56. Stewart, „China Racing for AI Military Edge".

57. Staatsrat, Volksrepublik China, „China Issues Guideline on Artificial Intelligence Development", English.gov.cn, zuletzt geändert am 20. Juli 2017, http://english.gov.cn/policies/latest_releases/2017/07/20/content_281475742458322.htm.

58. Staatsrat, Volksrepublik China, „Key AI Guidelines Unveiled", English.gov.cn, zuletzt geändert am 15. Dezember 2017, http://english.gov.cn/state_council/ministries/2017/12/15/content_281475977265006.htm.

59. Elsa B. Kania, „China's AI Giants Can't Say No to the Party", *Foreign Policy*, 2. August 2018, https://foreignpolicy.com/2018/08/02/chinas-ai-giants-cant-say-no-to-the-party/.

60. Ebenda.

61. Ebenda.

62. John Pomfret, „China's New Surveillance State Puts Facebook's Privacy Problems in the Shade", *Washington Post*, 27. März 2018, https://www.washingtonpost.com/news/global-opinions/wp/2018/03/27/chinas-new-surveillance-state-puts-facebooks-privacy-problems-in-the-shade.

63. Nicholas Wright, „How Artificial Intelligence Will Reshape the Global Order", *Foreign Affairs*, 10. Juli 2018, https://www.foreignaffairs.com/articles/world/2018-07-10/how-artificial-intelligence-will-reshape-global-order.

64. Zhang Hongpei. „Many Netizens Take Issue with Baidu CEO's Comments on Data Privacy", *Global Times*, 26. März 2018, http://www.globaltimes.cn/content/1095288.shtml.

65. Raymond Zhong, „Chinese Tech Giant on Brink of Collapse in New US Cold War", *New York Times*, 9. Mai 2018, https://www.nytimes.com/2018/05/09/technology/zte-china-us-trade-war.html.

66. Samm Sacks, „Beijing Wants to Rewrite the Rules of the Internet", *Atlantic*, 19. Juni 2018, https://www.theatlantic.com/international/archive/2018/06/zte-huawei-china-trump-trade-cyber/563033/.

67. Ebenda.

68. Ebenda.

69. „The Thousand Talents Plan: The Recruitment Program for Innovative Talents (Long Term)", Recruitment Program of Global Experts, http://1000plan.org/en/.

70. Tom Simonite, „The Trump Administration Plays Catch-Up on Artificial Intelligence", *Wired*, 11. Mai 2018, https://www.wired.com/story/trump-administration-plays-catch-up-artificial-intelligence/.

71. Ari Levy, „Dropbox Is Going Public: Here's Who's Making Money", *CNBC*, 23. Februar 2018, https://www.cnbc.com/2018/02/23/dropbox-is-going-public-heres-whos-making-money.html.

72. John Gramlich, „5 Facts about Americans and Facebook", *Fact Tank* (Blog), 10. April 2018, http://www.pewresearch.org/fact-tank/2018/04/10/5-facts-about-americans-and-facebook/.

73. Elizabeth Weise, „Amazon Prime Is Popular, but in Three-Quarters of All US Homes? That's Open to Debate", *USA Today*, 20. Oktober 2017, https://www.usatoday.com/story/tech/2017/10/20/amazon-prime-big-though-how-big-no-one-knows/784695001/.

74. „Mobile Fact Sheet", Pew Research Center.

75. https://github.com/tensorflow/tensorflow.

76. Microsoft News Center, „Microsoft to Acquire GitHub for $7.5 Billion", Microsoft.com, 4. Juni 2018, https://news.microsoft.com/2018/06/04/microsoft-to-acquire-github-for-7-5-billion/.

77. Jordan Novet, „Why Tech Companies Are Racing Each Other to Make Their Own Custom AI Chips", *CNBC*, 21. April 2018, https://www.cnbc.com/2018/04/21/alibaba-joins-google-others-in-making-custom-ai-chips.html.

78. Der vollständige Artikel kann aufgerufen werden unter https://graphics.axios.com/pdf/PlatformPolicyPaper.pdf?_ga=2.167458877.2075880604.1541172609-1964512884.1536872317.

79. Tweets können aufgerufen werden unter https://twitter.com/tim_cook/status/1055035534769340418.

KAPITEL 3

1. „‚An Owners' Manual' for Google's Shareholders", *2004 Founders' IPO Letter*, Alphabet Investor Relations, https://abc.xyz/investor/founders-letters/2004/ipo-letter.html.

2. Ebenda.

3. „Leadership Principles", Amazon, https://www.amazon.jobs/principles. deutsche Version: https://www.aboutamazon.de/arbeiten-bei-amazon/unsere-leadership-prinzipien.

4. „Focus on Impact", Facebook, 8. September 2015, https://www.facebook.com/facebookcareers/photos/a.1655178611435493.1073741828.1633466236940064/1655179928102028/?type=3&theater.

5. „Core Values", Tencent, https://www.tencent.com/en-us/culture.html.

6. „Culture and Values", Alibaba Group, https://www.alibabagroup.com/en/about/culture.

7. Mark Bergen, „Google Engineers Refused to Build Security Tool to Win Military Contracts", *Bloomberg*, 21. Juni 2018, https://www.bloomberg.

com/news/articles/2018-06-21/google-engineers-refused-to-build-security-tool-to-win-military-contracts.

8. Sundar Pichai, „AI at Google: Our Principles", *The Keyword* (Blog), Google, 7. Juni 2018, https://www.blog.google/technology/ai/ai-principles/.

9. „QuickFacts", United States Census Bureau, aufgerufen am 1. Juli 2017, https://www.census.gov/quickfacts/fact/table/US/PST045217.

10. Alan MacCormack, John Rusnak und Carliss Baldwin, *Exploring the Duality Between Product and Organizational Architectures: A Test of the „Mirroring" Hypothesis*, HBS Working Paper Nr. 08-039, (Boston: Harvard Business School, 2008), https://www.hbs.edu /faculty/Publication%20Files/08-039_1861e507-1dc1-4602-85b8-90d71559d85b.pdf.

11. Riccardo Miotto, Li Li, Brian A. Kidd und Joel T. Dudley, „Deep Patient: An Unsupervised Representation to Predict the Future of Patients from the Electronic Health Records", *Scientific Reports*, 17. Mai 2016, https://www.nature.com/articles/srep26094.

12. Alexander Mordvintsev, Christopher Olah und Mike Tyka, „Inceptionism: Going Deeper into Neural Networks", Google AI (Blog), 17. Juni 2015, https://ai.googleblog.com/2015/06/inceptionism-going-deeper-into-neural.html.

13. „Inceptionism: Going Deeper into Neural Networks", Google Photos, 12. Dez 2008–17. Juni 2015, https://photos.google.com/share/AF1QipPX0SC l7OzWilt9LnuQliattX4OUCj_8EP65_cTVnBmS1jnYgsGQAieQUc1VQW dgQ?key=aVBxWjhwSzg2RjJWLWRuVFBBZEN1d205bUdEMnhB.

14. Latanya Sweeney, „Discrimination in Online Ad Delivery", *ACM Queue* 11, Nr. 3, (März 2013): 10, doi.org/10.1145/2460276.2460278.

15. Ali Winston, „Palantir Has Secretly Been Using New Orleans to Test Its Predictive Policing Technology", *Verge*, 27. Februar 2018, https://www.theverge.com/2018/2/27/17054740/palantir-predictive-policing-tool-new-orleans-nopd.

16. Julia Angwin, Jeff Larson, Surya Mattu und Lauren Kirchner, „Machine Bias", *ProPublica*, 23. Mai 2016, https://www.propublica.org/article/machine-bias-risk-assessments-in-criminal-sentencing.

17. Kevin McLaughlin und Jessica E. Lessin, „Deep Confusion: Tensions Lingered Within Google Over DeepMind", *Information*, 19. April 2018, https://www.theinformation.com/articles/deep-confusion-tensions-lingered-within-google-over-deepmind.

18. James Vincent, „Google's DeepMind and UK Hospitals Made Illegal Deal for Health Data, Says Watchdog", *Verge*, 3. Juli 2017, https://www.the-verge.com/2017/7/3/15900670/google-deepmind-royal-free-2015-data-deal-ico-ruling-illegal.

19. Mustafa Suleyman und Dominic King, „The Information Commissioner, the Royal Free, and What We've Learned", DeepMind (Blog), 3. Juli 2017, https://deepmind.com/blog/ico-royal-free/.

20. „Microsoft Launches Fifth Generation of Popular AI Xiaoice", Microsoft News Center, https://www.microsoft.com/en-us/ard/news/newsinfo.aspx?newsid=article_2017091.

21. Sophie Kleeman, „Here Are the Microsoft Twitter Bot's Craziest Racist Rants", *Gizmodo*, 24. März 2016, https://gizmodo.com/here-are-the-microsoft-twitter-bot-s-craziest-racist-ra-1766820160.

22. Peter Lee, „Learning from Tay's Introduction", *Microsoft Official Blog*, 25. März 2016, https://blogs.microsoft.com/blog/2016/03/25/learning-tays-introduction/.

23. Verity Harding und Sean Legassick, „Why We Launched DeepMind Ethics & Society", DeepMind (Blog), 3. Oktober 2017, https://deepmind.com/blog/why-we-launched-deepmind-ethics-society/.

24. „Baidu CEO tells staff to put values before profit after cancer death scandal", *CNBC*, 10. Mai 2016, https://www.cnbc.com/2016/05/10/baidu-ceo-tells-staff-to-put-values-before-profit-after-cancer-death-scandal.html.

KAPITEL 4

1. Die Szenarien im zweiten Teil orientieren sich an Forschungsergebnissen aus verschiedenen Quellen, auf die im Quellennachweis verwiesen wird. Außerdem habe ich viel Zeit in der Roboter-Ausstellung des Science

Museum (London) verbracht, die die vergangenen 500 Jahre menschen-ähnlicher Roboter rekonstruiert und in der sich die im fünften bis sieb-ten Kapitel vorgestellten Themen großartig recherchieren ließen.

2. Mike Floorwalker, „10 Deadly Disasters We Should Have Seen Co-ming", *Listverse*, 2. März 2013, https://listverse.com/2013/03/02/10-deadly-disasters-we-should-have-seen-coming/. Siehe auch David Tea-ther, „90-Second Nightmare of Shuttle Crew", *Guardian*, 6. Februar 2003, https://www.theguardian.com/world/2003/feb/06/columbia.science.

3. Katrina Brooker, „I Was Devastated: Tim Berners-Lee, the Man Who Created to World Wide Web, Has Some Regrets", *Vanity Fair*, 1. Juli 2018, https://www.vanityfair.com/news/2018/07/the-man-who-created-the-world-wide-web-has-some-regrets.

4. Tim Berners-Lee, „The Web Is Under Threat. Join Us and Fight for It", World Wide Web Foundation (Blog), 12. März 2018, https://webfound-ation.org/2018/03/web-birthday-29/.

5. „Subscriber share held by smartphone operating systems in the United States from 2012 to 2018", Statista, https://www.statista.com/statis-tics/266572/market-share-held-by-smartphone-platforms-in-the-united-states/.

6. „Primary e-mail providers according to consumers in the United States as of 2016, by age group", Statista, https://www.statista.com/statistics/547531/e-mail-provider-ranking-consumer-usa-age/.

7. Marisa Fernandez, „Amazon Leaves Retail Competitors in the Dust, Claims 50% of US E-Commerce Market", Axios, July 13, 2018, https://www.axios.com/amazon-now-has-nearly-50-of-the-us-e-commerce-market-1531510098-8529045a-508d-46d6-861f-1d0c2c4a04b4.html.

8. Art Kleiner, „The Man Who Saw the Future", *Strategy+Business*, 12. Fe-bruar 2003, https://www.strategy-business.com/article/8220? gko=0d07f.

9. Cass R. Sunstein, „Probability Neglect: Emotions, Worst Cases, and Law", *Chicago Unbound*, John M. Olin Program in Law and Economics Working Paper Nr. 138, 2001.

10. „Quick Facts 2015", National Highway Traffic Safety Administration, https://crashstats.nhtsa.dot.gov/Api/Public/ViewPublication/812348.

11. „Aviation Statistics", National Transportation Safety Board, https://www.ntsb.gov/investigations/data/Pages/aviation_stats.aspx.

12. Frederick P. Brooks, *The Mythical Man Month: Essays on Software Engineering*, Anniversary Edition (Boston: Addison Wesley, 1995).

13. Peter Wilby, „Beyond the Flynn Effect: New Myths about Race, Family and IQ?", *Guardian*, 27. September 2016, https://www.theguardian.com/education/2016/sep/27/james-flynn-race-iq-myths-does-your-family-make-you-smarter.

14. Stephanie Condon, „US Once Again Boasts the World's Fastest Supercomputer", *ZDNet*, 8. Juni 2018, https://www.zdnet.com/article/us-once-again-boasts-the-worlds-fastest-supercomputer/.

15. Jen Viegas, „Comparison of Primate Brains Reveals Why Humans Are Unique", *Seeker*, 23. November 2017, https://www.seeker.com/health/mind/comparison-of-primate-brains-reveals-why-humans-are-unique.

16. Nick Bostrom, „Ethical Issues in Advanced Artificial Intelligence", NickBostrom.com, 2003, https://nickbostrom.com/ethics/ai.html.

17. I. J. Good, „Speculations Concerning the First Ultraintelligent Machine", *Advances in Computers* 6 (1965): 31–88.

18. Gill A. Pratt, „Is a Cambrian Explosion Coming for Robotics?", *Journal of Economic Perspectives* 29, Nr. 3 (Sommer 2015): 51–60, https://www.aeaweb.org/articles?id=10.1257/jep.29.3.51.

KAPITEL 6

1. Casey Ross and Ike Swetlitz, „IBM Watson Health Hampered by Internal Rivalries and Disorganization, Former Employees Say", *STAT*, 14. Juni 2018, https://www.statnews.com/2018/06/14/ibm-watson-health-rivalries-disorganization/.

2. Ebenda.

3. Gamaleldin F. Elsayed, Ian Goodfellow und Jascha Sohl-Dickstein, „Adversarial Reprogramming of Neural Networks", Vorabdruck aufgerufen, https://arxiv.org/pdf/1806.11146.pdf.

4. Orange Wang, „Chinese Mobile Payment Giants Alipay, Tenpay fined US$88,000 for Breaking Foreign Exchange Rules", *South China Morning Post*, 25. Juli 2018, https://www.scmp.com/news/china/economy/article/2156858/chinese-mobile-payment-giants-alipay-tenpay-fined-us88000.

KAPITEL 7

1. „China Has a Vastly Ambitious Plan to Connect the World", *Economist*, 28. Juli 2018, https://www.economist.com/briefing/2018/07/26/china-has-a-vastly-ambitious-plan-to-connect-the-world.

2. Ebenda.

3. Ebenda.

4. Ebenda.

5. Ernesto Londoño, „From a Space Station in Argentina, China Expands Its Reach in Latin America", *New York Times*, 28. Juli 2018, https://www.nytimes.com/2018/07/28/world/americas/china-latin-america.html.

6. Kenneth D. Kochanek, Sherry L. Murphy, Jiaquan Xu und Elizabeth Arias, *Mortality in the United States*, 2016, NCHS Data Brief Nr. 293 (Hyattsville, MD: National Center for Health Statistics, 2017), https://www.cdc.gov/nchs/data/databriefs/db293.pdf.

KAPITEL 8

1. „Vinton G. Cerf", Google AI, https://ai.google/research/people/author32412.

2. Asimovs „Runaround" wurde 1942 in der Märzausgabe von *Astounding Science Fiction* erstveröffentlicht und findet sich auch in seinen Kurzgeschichtensammlungen *I, Robot* (1950), *The Complete Robot* (1982) und *Robot Visions* (1990).

3. Human Cell Atlas, https://www.humancellatlas.org/learn-more.

4. Cade Metz, „As China Marches Forward on AI, the White House Is Silent", *New York Times*, 12. Februar 2018, https://www.nytimes.com/2018/02/12/technology/china-trump-artificial-intelligence.html.

5. Yoni Heisler, „Amazon in 2017 Spent Almost Twice as Much on R&D as Microsoft and Apple – Combined", *BGR*, 10. April 2008, https://bgr.com/2018/04/10/amazon-vs-apple-research-and-development-2017-alphabet-google/

6. „The OTA Legacy", Princeton University, http://www.princeton.edu/~ota/.

7. „Dining", Department of Defense Washington Headquarters Services, http://www.whs.mil/our-services/building-facilities/dining.

8. „The Spheres", Amazon, https://www.seattlespheres.com/.

9. Alicia Adamczyk, „These Are the Companies with the Best Parental Leave Policies", *Money*, 4. November 2015, http://time.com/money/4098469/paid-parental-leave-google-amazon-apple-facebook/.

10. Amy Webb, „Apple vs. FBI Debate May Be the Least of Our Challenges", *CNN*, 9. Februar 2016, https://www.cnn.com/2016/02/25/opinions/when-technology-clashes-with-law-iphone-opinion-webb/index.html.

11. „China Uncovers 500,000 Food Safety Violations in Nine Months", *Reuters*, 24. Dezember 2016, https://www.reuters.com/article/us-china-food-safety/china-uncovers-500000-food-safety-violations-in-nine-months-idUSKBN14D046.

12. Suneera Tandon, „An IBM Team Identified Deep Gender Bias from 50 Years of Booker Prize Shortlists", *Quartz India*, 24. Juli 2018, https://qz.com/india/1333644/ibm-identifies-gender-bias-in-booker-prize-novel-shortlists/.

13. Hilary Mason, *Twitter*, 28. März 2018, https://twitter.com/hmason/status/979044821749895170